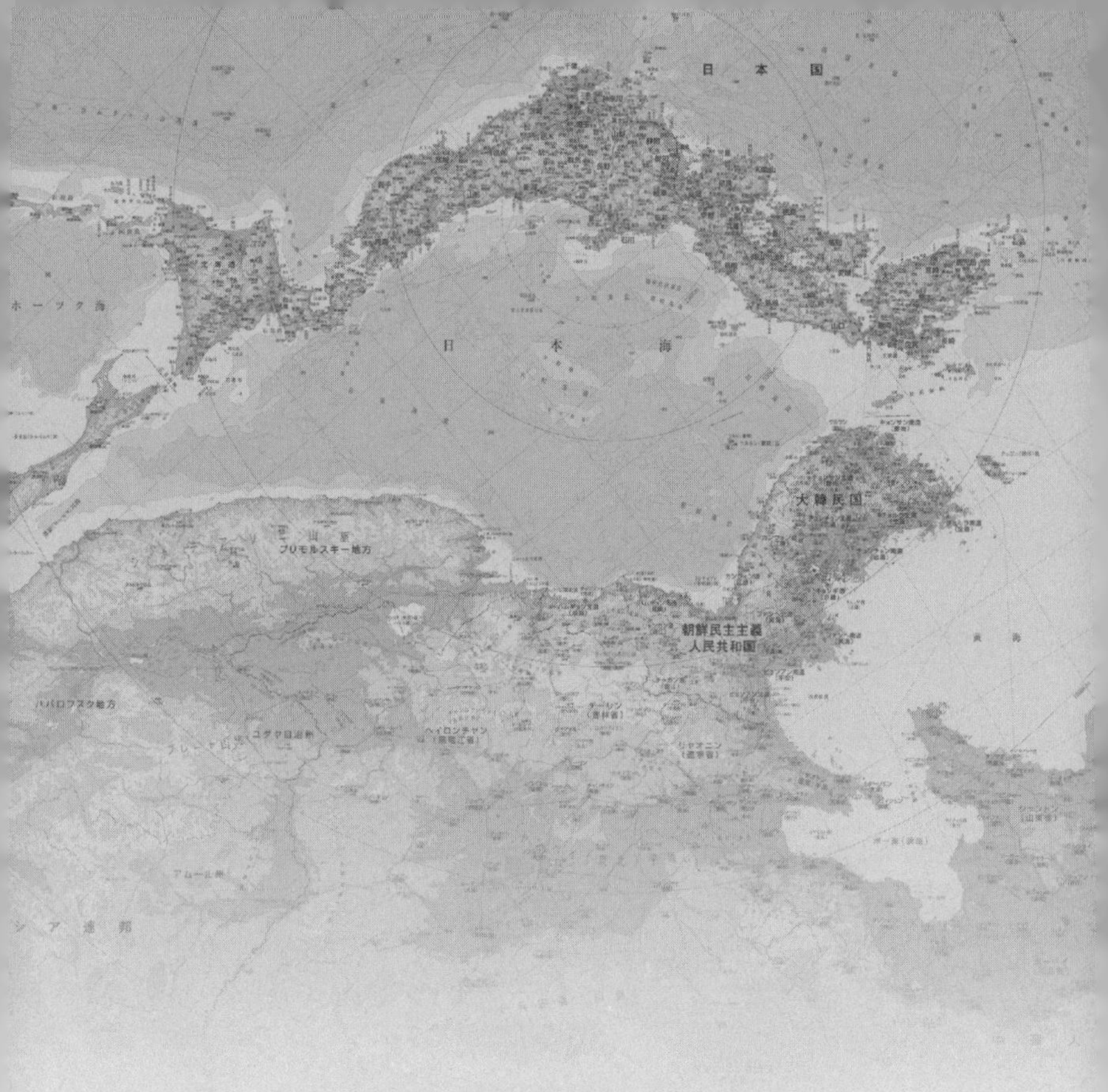

康ソンセンニムと学ぶ

朝鮮と日本の2000年

康成銀
カンソンウン

スペース伽耶

大扉の写真は富山県が作成した「環日本海・東アジア諸国図」を転載したものである。

なお、この地図には「日本海」と記載されているが、朝鮮では「東海」と呼称している。

康ソンセンニムと学ぶ　朝鮮と日本の二〇〇〇年　目次

第6章　日本の朝鮮植民地支配と民族解放闘争──第三次朝鮮戦争・東北アジア戦争　261

●本書の編集にあたって

朝鮮半島と日本は、古代より深いつながりを持っていました。にもかかわらず、明治維新を境にアジア、そして世界の盟主を夢見て帝国主義の道を歩んだ日本は、隣国の朝鮮をあたかも目下の民族であるかのように見下し、朝鮮の支配権をめぐって日清戦争、日露戦争を引き起こし、朝鮮の地での戦争に次ぐ戦争と三五年間におよぶ植民地支配の末、一九四五年に無条件降伏しました。天皇を頂点とする日本帝国主義は、朝鮮・中国・アジア人民の反帝民族解放闘争と全世界の労働者階級人民の反ファシズム闘争によって打倒されたのです。

その結果、ポツダム宣言に基づいて日本社会の一定の民主化が進められました。しかしその根は、完全には掘り返されませんでした。憲法第九条には、戦争と武力による威嚇やその行使を放棄し（第一項）、陸海空軍その他の戦力を保持せず交戦権を認めない（第二項）と明記されましたが、日米支配層の合作によって戦争と抑圧の元凶の天皇制は象徴天皇制として残され、一九四九年の中華人民共和国の成立、五〇年の朝鮮戦争の勃発を目前にひかえ、社会主義陣営の前進を恐れるアメリカは日本を反共の砦とするために反民主化の逆コースをとり、再軍備を指令します。そうして一九五一年にはソ連、中国、朝鮮などが参加しないまま、サンフランシスコ講和条約が結ばれ、同時に日米安全保障条約が締結されました。

朝鮮戦争はいまも休戦状態にありますが、朝鮮戦争の終結宣言を望む韓国に対し、日本は「時期尚早」との態度を示しています。その意味では日本は、同盟国であるアメリカと手を組んで、明治以来のアジアでの一五〇年戦争を現在も継続しているといえます。

自公政権と維新、国民民主の改憲勢力は、いまや国会で改憲発議を可能とする衆参両院の三分の二以上の議席を獲得しており、今夏の参議院選挙後はその勢力がいっそうはっきりする情勢下にあります。日本の支配階級は、アジアの人民二〇〇〇万人、日本人三一〇万人の犠牲の上に勝ち取られた憲法第九条が、もはやかれらの飽くことのない金儲け、支配欲とそれを担保する軍事力の維持拡大への桎梏となっていることを明確に認識し、その改悪に全力をあげて取り組んでいるのです。

同時に、現在の日本社会をみると、ヘイトの横行、学費無償化制度からの朝鮮高校の適用除外などの在日朝鮮人への差別・弾圧、「(南北を問わず)朝鮮にたいしては、何を言っても、何をやってもいい」「中国には自由と人権がないし、あんなキタナイ国は嫌いだ」「民主主義国の日本とは違うああいう社会主義を掲げる国には、警戒し、懲罰を与えろ」といった排外主義の風潮が広がっています。そしてそうした考え方や発言は、一部の極右にだけみられるものではありません。反安倍・反自民を公言し一見リベラルにみえる人びとの間でも、言い方は違いますがよくみられるものなのです。「安倍のような独善的なやり方は、朝鮮や中国の指導者と同じだ」などという発言の根底には、「戦争をしない平和な日本」が前提され、資本主義的近代を絶対のものとし、権威主義の朝鮮・中国と自由主義の日本・米欧という図式を設定し、前者は悪、後者を善とする観念的な思考方法が存在しているのです。そしてそれは、そこで同時に語られる「過去にこだわらず未来志向でいこうじゃないか」といった植民地支配責任への無自覚とも絡みあいながら、自覚するとしないにかかわらず、いまなおアジアと欧米以外の外国人蔑視の風潮を温存・拡大する役割を果たしているのです。

わたしたちは、日本社会のこうした状況を何とかして変えたい。そうでなければ、アジアと世界、そして日本の平和と発展は望めない。そのためにはわたしたち自身が、隣り合う朝鮮半島と日本の歴史をきちんと学ぶこと、このこと抜きには現状の変革と未来を切りひらくことはできない、そういう思いから一年間の講座を企画しました。

本書に収録した文章は、東京・文京区にある〈本郷文化フォーラム　ワーカーズスクール〉(略称＝ＨＯＷＳ(ハウズ))において、二〇一九年五月十九日から二〇二〇年三月二十八日まで、康成銀(カンソンウン)先生を講師として連続九回開催された「朝鮮半島からみた日本の歴史」の講演記録に、その後の新しい知見も含め、著者が加筆・修正したものです。ＨＯＷＳは二〇〇〇年四月に〈〝教養としての知識〟を切り売りする〝カルチャーセンター〟的なものではなく、この世界を、社会をどうしたらよりよいものに変革していけるのか、未来社会の在り方、そこへの到達の道をともに探究し、かつ、実践していく、変革の哲学、思想、文化を育て、学びとる場〉として出発しました。以降毎年五月から九月、十一月から翌年三月を前期、後期とし、年間六〇講座弱を企画し運営してきました。

ソ連・東欧の社会主義体制の倒壊から三〇年、アメリカ帝国主義を先頭とする帝国主義の一極支配の時代は終わりを迎えつつあります。中国の急速な成長、ＢＲＩＣＳ(ブラジル、ロシア、インド、中国、南アフリカ)の台頭と途上国の前進は止めようがありません。さらに朝鮮・キューバを先頭に反帝・社会主義を堅持した闘いが粘り強くつづけられています。そうしたなかで、ウクライナでの戦争が発生しました。わたしたちは国際紛争を武力で解決すること（それは決して根本的解決にはなりません）に反対します。ロシア軍は撤退し戦争をやめるべきです。しかし日本社会には、自民党と改憲勢力を中心に、この事態を利用しての武器輸出の解禁、核シェアリング（アメリカとの核兵器共有）、敵基地先制攻撃論、そして大幅な軍事費増額（ＧＤＰ比の二％超え）の声が勢いを増しています。かれらは、帝国主義陣営の一員としてウクライナを支援することで停戦を遅らせ、戦争を長びかせているのです。さらに、この動きに抗すべき平和運動のなかにも、ＮＡＴＯの東方拡大やウクライナの政治的・経済的変化といった事態の背景を調べる努力を怠り、西側メディアがたれ流す情報を鵜呑みにして、ロシア非難、ウクライナ支援の声をくり返すだけの人びとが数多く存在します。核戦争の危機をもはらむ状況下、わたしたちは、歴史の転換点に立っているといえます。いまこそわたしたちは、日本国憲法の非戦の意味を問い返し、全世界の労働者階級人民と連帯し、平和を創り出す活動に全力をあげたいと考えています。

なお、講演のテープ起こしはＨＯＷＳ受講生の古賀圭さんがあたり、組版はスペース伽耶の廣野茅乃が担当。校正は安里健さん、デザインは追川恵子さんにお願いしました。また、本文中の朝鮮の地名、人名などのルビについては、朝鮮民主主義人民共和国の発音表記としています。

ＨＯＷＳ事務局・スペース伽耶　廣野省三

二〇二二年五月十五日

序章

三・一独立運動一〇〇年と朝鮮半島のいま

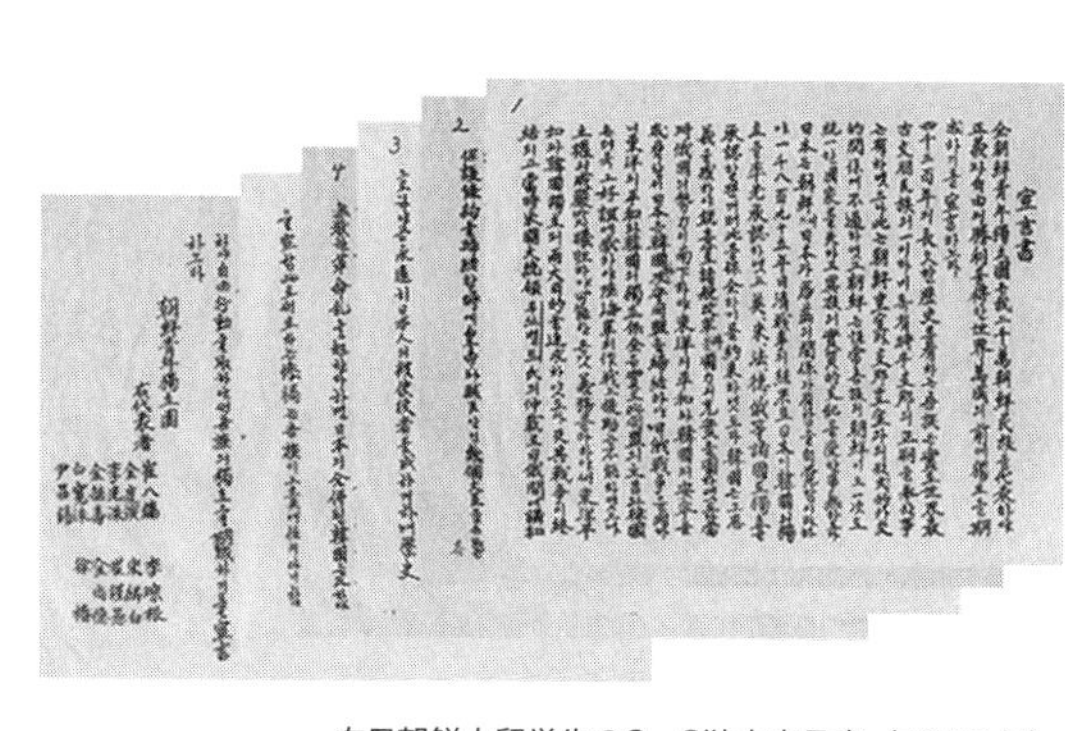

在日朝鮮人留学生の2・8独立宣言書（1919年）

はじめに

二〇一九年は、一九一九年の三・一独立運動から一〇〇周年を迎えました。今日はそのことを中心にお話しいたします。次回からは、本講座のメインテーマである「朝鮮半島からみた日本の歴史」（全八回）に入ります。

二〇一八年は朝鮮半島情勢が激変した年でした。北南の和解と朝米会談、朝鮮半島をはじめとして東アジア地域が大きく動いた年でした。ところが、わたしが住んでいる日本においては、こんにちも、日本と朝鮮の関係がどうなるのかがまったく読めない、空白の状態です。いやそれどころか、朝鮮と日本をめぐる状況はいっそう悪くなっている、というのが実情ではないでしょうか。

わたしは在日本朝鮮人総聯合会の中野杉並支部で副委員長を務めているのですが、そういう状況のなかだからこそ、いま改めて、この朝・日の問題を自分たち自身で考えてみようという意見が、支部の同胞たちのあいだから出てきました。その過程では、そもそもいまの安倍政権をどう考えるのかが一番の問題ではないか、という意見も出されましたが、最近の情勢に一喜一憂しないで、もっと太い歴史認識を持つことが大事だということになりました。そして日本の歴史、朝鮮と日本の長い歴史をまず知るべきだ、と。

わたしたち同胞のなかには、初級学校から大学校まで朝鮮学校に通った人が多いので、あまり日本の歴史には詳しくないということもあり、やはり日本の歴史をちゃんと踏まえて、朝・日交流のことを考えたいという意見が出てきたのです。それで八回くらいに分けて講座をやってみようということになりました。その在日同胞を中心とした講座に、HOWS（本郷文化フォーラム・ワーカーズスクール）から三人の日本の方が参加され、全回熱心に聴講されました。それを受けて、HOWSの担当者の方から、このテーマで日本人を対象に連続講座をやってほしいとの依頼があり、お引き受けしました。きっかけはそういうことでした。なるべく中野杉並支部のコピー版にならない形でやっていこうと思います（笑）。

　最近、安倍晋三首相（当時）が「無条件」で金正恩（キムジョンウン）朝鮮労働党委員長（現総書記）と会いたいと言いました。それがいま、日本では新聞・マスコミで大きく報道されています。しかし朝鮮民主主義人民共和国（以下、共和国と表記）からは、なんのコメントも出されていません。今日の『朝日新聞』（二〇一九年五月十一日）を見ると、新しい駐日中国大使は黒竜江省出身の朝鮮族で、朝鮮語も日本語も非常によくできる方で、安倍首相の発言を歓迎すべきだと言っています。

　安倍首相が日朝国交回復交渉を再開するという意思を表明したことは、わたしは歓迎すべきことだと思います。しかし、安倍首相の真意がどこにあるのかをわかったうえで取り組まなければならない、と思います。二〇〇二年九月十七日に朝日平壌（ピョンヤン）宣言が発表されたときに、拉致問題も公表されました。そのときには、小泉純一郎首相（当時）の官房副長官として安倍氏が共和国に同行していました。その際かれが強硬な態度を取ったことをきっかけに、安倍氏の日本国内での政治的位置が急浮上し、出世して現在に至っている、とわたしは捉えています。今年（二〇一九）の参議院選挙を考えると、最終目標はそこで勝って「憲法九条改正」を、という方向をめざすのではないかと思います。

しかしいま、「九条改正」の世論というのは『朝日新聞』の世論調査を見てもあまり芳しくないようです。安倍政権の人気も少し下り坂。そこでなんとか人気を回復する方法はないかと考え、その一つとして共和国との交渉があり、これを支持率回復につなげようとしているのではないか。そこをわたしたちもしっかり考えて、対応していかなければならないと思います。朝・日が交渉することを、日本に住む在日朝鮮人は非常に望んでいます。それが正しい方向に進んでいくように、日本の人々、市民の方々と手を携えていこうと思っています。

それも見据えて、近現代における朝・日関係はもちろんのこと、それ以前の古代からの朝・日関係を学ぶ必要があると思います。わたしは近現代史を専門としていますが、歴史研究者でありますから、古代から現代までを一通り学ぶように努めております。よく、前近代と近代以降を切り離して論じる人がいますが、近現代の朝・日関係というのは、前近代に規定されている面が非常に強いのです。とくに「朝鮮観」、あるいは「日本観」とでも言うべき思想的な面でそうなのです。そういうことも意識して、講座のメインテーマは「朝鮮半島からみた日本の歴史」となっています。みなさん方がいままで考え、理解してきた日本の歴史とはだいぶ違うようなことになるかもしれませんが、どうぞよろしくお願いいたします。

一　三・一独立運動とその前史

　みなさんご存じかと思いますが、一〇〇年前の一九一九年三月一日からはじまる朝鮮独立運動は、日本の植民地支配からの解放を求めて、朝鮮全土で二〇〇万名以上が参加した、全民族的な反日闘争です。三・一独立運動は、朝鮮の近現代史のなかでも未曽有の大規模な運動でした。

　それは一九一七年十一月のロシア十月社会主義大革命や一九一八年一月のウィルソン米大統領の「民族自決」を含む一四か条の平和原則の提示をきっかけに、世界的に高まった民族独立の動きを背景としています。しかし、三・一独立運動は、それらの影響を凌駕する勢いで日本や欧米諸国の植民地支配に反対するアジアの人々に大きな影響をおよぼしました。同年に展開された中国の五・四運動、それは一九一五年に日本が中国侵略の第一歩として要求した対華二一カ条に反対したものですが、朝鮮の三・一独立運動と直接つながっていました。その意味で、三・一独立運動はアジアの民族解放運動の画期を成した、と言えると思います。

　一〇〇年が過ぎた現在も、なぜ三・一独立運動を考えるのかと言いますと、三・一独立運動の経験というのは、わたしたち朝鮮人、祖国統一を願う人々の精神的な拠りどころになっているからです。三・一独立運動が歴史的に重要な意味を持っているために、三・一独立運動研究は朝鮮近現代史研究のなかでも、最も蓄積があります。

　今日は「記憶」ということについてお話しいたします。朝鮮と日本の近現代史において三・一独立運動の体験は、この一〇〇年間どのように記憶されてきたのか。その際、国際法の受容と実践のあり方における朝鮮と日本との位相の違いに注目して、それと関連させて述べてみようと思います。

アジア地域は、一九世紀半ば一八四〇〜四二年のアヘン戦争からはじまった欧米列強の中国・アジア侵略が与えた影響、いわゆるウェスタン・インパクト（西洋の衝撃）によって植民地化の危機にさらされます。一九世紀末、あるいは二〇世紀の初頭に、最終的に日本は帝国主義への道を歩み、朝鮮は植民地化への道を、また中国は欧米諸国あるいは日本の半植民地へと、北東アジアは三極分解してしまいます。北東アジア三国における近代化とは、欧米諸国の国際法体制に強制編入されることを意味します。しかし、この北東アジアにおける国際法の受容と実践のあり方は、それぞれ異なっていました。今日の講座では、日本と朝鮮の場合に限ってお話しいたします。

近代国際法の受容——日本の場合

日本の場合は、国際法の先駆者と言われた西周（にしあまね）が翻訳して出版した本のなかで、

泰西通法即チ慣行ノ公法トハ、文明ノ諸国就中欧羅巴州内互ニ礼儀ヲ以テ相交ル各国ノ交際権義ヲ論スル学派ヲ指スナリ

『官版万国公法』（一八六八年）

と指摘したように、国際法が欧米諸国（文明国）間だけに通用し、他国（非文明国）では通用しな

いと見ていたわけです。「泰西」はヨーロッパです。

木戸孝允（きどたかよし）の場合はどうでしょうか。木戸は、

兵力不調のときは万国公法も元より不可信、向弱に候ては大に公法を名として利を謀るもの不少、故に余、万国公法は弱国を奪ふ一道具と云　『木戸孝允日記』（一八六八年）の「十一月八日条」

と記しています。

また、福沢諭吉は、

和親条約と云ひ万国公法と云ひ、甚だ美なるが如くなれども、唯外面の儀式名目のみにして、交際の実は権威を争ひ利益を貪るに過ぎず。世界古今の事実を見よ。貧弱無知の小国がよく条約と公法に依頼して独立の体面を全うしたるの例なきは、皆人の知る所ならずや。（中略）百巻の万国公法は数門の大砲に若かず（中略）各国交際の道二つ、滅ぼすと滅ぼさるゝのみと云て可なり

『通俗国権論』（一八七八年）第七章「外戦止むを得ざる事」

と説いております。またかれは次のようにも述べています。

今の世界に万国公法と云ひ国際の礼儀と云ふ其法礼は単に表面を飾るの虚礼虚文に過ぎず、実際の有様を察すれば所謂弱肉強食こそ国交際の真面目にして、頼む可きものは只武力のみ

『時事新報』論説「対外の進退」（一八九七年十一月二十八日付）

ここでは三人だけを挙げましたが、明治中期の日本の代表的な政治家や知識人たちの国際公法観というのは、このように非常に懐疑的でした。実際の国際社会は弱肉強食の世界であり、国際法もまたその名目とは違い、強者の道具、「狼の法」であると理解していたわけです。

明治初期の日本の最大の対外的課題は、徳川幕府末期に欧米諸国と結んだ不平等条約を改正して、自主独立をめざすことでした。そのいっぽうで、日本は近隣諸国を侵略し、領土を拡大することによって欧米文明国のような帝国になることを国家的な課題としていました。ですから、「文明国の法」である国際公法の受容と実践は、この国家的な課題の達成にこそ服務すべきものと理解していたのです。そしてそのための国際法の実践は、いっぽうでは欧米列強の対日政策と行動を規制する規範として機能しましたが、他方、近隣諸国に対しては国家の行動（侵略）を正当化する便宜主義の道具へと転化していきました。

現在もある国際法学会は、一八九七年三月に発足しますが、この学会は東京帝国大学の法学教授たち、そして陸軍、海軍大学校で国際法の講義を担当する教授たち、それから外務省の参事官が参加してつくられ、最初から政府との密接な関係のもとで出発したのです。そのせいか、現在も、日

本の大学には国際法の先生が数多くいますが、日本政府との関係がとても強いのです。わたしはそういう体験を何度かしました。

この学会の学会誌『国際法雑誌』は一九〇二年二月に発刊されましたが、その「発刊の辞」では、

我国が世界史の一強国たることを表彰けり日清戦争に於いて我国民は戦時最も困難なる境遇に在てもとくに敵国が国際法を無視して顧みざる場合に於いても尚且国際法の原則を尤も厳正に実践したることを証明する

と自画自賛しています。

いまでも〝日清戦争・日露戦争で日本は、国際法に準じていた〟ということが一部で言われます。しかし、みなさんご存じのように、日清戦争は朝鮮の利権をめぐって朝鮮半島で起こり、そこで大虐殺が引き起こされたものです。日露戦争もそうです。そういうことを隠しながら、国際法を守ったと言うわけです。

西周

木戸孝允

福沢諭吉

そしてロシアの兵士たちも日本軍の武道精神に基づく美しい行動、捕虜

たちへの親切な対応などに〝感動した〟というような嘘が、いまも言われます。

このような流れで有賀長雄、寺田亨、高橋作衛、中村進吾、立作太郎といった国際法学者たちが誕生しました。かれらが中心となって、一九〇四年に保護国調査を目的に設置された外務省の臨時取調委員会は、世界各国の保護国の実態を調査して、一九〇五年に朝鮮の「保護国」化を国際法学の面から積極的に支えたのです。

朝鮮の場合

では朝鮮の場合はどうだったでしょうか。だいぶ違います。

一八八〇年十月十一日、朝鮮政府は御前会議で万国公法体系に参入して、開化政策を本格的に推進することを決議して、内外政策を大きく転換させます。

開国の準備として一八八一年一月に統理機務衙門一二司を新設して、従来、礼曹が担当（儀礼、外交、学校、科挙）していた外交業務を統括するようにしました。また、日清両国に、多様な使命を帯びた使節団と留学生を派遣します。朝鮮政府は、本格的に開国・開化政策を進めていくために公法知識を活用する準備を急いでいました。

穏健開化派の金允植（キムユンシク）は次のように述べています。


近来の事は、公法に在らず、ただ強弱を視るのみである。しかし小邦〔朝鮮―引用者〕が自守

する道は、ただ公法を謹守し、他邦に対する信を失わないことである

『陰晴史』上、高宗一九年壬午二月十一日条

かれは、公法を顧みることもない弱肉強食の国際社会のなかで、あえて公法を守り、諸外国に対して「信」を貫くことが自守の道であると考えたのです。

また次のようにも述べています。


将来我が国に外患があるとき、〔李鴻章(りこうしょう)が――引用者〕もし全力を挙げて援助しなければ、必ず天下の人々の嘲りを受けることになる。中国が我が国を担当することを天下の人々が分かれば、各国は我が国を軽視する心を持てなくなり、これによって〔朝鮮は――引用者〕均しく自守を得て継ぐことができる

金允植は、一八八二年五月の朝米条約に、いわゆる「属邦条項」を挿入することに賛成しました。それは、朝鮮が中国の属邦であることを条約に明記することによって宗属関係を安全保障の装置として活用でき、朝鮮の独立を維持することができる、と考えたからです。言い換えれば公法体系のなかで自守を享有するための方便だというのです。

急進開化派の金玉均(キムオクキュン)は一八八六年に国王高宗(コジョン)への上疏文(じょうそ)（事情を記して上にたてまつる書状）

で次のように述べています。

清国はもともと恃むことができない国である。日本もそうである。この二国はおのおの自家の維持におわれて余力がないのに、どうして他国を扶助することができるであろうか。近年、安南や琉球を他国が占領しても、清国は敢えて一言の抵抗も試みることができなかった

金玉均は、朝鮮は清国にも日本にも依存してはならず、清国には朝貢国を保護する能力がないと言っているのです。かれにとって朝鮮が自主独立を守る政策とは、

外には広く欧美各国と信義をもって親交し、内には政略を改革し愚昧な人民に文明の道を教え、商業を興起して財政を整理し、また兵を養う

「池運永(チウニヨン)事件糾弾上疏文」(『金玉均全集』亜細亜文化社、一九七九年)

ことでした。

金允植と金玉均はともに公法に対する不信感を抱いていました。前者は自然法主義に重きを置いた儒学者の性向(「東道西器論」的近代化)が強く、後者は実証主義に重きを置いた現実主義者の性向(「変法論」的近代化)が強いと見ることができます。とはいえ両者のあいだには儒学者とし

ての矜持に裏打ちされた信念、儒教的な論理が内包されているという共通点があります。
「東道西器論」とは、西洋の優れた学問・知識・技術などを摂取・活用し、自国のそれと調和・発展させていく考え。「変法論」とは、救国のためには単に西洋に学ぶだけでなく、国政改革による自強が必要と主張し、立憲君主制による近代化革命（上からの改革）をめざす考えのことです。

朝鮮政府は、国際法を礼儀に基づく信義の外交約束と理解したうえでこれを受容し、条約集を系統的に編集刊行しました。一八八七年に刊行した『各国約章合編』（統理通商事務衙門編纂、一八八七年）の序文にはこう書かれています。

> 外交には信義が重要であり、その信義は礼儀を根本としなければならない。言語と文字が互いに異なる国のあいだで礼儀を守り、信義を結び、約書を制定して、盟府〔誓約した文書の管理所――引用者〕に掲載した。その内容を出版して国民に知らせれば、他国に対する信頼をもつことができ、それによって他国も我が国を信頼することになれば、それは両国の永遠の友好関係を維持することになる。すべての同盟国家が礼儀を尊重し、信義を守れば、それはすなわ

金允植

金玉均

各国約章合編

ち我々の幸福であり、天下各国の幸福であろう

この序文には、外交は礼儀に基づいた信義が重要であり、信義により締結された条約は必ず遵守しなければならないとした、当時の朝鮮政府の国際観がよく反映されています。

金允植、金玉均、朝鮮政府は、当時、帝国主義列強間の競争の調節と他国に対する侵略の道具として利用されていた国際法（「狼の法」としての側面）の本質をよく認識していましたが、あえて国際法を儒教的な論理（王道、礼）のなかに取り込むことによって信義に基づいた外交を展開させ、独立と近代化を図ろうとしました。国際法のもう一つの姿である「羊の法」としての側面を国際法の理念として理解する自然法主義、規範主義的な公法解釈に基づき、外交の場でそれを実現するために努力したのです。

朝鮮の近現代史、日本の近現代史を国際法の実践という側面から見ていくと、日本側の「狼の法」と朝鮮側の「羊の法」とのせめぎあいの歴史だったことがわかります。これは現在に至ってもです。

国際法の実践――日本の場合

日本の朝鮮への最初の侵略は、一八七五年九月に日本軍艦・雲揚号が朝鮮の首都の入り口近くの江華島（カンファド）沖合に領海侵入したことです。

この事件に関して、雲揚号の艦長である海軍少佐・井上良馨（よしか）（のちに元帥になる人物）が、「こ

の国は我が国において容用の地なり」「出兵の指令を待つのみ」という提案を海軍中央に具申していたように、最初から計画していた武力行為でした。偶然に起こったことではありません。

日本は朝鮮の保護国化をめざして日清戦争を起こしました。そしてこの戦争を「文明対野蛮の戦争」と言い、国際戦時法の遵守を標榜しました。しかしその内実は、朝鮮政府の同意もなしに一方的に出兵したものでした。朝鮮政府の撤兵要求に対しては、一八九四年七月二十三日、朝鮮王宮を襲撃・占領し、国王を「擒（とりこ）」にしました。そういう状況のなかで国王に清国軍を「駆逐」する「依頼」を強要し、清国との条約を破棄させました。

この日清戦争に反対して、第二次甲午（カボ）農民戦争が起こります。第一次農民戦争よりも規模が大きく、「反日」のスローガンを全面に掲げます。スライドに映っている髷（まげ）を結って担がれている人は農民戦争指導者の全琫準（チョンボンジュン）です。当時、かれは怪我をしていたので、このようにして護送されています。朝鮮の連判状は、名前を横に並べて書くのではなく丸く書きます。これを「沙鉢通文（サバルトンムン）」と言います。「サバル」というのは「どんぶり」という意味です。どんぶりは丸いですよね。こうすると誰が首謀者かわからないのです。そしてこれに目的を書いているのですが、その一項にソウルまで進撃して政府を改革するとも書いています。相当に質の高いものです。

全琫準

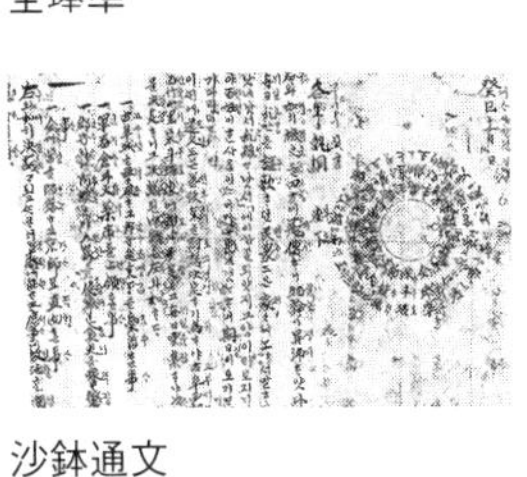
沙鉢通文

第二次農民戦争に対処して、大本営参謀部次長兼兵站総監川上操六少将は、以下のような命令を出します。

東学党ニ対スル処置ハ厳烈ナルヲ要ス、向後、悉ク殺戮スベシ

仁川兵站監部日誌『南部兵站監部陣中日誌』一八九四年十月二十七日条

川上操六は実質的な責任者です。参謀総長は貴族ですから、指揮能力はありません。

東学とは朝鮮王朝末期の、従来の朝鮮の思想の核をなす朱子学とも、西洋の新しい思想である西学（天主教＝キリスト教カトリック）とも異なる朝鮮独自の思想体系（「人すなわち天」の理念のもと地上天国の実現を主張）をつくりあげ、貧窮する農民層に広まった宗教で、一八九四年から九五年の甲午農民戦争の思想的核心となっていましたが、参加した農民の大多数はその宗教的側面ではなく、社会変革の志向にひかれていました。

日本軍は、全羅道（チョルラド）で「討伐」を展開します。北海道大学の井上勝生さんの研究によって明らかにされているのですが、第一九独立歩兵部隊は、四国の土佐出身の兵士が多い。そこで当時の土佐の新聞を調べてみると、関連する記事がたくさん出てきます。

「生捕ハ拷問ノ上焼殺シタ」というような内容がたくさんあります。そして現在の研究では、農民軍の犠牲者は約五～六万人に達したと考えられています。これは近代日本が海外で最初に行なっ

た民衆大虐殺、ジェノサイド作戦です。その後日本は、各地でジェノサイドを繰り返しました。

朝鮮政府は、日露戦争直前の一九〇四年一月二十一日に、海外へ向けて朝鮮政府の「局外中立」声明を、中国の芝罘（チーフー）から電報で各国に発信します。これをイギリス、ドイツ、フランス、デンマーク、清国、イタリアが承認しました。各国は、朝鮮は中立国家なので、戦争が起こっても局外中立だと認めたのです。

局外中立国は、それが防衛的性格の条約であっても、軍事同盟条約、外国軍事基地の設置に関する条約、軍事援助に関する条約などを結ぶことができません。

しかし、日本軍は二月六日に軍事行動を開始して、鎮海湾（チメ）・釜山（プサン）・馬山（マサン）に不法上陸して占領します。そして二日後に仁川沖と旅順に停泊中のロシア軍を奇襲します。ですから実際の日露戦争の開戦は二月八日ではなく、二月六日にはじまっています。

軍事鉄道敷設に反対して処刑された３人の農民

日露戦争後も日本は、そのまま軍事占領をつづけました。朝鮮政府からの要請もなく、勝手に占領するのです。日露戦争のときに、日本はいまの釜山からソウルまで軍事鉄道を敷設します。京釜（キョンブ）鉄道です。それからソウルから新義州（シニジュ）までの京義（キョンウィ）鉄道。これらの鉄道は、農民の土地を取り上げてつくられます。土地を取られる農民たちは当然これに反対しますが、弾圧のなかで銃殺されます。スライドに映っている処刑されたこの三人の名前は、いまは判明していません。

ソウルに南山（ナムサン）というところがあります。のちに韓国統監府がつくられたところです。南山はソウルを見下ろせる場所なのですが、ここに大砲を設置して、それから朝鮮王宮を憲兵や軍隊が二重三重に取り囲みました。そういう状況のなかで保護条約を調印させます。

韓国政府に保護条約締結を迫るため、勅使を買って出たのは枢密院議長・伊藤博文でした。一九〇五年十一月十五日、伊藤は高宗と内謁見した席で条約案をつきつけ、これを拒んだ場合、「一層不利益を来すことを覚悟せられざるべからず」と恫喝（どうかつ）します。高宗はこれまでの日本の朝鮮政策を非難するとともに、国際条約締結の手続きを定めた国内法に沿って「政府臣僚」や「一般人民」にも諮る必要があると拒絶しました。

十七日夜、慶運宮（キョンウングン）内外を日本の軍隊、憲兵隊が幾重にも取り囲むなか、御前会議が開かれます。高宗と八人の大臣たちは互いに拒絶の意思を確認し合い、会議を終えます。ところが会議場の外で待機していた林権助（ごんすけ）公使は、帰路に着こうとする大臣たちをそのまま別室に監禁します。そこへ伊藤博文、長谷川駐劄軍（ちゅうさつぐん）（大韓帝国に駐屯した日本軍司令部）司令官、小山憲兵隊長が乗り込み、直接大臣たちを威圧して、一人ひとりに賛否を問い詰めます。首相にあたる参政大臣の韓圭卨（ハンギュソル）、度支大臣の閔泳綺（ミンヨンギ）は最後まで絶対拒否の姿勢を示しましたが、伊藤は他の大臣たちの言葉の一部だけをわざとゆがめて賛成とみなし、一方的に賛成多数と決めつけたのです。調印書には外部大臣朴斉純（パクチェスン）と特命全権公使林権助の名前が署名され、「外部大臣印璽を奪い、かれらが用意した書類に捺印した」（ロシア皇帝ニコライ二世に宛てた高宗の書簡）のです。「乙巳（ウルサ）保護条約（第二次日韓協約）」

は強制によって調印させられた条約と言うしかありません。

日本は韓国統監府を設置して、朝鮮植民地化を推し進めますが、各地では国権回復（独立）をめざした義兵(ウィビョン)闘争が起きます。

義兵とは、一九世紀末から二〇世紀初頭の二〇年間にかけて、民衆が自ら武器を取り戦った反日武装闘争のことを意味します。義兵闘争については第五章で述べますが、一九〇七年八月から一〇年までのあいだに、一万七八六六人が日本軍によって「殺戮」されました。まさしく日本軍による植民地侵略戦争・組織的なジェノサイドであり、それに抗する朝鮮民衆の祖国防衛戦争でした。

朝鮮の場合

いっぽう、朝鮮での国際法実践はどうであったか。甲午農民戦争時の全州(チョンジュ)和約によって、下からの農民軍の改革案と上からの甲午改革案が結びついて、短期間ではあるが全羅道が解放区になり、民衆自治が実施されるようになります。朝鮮の歴史上に自立的な近代化の道が開かれようとしていた。それが日本軍の弾圧により押しつぶされてしまったのです。農民軍の戦いは、国際法に認められた主権守護の民族防衛戦争だったと言えます。

また日本による保護国化を阻止しようとした高宗皇帝の行動があります。さらに政府官僚・元老の上疏文、義兵将たちの檄文などがあります。そこには固有の、ある種の規範主義的な公法解釈が見えます。「羊の法」としての法理念に依拠して保護条約の無効を指摘しています。

日本には、安重根（アンジュングン）は伊藤博文を殺害したテロリストという、一面的というよりは間違った見方があります。教科書にもこのような間違った見方が書かれていますから、非常に大きな問題だと思います。安重根についても五章で詳しく述べますが、かれは旅順監獄に収監され、処刑されるまで多くの文章を残しており、裁判記録も出るようになったため、その行動の思想的背景を知ることができるようになりました。かれは裁判において、伊藤を射殺した行為は個人テロではなく、義兵部隊・独立戦争の指揮者としての行動であり、国際法に認められた交戦団体の捕虜として取り扱うよう主張しました。安は獄中で『東洋平和論』を書き残しましたが、それは欧米帝国主義の東アジア侵略に対抗して、朝・中・日の自主独立に基づいた三国連帯とその実践方法を構想したものです。かれは、当時の朝鮮人のなかでも相当に高い知識を持っていた人だったことがわかります。

一九一〇年代の反日独立運動

一九一〇年代の「武断統治」下の独立運動をめぐって、それは「閉塞期」のことであり、三・一独立運動はロシアの十月革命やウィルソンの民族自決主義に影響されたものという、非常に皮相な見方がいまなお一部にあります。しかし事実は決してそうではない。この時期も国内外の民族運動は途切れることなくつづいており、そのなかで民衆の抵抗のエネルギーは着実に蓄積されていきました。

朝鮮総督・寺内正毅は一九一五年六月二十六日に司法官に対して次のような訓示をしています。

寺内は、「今各地ノ状況ヲ察スルニ朝鮮統治ノ本旨漸ク一般民衆ニ徹底シ各自其ノ緒ニ安ムシテ業ヲ営ミ産ヲ治ムルニ至リ、殊ニ当初所在ニ跳梁セル流賊暴徒ハ殆ムト其ノ迹ヲ絶チ都鄙将サニ静謐ナルハ甚タ喜フヘシ」と朝鮮統治を自画自賛していますが、そのあとにつづけて、「近時又慶尚咸鏡其ノ他諸道ニ於テ多数人民ノ騒擾事件相次テ起レルカ如キ頗ル憂慮スヘキ現象ナリ」と吐露しているように、朝鮮統治の期待と、現実に対する相反する心情を読み取ることができます。

嵐のような弾圧のなかでも、国内各地では独立義軍府（トンニプウィグンブ）、朝鮮国民会（チョソンクンミンフェ）など多くの秘密結社が活動しており、いっぽう、近代的な教育内容を取り入れていた書堂（ソダン）や労働夜学（ノドンヤハク）が民衆によって身近な民族教育機関として普及していきました。

注目すべき点は、この時期の国内の民族運動が、労働者・農民などの大衆運動へと方向を転換しはじめたことです。当時は、土地調査事業、林野調査事業や増税に反発した農民・小商人は、土地・林野所有権訴訟を起こしていましたが、測量妨害、駐在署（駐在員はみんな日本人）・面事務所の襲撃など、より積極的な闘争を展開していきます。

安重根

伊藤博文

寺内正毅

とくにこの時期は、第一次世界大戦を契機に日本の資本が急速に浸透し、三井系の朝鮮紡績株式会社、朝鮮製糸工場、朝鮮製紙工場、三菱系の兼二浦製鉄所などの大規模工場などが操業を開始するようになり、それまでの自由労働者・鉱山労働者だけでなく、工場労働者の数が増加（工場労働者数は一九一一年一万二一八〇名から一九一九年四万一八七八名に増加――『朝鮮総督府統計年報』一九二〇年――するにともなって、労働者のストライキも増加していきました。『最近に於ける朝鮮治安状況』（朝鮮総督府警務局、一九三三年）によると、一九一二年から一七年までの六年間の毎年平均ストライキ件数は六件、参加者数は九五八名だったのが、一九一八年に五〇件、六一〇〇名、一九年には八四件九〇〇〇名に急増しています。

国外では間島（カンド）やシベリアに移動した義兵や新民会（シンミンフェ）の人々が長期抗戦のための根拠地づくりを急いでいました。各地で自治団体、民族教育機関、軍事団体が組織され、それはやがて二〇年代に展開される独立軍の母体となりました。言い換えれば、植民地下という状況のもとで、「併合」前の義兵闘争と愛国啓蒙運動の両者が見事に合流し、より尖鋭化し、より大衆化した、新たな抗日戦線が形成されうる段階にまで至ったのだと言えるでしょう。

こういう主体的力量があったため、朝鮮の独立運動はロシア革命やウィルソン流の民族自決宣言の影響なども含めて、第一次大戦後の国際情勢にいち早く反応することができたのです。

二　三・一独立運動

三・一独立運動の展開

一九一八年一月からパリ講和会議がはじまります。朝鮮国外の独立団体では、パリ講和会議に朝鮮代表を送るための計画を展開しており、国内では天道教、キリスト教、仏教、学生などの団体が、それぞれ独立運動計画をつくりあげていきます。天道教は、東学を継承した宗教で、三・一独立運動では主導的役割を果たしました。

「民族代表」の独立宣言書

孫秉熙

3・1独立運動時の朝鮮の人びと

いっぽうで民衆のあいだにも、一九一九年一月に死去した高宗が、総督府の回し者に毒殺されたのだという噂が飛びかい、民族意識が否応なしに高まっていました。

日本の東京では、二月八日、在日留学生が独立宣言書を発表（本章扉に写真）し、運動実践のために続々と帰国しはじめました。こうしたさまざまな動きがあるなかで、国内の天道教・キリスト教・仏教団体の指導者たちは、三月一日にソウルのパゴダ公園（現タプコル公園）の八角堂で天道教主孫秉熙（ソンビョンフィ）を筆頭とする三三人の「民族代表」名義の独立宣言書を発表する方針を決定します。三三名の民族代表の内訳は、天道教一五名、キリスト教系統一六名、仏教二名です。この宣言書を起草したのは崔南善（チェナムソン）です。二十四日夜には二万一〇〇〇枚の独立宣言書が印刷され、二十八日から三月初めにかけて宗教団体、学生たちを通じて各地にひそかに配布されました。

独立宣言書は「威力の時代は去り道義の時代が来た」との時代認識から、「われわれはここにわが朝鮮が独立国であること、および朝鮮人が自主民であることを宣言する」と同時に、「日本をして邪道より出でて東洋の支持者としての重責を全うさせるものである」と格調高く述べています。朝鮮の独立とともに日本をも救おうとしたこの宣言書は、信義＝外交と理解した朝鮮の国際法理解を、最もよく現しているのではないかと思います。「民族代表」は三・一独立運動のきっかけをつくる重要な役割を果たしたと思います。

しかし、この「民族代表」には限界性もありました。かれらは決行前夜に最終の会合を開くのですが、そこで初めて、明日、学生たちが独立宣言書発表の場所に多数集まることを知るのです。「民族代表」は学生が「軽挙妄動」することを恐れ、急遽発表場所を変更します。三月一日の当日には、市内の料理店（泰和館（テワグァン））で独立宣言の朗読を行なって、その後かれらは朝鮮総督府に自首するのです。

「民族代表」は、独立の意を内外に静かに伝えることに目的があり、それ以上の行動を起こすことは望まなかったのです。「民族代表」の訊問調書を詳細に検討すると、かれらには当初から「全民族的な示威運動」、「学生との連合」という計画はありませんでした。かれらの運動は、日帝の「理性」に訴えて、「自治」もしくは独立をめざすという妥協的性格、欧米列強の「同情」に期待するという外国勢依存的性格、自分ら一部グループからなる上層運動的性格を持つものでした。

三月一日、パゴダ公園に集合した学生・市民らは「民族代表」が不在のなかで宣言書朗読式を決行し、一斉に「独立万歳」を高唱したあと市街に繰り出しました。これに多くの民衆が合流し、数万人のデモに広がっていきます。ソウルと同時に平壌（ピョンヤン）・義州（ウィジュ）・宣川（ソンチョン）・鎮南浦（チンナムポ）・安州（アンジュ）・元山（ウォンサン）など北部の諸都市でも運動がはじまります。「民族代表」の独立運動の限界性は、三月一日のパゴダ公園からはじまる民衆の実際の行動によって乗り越えられていきました。三・一独立運動は、三月中旬以降に全国に広がり、農民、労働者をはじめとする各階層の民衆が積極的に参加するにつれ、また日本の弾圧が露骨化するにしたがい、運動は次第に暴動化の様相を見せはじめ、三月下旬から四月上旬にかけて最高潮に達しました。全国二三二府郡島のうち二一二府郡島において蜂起が起こり、二〇〇万人以上が参加しました。中国の間島や沿海州など、世界各地に居住する朝鮮人も「独立万歳」のデモを起こしました。

わたしは、この三・一独立運動を通じて、農民、労働者の運動が質的な変革期を迎えたと思います。一〇年代に目覚めつつあった労働者、農民が三・一独立運動において大きな役割を果たし、二〇年代に労農運動は急速に組織化され、マルクス・レーニン主義と結合するなかで、社会主義運動が二〇年代から本格化します。またこの運動により、各種宣伝物、檄文、地下新聞が配布され、太極旗（テグッキ）が振られ愛国歌が盛んに歌われるようになります。つまり、三・一独立運動を通じて〝わが民族〟という意識が広がっていったと思います。

三・一独立運動の意義と特徴

三・一独立運動は、第一次世界大戦後、初の大規模な反帝国主義運動として、中国の五・四運動など世界各地の民族運動を鼓舞しました。こうして日本は「文化政治」へと支配政策の変更を余儀なくされました。二〇年代に日本は、「武断統治」から「文化政治」なるものを標榜せざるを得ない状況に陥ったのです。

三・一独立運動は、よく日本の米騒動や中国の五・四運動と抱き合わせ、東アジアにおける運動の新たな高まりと一括してとらえられがちですが、三・一独立運動の特徴は、なによりも民衆運動としての拡がりの大きさにあります。米騒動や五・四運動に比べても、その規模の大きさは際立っています。民族を挙げての独立運動でした。民衆参加の運動というのは、無名の運動家が多く出てくるのですが……。三・一独立運動の場合、よく顧みられるのが柳寛順(リュグァンスン)です。「朝鮮のジャンヌダルク」だとか、意味の分からないことを言っている人も多いのですが(笑)。彼女が知られるようになったのは、実は解放後なのです。それまではまったく知られていませんでした。彼女は梨花(リファ)学堂の女学生でしたが、翌年の二〇年に一六歳で獄中で亡くなります。そういう無名の女性が三・一独立運動を象徴するようになりました。つまり、三・一独立運動というのは、老若男女を問わない大衆的な運動、朝鮮近代史における民族運動発展の到達点を示していると思います。

日本の弾圧と「大正デモクラシー」

日本は朝鮮総督府の既存の暴力装置だけでは足らず、朝鮮に居住する日本人による「自衛団」を組織するいっぽう、日本本土から軍隊・憲兵を増派し、素手の民衆に対して徹底的に武力弾圧を加えました。死者約七五〇〇人、検挙者四万六〇〇〇人という数値は、弾圧の現場が戦場そのものであったことを示しています。日本のこの戦争の論理は、二〇年の中国・間島大虐殺事件、二三年の日本・関東大震災大虐殺事件でも繰り返されました。

中国・間島地域というのは、現在の延辺朝鮮自治州辺りです。そこは朝鮮独立運動の大衆的基盤が強い土地でした。それを朝鮮内にいた朝鮮軍（日本軍）、西からは関東軍、東からはシベリア遠征軍が三方から囲んで、徐々に狭めて弾圧します。ここでは三〇〇〇名が殺されたと言われていますが、一説には三万人とも言われています。

また日本では、関東大震災で朝鮮人が六五〇〇名以上虐殺されました。軍隊・警察・「自警団」による官民共謀の虐殺です。当時の自警団というのは、だいたい法被（はっぴ）を着ます。

柳寛順

日本ではお祭りのときに法被を着ますよね。ぼくは在日の二世ですから関東大震災の体験をしたことはないのですが、お祭りのときに法被を見るとゾッとするのです。お祭りのときは、お酒を飲んで気分が良くなってくると、みんな非常に乱暴になる。わたしも町内会で日本人の方とお祭りを一緒にやるのですが、酔っぱらうとだんだん口調が乱暴になるのです。そして法被を着ている人と一緒にいると、ゾッとします。わたしの近くにいる日本の人たちは、わたしの実情をほぼ知らないのです。在日朝鮮人というものを知らない。「いつ日本に来たのですか?」「日本語上手ですね」と言うのです。歴史を知りませんから。

三・一独立運動当時の日本は、「大正デモクラシー」の時代であったと理解されていますが、日本の資本主義構造に組み込まれていた植民地朝鮮を含む「日本史」の総体から見ると、話はまったく違ってくる。朝鮮人にとっては国内外のいずこに居住しようとも、大正年間はもっとも過酷な時代だったのです。

「大正デモクラシー」の旗手と言われる吉野作造にしても、朝鮮人に同情心を示しましたが、植民地支配そのものを否定することはなかった。当時、大多数の日本人は、三・一独立運動を「騒擾事件」としてしか認識できず、朝鮮人に対する排外主義的な敵愾心を深めていったのです。こうした態度が、関東大震災時において軍隊、警察、「自警団」の三位一体の戒厳令体制下での朝鮮人虐殺事件につながっていったのです。

東京大学の三谷太一郎さんが『戦後民主主義をどう生きるか』(東大出版会)という本を書かれています。日本の民主主義の時代、デモクラシーの時代を論じ、戦後民主主義を非常に高く評価されています。そしてその戦後民主主義が安倍政治によって危機にあると言います。しかしわたしは、それは一面的な見方だと考えております。そんな折に、東京外国語大学の中野敏男さんが、退任講演で「戦争民主主義論」を発表されました。中野さんは、日本近代史のなかで言われる「民主主義の時代」は、実は戦争の時代と連続しており、日本の民主主義は戦争とセットになった「戦争民主主義」であったと指摘されました。同じプロセスのなかで行使された植民地主義と排除の暴力が、人々を「国民」のなかに凝集させ、「国民」を国民と非国民、内と外に分け、内につくられていく民主主義は、外に向かう暴力と戦争に平行していたと言うのです。とても大事な指摘だと思います。

第二次世界大戦後の日本の戦後民主主義と平和主義は、やはり戦争民主主義ですね。日本が経済復興する契機は朝鮮戦争でしょう。朝鮮戦争のおかげで神武景気と呼ばれる好景気で日本の経済復興がなされた。朝鮮戦争直前に朝鮮人連盟が弾圧されて、朝鮮学校が多く潰されて、レッドパージが起こる。そういう角度で見ると、日本の民主主義とはいったいなにか、と考えざるを得なくなります。

三　三・一独立運動の体験と記憶

三・一独立運動体験が持つ意味

三・一独立運動から一〇〇年と関連して、体験と記憶ということについて考えてみました。まず、朝鮮民衆の三・一体験は、その後の独立運動の原点となったということです。

たとえば、そんなにたくさんはありませんが、独立運動家たちの伝記類があります。運動家たちは帝国主義と戦いますから、弾圧を避けるために基本的にそういう文書は残さないのです。それでもあとに書かれたものですが、金日成(キムイルソン)『回顧録　世紀とともに』、金九(キムグ)『白凡逸志』、キム・サン（本名：張志楽（チャンジラク））『アリランの歌』、ロシアでの独立軍・金擎天（キムキョンチョン）『擎天児日録』などがあります。

金日成主席は八歳のときに、平壌で三・一独立運動に遭遇します。万景台（マンギョンデ）の住民たちとともに、平壌に駆けつけています。金主席は、

私の世界観は新たな段階へと飛躍した。大人たちにまじり、つま先だって独立万歳を叫んだとき、私の幼年時代はすでに終わったといえるであろう。

金日成回顧録

と述べていますが、三・一独立運動体験が新たに革命家となる決意を固めるきっかけになったのです。

キム・サンは朝鮮で三・一独立運動に遭遇しました。かれは『アリランの歌』のなかで、

何千という他の学校の生徒や町の人々と隊伍を組み、歌いながらスローガンを叫びながら町中を行進した。私はうれしさで心臓が破裂しそうだったし、誰もが喜びにあふれていたという体験をした。この体験が、私の政治意識のめざめだったのであり、大衆行動の力が私をまさに根底からゆさぶった

と回想しています。

金擊天は日本陸軍士官学校を卒業し、その後、憲兵連隊少尉に任官されます。しかし三・一独立運動が起こると、日本から朝鮮を経てソ連の沿海州に脱出します。そこで朝鮮人パルチザン部隊の指揮者となって、ソ連軍とともに日本のシベリア遠征軍と戦います。

このような朝鮮民衆の三・一独立運動体験に比べ、日本の場合、原点と認識されるような幅の広い民衆運動の体験は稀であったと言えるでしょう。日本の民衆運動の画期をなしたという米騒動の参加者は、ほぼ下層民に限られ、中・上層民やインテリは無縁でした。

次に、朝鮮の独立運動がこれを契機に民族主義運動から社会主義運動へと移行していったことです。キム・サンが、

> 私（キム・サン―引用者）は世界的大運動に重要な役割を演じているような気持で、至福千年がついに来たのだと思いこんでいた。二、三週間後に伝わってきたヴェルサイユの裏切りのショックは大変なもので、私などまるで心臓が裂けてとび出すかと思った。言葉を信じたわれわれ朝鮮人はなんと純真な感激屋だったことか！

と回想したように、ウィルソンの「民族自決」に裏切られた朝鮮の青年たちは、ロシ

キム・サン

金擊天

ア革命や社会主義に望みをつなぐようになります。

しかし、民族主義運動から社会主義運動への変化は、一夜にして起こったのではなく、一九二〇年代いっぱいがその過渡期だったと思います。たとえば、国外では独立軍による青山里(チョンサンリ)戦闘や「大韓民国臨時政府（上海臨政）」の結成などに見られるように、民族主義運動は以前にも増してより尖鋭化していきます。国内でも全体的な独立運動、政治闘争は二〇年代前半にはまだ民族主義運動が中心になって展開しており、社会主義運動は個別の労農運動が主に経済闘争の形を通じて力を蓄えていた段階でした。社会主義運動が独立運動を主導するようになるのは、二五年の朝鮮共産党結成以降です。

日本の官憲資料では、朝鮮の社会主義陣営、民族主義陣営は内部で対立を繰り返しているように書かれているのですが、それは意図的に書いていると思います。一部にはもちろん、社会主義陣営と民族主義陣営の対立がありました。しかし、大きな流れとしては両運動は統合していき、統一戦線を構築していく過程だったと思います。植民地ないし半植民地地域での運動というのは、先進資本主義国の農民運動、労働運動、社会主義運動とはまた違った、非常に民族的な色合いが濃いわけです。階級的な目標よりも、まず民族解放でした。民族主義者も、社会主義者も、かれらはその表面的なイデオロギー対立にもかかわらず、具体的な闘争現場においては、多分に共通する課題を掲げていました。

三・一独立運動以降の民族解放闘争史を顧みると、民族主義運動は、民衆の生活現実に根ざす諸要求に応えようとするなかで、単なるブルジョア国家としての独立の回復を越える、「新しい社会」を希求していきます。いっぽう、共産主義運動を見ると、一時期、コミンテルンの「一国一党原則による現住国党加入方針」（共産主義者は民族にかかわらず居住する国の共産党に入り活動すること）を受け、在外朝鮮人共産主義者は朝鮮革命とプロレタリア国際主義のはざまで苦悩します。しかし、三五年のコミンテルン第七回大会の方針により、再び朝鮮革命固有の課題＝抗日民族統一戦線運動を正面から取り上げていくようになります。

　朝鮮をはじめ第三世界の植民地諸国における民族主義と社会主義は、単なる二律背反ではなかった。いっぽうは民族性にいくぶん重きを置き、他方は階級性をより多く強調しているだけでした。実態に即して言い表すならば、社会主義的な民族主義者、民族主義的な社会主義者がいたということです。朝鮮の独立運動はこのことをよく示しています。

　二〇年代の国内の新幹会（シンガンフェ）、中国東北地方の民族唯一党形成の試みや、三〇年代に入って、中国東北地方の在満韓人祖国光復会（クァンボクフェ）（三六年）、重慶の大韓民国臨時政府の「建国綱領」（四一年）と左右合作、延安の朝鮮独立同盟（四二年）、国内の朝鮮建国同盟（四四年）はいずれも統一戦線組織として成長しました。社会主義運動と民族主義運動の潮流が、対立と統合の過程を重ねて、最終的に収斂されていったかれらの建国構想は、土地改革と進歩的民主主義を基礎に、両者が広く結集した民族統一戦線的な体制＝人民民主主義革命の遂行でした。朝鮮独立運動史は、抗日民族統一戦線の拡大が基本的な流れだったのです。

三・一独立運動の記憶——解放前

三・一独立運動の記憶はどのように継承されていったのでしょうか。三・一独立運動に関する一切の言論や集会が許されなかった国内では、三・一記念日にあたり奇襲的な万歳示威が散発的に行なわれます。海外では独立団体が活動する地域で毎年三・一独立運動記念式が開催されます。朴殷植（パクウンシク）は上海で『韓国独立運動之血史』（一九二〇年刊行）を書き、その後編は三・一独立運動に費やしています。終始独立運動の統一と団結を訴えてやまなかった朴殷植は、一九二五年に亡くなる前に、〝独立運動をするなら全民族的に統一してなさねばならない〟という遺言を遺しました。

祖国光復会の機関誌を『三・一月刊』と命名したのは、民衆的な、民族的な運動であった三・一運動の記憶が民族統一戦線組織である祖国光復会の性格と重なったからでしょう。日本においても、在日朝鮮人が三・一独立運動記念日にさまざまな形で行動しました。留学生、労働者などの朝鮮人諸団体が連帯して、朝鮮の独立と反帝反戦を訴えました。

解放後

解放直後の政局は、脱植民地化をめぐる民族勢力と反民族勢力との対立が次第に拡大していく過程でもありました。このような対立は、三・一独立運動記念式典にも影を落とします。

南朝鮮では四六年三月一日に民主主義民族戦線側と国民代表民主議院側が別個に記念集会を開催しますが、群衆のあいだで流血する衝突が起こり、多くの死亡者を出しました。四八年済州島（チェジュド）四・

三民衆抗争は、前年の三・一独立運動記念集会に対する弾圧をきっかけにして起こりますが、これ以降三・一独立運動記念集会は官製のものだけが許されるようになります。

北朝鮮では朝鮮共産党北部朝鮮分局、朝鮮民主党、朝鮮新民党、天道教青友党、各社会団体を網羅した三・一独立運動記念共同準備委員会が組織され、四六年三月一日に平壌駅前の広場で三・一独立運動二七周年記念大会が開催され、金日成・北朝鮮臨時人民委員会委員長が「三・一独立運動二七周年を迎えて」という演説をします。同日には、平壌の章台峴教会（長老派）でも独自の記念礼拝が行なわれました。平壌駅前で行なわれた記念大会では、演壇に向かって手榴弾が投げられ、それを防ごうとしたソ連軍将校・ノヴィチェンコ准尉が重傷を負うという事態も起こりました。犯人は南朝鮮から派遣された白衣社の決死隊でした。その後も、北朝鮮要人を狙ったかれらのテロがつづきました。

在日朝鮮人も本国と歩調を合わせて三・一独立運動記念行事を行ないます。在日本朝鮮人聯盟（朝聯）は、一九四六年に解放後最初の三・一独立運動記念大会を開催しました。四六年十月に結成された在日本朝鮮人居留民団（民団）も四七年に最初の記念式典を行ないます。一九四七年の両団体の三・一独立運動記念大会は、若干の違いがあっても著しい対立様相は見られません。朝聯は、日本共産党と中国、ソ連、沖縄人、被差別部落民と連携し、先烈の追悼に重点を置き、全国各支部別に運動を積極的に展開し、民団は、日本社会党および台湾、米軍政庁と連携するなどの違いがありましたが、弁護士で社会運動家の布施辰治が両団体に関係しており、犠牲者へ黙祷をささげ、本国の完全独立を決議するなど、共通点が見られます。

その理由を考えると、民団は朝聯に反対する者や親日派の人々によって組織されましたが、初期民団の一番活発な人たちは朝鮮建国促進青年同盟（建青）に属したグループであり、思想的には右派民族主義に近かったと思えます。朝鮮近現代史研究者の梶村秀樹さんが指摘したように、両団体は表面的には対立しあっているように見えながらも、その反面、民族主義、脱植民地主義という点では相通ずる感覚があり、今日の民団の側から歴史を振り返る場合でも、ある意味では朝聯を出発点に置く形で描かなければならないとさえ思われます。現在、民団中央本部の建物のなかに入っている在日韓人歴史資料館の初期展示物に朝聯関係が多いのを見ても、そのことはよく示されています。

しかし、一九四八年に入って南朝鮮単独選挙の実施、朝鮮分断が現実化するなかで、三・一独立記念式典をめぐる両団体の対立が顕著に現れてきます。朝聯は自主的民主統一政府の樹立、米ソ両軍の即時撤退、南朝鮮単独政府樹立反対、人民委員会への政権移譲を訴えますが、民団は国連の統一独立案支持、人民共和国絶対反対を訴えました。このように一九四八年の朝聯と民団の大会が掲げたスローガンはまったく正反対でした。朝鮮半島に分断国家が樹立されて以後、朝鮮総聯、民団の三・一独立記念集会では、その違いがさらに鮮明になっていきます。朝鮮半島における分断政権の出現、朝鮮戦争による北南分断の固定化は、在日朝鮮人に、分断を前提とした「祖国」との連結を図ることを余儀なくさせたのです。

三・一独立運動はいまなお朝鮮人のナショナリズムの原点として生きつづけている

歴史的な三・一体験は、血肉と化した「民族的記憶」として解放後も語り継がれ、現在の統一運動に結びついて生きています。民族的課題の最大公約数であった解放前の独立の課題（「三・一理念」）と、解放後の統一の課題（「統一理念」）は、常に「二重写し」なのです。その意味において三・一独立運動史は現在の生を共有するわたしたち民族すべての同時代史であり、絶え間ない観察を要する「生きた歴史」だと言えます。韓国の歴史を見ると、民主化運動のさまざまな局面で出される反政権声明は必ず三・一独立運動に触れています。それを継承して韓国の民主化、統一をめざしていこうという、民族的な記憶です。

「民族的記憶」の健全な継承に向けて

二〇一八年九月の平壌共同宣言では、三・一独立運動一〇〇周年の記念行事を共同で開催することが合意されました。しかしその後、具体的な協議をした形跡が見えず、ついに中止することとなりました。日本人の朝鮮史研究者のあいだでは、三・一独立運動史における南北の認識の違い、とくに「民族代表」や大韓民国臨時政府の評価問題のため、同開催を危ぶむ声が一部にありました。「民族代表」と大韓民国臨時政府の評価については、一九二〇年代以降、社会主義運動陣営では低く、民族主義運動陣営では高い。解放後の分断体制のもとで、それが北と南にそのまま引き継がれました。

三・一独立運動一〇〇周年に際して、なによりも大事なことは、三・一独立運動研究における認識の差異を埋めるための共同研究、交流を実現することだと思います。朝鮮人にとって異論のない朝鮮近現代史像というものは、いまだに存在しません。植民地主義および冷戦・分断イデオロギーを克服し、北南・海外同胞が共有する歴史認識を獲得することは、北南の和解・統一の基礎となる作業です。これをきっかけにして歴史対話が本格化することを望みます。

三・一独立運動など朝鮮近現代史の理解において、これまでのイデオロギー的な偏り、資料の偏りを克服し、客観的で新しい研究成果に基づいた歴史認識を獲得して共有することが重要と考えます。開かれた新しい環境は、必ず、真実により接近した新しい歴史認識を生み、「民族的記憶」が健全に継承されていく。そのことによって、新しい環境はより豊かになっていくのだと思います。

三・一独立運動一〇〇周年に際して、北南・海外の同胞研究者が一堂に会する三・一独立運動に関する学術大会を開き、そしてこれをきっかけに朝鮮近現代史像を共有するための歴史対話が本格的に行なわれていくことを夢見ています。

変わらぬ日本の歴史認識、国際法観

ひるがえって、日本の現状を見ると、「明治一五〇年」を迎えて「明治の精神に学び、日本の強みを再認識する」などと、植民地主義を不問に付したまま「古き良き明治」を礼賛しています。日韓合意で設立された「和解・癒し財団」の解散、強制徴用被害者大法院判決を受けても、「国際法

に反する」とまったく的外れな「政府見解」を出しています。これだけを見ても、日本の国際法の理解と実践は、一九世紀の弱肉強食の帝国主義時代からあまり変わっていないと思います。

朝鮮半島は対決から平和へと歴史的大転換を迎えつつあるのに、日本だけがその流れから取り残されていると思います。その最も大きな原因は、日本が犯した過去の過ちの未清算です。今年は三・一独立運動一〇〇年、来年は韓国強制「併合」一一〇年、韓国「保護」条約一一五年を迎えます。日本はいまこそ、日本をも救おうとした三・一独立宣言書の呼びかけを心に刻んで行動すべきだと思います。

第1章

朝鮮と日本の住民の成り立ち、倭の王権と朝鮮

江華島　江華島支石墓（北方型）

佐賀県　金立支石墓群（南方型）

529　倭、加耶へ出兵
532　新羅、金官加耶国を併合
538　百済、泗沘城（扶余）に遷都
552　新羅、百済を破り、西海岸地方へ進出
562　新羅、大加耶国を併合。加耶諸国滅亡

527　磐井の反乱
538　百済から倭に仏教伝来

広開土王碑

朝　鮮	日本・中国
BC221　朝鮮王・否が秦の始皇帝に遣使	BC221　秦の統一 BC202　前漢の成立
BC195頃 衛氏朝鮮の成立	
BC108　漢の攻撃を受けて衛氏朝鮮滅亡。四郡設置	25　後漢の成立
32　高句麗、後漢に朝貢	
44　韓の廉斯国、楽浪郡に朝貢	
	57　倭の奴国王の遣使
105　高句麗、遼東郡を攻撃	
204　公孫氏が帯方郡を設置	
209　高句麗、卒本から国内城（集安）に遷都	
	220　後漢滅亡　三国時代
	239　卑弥呼、魏に遣使を送る
	265　西晋の成立
	266　壹與の遣使
270-280年代　馬韓・辰韓、西晋に遣使	280　西晋の中国統一
313　高句麗、楽浪郡・帯方郡を滅ぼす	
	317　東晋成立　五胡十六国
346　百済、近肖古王即位	
356　新羅、奈勿王即位	
369　百済王、七支刀を製作	
371　百済、高句麗を平壌で破り、故国原王戦死	
372　高句麗に仏教伝わる	
391　高句麗、広開土王即位	
400　高句麗、倭と戦う	
	413　倭、東晋に遣使
414　広開土王碑建立	
	421　倭王讃が宋へ遣使
427　高句麗、平壌城へ遷都	
	439　北魏が華北を統一
475　百済、熊津城（公州）へ遷都	
	478　倭王武が宋へ遣使
501　百済、武寧王即位	
514　新羅、法興王即位	

一　朝鮮と日本の住民の成り立ち

民族形成の「理論」

民族をどういうふうに考えればいいのか。民族の考え方は世界的に難問の一つだと思います。わたしの考えていることを冒頭に述べたいと思います。現在UN（国連）の加盟国は一九九か国、その内部には四〇〇〇から五〇〇〇と言われる民族集団が取り込まれています。現在、世界の民族の歴史を全体として包摂するような発展理論とか概念は、いまだ、われわれは持ち得ていないと考えています。

民族の形成については、世界史的に見るときわめて多種多様なものであることが知られています。ただし人間集団の発展を歴史的に考えると、まず血縁集団（氏族）、それらを統合したものが民俗集団、それから中世における民族、そして近代における国民という大ざっぱな発展図式が、仮説として想定できるでしょう。国民国家の成立は近代固有のものであって、前近代からの民族の発展過程の自然的な結果として生れたものではありません。

前近代のさまざまな歴史的事件や伝説、神話に国民的感情を読み取るのは、多くの場合、近現代の心情が逆に投影されているからで、国民国家の本質からしてそのような伝説や神話が求められやすいのだと思います。

民族問題そのものは前近代にもあったかもしれませんが、歴史的に見て、民族問題として考察されることはおそらくあり得なかった。つまり具体的な民族問題は、近代に限定された問題だと思います。近代国民国家の成立が、民族問題を顕在化させてきたからでしょう。他民族を包含する前近代国家においては、民族の雑居・複合的存在が常態であって、民族問題が顕在化することはあまりなかったと思います。

世界の民族問題というと、パレスチナとイスラエルの問題が脳裏に浮かびますよね。しかし、中東紛争は旧約聖書の時代にまでさかのぼるアラブ人とユダヤ人の民族対立、聖地をめぐるイスラム教徒とユダヤ教徒との宗教対立、パレスチナの土地をめぐる領土問題ではありません。実際にはイスラム教徒、ユダヤ教徒、キリスト教徒の三者は、何世紀にもわたってパレスチナの土地、現在の地中海の東岸、シリア南部の地域で共生、共存してきました。

しかしこの問題は、一九世紀末以後に台頭したヨーロッパでの一握りのシオニストが、第二次世界大戦直後にアラブ社会の分裂を狙った英米帝国主義者の計略に乗せられて武力を行使し、パレスチナ地域に居住するアラブ人（パレスチナ人）を追放し、シオニスト国家（イスラエル）を樹立したために起こった人権問題、植民地問題なのです。

ユダヤ人という言葉は、ユダヤ教を信ずる人々という言葉であって、人種的には多種多様です。ここはわれわれの祖ユダヤの土地であるとして、第二次大戦後、パレスチナ地域に続々と入ったのは、古ユダヤの民セム族とはなんの関係もないスラブ人が多かったのです。

イスラエルと日本は過去、南アフリカのアパルトヘイト体制の同盟国でした。また両者は、植民地主義的な侵略の歴史的責任を否定することでも同盟国でした。いっぽうはホロコーストの犠牲者、他方はヒロシマ・ナガサキという「唯一」の戦争被爆国の犠牲者として、互いが人類未曽有の悲劇の犠牲者というイメージを押し出しながら、自らの加害責任を隠ぺいしている点でも、両国は共通しています。

民族の形成発展を世界史的に鳥瞰するならば、封建的な分割状態が解体されて、資本主義的市場経済を形成しながら出帆したヨーロッパの民族と、長期的に伝統として強固になった中央集権的権力構造のなかで、早い時期から形成されてきた東アジアの民族は、その始原、形成、発展過程が異なると言えます。

中国、朝鮮、日本の東アジア三国は、前近代にすでに形成されていた国家の枠組みを基本的に維持して近代国民国家を成立させました。その点では、こんにち世界に存在する国家のなかでほとんど例外的な存在だと言えます。

東アジア三国における民族の形成――中国の場合

まず中国の場合を見てみます。中国は巨大な多民族国家です。何千年も前からつづく幾多の民族の融合と分化の末に、現在では、漢民族と五五の少数民族が共存しています。

漢民族の起源を探れば、紀元前二〇〇〇年～一〇〇〇年代の殷にまでさかのぼることができます。紀元前一一世紀頃、中原（黄河中・下流地帯）に居住する殷族と北西からやってきた周族が混交し、いまに言う漢民族の母胎ができあがりました。ついでその母胎が春秋から戦国の時代、紀元前八世紀後半から紀元前三世紀の前半にかけて漢民族の勢力が揚子江流域に達し、ついに秦漢以降には華南に進出して、そこの異民族を漢化していきます。他方、北方民族の侵入を不断に受け、その過程でも異民族との混合が進んでいきました。漢民族だけを見ても歴史的には多種多様な存在だったのです。

このような絶え間ない種族、民族の混合過程が進むなかで、言語構造にもさまざまな違いが生まれました。現代中国語は北方方言を基礎にして、蘇州方言、厦門方言、梅県方言、広東方言などに大きく区分されます。

中国の領域が現在の広さにまで拡大したのは清国末期です。一九一一年の中華民国を誕生させた辛亥革命、一九一五年の日本の対華二一カ条要求に反対する運動を通じて、国民国家レベルの nation を意味する「中華民族」という言葉が意識されます。孫文もこの頃から使いはじめました。さかのぼれば、相当昔の文献からも中華民族という言葉は確認されます。しかし一般的に nation を意味する中華民族という意味を込めた使い方は、ほぼこの時期からだと思います。これ以降、政治的なひとつの言説として「中華民族」が流通しはじめます。その後、帝国主義の侵略によって中国は四分五裂の局面に陥りますが、一九四九年の中華人民共和国の樹立によって清国末期の領域をほぼ回復します。

このような歴史的経過は、中華人民共和国が、中華帝国の継承としての「中華民族」国家の特質を帯びていることを示しています。おそらく、中国共産党では連邦制のソ連の例を含めて、民族問題をどうするか相当議論したでしょうが、最終的には中央集権という形を取りました。中国には中国なりの事情があったと思います。

現在の中国政府は、中華人民共和国は重層的であり、五五の少数民族を含む国家であるが、同時に「中華民族」という単一の民族に基づく単一の国家である、という立場を取っています。

そしてたとえば、高句麗（コグリョ）を中華民族の地方政権だったと規定しており、北南朝鮮から批判されています。ソ連ではソヴィエト民族という言い方はしませんでした。中国では中華民族と言う。同じ社会主義国家でも、やはり民族の理解において実情が違うのだ、と思います。

日本の場合

日本列島の住民の成り立ちは、在来の縄文人（古モンゴロイド＝南モンゴロイド）と、弥生以降の渡来系の人々（新モンゴロイド＝北モンゴロイド）の双方を視野に入れて捉えなければなりません。現在のアイヌ民族、琉球民族は古モンゴロイドに属する先住民族です。

少し前の国会（二〇一九年四月十九日）で、「アイヌ民族支援法」が成立し、アイヌ民族が先住民族であることが認められました。しかし先住民族は自決権が一番の問題です。自決権を与えないと、ただアイヌの文化を尊重するということでしかありません。北海道白老（しらおい）町に観光業の付属物のような形で「民族象徴空間」（愛称ウポポイ＝アイヌ語で「おおぜいで」歌うこと）をつくってはいますが……。UN（国際連合）の勧告は相当前から出ていたのですが、なかなか日本政府はそれを認めなかったのです。自治権を拡大することは、沖縄においても重要なことです。

大多数を占める現「日本民族」は、弥生以降に大挙して朝鮮半島から渡来するようになった新モンゴロイドと、在来の古モンゴロイドが融合して形成された集団です。あるシミュレーションによると、現代の日本人は全国平均で縄文系三、渡来系七の割合で双方の遺伝子を併せもっており、西日本では渡来系の比率がさらに高いと言われています。

弥生文化の朝鮮的性格

弥生文化をどう考えるか。縄文時代というのは新石器時代、採取経済です。弥生時代は、紀元前四世紀くらいからはじまります。千葉県の佐倉にある国立歴史民俗博物館の見解では、紀元前九世紀までさかのぼっています。日本の歴史の専門家のなかでも意見が相当分かれるのですが、少しずつ時代がさかのぼっていっています。以前は紀元前三世紀頃と言われていたのですが、現在は、通説では紀元前四世紀ぐらいまでとなっています。これからもっとさかのぼるかもわかりません。

福岡県板付遺跡出土の井堰

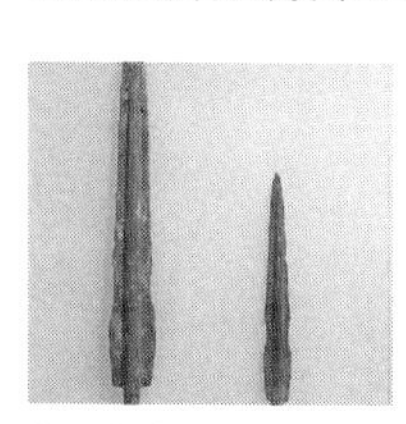
細型銅剣

弥生文化は北九州にはじまって、西日本から東日本へ、短い期間に、北海道と西南諸島を除いた日本列島全域に広まりました。弥生文化の特徴は、生産技術の総合的・質的変化です。具体的には水田稲作、金属器（青銅器、鉄器）の使用です。

縄文時代と弥生時代の人骨を比較すると、縄文時代は頭が大きく、丸い顔をしています。そして体毛が多い。弥生時代は面長になり、頭は小さくなり、体毛はあまりない。朝鮮人の体毛は薄いです。現在のアイヌ、琉球の人々は縄文時代の特徴を持っています。福岡県の板付遺跡にある井堰（いせき）（川を堰止め水を他へ引いたり流量を調節したりする）は、水田をやっていたという証拠です。きれいに掘って水田をつくったというなごりです。遺物は、弥生時代の代表的な金属製品の細型銅剣。これは満州の西に遼河という大きな河がありますが、その流域、満州一帯と朝鮮半島全体に広がって見られるものです。夜臼（ゆうす）式土器は、縄文時代末期から弥生時代の初期にかけて見られる土器です。

次に墓制、お墓の変化です。いわゆる支石墓（しせきぼ）（ドルメン、本章扉参照）は朝鮮半島で広く見られるものですが、基礎となる台石数個の上に巨大な蓋石を載せたもので、なかには長さ八m、幅六m、高さは人の背より高く、重さ数十トンになるものもあります。地上に築造された北方式と地中に築造された南方式があります。日本の支石墓は小型化した南方式で北九州で盛んにつくられました。

南方式の山口県土井ヶ浜遺跡で、人骨二〇七体が出土しました。その平均身長は一六四cmで縄文時代の平均一六〇cmに比べて高い。渡来系は弥生人の特徴を持っています。

埴原和郎さんに『日本人の成り立ち』（人文書院、一九九五年）という有名な本があります。日本人の起源について縄文人と弥生人との二重構造モデルを提唱した人です。弥生から古墳時代にかけて起こった急激な人口増加は、一般の農耕社会の人口増加率（年率〇・一～〇・二%）では説明できず、この間一〇〇万人規模の渡来人の流入があったはずだ、とする大量渡来説（「百万人渡来説」）も提唱しています。

縄文晩期の日本列島の人口は約七万六〇〇〇人程度、それが奈良時代には約五四〇万人になると見られ、弥生時代のはじまりを紀元前四世紀頃と仮定すれば、古墳時代の七世紀頃までの約一〇〇〇年間の人口増加率は年〇・四%を超える計算になります。世界各地の初期農耕段階の人口増加が平均〇・二%とされていることを考えると、これは桁違いの高率で、自然増加以外の要因が考えられます。仮に増加率を〇・二%で計算すると、縄文晩期以来の在来系の子孫は一〇〇〇年間で五六万人程度にしかならない。残りの四八〇万人は渡来人およびその子孫としなければならず、この期間に数十万から百万単位の渡来があったはずだと言うのです。

夜臼式土器

山口県土井ヶ浜遺跡

渡来は弥生時代ばかりでなく、七世紀に至るまでいくつかのうねりになってつづきます。平安時代初期の八一五年に編纂された『新撰姓氏録』によると、畿内の一一八二の氏のうち明確に諸蕃（渡来系）と分類されている氏が三二六におよびます。歴史時代に入ってからの渡来伝承を持つ氏族だけでも、これだけの数にのぼっているのです。

小国の群立

日本列島における小国の形成については次のような史料が知られています。

紀元一世紀に書かれた『漢書』地理志は、中国の前漢時代の紀元前一〇〇年から紀元二〇年くらいまでの内容が書かれています。ここに「楽浪海中（朝鮮の西海、中国の黄海）に倭人があり、分れて百余国を為す、歳時以て来り、献見する」とあります。紀元前一世紀頃の倭には一〇〇余国の小国があった。定期的に楽浪郡（ランランクン）に朝貢（周辺諸国の外国人が来朝して朝廷に貢物（みつぎもの）を差し出すこと）したという意味です。この楽浪郡が漢の四郡のことをいうのかどうか。共和国では、楽浪郡というのは実は楽浪国で、朝鮮の国だという見解もあります。この一〇〇余国というのはおそらく北九州に限定されていると思います。当時の中国の人は九州全体もまだわからないのです。

『後漢書』東夷伝には、建武中元二年（西暦五七年）に倭の奴国王が朝貢し、これに対して後漢の光武帝が印綬を与えたという記述があります。このときのものと思われる印綬が、一七八四年に博多湾の志賀島で発見された金印「漢委奴国王」です。

次に『三国志』魏書東夷伝倭人条（『魏志』倭人伝）です。二世紀末に倭国で大きな反乱が頻発し、卑弥呼を女王にして乱が収まる。卑弥呼が統治する邪馬台国に三〇余の小国があったと記されています。

佐賀県吉野ヶ里遺跡は非常に規模の大きな遺跡で、弥生中期（紀元前一世紀前後）の墳丘墓と弥生後期（紀元二、三世紀）の環濠集落からなっています。甕棺だけでも一万五〇〇〇基が発見されています。現在は復元され、村の周りを環濠で囲んでいたことから、多くの戦いがくり広げられたと考えられます。

吉野ヶ里遺跡

環濠

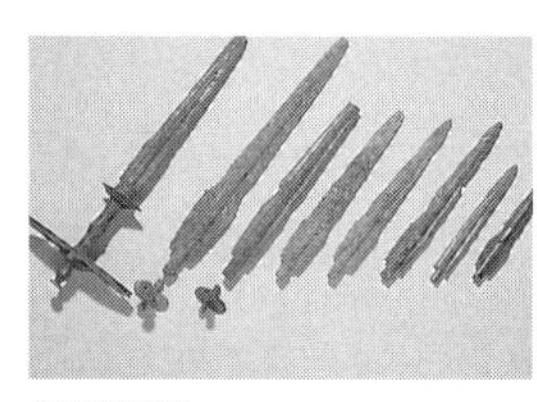
細型銅剣

甕棺にある人骨

朝鮮の場合

次に朝鮮の場合ですが、朝鮮民族の形成に関してはさまざまな見解があります。

朝鮮を支配していた時期の日本の歴史学者は、「日鮮同祖論」、「満鮮史」を唱えました。「日鮮同祖論」とは、古代において日本人と朝鮮人は同じ祖先から出て、日本が本家で朝鮮は分家の関係であるという説です。一九一〇年の「韓国併合」頃に盛んに唱えられました。

もう一つ、「満鮮史」は一九三二年に満州国がつくられてから出てきます。高句麗と満州は同じツングース系の北方民族であるのに比し、朝鮮半島南部の韓族（馬韓・弁韓・辰韓）は別の民族であるとするものです。これは、満州の歴史と北部朝鮮の歴史を一体化するいっぽう、朝鮮民族を二つに分ける考え方です。これらは学問的な動機から出たものではなく、日本の朝鮮支配、満州支配のための政治的な要求から出てきたものです。

中国では最近（二〇〇四年夏）、中国社会科学院が主導した中国東北地方の地域研究計画である「東北辺彊歴史与現状系列研究工程」（略称：東北工程）のなかで、高句麗は建国以来中国東北地方の少数民族による地方政権であり、中国の一部であるとして、隋・唐の高句麗遠征は中国内の統一戦争の一環であると主張しました。これは、現在の「中華民族」という枠組みを過去の中国東北地方の歴史に投影するものと言えます。

共和国では朝鮮民族の形成をどのように考えているのか。一九九三年に平壌近くに高麗時代から知られていた伝檀君墓が発掘されます。墓の形式は高句麗の古墳墓で、四世紀以降の墓です。この墓は高麗時代から伝承として檀君の墓だと言われてきました。この墓から男女二体の人骨が出てきました。男性の骨は一八〇㎝あり、当時の平均からするととても背が高いのです。年代は五〇〇〇年前と測定されました。共和国の学界は、調査の結果、この人骨を最初の古代国家古朝鮮の創建者である檀君であるとして、いままでの檀君神話を実在したものと主張するようになったのです。なお共和国では、朝鮮民族の形成を最初の古代国家・古朝鮮の創建と同じ時期の五〇〇〇年前と捉えています。

日本、中国、朝鮮のいずれも現実の課題を過去に投影して「国史」を構成しようとする点で同じだと言えるでしょう。

紀元前後期の朝鮮半島と中国東北地方の諸族

中国の東方に位置する世界で、最も早く国家形成のメカニズムが始動するのは、朝鮮半島の西北部を中心とした地域です。檀君朝鮮や箕子（キジャ）朝鮮の伝説の信憑性はともかく、紀元前四～三世紀にはこの地方に「朝鮮王」と称する首長が存在したことは中国の文献からも確実です。紀元前二二一年に秦が中国を統一した際、朝鮮王の否（ブ）が始皇帝に使者を送っています。『魏志』東夷伝には、紀元二世紀以前に中国東北部から朝鮮半島にかけて居住する東夷諸族の様子が詳しく記載されています。北方に夫余（プヨ）・高句麗、東北沿海地域には挹婁（パル）・東沃沮（トンオクチョ）・濊（イエ）、西北沿海地域には楽浪（ランラン）・帯方（テバン）、南部には韓（ハン）（馬韓・弁韓・辰韓）と分立していました。

五世紀以降の状態

五世紀前後期には、北方や両沿海地域の諸族が高句麗に統合されていきます。高句麗の最盛期（五、六世紀）の領域は今日の遼寧省、吉林省、黒竜江省、朝鮮の北部、さらにロシアの極東部にいたる地域を含んでいました。高句麗族と韓族は言語・慣習・交流関係から見て、同じ系統に属する民族集団と見ることができます。その後、高句麗、百済を統合した後期新羅、渤海（バルヘ）の高句麗人を編入した高麗の強力な中央集権体制の下で、朝鮮民族としての同質性はさらに強まっていきます。

朝鮮の「帰化姓氏」について考えてみますと、朝鮮の姓氏は現在二七五個あります。そのうち帰化姓氏はおよそ半数の一三六です。そのうち新羅期の帰化姓氏は四〇余、高麗期は六〇余、朝鮮期は三〇余。帰化姓氏の圧倒的多数は中国系であり、他にモンゴル系、女真系、ウイグル系、アラブ系、ベトナム系、日本系などがあります。多くの者が国王と政府の手厚い保護を受け、姓と本貫（本貫とは自分の先祖の始発となった地域名）を下賜されています。帰化姓氏が高麗時代に多かったのは、高麗の国力が強く、対外交流が盛んであったことと関連しています。姓自体は多いのですが、人口的には帰化姓氏の人はごく少数です。

こういったことを考えると、世界的に前近代社会における共同体は、親族関係や主従関係のネットワークから成立しており、個人のある集団から別の集団への帰属移動は、そのまま個人の民族名のシフトにもつながります。他方で、近代社会の成立以降には、個人が生れながらに持っている「民族」帰属は、かれ・彼女がどこの国に移住し帰化しようと不変のものとなります。このように、前代における「民族」は、近代に比べて可変的で、開放的であったと思います。

女真族は靺鞨（まっかつ）族（または粛慎（しゅくしん）とも呼ばれていた）の末裔で、現在の満州族の前身です。靺鞨族は紀元前後期にはすでに松花江、黒竜江（アムール川）、沿海州、朝鮮東北地方（咸鏡道（ハムギョンド））一帯に居住し、言語、慣習などを夫余・高句麗とは異にしていました。最初は夫余・高句麗と対立していましたが、五世紀末から六世紀初頭に高句麗に臣属して、その後、高句麗、渤海の住民構成をなしました。首都や主要都市には支配集団である高句麗人が居住し、辺境地方には被支配者の靺鞨族が生活したと考えられます。高麗時代には女真族と呼ばれるようになり、高麗の境界地帯＝千里長城（チョルリジャンソン）の外側の、鴨緑江と豆満江（トマンガン）一帯に住んでいました。千里長城は一一世紀に契丹の進入を防ぐためにつくられたものです。高麗の統治は千里の長城内で行なわれ、その向こう側は四〇〇年間支配がおよばなかった地域です。高句麗、渤海の時代から、元々そこは女真族の先住地域です。

一三世紀後半以降、高麗人も徐々にこの地方へ進出し、高麗人部落をつくり、女真部落と併存していました。

一五世紀中葉、朝鮮王朝は、鴨緑江中流と豆満江流域への遠征を強行し、女真族を両江以北に追いやります。そして四郡六鎮（四つの郡と六つの鎮からなる行政単位）を設けて、それ以南の地域への入植・開墾が進められ、ほぼ今日の朝鮮の領域が確定しました。しかし、先住地に残留した女真人や、その後、舞い戻ってきた人々も多かった。その後、多くの女真族は同化して、朝鮮人住民に吸収されていきますが、独自の共同体を維持していく女真集団もありました。

『朝鮮王朝実録』に、一五世紀の記述で、咸鏡北道北部（ハムギョンプクトプクト）に「在家僧」という名詞が出てきます。

部落内の家庭の男子が髪を削っていたため、「在家僧」と呼ばれていました。それを読んでみると、「女真」とはっきり書いてあります。長年そこに住んでいたのですね。一九一〇年代末に京都大学の考古学者の今西龍がこの地域で「在家僧」部落と呼ばれている集落を調査し、そこが女真族の部落であることを明らかにしました（「在家僧に関する調査一班」一九一五年）。

「在家僧」部落の調査は、解放後の一九五〇年代に共和国の民俗学者・黄哲山（ファンチョルサン）によって再び行なわれました（『咸鏡北道北部山間部落（〈在家僧〉部落）の文化と風習』科学院出版社・一九六〇年）。道内に散在する女真族部落計一〇三二戸を対象にして、その起源と変遷、文化、風習などを調査しました。その結論部分で、「女真的要素は単に〈在家僧〉部落だけではなく、咸鏡道全体にわたってみることができる」、「咸鏡道に居住する多くの先住女真人が同化し朝鮮人のなかに合流した」、「朝鮮人、朝鮮民族は、古代における諸種族だけではなく、中世における女真族をも包摂して、形成されたのである」。つまり女真族は先住民だと言っているのです。

先住民という言葉は、一九六〇年頃は日本でもほぼ使わなかったのではないでしょうか。わたしはこの当時一〇歳くらいで、ハリウッドの西部劇をたくさん観ていました。だからインディアンを土人と言っていましたし、日本でも先住民という言葉を聞いたことがありません。共和国の学界は、先住民という概念を先取りしていたのですね。

咸鏡道は女真人の先住地です。この地域には女真語に由来する地名が多く残っていました。たとえば、温泉地で有名な朱乙（チュウル）温泉、朝鮮半島最大規模の褐炭の阿吾地（アオジ）炭鉱などの地名がそうでしたが、現在はほとんど朝鮮式に改称されました。

黄論文では、朝鮮民族は中世においても先住民を包摂して形成されていったと論じています。つまり、古朝鮮の創建による朝鮮民族の形成というような単一民族説をとっていないのです。民族の形成を可変的なものとしてとらえているのです。

単一民族国家説は、現在の日本だけでなく、中国、朝鮮においても克服していかなければならない課題だと思います。「国史」の論理ではない、東アジア地域を共有する構想、歴史認識が求められています。

二　倭の王権と朝鮮――高句麗、百済、新羅、加耶

謎の四世紀

朝鮮半島の諸国に対して優位に立っていたとする日本古代史像の中核をなすのが、「任那(みまな)日本府」説です。四世紀後半には大和朝廷が朝鮮へ進出して南部地方を直接支配下に置いたが、その支配のために設置した機関が任那日本府であり、五六二年に新羅(シルラ)によって滅ぼされるまで二〇〇年間にわたって存続したというものです。しかし、二六六年に卑弥呼の跡を継いだ壹與(いよ)が中国に使者を送ったという『魏志倭人伝』の記事を最後に、中国の史書から倭に関する記事は途絶えてしまいます。次に登場するのは四一三年からはじまる倭の五王の遣使についての記事です。しかし、前方後円墳が出現して各地に広がり、大和朝廷による統合が進展していく時期こそがこの空白の時期です。中

国の歴史書にはまったく出てこないこの時期が、「謎の四世紀」と言われるゆえんです。
『日本書紀』神功皇后紀による日本古代史のイメージは、四世紀の中頃には大和朝廷が全国を統一し、さらに朝鮮半島へ出兵して朝鮮諸国を屈伏させ、南部地域には「任那日本府」を設置して直接支配を行なったというものですが、それを証明する史料が、「謎の四世紀」の時期にあたる百済王から送られた七支刀（しちしとう）の銘文と、高句麗の広開土王（クァンゲトワン）碑文にある倭に関する記述だと言われました。

百済（ベクチェ）七支刀銘文

七支刀は、奈良県天理市の石上（いそのかみ）神宮に伝わってきたもので、刀身が約七五cm、三つの枝が左右にある特異な形をしており、六〇余字の銘文が金で象嵌（ぞうがん）されています。銘文とその訳は次の通りです。

（表面）
「泰和四年□月十六日、丙午正陽、造百錬銕七支刀、生辟百兵、宜供供侯王□□□□作」
〈泰和四年（三六九年）□月十六日の丙午正陽の時に百錬の鉄の七支刀を作る。以て百兵を辟除し、侯王の洪用とするのに宜しく吉祥であり、某これを作る〉

（裏面）

「先世以来、未有此刀、百濟王世子奇生聖音、故為倭王旨造、伝示後世」
〈先世以来まだ見なかったこのような刀を百済王と太子とは生を御思によっているが故に、倭王の旨によって造る。後世に示し伝えよ〉

日本の学界では、『日本書紀』神功紀の記事と結びつけて、百済王が服属のしるしに「倭王」（大和朝廷）に献上したものだと理解しました。しかし、これに対して共和国の学界から、銘文そのものの検討に基づいて解釈すべきだという批判が起こります。「侯王」とは、君臣関係を表す言葉であり、百済王が倭王に侯王という呼び方をしている以上、上位にあった百済王が目下の倭王に下賜したものだと主張しました。

わたしは七支刀の銘文からは、百済が大和朝廷に服属したように読み取ることには無理があると思います。あくまで贈与の主体である百済の立場にたって、銘文を解釈することが重要だと思います。

当時の朝鮮半島情勢は、南下をめざす高句麗（コグリョ）と、百済（ペクチェ）とが激しく対立していました。百済は高句麗との戦いを有利に進めるため、三六六年と三六八年に新羅へ使者を派遣、三七二年には、東晋に入朝して冊封（冊書〈皇帝の命令書の一種〉を以って封爵を授けること。漢代にはじまる）を受けるなど、活発に外交を展開していました。こうした積極外交の一環として倭との同盟を固めようとして贈ったのが七支刀だったと思われます。

広開土王碑は高句麗第一九代王の顕彰碑で、子の長寿王（チャンスワン）が同王の死後二年目の四一四年に建立したものです。場所は首都国内城（クンネソン）（現在の鴨緑江（アムノッカン）中流北岸の中国吉林省集安県）にあります。

石碑は、高さ六・三ｍ、幅二ｍの自然石の四面に約一八〇〇の文字が刻まれています。その第一面の箇所に、辛卯年（しんぼうねん）（西暦三九一年）に倭が来攻したという記事が出てきます。

「百殘新羅舊是屬民由来朝貢、而倭以耒卯年來渡海破百殘□□新羅、以爲臣民」

日本の学界では、〈（高句麗にとって）百済・新羅はもともと属民であり、朝貢してきた。倭が辛卯の年に以て来りて海を渡り、百済・任那・新羅を破り、以て臣民と為した〉と解釈しております。

これに対して共和国の金錫亨（キムソクキュン）は次のように解釈しました。

「倭以耒卯年來、（高句麗）渡海、破百殘、百殘新羅、以為臣民」
〈倭が辛卯年に以て来たので（高句麗は）海を渡り百済を破って、百残、新羅を臣民とした〉

金は、「来」と「海」の間で文を区切り、倭が辛卯年を以て来り、これに対して高句麗が海を渡ったものと解釈しました。広開土王の事績を記録した碑文に則して、あくまでも高句麗を主体として解釈すべきだと主張し、「渡海」の主語を倭ではなく高句麗とするのです。「渡海」の主語はどこなのか、「倭」の実体はなにか、という点で、いまもなお論争がつづいています。四世紀末から五世紀初めの「倭」は、いまだ畿内の範囲を越えることができなかった大和王朝勢力ではあり得ず、おそらく加耶諸国と政治、経済、文化的に深い関係にあった北部九州の豪族が「倭」であるという説が有力です。

「任那日本府」

七二〇年に編纂された官撰史書である『日本書紀』は、大和朝廷による統治の正統化を目的とした書物です。その目的と関わって、四世紀後半から六世紀後半の二〇〇年間にわたって、「任那（みまな）」（加耶地方）全域に「日本府」という統治機関を設置し、大和政権が支配したという物語を描き出しています。

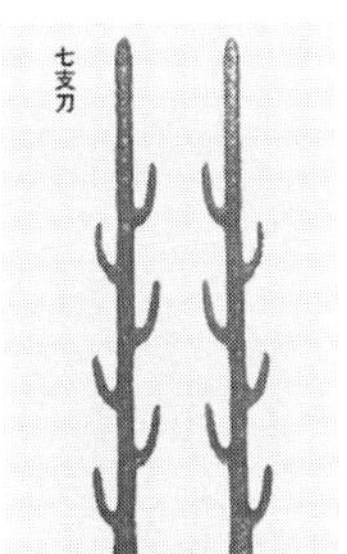

百済七支刀

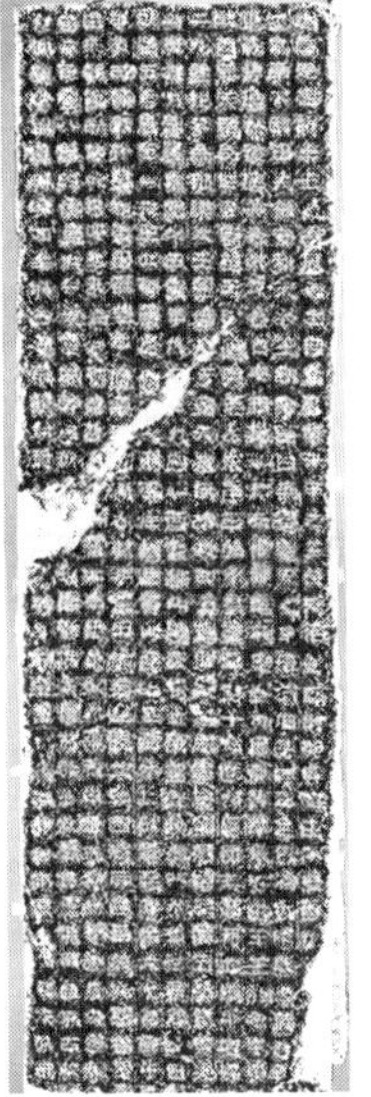
広開土王碑の拓本

加耶とは、洛東江下流域のかつての弁韓地方を中心に、百済や新羅に組み込まれず、小国が分立して自律性を保ちつづけたところです。その中心の一つが、南部地域の金官加耶国（金海）、いま一つが北部の大加耶国（高霊）です。しかし、『日本書紀』は「任那」という言葉を、加耶地方全体を指す用語として使っています。任那とは、本来この加耶地方の小国の一つ金官加耶国の別の呼び名です。

当時、高句麗、百済、新羅の諸国の対立はつづいており、加耶諸国も三国の動きのなかで独自の外交を展開しながら、連携を進めていました。『魏志』東夷伝韓条には「国は鉄を出す、韓・濊・倭、皆従ってとり、もろもろの市買にはみな鉄を用う」とあるように、弁韓・加耶地方は古くから鉄器生産が高い水準にあり、倭への移住、鉄資源の交易や文化交流が盛んに行なわれていました。四世紀末から五世紀の倭では、大阪平野の南部で前方後円墳が次々とつくられ、次第に各地へ広がっていきます。古墳からは大量の鉄製の農具や工具、武具などが見つかっています。倭の王権は、加耶から得た鉄を中心とする武力で地方の豪族を服属させていったと推測できます。当時の日本列島には、鉄を精錬する技術がなかったため、加耶から手に入れなければならなかった。そのため倭が加耶諸国へ積極的に軍事支援を行なったと考えられます。六世紀に入ると、新羅が加耶地方への攻勢に出るようになります。危機に陥った金官加耶国は倭に軍隊の派遣を要請し、それに呼応して倭が出兵したものと考えられます。

『日本書紀』に「日本府」という言葉が六世紀前半に限られて出てきますが、「日本」という呼称がこの時期に存在していなかったことは言うまでもありません。その実態は、加耶に駐屯する倭の支援軍や倭国の使臣などを指したものと見られ、長期にわたった植民地支配の機関などではあり得ません。『日本書紀』の朝鮮関係の記事は、ほとんどが『百済記』からの引用であることから、この書物は百済滅亡後に亡命してきた百済人が『日本書紀』の編者の要求にしたがってまとめたものと考えられます。

五三二年の金官加耶国の降伏につづいて、五六二年に大加耶国も滅びます。加耶全体を倭の支配地であるかのように描いてきた『日本書紀』は、これをもって「任那日本府の滅亡」とするのです。

第2章

「日本」の成立と新羅・渤海、モンゴルの来襲と東アジア

法興寺（飛鳥寺）復元図（一塔三金堂伽藍配置）

	710 平城京へ遷都
	720 『日本書紀』完成
727 最初の渤海使日本へ	
779 最後の新羅使日本へ	
	794 平安京へ遷都
	815 『新撰姓氏録』編纂
	838 最後の遣唐使
840 張保皐の使者大宰府へ	
900 甄萱、後百済建国	
901 弓裔、後高句麗建国	
	907 唐の滅亡　五代十国へ
	916 契丹（遼）の建国
918 王建、高麗建国	
926 渤海の滅亡	
935 新羅、高麗に投降	
	939 平将門「新皇」を称する
	960 宋の建国
	979 宋の中国統一
993 契丹の侵入（1010、1018）	
	1019 刀伊の入寇
1079 高麗､日本に名医派遣を要請	
	1115 女真族、金建国
	1127 南宋の成立
	1167 平清盛太政大臣
1170 武臣政権の開始	
	1192 鎌倉幕府成立
1196 崔氏政権の成立	
	1207 チンギス・カン即位
1231 モンゴルの高麗侵略開始	
	1234 モンゴル、金を征服
1259 崔氏政権倒れる　高麗投降	
	1260 クビライ即位
	1261 クビライ、国号を「大元」に
1268 モンゴルの使者日本に至る	
1270 武臣政権滅ぶ 三別抄の反乱	
1273 三別抄鎮圧	
1274 元の第一次日本攻撃	
	1279 南宋の滅亡
1281 元の第二次日本攻撃	

朝鮮	日本・中国
372 前秦から高句麗に仏教伝来	
384 東晋から百済に仏教伝来	
5世紀前半 高句麗から新羅に仏教伝来	538 百済から倭に仏教伝来
577 王興寺建立	
	587 蘇我馬子、物部氏との戦いで勝利
	589 隋が中国統一
	593 聖徳太子の摂政
	596 法興寺完成
598 隋の文帝、高句麗攻撃を命ずる	600 第一回遣隋使
	602 倭国、新羅攻撃計画
	607 小野妹子遣隋使
612 隋の煬帝、高句麗遠征 (613、614)	621 唐が中国統一
	630 第一回遣唐使
641 百済、義慈王が反対派を追放	
642 高句麗、淵蓋蘇文が権力掌握	
645 唐の高句麗攻撃(647,648)	645 乙巳の変(大化の改新)
647 新羅、毗曇の乱	
654 新羅、武烈王即位	
660 百済の滅亡	
661 唐の高宗、高句麗攻撃を命ずる	
663 白村江の戦い	
	664 大宰府防衛のための水城を建設
666 淵蓋蘇文死去	
668 高句麗の滅亡	
	672 壬申の乱
676 新羅、唐の勢力を駆逐	
	694 藤原京へ遷都
698 渤海の建国	
	701 大宝律令制定
	702 遣唐使、「日本」を称する

一　飛鳥仏教と朝鮮三国

仏教の公伝

第二章では、主に吉野誠さんの研究（『東アジア史のなかの日本と朝鮮』明石書店、二〇〇四年）に依拠してお話しします。

紀元前六～五世紀にインドで興った仏教は、中国大陸を経て四世紀に朝鮮半島へ伝わります。中国北朝の前秦から高句麗に僧順道が派遣され仏像および経典が送られたのが三七二年です。三九三年に広開土王が平壌に九つの寺院を建てたという記録があり、仏教が深く受容されていたことが窺えます。南朝の東晋から百済に伝わるのが三八四年で、新羅へは五世紀前半に高句麗から伝わったと言われます。これがさらに倭へ伝わるのは六世紀になってからです。

倭へ仏教が伝わるのは、六世紀半ばに百済（ペクチェ）の聖王（ソンワン）（聖明王（ソンミョンワン））から欽明天皇のもとに仏像や経典が贈られたのが最初だと思われます。公伝の年には、五三八年（『上宮聖徳法王帝説』『元興寺縁起』）と五五二年（『日本書紀』）の二つの説がありますが、いずれにせよ、それは倭が百済に仏教を求めたことからはじまりました。六世紀の前半に、ヤマト政権は九州北部の独立的な勢力を圧倒して、統一国家の形成に入ります。そのときに支配集団が国家形成を支えるためのイデオロギー的な支柱を仏教に求めたと考えられます。いっぽう、百済は当時、存亡の危機を迎えていました。高句麗の南下によって四七五年に当時の都・漢山城（ハンサンソン）（いまのソウル）を奪われ、熊津城（ウンジンソン）（公州（コンジュ））へ都を移さねばならず、さらに五三八年に南の泗沘城（扶余）へ遷都して建直しを図ります。こののち百済は五五一年に漢山城奪回に成功しますが、翌五五二年にはそれまで同盟関係にあった新羅によってこれを奪われ、五五四年には、倭国に仏教を伝えた聖王自身が倭兵とともに新羅と戦って戦死しています。つまり、百済による倭への仏教公伝は、百済が高句麗や新羅の脅威を受けていた時期と重なります。このような対立のなかで、倭との同盟策として先進文化の仏像などを提供したと考えられます。

法興寺の建立

欽明天皇のもとで仏教の受容に積極的だったのが蘇我氏でした。蘇我氏は六世紀に突如台頭してくる新興豪族です。外国の事情に詳しいことから、おそらく朝鮮半島からやってきた渡来人と関係が深く、それが仏教などの新しいものを導入する動機になったと思います。当時の仏教は、アジアで最先端の思想や信仰、さらには学問、芸術、技術を含む総合的な文化でした。仏教は、ヤマト王権の支配体制を支えるためのイデオロギーや理念にかなうものでもあったわけです。しかし、古来の土着信仰を固守して、仏教の受け入れに反対した既成の豪族・物部氏とのあいだで二代にわたって対立がつづきますが、五八七年に勝利した蘇我馬子に支えられて、五九二年に推古天皇が即位し、翌年には聖徳太子が摂政となります。このような情勢のもと、蘇我氏の氏寺として五九六年に建立されたのが法興寺（飛鳥寺）でした。

法興寺の建立にあたって百済から僧侶や寺工・瓦博士・画工などが派遣されてきました。こうした技術者らなしに先進文化といえる寺院を建築することはできなかったのです。高句麗からも仏像製作のため黄金三二〇両が贈られたと言われます。一九五〇年代後半に行なわれた発掘調査により、法興寺の伽藍配置が明らかになりました。それは一つの塔を東西北の三つの金堂が取り囲むという一塔三金堂様式でした。同じ様式は平壌の清岩里廃寺（チョンアムニ）や定陵寺（チョンルンサ）など高句麗の寺院遺構で見られることから、法興寺の建築様式は高句麗から伝わったとされてきました。しかし、二〇〇七年十一月、百済の都が置かれていた泗沘城（扶余）の王興寺（ワンフンサ）（聖王の息子・昌王（チャンワン）＝威徳王（ウィドクワン）が建立）という寺院跡で、重要な発見が相次ぎました。発掘調査により、王興寺の伽藍配置が法興寺と同じ様式であること、さらに、五重塔の真下から発見された舎利容器や数々の工芸品が、法興寺の五重塔の下から発見されたものと酷似していました。青銅製の舎利容器には「丁酉二月十五日」という文字が刻まれていたことから、五七七年に王興寺が創建されたことが判明しました。このことから法興寺の建築様式が高句麗だけではなく、百済の影響をも強く受けていたことがわかりました。

建立の前年に来日した高句麗の慧慈（ヘジャ）、百済の慧聡（ヘチョン）の二人が最初の住職となり、ともに「三宝の棟梁」と称されました。とくに慧慈は、六一五年の帰国まで日本に留まり、聖徳太子の仏教の師であるだけでなく、政治・外交のブレーンとして大きな影響を与えました。聖徳太子が著した仏教の経典である『三経義疏』（『法華経』『勝鬘経』『維摩経』の注釈書）も、慧慈の指導のもとでの研究の成果というべき作品です。高句麗に帰国後、六二二年に聖徳太子が没したという訃報を聞いて大いに悲しみ、あとを追うように翌年に亡くなったと言われています。従来からの百済仏教の影響に加え、高句麗仏教の影響も大きかったことがわかります。

百済と激しく対立し、倭とも対抗関係にあった高句麗が、なぜこの時期に倭との接近を図ったのでしょうか。高句麗は五七〇年に初めて使者を倭国に送りましたが、その後もたびたび使者を送ってきます。

前章で見たように、六世紀には新羅が急速に成長し、五五二年に高句麗や百済を破って西海岸地域に進出して、海路により直接に中国と通行できるようになっていました。五八九年に隋が南朝の陳を滅ぼして中国を統一すると、高句麗・百済・新羅は相次いで朝貢し、隋の冊封を受けます。しかし、境を接する隋と高句麗のあいだの緊張は高まり、五九八年にはついに隋の文帝は水陸三〇万の大軍をもって高句麗遠征を命じました。しかも、これに合わせ、新羅が高句麗の南側を脅かす動きを強めます。

高句麗は隋、新羅との抗争のさなかにも、倭国に対して積極的に働きかけ、有能な人材や文物を送り倭王権との連携を強めました。倭でも六〇一年に高句麗・百済に使者を派して新羅攻撃の協議をしています。そして六〇二年には、聖徳太子の実弟にあたる来目皇子（くめのみこ）を将軍として二万五千人の軍隊を新羅攻撃に向かわせようとしましたが、筑紫まで行ったところで来目皇子が病死したため、計画を中断せざるを得ませんでした。同年

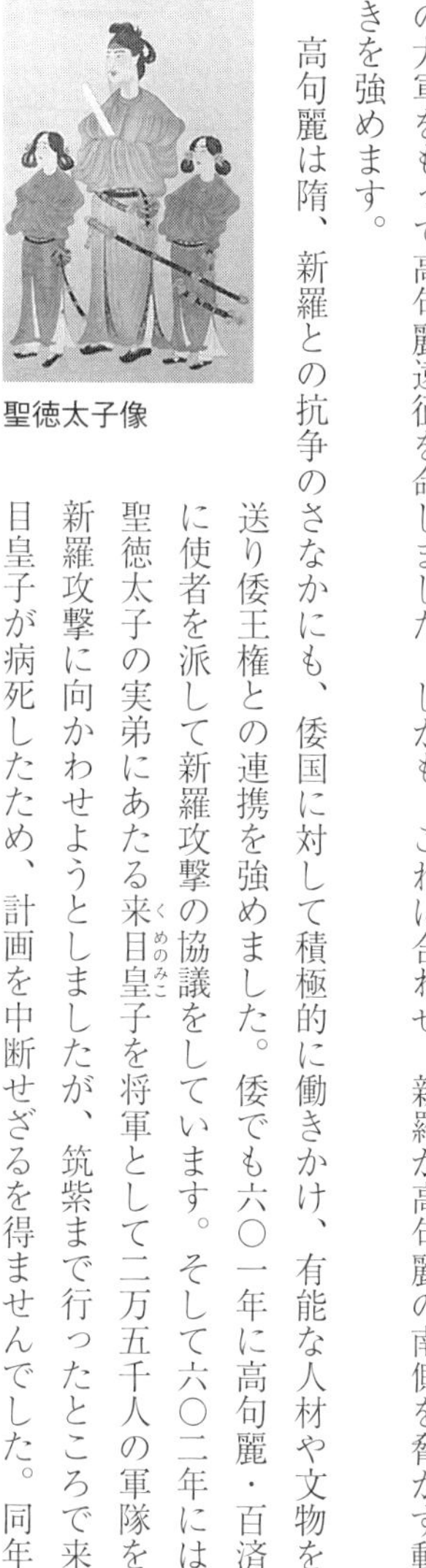
聖徳太子像

に百済が新羅領に侵入し、翌六〇三年には、高句麗が新羅によって占領されていた北漢山城を攻撃します。倭と高句麗・百済のあいだには、連携ができていたように見えます。

遣隋使の派遣

こうした東北アジアの動きのなかで、聖徳太子は遣隋使を派遣します。中国側の記録『隋書』によれば、第一回目の遣隋使派遣は六〇〇年となっていますが、『日本書紀』では六〇七年の小野妹子(おののいもこ)の遣隋使が最初としています。国書に「日出ずる処の天子、書を日没する処の天子に致す」云々と書き出されていたため、煬帝は立腹し、外交担当官に「蕃夷の書に無礼あらば、また以て聞するなかれ」と命じたといいます。

煬帝が怒ったのは、天子は中華思想ではただ一人で、それなのに辺境の地の首長が「天子」を名のっているからにほかなりません。また、倭の五王の時代と違い、あえて冊封を受けませんでした。それにもかかわらず、煬帝は帰国する妹子とともに裴世清を勅使として派遣する厚遇を示しました。緊迫した情勢のなかで、あえて隋を怒らせるような使節を送ることが、なぜ、可能だったのでしょうか。当時、新羅が隋に接近して、高句麗を挟撃しており、いっぽうで倭が高句麗・百済と連携して新羅への遠征を実施しようとしていました。こうした東アジア情勢のなかで、相手を刺激するような国書を持った隋遣使が派遣されました。そこに聖徳太子の外交ブレーンだった慧慈、したがって高句麗の戦略が反映していたのではないか、という見方もあります。尊大な態度の倭を意識させることによって、隋の高句麗攻撃を牽制しようとしたと見るわけです。

　無礼な使節にもかかわらず、煬帝が大目に見て国交を成立させたのは、高句麗との緊張関係のなか、冊封をめぐる朝鮮三国への厳しい態度と違い、倭が高句麗と結ぶのを恐れて、冊封なき朝貢を受忍したと思われます。対等な国家としての気概を示したと言われる「日出ずる処の天子」の国書ですが、それが可能だった背景に、高句麗の隋への対決の気概があったことを見落としてはならないでしょう。隋の煬帝は六一二年、一〇〇万を超える軍を高句麗に出動させ、さらに六一三年と翌年にも大軍を送りましたが、高句麗は乙支文徳（ウルチムンドク）将軍らの活躍でこれを防ぎきり、逆に隋は遠征による疲弊と国内の反乱のなかで崩壊しました。

二つの弥勒菩薩像

　遣隋使の派遣は、隋との関係を確保する契機となり、また、のちに述べますが、新羅との関係を好転させるきっかけにもなりました。こののち、仏教においても、新羅仏教との交流が強まっていきます。

　新羅仏教徒との関係を象徴するのが、京都右京区太秦にある広隆寺（こうりゅうじ）の木造の弥勒菩薩像（宝冠弥勒）です。高さ約一二五cmで、右足を左膝に乗せ、右手の指をそっと頬に当てて思索にふける半跏思惟像で優しく微笑んだ表情が美しい。ドイツの哲学者カール・ヤスパースがこの像を「人間実存の最高の姿」を表わしたものと激賞したと言われています。飛鳥美術の代表的な作品として、一九四六年に戦後の新制度のもとで彫刻部門の国宝第一号に指定されました。ところが、これにそっくりな半跏思惟像が韓国にもあります。ソウルの国立中央博物館に所蔵されている金銅の弥勒菩薩像（国宝第八三号）です。

『日本書紀』には広隆寺の仏像に関連する二つの記事が記されています。一つは、推古十一（六〇三）年に広隆寺を開基した渡来系氏族の秦河勝（はたのかわかつ）が聖徳太子から仏像を受けたと言われ、もう一つは、聖徳太子が死んだあと推古三一（六二三）年に、新羅から仏像が贈られて広隆寺に安置されたという記事です。このことから広隆寺の弥勒菩薩像は、朝鮮からの渡来像であるとする説、日本で製作されたとする説に長年分かれていました。しかし、一九四八年の調査でこの仏像がアカマツ材の一木造であることが判明したことで、朝鮮からの渡来像であるとする説ががぜん有力となりました。というのは、飛鳥時代の仏像は、ほとんどが日本特産のクスノキ材でつくられており、平安時代以降になるとヒノキ材が多くなるという用材の流れが明らかにされてきたからです。マツでつくられた広隆寺の弥勒像はきわめてまれな例外ということになります。ところがその後、一九六八年の写真撮影の際、内刳り（うちぐ）（軽量化と乾燥による干割れを防ぐために木造の内部を空洞にすること）の背板はアカマツ材ではなく、クスノキに似た広葉樹が使用されていることが判明し、再び日本制作説が浮上するようになりました。

いっぽう、韓国にある弥勒像は、骨董商をしていた梶山義英という人物が一九一二年に李王家博物館に高く売りつけたものと言われます。弥勒信仰はとりわけ新羅で盛んとなり、出所のわかっている現存の半跏像のうち、大型のもののほとんどが新羅製と見られています。広隆寺の弥勒像も、新羅でつくられて日本へもたらされた可能性が高いと言えるでしょう。

いずれにしても、飛鳥仏教が百済・高句麗だけでなく、新羅仏教とも深い関係を持っていたことを、二つの弥勒菩薩像が物語っています。飛鳥仏教に見られる朝鮮三国の仏教とのつながりは、倭国の外交的な模索の反映でもあったのです。

二 大化の改新と白村江の戦い

唐の建国と東アジア

高句麗遠征の失敗をきっかけとして隋が滅亡すると、中国では六一八年に建国した唐が全土を掌握し、律令制度に基づいていっそう強力な国家体制を整えました。六二一年に唐が中国を統一すると、三国はそれぞれ使者を送り、六二四年に冊封を受けます。しかし、隋代に引きつづいて高句麗と唐の緊張関係は解消せず、六三〇年に北方の東突厥（ひがしとっけつ）を服属させると、唐は本格的に高句麗への圧力を強めます。この年、倭も第一回の遣唐使派遣に踏み切りました。ところが、六三二年に派遣されてきた唐使高表仁（こうひょうじん）は、王子（日本国王）と儀礼の問題で争い、国書を読み上げることを拒否して帰国しました。唐から高句麗攻撃への協力を求められたとの見方もあり、緊迫した東アジア情勢のもとで、外交路線の選択を迫られる状況となっていたわけです。

大唐帝国の出現という事態を前に、六四〇年代には、東アジア諸国でそれぞれ国内体制を強化する動きが生まれます。唐の圧迫が激しさを増しつつある六四二年、高句麗では淵（泉）蓋蘇文がクーデターで権力を握り、唐への対決姿勢をいっそう鮮明にしました。この前年には、百済でも義慈王が反対派を一掃して権力を集中する政変が起こっています。そして、六四二年には、自ら軍勢を率いて新羅西方を急襲し、旧加耶地域の四〇城余りを奪いました。窮地に陥った新羅は、王族の金春秋を高句麗に派遣し、救援を求める策に出ましたが、淵蓋蘇文に拒否され、高句麗・百済との対立は決定的となりました。孤立した新羅は六四三年に唐へ使者を送り、唐の出兵を要請しました。

唐はこれに応えて、太宗は六四五年に自ら一〇万の軍勢を率いて出征しました。新羅は、これに呼応して数万の軍を高句麗に向かわせます。百済は、そのすきに新羅に奪われていた諸城の奪回を図りました。倭国で、いわゆる大化の改新が行なわれたのは、まさに唐の遠征軍が高句麗攻撃を行ない、朝鮮三国の攻防が激しさを増しているときでした。唐の第一回高句麗遠征は失敗したものの、六四七年、六四八年にあいついで遠征軍を派遣しますが、高句麗はこれを防ぎ切りました。このなかで、新羅では、六四七年に唐に対する外交路線をめぐって有力貴族の毗曇らによる反乱事件が発生しますが、金春秋と金庾信はこれを鎮圧して権力の集中を進めました。この年、金春秋は倭国へ行き、倭の動向を見極めたうえで、翌年に唐に渡って帰国すると、六四九年には衣冠制度を唐風に改め、その翌年には唐の年号を採用するとともに、唐にならった官制改革を断行していきます。

唐の大軍による高句麗攻撃が行なわれていた六四五年、倭国で「乙巳の変」が起こり、一連の国政改革（大化の改新）が行なわれます。このクーデターも、朝鮮三国でそれぞれ行なわれた王権強化の動きと同様の性格を持ったものだと考えられます。中大兄皇子（のちの天智天皇）や中臣鎌足（のちの藤原鎌足）を中心としたグループにより、宮中で蘇我入鹿が暗殺され、父親の蝦夷が自死して、権勢を誇った蘇我一族の本家が滅亡しました。孝徳天皇が即位し、日本で初めて元号「大化」を定めて、中大兄皇子自身が皇太子となります。『日本書紀』の編者は、「韓政に因りて誅せらるるを謂う」と注記しています。「韓政」、すなわち朝鮮半島をめぐる政策が原因だと言っているのです。すでに見てきたとおり、伝統的な倭の外交は親百済政策を基軸にしてきました。唐による高句麗攻撃が差し迫るなかでも、高句麗や百済から使節が派遣されてきており、倭国からも高句麗・百済・新羅へ使節が派遣されていました。ところが、改新政府は急速に新羅との関係を深めていったように見えます。

遣隋使・小野妹子にしたがって留学し、三〇年以上にわたる留学を終えて、唐から新羅を経由して帰国し改新に大きな力を尽くした高向玄理が、六四六年に新羅に派遣され、翌六四七年には新羅から金春秋が来日し、翌年に金春秋は唐へ渡りますが、このとき改新政府は唐への親書を託しています。大化年間の新羅との使節往来は、百済とのそれを凌駕しており、改新政府の外交は唐および新羅との関係を重視する路線に傾いているように思われます。六五三年には第二回目の遣唐使を派遣し、翌六五四年にも高向玄理・恵日を第三回遣唐使として派遣します。唐は、高句麗・百済が新羅を侵略していると非難し、倭国に対して新羅救援を要請したとも言われます。

ところが、孝徳天皇と中大兄皇子は不和になり、六五三年に中大兄皇子は、孝徳天皇を難波京（なにわきょう）（六四五年十二月に飛鳥から遷都）に残したまま飛鳥に戻ってしまい、翌六五四年に孝徳天皇は難波京で寂しく死亡しました。この不和の背景には、孝徳天皇の親新羅、中大兄皇子の親百済という外交路線の対立があったとする見解があります。いずれにせよ、唐・新羅との協調の傾向にあった改新以来の外交は、中大兄皇子が飛鳥へ戻り、孝徳天皇が死亡したあと、急速に百済の路線に回帰していきます。六五七年に新羅に対して唐への取り次ぎを依頼したものの断られ、六五九年に派遣した第四回遣唐使は、翌年に唐・新羅連合軍の百済攻撃を控えて、日本に動きが漏れてしまわないように帰国を許されず、抑留されてしまいます。すでに唐・新羅と百済・高句麗の対立は回避できない情勢になっていたのです。

白江（白村江（はくすきのえ））の戦い、統合新羅と渤海

唐は、六六〇年に高句麗への作戦を視野に入れながら、先に百済をたたくべく軍勢を差し向けます。唐の水陸一三万の兵は白村江（いまの錦江河口）を遡り、新羅の武烈王（ムリョル）（金春秋）はみずから五万の兵を率いて東方から、ともに百済の王都泗沘城（扶余）をめざしました。百済の階伯（ケベク）将軍は黄山（ファンサン）（現在の忠清南道論山（ロンサン））で新羅軍を迎え撃ち果敢に戦いましたが、ついに壮烈に戦死します。

唐と新羅に包囲されて泗沘城は陥落し、旧都熊津城（公州）へ逃れた義慈王もまもなく降伏して、

百済は滅亡しました。しかし、百済王族のひとり福信（ポクシン）を中心に、各地で百済再興をめざす勢力が蜂起し、戦闘が継続することになります。福信は、倭国に援軍を要請するとともに、倭国にいた義慈王の子の豊璋（プンジャン）を擁立しようと帰国を求めます。中大兄皇子はこれに応えて出兵することを決め、斉明天皇とともに難波を出発して九州の筑紫に移ります。この地で、六六一年に斉明天皇は急死してしまいますが、中大兄皇子はさらに出兵の準備を進め、豊璋に織冠を授ける儀式を行なったあと、五千余の軍勢をつけて百済へ帰還させます。福信はこれを迎え、豊璋は、錦江下流沿岸にある周留城（チュリュソン）に拠って抗戦し、倭国は六六三年、上毛野稚子（かみつけのわかこ）を将軍とする二万七千の軍勢を増派しました。

周留城をめざす倭軍に対し、唐の水軍一七〇艘は白江（白村江）河口を封鎖して待ち構え、陸上では武烈王の跡を継いだ文武王（ムンム）の率いる新羅軍が唐軍とともに布陣します。ついに、倭軍と唐軍とのあいだで白江の戦いの火ぶたが切られました。『旧唐書』は、「倭兵と白江の口に遇う。四戦して捷つ。其の船四百艘を焚く。煙焔は天に漲り、海水は皆赤し。賊衆大いに潰ゆ」と記しています。激戦が繰り広げられ、倭軍が大敗します。すでに、百済復興軍は、内部対立で福信が殺されており、周留城も陥落していました。倭によって冊立された「百済王」豊璋は周留城を脱出し、高句麗に亡命しました。

百済を滅ぼした唐・新羅の連合軍は余勢をかって、六六一年に平壌を挟撃しましたが、高句麗はこれを退けました。ところが、これまで高句麗を率いてきた淵蓋蘇文が六六六年に死去すると、内紛が起こり、唐・新羅はこの機に乗じて平壌を攻撃して、六六八年、ついに高句麗は滅亡しました。

しかし、唐は百済の地には熊津都督府、平壌には安東都護府を置き支配しようとします。新羅は六七〇年、唐との戦争に転じ、ついに六七六年、唐の軍隊を朝鮮半島から駆逐するのに成功しました。こうして絶え間なく繰り広げられてきた三国間の抗争は終止符が打たれたのです。それまでの高句麗・百済・新羅の三国時代に対して、これ以降を統合（もしくは統一）新羅時代と呼んでいます。初滅ぼされた高句麗の遺民の一部は北に移り、六九八年には靺鞨人とともに渤海（パルヘ）を建国しました。初代国王の大祚栄（テジョヨン）は、高句麗の継承国家だと称しており、最盛期の支配地域はほぼ旧高句麗の領域にまでおよびました。九二六年、契丹族に滅ぼされるまで、一五代二二九年にわたって栄えた国です。この時代を南の新羅と北の渤海が併立した南北国時代とする見方もあります。

「倭」から「日本」へ

白村江で敗れた倭は、唐や新羅が攻めてくるという緊急の事態に備えて、翌六六四年、対馬・壱岐・筑紫に防人（さきもり）を置き、筑紫には大宰府防衛のため水城（みずき）を築きました。また、亡命した百済人の技術を借りて、六六五年からは、九州北部から瀬戸内海、畿内に山城（神籠石（こうごいし））を築きました。六六七年、中大兄皇子は近江大津京（おおみおおつきょう）に都を移し、翌六六八年、正式に即位（天智天皇）するなど、国家体制をいっそう強化していきます。

ただし、唐・新羅は高句麗との戦争をひかえて倭との関係に配慮せざるを得ず、さらには唐と新羅の戦闘がはじまったため、倭国の危機は回避されました。このあいだに、新羅・倭の双方で頻繁に遣使の往来がありました。高句麗滅亡後の三〇年間に、新羅からは二五回、日本からは九回の使節がそれぞれ派遣されています。新羅のこうした積極的な対日外交は、唐との対立関係があるため後方の安全を確保するという思惑があり、日本側でも白村江の敗戦後も唐への警戒を行なう必要があったことと、律令制を整備するなかで新羅の文物・制度を摂取する必要があったからです。また、六六五年および六六九年には、第五・第六回の遣唐使が派遣されています。

　こうしたなかで、国内では、天智天皇が六七一年に亡くなると、翌年、後継をめぐって壬申の乱が起きます。この内乱に勝利した弟の大海人皇子は天武天皇として即位します。この天武天皇と、皇后であとを継いだ持統天皇の時代に、藤原京（ふじわらきょう）へ遷都（六九四年）し、大宝律令（たいほうりつりょう）が制定（七〇一年）されます。律令制度は唐のそれを学んだものであるには違いないのですが、その確立期である天武・持統朝期には、遣唐使は一度も派遣されていません。六六九年のあと、次の第七回遣唐使が派遣さ

御所ヶ谷神籠石（福岡県行橋市）

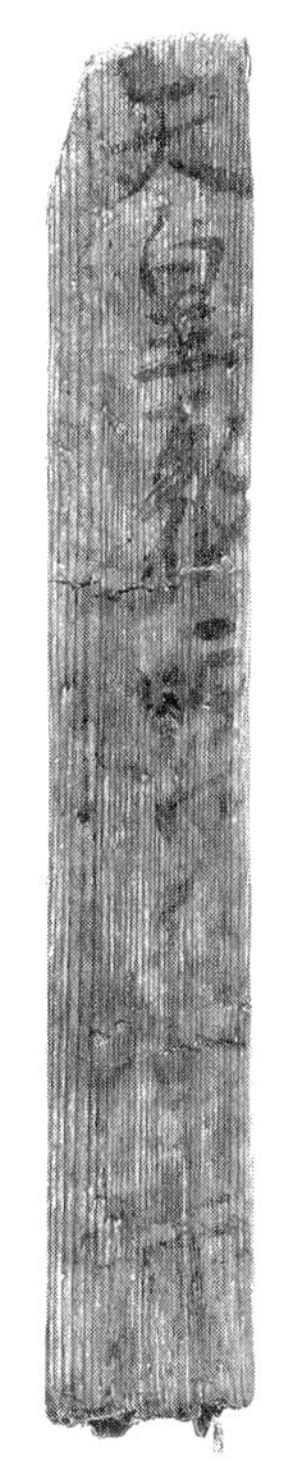
飛鳥池遺跡
「天皇」木簡

れるのは、大宝律令が制定された翌年のことでした。いっぽうでこの間、新羅との関係を重視した外交路線をとるようになります。遣新羅使は六七五年から七〇〇年までに九回も派遣されており、律令制定にあたって新羅の影響がかなり濃かったものと思われます。ちょうど倭が百済や高句麗の遺民を受け入れながら、律令国家の枠組みを築いていった時期にあたり、そのなかで新羅との交渉が重要な役割を持っていたことがうかがわれます。

ともあれ、七〇二年の遣唐使は、律令国家としての確立を背景にしたものですが、この使節は唐へ行ってはじめて自らを「日本」の使者だと名のりました。新羅との関係においても、『三国史記』によれば、六九八年の記録に「日本国の使い至る」と書かれています。まさに、この時期に、「日本」という名称が使用されるようになったことがわかるのです。

百済・高句麗の滅亡にともなって多くの人々が集団で倭国に逃れてきました。いわゆる渡来人と呼ばれる人々です。三国時代の朝鮮半島から日本列島への人々の移住については、朝鮮半島の情勢を背景にして、三つの時期に分けることができると思います。

第一は、四世紀後半に高句麗が南下し、漢江下流域の支配をめぐって百済との戦争が展開され、新羅や加耶を巻き込んだ時期です。五世紀にはいると、新羅は加耶地域に進出をはかり、百済も加耶地域をうかがいはじめました。加耶の人々は戦乱を避けて日本列島に渡ったのです。第二は、六世紀以降、新羅の勢力拡大によって加耶が滅び、百済、高句麗が新羅に対する危機感から六世紀後半には倭国に使者を遣わして、多くの人々が日本列島に渡来した時期です。第三は、七世紀中頃に、百済、高句麗が新羅・唐連合軍によって滅亡させられ、その遺民（渡来人）たちが日本列島に渡っていった時期です。現在でも日本列島には、高句麗、百済、新羅に由来する地名が多く残っていますが、これは日本列島の各地に定着した三国の遺民の名残が地名となったためです。例えば、埼玉県にある高麗神社は高句麗の宝蔵王の子である若光を祀っています。高句麗が滅びると、王族と高句麗人は、倭国に渡り、関東地域に生活の基盤を得ました。記録によれば、高麗神社のある高麗地域に移り住んだ人々は約一八〇〇人であったといいます。若光は、高麗という姓の始祖となりました。

かれらの多くは国の支配階級にあたる貴族や、高い知識と技術を持った人々でした。この人々は、日本の古代文化を規定するような大事な役割を果たしています。平安初期にまとめられた『新撰姓氏録』はこの間の事情をよく示しています。『新撰姓氏録』には畿内の一一八二の姓と氏が記録されています。氏は「皇別」、「神別」、「諸藩」に分類されていますが、「諸藩」は渡来系の氏族で、三二六の氏が紹介されています。「百済」一〇四氏、「高麗」四一氏、「新羅」九氏、「加羅」九氏、「漢」一六三氏、これらのどこにも属さない氏族として、一一七氏が挙げられています。律令制の古代国家というのは、まさしく日本という国家がつくられた目印なのですが、そういう状況をもたらしたのは、この時の渡来人であったと言っていいでしょう。

三　「日本型華夷思想」

「天皇」の創出

「天皇」という称号が成立した時期に関しては、さまざまな見解があります。しかし、少なくとも制度として確立を見たのが「日本」の成立する七世紀後半、天武・持統朝の律令制度確立期であったことは間違いありません。一九九七年から発掘された天武天皇期の飛鳥池遺跡から見つかった木簡には、「天皇」の文字が記されていました。それまで「大王」と呼ばれていた倭国の王が、この頃から「天皇」と名乗ったことを示しています。

天皇という称号は、中国皇帝を強く意識し、それに準(なぞら)えて創り出されたものでした。古代中国では、天命を受けた中華の皇帝が天下の中心に君臨し、周辺の夷狄(いてき)の首長はこれに朝貢して爵位を授かる、とする中華意識が思想の次元にまで定式化されますが、漢代以降の東アジアには、このような朝貢・冊封関係を軸に、中国を中心とした国際秩序が形づくられます。多くの冊封国を持つことで皇帝の権威は高まり、周辺の首長らは冊封を受けることによって支配地域での権力を強化することができました。さらにまた、中国皇帝から冊封を受けて君臣関係を結んだ東夷諸族の首長らのなかにも、自らを中心としてその周辺に疑似的な冊封関係を設定しようとする志向が見られます。いちはやく高句麗・広開土王碑文の「百済・新羅はもともと属民であり、朝貢してきた」という言葉にそれが現われており、新羅王などにも同様の志向を確認することができます。五世紀に倭の五王が南朝の諸王朝へ使いを送り、しきりに百済や新羅・任那などの支配権を含めた称号を欲しがったのも、同じことの現われと見てよいでしょう。

これまで見てきたとおり、倭国は卑弥呼以来、東夷諸族と競合しながら勢力の拡大を図ってきました。その抗争は七世紀後半にピークを迎え、白村江の戦いで敗北した倭国では、天武・持統朝期に律令体制が構築され、「日本」の国名が採用されます。唐を中心とし、渤海・新羅・日本が周辺に配されるかたちで、古代の東アジア世界が完成したと言えます。

そうした東アジア世界の展開のなかで創出されたのが、「日本」における「天皇」でした。中国の東方にいま一つの皇帝たろうとする称号として設定されたものです。中華帝国のミニチュア版をつくろうとする志向を体現した称号が天皇だったのです。

天皇、すなわち皇帝である以上は朝貢国が存在しなければなりません。日本列島内の夷狄として蝦夷（えぞ）や隼人（はやと）を位置づけるとともに、朝鮮半島の諸国家が朝貢国として設定されます。大宝律令の規定では、唐を「隣国」すなわち対等な国家とするいっぽう、新羅が「蕃国」とされており、遅れて国交を開く渤海も、新たな「蕃国」と規定しました。天皇とは、その概念の根本において朝鮮を服属させた存在なのであり、朝鮮をしたがえない天皇はありえないのです。中華思想のミニチュア版の「日本型華夷思想」と言えるでしょう。

『日本書紀』（七二〇年）

天武天皇は、律令制定の命令とほぼ同時に歴史書の編纂を命じますが、それは七二〇年に『日本書紀』として完成します。

『日本書紀』は編集にあたって多様な原資料が参照されています。倭の古記録、百済および中国の史書などがそうです。とくに百済三書と呼ばれる『百済本記』『百済記』『百済新撰』に基づいて、朝鮮諸国の事情、対外関係史について詳しく記述しています。倭国では五世紀後半から六世紀にかけて、史（ふみひと）と呼ばれる記録・文書を司った役人が登場しますが、その多くは朝鮮半島からの渡来人でした。百済三書は『日本書紀』に書名が確認されますが、現在には伝わっていない逸書です。百済三書の記事の原型は百済王朝の史跡に遡ると推定され、七世紀末から八世紀初めに、滅亡後に移住した百済の王族貴族が、持ってきた本国の史書から再編集して天皇の官府に進め、『日本書紀』の編集者はこれを大幅に改変したと考えられています。その際には、渡来者の政治的地位の保全への期待、編集者が置かれていた天皇の臣下という立場の性質、律令国家体制成立過程での編纂という時代の性質などの文脈を無視して百済三書との対応を考えることはできないと思います。

『日本書紀』は、天皇統治の正統化のための歴史書であることは言うまでもありません。天皇が天皇であるために、朝鮮諸国の服属の歴史が絶対に必要なことだったのです。倭国と高句麗・百済・新羅や加耶諸国とのあいだには密接な交渉が存在し、ときには倭が優勢となり、ある場合には倭が劣勢になる、ということを繰り返してきました。『日本書紀』は、これを倭が一貫して、朝貢させ、任那には日本府を置いて直接支配していたかのように描き出しています。このような「日本」創出にかかわってつくり出された物語が、その後の朝鮮観を規定しつづけるのです。

話が少し飛びますが、安倍政権が半導体素材の韓国への輸出管理を強化しました。韓国最高裁での日本による戦時強制連行に対する賠償判決に反対する、事実上の制裁措置と言えます。この問題に関する安倍首相の言説は、朝鮮を見下していると言うほかありません。自国の大阪で開催されたG20でもホスト国の首相が、隣国である韓国の大統領とは会談さえ行ないませんでした。G20の声明では自由貿易が謳われましたが、安倍首相が行動で示したのはそれとは正反対の制裁措置でした。日本のマスコミといえば、よくやった、という雰囲気です。これほどマスコミが政権に迎合している時代は、まずなかったと思います。朝鮮を下に見る『日本書紀』的な考え方は、日本の現在をも規定しているのではないでしょうか。

「隣国」唐、「蕃国」新羅・渤海との関係

前で見たように、大宝律令を制定し、中央集権体制を築いた日本は、その外交政策についても唐の対外政策を模倣して東アジアの小帝国をめざしました。律令が「隣国」、すなわち対等な国家と規定する唐との関係は、実際のところどのようなものだったのでしょうか。日本は、律令制定の翌年の七〇二年に、三〇年ぶりに遣唐使を派遣しましたが、日本側の記述では、遣唐使を「隣国」に相応しい対等な外交使節であったかのように描いています。しかし、唐の側では「朝貢使」と呼んで、扱いも基本的に他の朝貢使節と変わりありません。いま一人の皇帝たる「天皇」を認めるはず

はなく、「日本国王」宛の国書を与えられて帰国することになります。七七九年、律令成立以来初めて唐から答礼使が来日すると、時の光仁天皇は御座を降りて、唐使孫興進から唐皇帝代宗の国書を受け取らざるを得なかったのです。

唐に対しては使えなかった「天皇」の称号を、「蕃国」たる新羅や渤海に対しては用い、中国皇帝が下す詔書と同様の形式の文書を発給します。「天皇敬問新羅王」「天皇敬問渤海王」ではじまる文書の形式です。そして、新羅や渤海からの使者に対しては、上表文の持参を要求します。当然のことながら、新羅・渤海はこれに反発し、トラブルが起こってきます。七五三年に遣唐使が新羅の使者と席次をめぐって争ったり、同年の遣新羅使は、景徳王に謁することができなかったというありさまでした。七七九年、天皇は「表を将たざるものの境に入ら使むべからず」という詔を出し、やってきた新羅使を追放しました。このあと、新羅との交渉は事実上断絶します。

渤海の出現は新羅にとって新たな脅威となりました。新羅と渤海の関係は全時代を通じて公的交渉はほとんどありません。渤海は、唐、新羅との対抗上、日本との交流を通じて自国の国際的威信を高めることをめざします。七二七年に最初の使節高仁義らを日本に送りますが、平城京での天皇接見の場で、高句麗王朝の後継者であることを紹介したうえで、貂皮三〇〇帳を献じたといいます。

以後二〇〇年にわたって渤海使三五回、遣渤海使一三回が往復しています。その数は唐・新羅をはるかにしのぐものでした。渤海は、実利を求めて日本の要請に応えるポーズをとりながら外交を継続させますが、日本にとっても新羅との国交が断絶した八世紀末以降、渤海との交易および文化交流上の役割はますます重要になってきたのでしょう。渤海使は蜜や朝鮮人参、毛皮などの品々を日本にもたらしました。なかでも日本で手に入らない毛皮は、あこがれの的でした。宮中でも、調度品として虎の毛皮が使われていたといいます。平安時代に編纂された法令集『類聚三代格（るいじゅうさんだいかく）』には、渤海の使いが訪れると、人々が争うように交易を求めたことが記されています。多くの留学生が渤海に渡っており、また渤海を経由して長安に行った人もいましたし、帰りも渤海経由で帰ってくるというルートがありました。江戸時代まで八〇〇年にわたり日本で用いられた当時の唐の最新の暦である『宣明暦（せんみょうれき）』は渤海からもたらされたものです。しかし、その渤海も一〇世紀初めに滅亡しました。このの日本は、どこの国とも正式の外交関係を持たない時代に入ります。

四　平安・鎌倉時代の日本と高麗

北方民族の台頭と高麗王朝

唐は、安史の乱ののち衰退に向かい、ついに九〇七年に滅亡します。これにつづいて九二六年には、渤海が契丹軍によって滅亡します。朝鮮半島ではすでに、新羅王朝が地方豪族らの反乱に遭って統制力を失い、首都慶州を中心とした地方政権に転落していました。豪族のひとり甄萱（キョノン）は朝鮮半島西南部地域に勢力を拡大して九〇〇年に後百済を建て、中部地域に拠点をおいた弓裔（クンイェ）が九〇一年に後高句麗を称して、新羅・後百済・後高句麗が分立する後三国時代となります。このなかから九一八年、弓裔の部下だった王建（ワンゴン）が造反し、松岳（ソンアク）（いまの開城（ケソン））地方を本拠として新たに高麗王朝を創建します。九三五年に新羅が帰順、翌九三六年には後百済が滅んで、朝鮮半島は高麗の時代となりました。滅亡した渤海の遺民数万人も、これに合流したと言われます。

唐が滅んだあとの中国では、華北には後梁・後唐・後晋・後漢・後周という五つの王朝が興亡し、華中・華南には前蜀など一〇の王朝が併存対立する、いわゆる五代十国の時代となります。このなかから九六〇年に後周の将軍趙匡胤（ちょうきょういん）が宋王朝を創始し、やがて弟の趙匡義（太宗）が跡を継いで九七九年に全土を平定して中国の統一を回復しました。高麗は宋に入朝して冊封を受けます。

しかし、同時期には、北方民族が台頭し、漢族王朝に対する圧力を増大させます。まず一〇世紀に、モンゴル高原を中心に勢力を伸ばしたのが契丹族です。九〇七年に建国したあと、渤海を滅ぼし、国号を中国風の遼としますが、九三六年には五代十国時代の華北に侵入し、現在の北京付近のいわゆる燕雲十六州を支配下に収めます。統一後の宋も、ついにこの燕雲十六州を回復することはできませんでした。一二世紀になると、今度は中国東北部を中心に女真族が台頭して一一一五年に金を建国、一一二五年に遼を滅ぼしたあと、一一二七年には宋の都開封を陥れます。宋王朝はいったん滅亡し、長江の南に位置する臨安（いまの杭州）に拠って再興しますが、中国の南部を支配するだけの王朝となってしまいます（南宋）。

このような北方民族による勢力拡大の波は、高麗にも直接およんできました。九九三年から一〇一九年のあいだに三度にわたり遼（契丹）の大軍が鴨緑江を越えて侵入し、都の開京までが攻撃にさらされます。徐熙（ソフィ）や姜邯賛（カンガムチャン）らの活躍で撤退させたものの、遼の冊封を受けて宗族関係を結ばざ

王建

るを得ませんでした。さらに一二世紀に入って金（女真）が遼を滅ぼしたあと、高麗は金の冊封を受けることになります。しかし、高麗は、いっぽうで遼および金の冊封を受けながら、他方でひそかに宋へ使節を送りつづけます。唐代のような漢族の統一王朝を中心とした一元的な体制が崩れ、複数の冊封関係が重層的に展開する情勢は、高麗にとって自存のための苦しい対応を迫るものでしたが、それだけ冷徹に状況を見定め、したたかな外交を模索していきました。高麗の国王は、ときに「皇帝」、「天子」などと呼ばれており、王命を「聖旨」と記した場合がありました。高麗は基本的に中国諸王朝の年号を使用していましたが、初期には九一八年太祖の「天授」、九五〇年光宗の「光徳」など独自の年号をも交互に使っていました。高麗の国家祭祀のひとつ八関会（パルガンフェ）における外国人朝賀の儀式では、宋商人、女真人、耽羅（済州島）人、および日本人が参列し、国王に貢物を捧げ、慶賀を述べるという、朝貢儀礼に類した演出がなされ、高麗王を中心とする秩序世界が表現されました。ここに高麗王朝の自立的な外交姿勢の一端をうかがうことができるでしょう。一三世紀の文人李承休（リスンヒュ）は『帝王韻紀』において、朝鮮の王が統治する世界を、「遼東に別天地があり、星々は中国と区別される」と表現していますが、遼河以東の世界には、中国のそれとは区別される別個の天と天下があり、高麗の王はその天子だと言うわけです。高麗では、このような自国の王の立場を「海東天子」と表現しました。学界では、かかる高麗の世界観を「多元的天下観」と呼び、当時の支配層に広く共有された意識だったと見ています。

外交的孤立、内向する意識

唐滅亡のあと渤海や新羅が連鎖反応的に倒れたのは、決して偶然ではなく、唐を中心とした東アジア世界が密接な連関性を持っていたことを証明するものでした。日本もそれと無関係ではあり得ず、一〇世紀前半には律令制の解体が明確になります。九三九年の平将門（たいらのまさかど）の乱は、それを象徴する事件でしたが、関東に自立し「新皇」を称するにあたって将門は、「今の世の人、必ず撃ち勝てるをもって君と為す。たとい我が朝には非ずとも、みな人の国に在り。去る延長年中の大契赧王（契丹王）のごときは、正月一日をもって渤海国を討ち取り、東丹国と改めて領掌す。いずくんぞ力をもって虜領せざらんや」、と述べたと『将門記』の作者は記しています。つまり、いまが実力の世の中であると強調し、渤海を武力で滅ぼした契丹の例を出して、武力で天下を奪い取ろうとする自らの行動を正当化しているわけです。将門は、東アジアの動乱と日本国内の変乱とを結びつけて意識しているのです。

変貌する東アジア世界にあって、日本は既に八九四年に遣唐使を廃止していました。新羅とのあいだでも七七九年を最後に使節の来日はなく、日本からも八三六年に遣唐使の安全を要請する使者が派遣されたのが実質的に最後となります。ただ一つ国交のあった渤海とも、日本からの使節派遣は八一一年以来なく、九一九年の使節来日を最後にして渤海自体が滅亡してしまいました。これ以後は、日本はいずれの国とも正式に国交を持たない時代に入ります。

中国からは、五代十国の時期にしばしば南方の呉越国から使者が訪れており、宋代になってからも朝貢を呼びかける使者が何度か派遣されてきましたが、日本はついに国交を開こうとしなかった。朝鮮半島からは、後三国のひとつ後百済から九二二年および九二九年の二度にわたって使者が来ましたが、二度とも通行を拒否します。高麗による統一後には、九三七年、九三九年、九四〇年と連続して使者が来日しましたが、牒状の書式が蕃国のものでなく無礼だというような理由をつけて、国交開始の要求を拒絶しています。

一〇一九年に高麗東北境外の女真人の海賊が九州北部を襲った「刀伊の入寇」のあと、高麗水軍が刀伊によって連れ去られた日本人二百数十人を奪回し、送り返してくる事件が発生しましたが、この際も、日本政府は通行を開こうとはしなかった。また、高麗は一〇七九年、重病にかかった国王文宗の治療のため名医を派遣してくれるよう大宰府宛てに牒状を送ってきましたが、報告を受けた朝廷では派遣すべしとの議論もあったものの、牒状に「聖旨」という表現を使い、蕃国としての礼儀を守っていないことを理由にして招請を断ります。

このようにして、日本はどこの国とも正式の外交関係を持たない状態をつづけることになります。それは東アジア地域の政治的混乱が日本国内に波及するのを恐れてのことでした。外交的な孤立は、東アジア全体の激動から距離を置く政策として機能し、律令制の崩壊にもかかわらず王朝交替という劇的変革に至らなかった要因の一つになったと考えられますが、そのなかで中央貴族層の海外情勢への関心は著しく低下し、内向きの閉鎖的な意識がいっそう強まりました。

しかし、正式の外交関係を断ったからといって、日本がまったく周辺諸地域との交流をなくしてしまったわけではありません。貴族層の海外の文物に対する興味・関心は薄らぐことがなかったので、公的には九世紀以来の対外孤立政策を守りつつ、私的には海外の珍宝を求めて貿易を行なうという、二面的な行動を取るようになります。当時の日本の貴族は、大宰府とその外港である博多の民間貿易には強い関心を寄せており、朝鮮、中国など東アジア諸国との交易は著しく発展しました。

遣唐使廃止の決定は八九四年のことですが、実際に最後の遣唐使となった藤原常嗣(ふじわらのつねつぐ)一行が出発したのは八三八年で、翌年には帰国しています。このときの遣唐船で入唐したのが天台宗の高僧円仁(えんにん)でした。円仁は唐にとどまって修行し、八四七年に帰国したあと『入唐求法巡礼行記』を著します。すでに遣唐船は派遣されなくなっていたため、円仁が帰国に際して利用したのは、日本へ向かう金珍ら新羅人の商船でした。この当時、唐・新羅・日本のあいだを商船が行き来するような状況が生まれていたのです。

円仁の記述によれば、楚州や泗州漣水県など中国の沿海地方には各所に新羅坊(シルラバン)と呼ばれる新羅人の居住区がつくられていました。山東半島の登州文登県の赤山にもそうした新羅人の住む地区があり、円仁は法華院という寺院で、聖林という新羅僧の世話を受けています。赤山法華院を建てたのは、新羅から唐に渡って軍人として出世し、唐・新羅・日本を舞台に商業活動で財を成した張保(チャンボ)

皐(ゴ)（張弓福）という人物でした。張保皐は、八二四年に自ら大宰府に来航して貿易活動を行なっています。八二八年には唐から新羅に帰国、新羅政府から海賊取り締まりの権限を与えられ、清海鎮大使という地位を得て勢力を固めました。八四〇年にもその使者が大宰府に来航したことが記録されています。その翌年には王位継承問題にかかわって反乱を起こし暗殺されてしまいますが、このような人物が活躍する時代となっていたのです。円仁と張保皐の接点に、東アジアの海の世界を見ることができます。海域の航路と、陸上の運河航路を結びつけていたのは新羅人でした。新羅人は山東省から江蘇省にかけての沿海地域に広く居留地を設けていました。日本の遣唐使は新羅人のネットワークのうえに立って、唐との交流を実現したとも言えます。

九世紀半ばに遣唐使が事実上廃止されましたが、かえってそれ以降、唐の商船の来航記事が増加していきます。つまり日本・新羅・唐を結ぶ商船の往来があったからこそ、遣唐使を派遣する必要がなくなったとも言えるのです。

唐と新羅が滅んだあと、五代十国の時期には、華南の呉越国からの商人の来航が目立ちます。さらには、東アジア海域での交易活動は、宋代に入り産業の発展を背景にしていっそう盛んになりました。宋は積極的な貿易振興策をとり、貿易管理を行なう市舶司を広州・杭州・明州・泉州に設置しますが、このうち日本や高麗に向かう船舶は、明州の市舶司が管轄しました。高麗からも、九七二年に牒状を携えて「高麗国南原府使威吉競」と「高麗国金海府使李純達」が来日しており、これに対して中央政府からは「高麗貨物便雅章」と「高麗国交易便蔵人所出納国雅」が派遣されており、その目的は交易にあったと見られます。

対外関係の管理は大宰府が管理し、商船が来航すると朝廷へ報告、京から交易唐物使が派遣されました。大宰府の外港博多に設けられた鴻臚館（こうろかん）（現在の福岡県中央区平和台球場跡地）において、唐物使が優先的に朝廷が必要とする物資を購入し、そのあとで一般の交易が許されるというシステムがとられましたが、次第に中央からの派遣は少なくなり、大宰府に委任するようになっていきます。一一世紀後半以降になると、取引の中心は東に移って現在の博多駅の北西側一帯の地域が発達し、のちに「唐坊」「唐房」などと呼ばれるようになる宋商人の居住区がつくられます。この博多遺跡群からは、膨大な量の貿易陶磁が発掘されていますが、ここで取引された商品が国内各地へ運ばれていったものと考えられます。薩摩の坊津や筑前の今津、越前の敦賀などには、宋船の来航もあったと言われます。

宋や高麗からの来航ばかりでなく、同じ一一世紀後半には、日本居住の宋人を含め、日本から海外へ渡航する商船の数が増加します。当初、その渡航先は高麗が中心でした。遼の冊封を受けて国交が途絶えたあとも宋商船の高麗来航はつづいていましたが、一一世紀後半に高麗は宋との通交を再開するなど積極的な政策を展開します。それに引き寄せられるように、日本からの商船の渡航も盛んになりました。一〇四六年から一一七〇年までに、宋商人の高麗入国は九五回、日本商人は二三回におよんでおり、首都開京の外港にあたる礼成江河口の碧瀾渡（ピョンナンド）は貿易港として大いに栄え、開京には迎賓館、会仙館、清河館、朝宗館、広仁館など大きな客館が設けられ、国際都市としてにぎわっていました。この頃から海外では、高麗をコレアと呼称するようになり、現在にまでつづいています。

交易でもたらされたものは、陶磁器や銅銭のほか、錦や綾などの絹織物、香料や顔料、書籍や絵画など貴族たちの欲求する奢侈品が中心ですが、商船が来着すると、都の貴族たちが争って使者を派遣し物品を購入するため、価格が高騰したと言います。『枕草子』は「めでたきものは」の条で、まず最初に「からにしき」をあげており、『平家物語』は平氏の繁栄ぶりを、「楊州の金、荊州の珠、呉郡の綾、蜀江の錦、七珍万宝、一として闕たる事なし」と描きます。外への関心を希薄化し、内向きな傾向を強めたと言われる平安貴族ですが、かれらの舶来品への憧れには大変なものがありました。

このように日本国は周辺国と国交は結びませんが、代わって経済上の東アジア交易権が前景化し、文化圏を支えることになります。これと関連して、平安中期にあたる一〇世紀から一一世紀に栄えた文化を「国風文化」と呼ぶ向きがあります。これは当時の人がそう言ったのではなく、国文学者の小島憲之によって一九八〇年代から言われるようになりました。小島は、遣唐使が廃止され、大陸の文化を消化吸収して日本独自の文化が形成されたとします。しかし、むしろ遣唐使廃止後の方が民間の交流が活発化し、文物の流入も多かったのです。民間貿易の拡大が「国風文化」の物質的基盤を用意したと言えるでしょう。清少納言にせよ紫式部にせよ、その教養は中国文化に深く裏打ちされていたのであり、「国風文化」という言葉は、慎重に検討されなければならない問題をはらんでいます。ちなみに、新元号「令和」という言葉の典拠は国文学の万葉集からだと盛んに喧伝されていますが、引用されたのは漢籍の序文です。中国南北朝の詩文集『文選』に含まれた、後漢の張衡の詩「帰田賦」が本来の出典です。「令和」の考案者であるとされている中西進大阪女子大学名誉教授は、二〇一〇年に北海道で開かれた「万葉のこころを未来へ」というシンポジウムで、「朝鮮半島で百済と高句麗が滅亡し、多くの人たちが日本に渡ってきた。その当時渡来人が万葉集に大きな影響を及ぼした」と述べています。朝鮮半島や中国で詠まれた詩歌・郷歌（ヒャンガ）、時調（シジョ）が海を渡り、のちに万葉集にある日本の詩歌に影響をおよぼしたことを指摘しているのですね。

五　モンゴルの来襲

高麗の抵抗

金の支配下にあったモンゴリアの地では、テムジンに率いられたモンゴル部の勢力が拡大し、高原全体を支配していきます。一二〇六年、テムジンはモンゴルの建国を宣言し、自らはチンギス・カンと名乗って王位に就きました。一二三四年には女真族の金を滅ぼして中国の北半分を支配下に治めます。このあいだに中央アジアを席巻し、さらにロシアを征服したあと、一二四一年にはワールシュタットの戦い（レグニツァの戦い）でヨーロッパ連合軍を破り、ヨーロッパ世界を震撼させました。ユーラシア大陸の東西におよぶ、世界史上で最も広大な領土を持つ帝国となったのです。

ところが、第五代カンのクビライが日本遠征計画に着手するのは、一二六六年のことであり、この年になってはじめて、通交を求める詔書を持った使者を派遣します。金滅亡から数えても三〇年余り、日本への働きかけはなかったのです。なぜ、日本への遠征が日程にのぼらなかったのか。この期間は、武家政権としての鎌倉幕府が、承久の乱を切り抜けたあと、北條氏を中心に基礎を固める重要な時期にあたっています。三〇年間の猶予がなぜ与えられることになったのでしょうか。

金への攻撃と並行して、モンゴルはすでに一二三一年から高麗への侵略を開始していました。ところが、高麗はモンゴルの攻撃に対して容易に屈伏せず、一二五九年まで実に三〇年近くも抵抗をつづけました。この間、モンゴルは六度にわたって朝鮮半島への攻撃を繰り返し、高麗は全土が大変な被害を受けました。一二五四年の第五回目の侵入のときには、「蒙古軍の捕虜となった男女およそ二〇万人におよび、殺戮された者は数えきれない。（中略）骸骨は野を蔽うほどであった」（『高麗史』）と記録されています。

当時の高麗は一一七〇年の軍事クーデター（庚寅の乱）による武臣政権の時代で、一一九六年に武臣のひとり崔忠献（チェチュンホン）が実権を握ってから四代にわたる崔氏の政権がつづいていました。崔氏政権は徹底抗戦の方針をとって、一二三二年に都を開城から江華島（カンファド）へ移します。漢江の河口にある江華島は、世界有数の潮汐（ちょうせき）が生み出す強潮流と、広大な干潟の泥濘に守られた天険であり、海戦の苦手なモンゴルには容易に攻め落とせなかった。必要な物資は水運によって搬入することが可能であり、これによって支配層の暮らしは維持されました。また、本土の住民を山城や海島に立てこもらせて（「山城海島入保」）、徹底抗戦の構えをとりました。高麗は、モンゴル撃退を祈願して、江華島で一五年の歳月をかけて一二五一年に大蔵経の刊行を行ないます(『高麗八万大蔵経』)。経典一五一二部、六八〇五巻を集めた八万一二五八枚の版木が製作され、その版木八万枚は、現在も慶尚南道にある海印寺に保存されています。日本の室町幕府や西国の諸勢力が何度も使節を送って求めてきたのは、この版木から擦り出された経本です。

しかし、国土の荒廃は著しく、一二五八年のクーデターで崔氏政権が倒れると、高麗はついに翌年に太子の倎(チョン)を中国へ派遣して降伏の意志を示しました。一二六〇年に帝位についたクビライは、父高宗死去の報を受けて倎を帰国させ、高麗国王(第二四代元宗(ウォンジョン))に冊封します。こうして高麗は、ついにモンゴルに臣属しました。高麗の降伏を待って、ようやく、モンゴルは日本問題を日程にのせることができるようになったのです。三〇年間の余裕は、高麗の抵抗によって与えられたのです。

三別抄(サムビョルチョ)の反乱

一二六八年(文永五)にクビライの国書と高麗国王元宗からの国書が一緒に送られてきました。クビライの国書では、「大蒙古国の皇帝が、書を日本国王に差し上げる。(中略)願わくば、今後はわが国とも互いにあいさつして、よしみを結び、親睦を深めたい」としながらも、文末には「兵を用いることは誰が好むところであろうか」と脅しているのです。元宗の国書には、蒙古がすばらしい国であることが強調され、日本も一度使いを送ってみてはどうか、と記されていました。

朝廷も幕府も騒然としますが、いっさいの返答を行なわず、高麗の使者はむなしく帰国します。

このあと連年のように来た使者に対しても、日本側からの返答はなく、事態は緊迫の度を深めていきます。

クビライはすでに一二六八年、「あるいは南宋、あるいは日本、命に逆らえば征討す」として高麗に徴兵と軍船建造を命じており、七〇年には日本遠征を視野に入れて高麗への駐屯を実施しています。にもかかわらず、実際に日本遠征が行なわれたのは一二七四年になります。六八年の使者の来日から数えると六年。なぜ、これだけの期間が空いてしまったのか。

空白の期間ができたのは、モンゴルにとって、そうせざるを得ない事情があったからです。モンゴルに降伏したあとも、金氏・林氏ら武臣の政権が継続し、高麗の王室はなかなか江華島から出ようとしない。一二七〇年になり林惟茂（リムユム）が倒れ武臣政権が完全に終わりを告げ、ようやく開京へ都を戻すことになります。この決定に反対し、あくまでもモンゴルへの抵抗を貫こうとして決起したのが、三別抄（サムビョルチョ）でした。三別抄とは、左別抄・右別抄・神義軍（神義別抄）の三つの軍隊の総称です。モンゴルに追われて開京から江華島に移った都の守備という特別任務を帯びていた部隊でした。この三別抄が、モンゴルとの抗争のなかで拡大発展し、崔氏政権を支える軍事力の核となっており、モンゴルとの戦いの中心的存在でした。三〇年間モンゴルとの戦争を担ってきた三別抄の裴仲孫（ペジュンソン）は、開京遷都は元への完全な屈伏になるとして、一千艘の兵船を率いて江華島を脱出したのです。「反蒙救国」を訴えるとともに、王族の承化侯・温（オン）を王に推戴して正統政府を自称し、半島南西端の珍島に本拠地をおいて全羅道や済州島の一帯を制圧しました。さらには慶尚道へも進出し、各地の農民が蜂起してこれに合流します。

日本への遠征となれば、まさに南部地方を出撃の拠点としなければならない。兵員や軍糧の徴発、軍船の建造など、穀倉地帯であるこの地域が不可欠です。モンゴルは、まず、三別抄の鎮圧に全力を傾けざるを得ず、日本遠征はそのあとにまわすほかなくなってしまったのです。一二七一年になり、元・高麗連合軍の攻撃で珍島が陥落すると、金通精（キムトンジョン）に率いられた残存勢力は済州島へ移って抵抗をつづけました。

反乱が完全に鎮圧されるのは一二七三年四月でした。六月には、三別抄を滅ぼした将軍たちがあいついで開京へ凱旋します。休む間もなく大都へ行ってクビライの前で会議を開き、その場で正式に日本出兵が決定されます。三年余におよぶ三別抄の反乱を鎮圧してはじめて、日本攻撃が可能になったのであり、この期間に幕府は九州の御家人に対して「異国警固番役」を命じて北部九州の防衛を固めさせるなど、まがりなりにも防衛の準備を進めることができたのです。第一次来襲の際、日本の軍勢がそれなりに抵抗し、モンゴル軍に台風による打撃を与えることになった背景は、このような事情によっています。

一二六八年（文永五）に高麗国王の国書が送られてきたことは前で見ました。ところが、公卿・吉田経長の日記『吉続記（きちぞくき）』には、文永八年、つまり一二七一年の九月に、高麗からの使者が書状を持ってきたが、その内容には、「蒙古兵が日本に攻めてくるだろう」、「食料と救援の軍隊を乞う」など、不審な点があるというので、朝廷において毎日のように協議が行なわれた様子が記録されています。しかし、国書の全文が残っておらず、その意図は謎のままでした。

ところが一九七七年に、東京大学史料編纂所に眠っていたひとつの古文書が発見されました。「高麗牒状不審条々」とした書付けで、文永五年（一二六八年）に使者が持ってきた高麗国王の書簡と、新しくきた書簡（文永八年＝一二七一年）とを対比し、記述内容の食い違う点を列記したもので、全部で一二項目の疑問点が挙げられています。第一項、「前の国書は蒙古の徳をほめていたにもかかわらず、今度の国書では蒙古兵が『韋毳』であると批判している」と記されており、第二項では、「前の国書では蒙古の年号『至元』が書かれていたのに、今度の国書ではそれがない」と言っており、さらに第三項では、「江華に遷宅して四十年に近し、…また珍島に遷都する」と書かれていたと言います。また、第七項では、「我が本朝は、三韓（後三国）を統合」したと強調しております。

『吉続記』に出てくる新たな高麗からの書状というのは、実は、珍島に本拠をおいた三別抄の反乱軍からのものでした。三別抄は、開京の政府は正統な政府ではなく、自分たちこそが正統な高麗の政府であると自負して、日本に対し、連帯してモンゴルに対抗するように呼びかけてきたのです。しかし、朝廷も幕府も、朝鮮半島で起きていた事態を正確につかむことができず、呼びかけに答えることはできなかったのです。

反乱鎮圧の翌一二七四年、第一次日本遠征（文永の役）がようやく実行に移されます。高麗に命じて建造した九百艘の軍船に、元軍一万五〇〇〇人、高麗軍五〇〇〇人余り、合計二万人が分乗、対馬・壱岐を襲ったうえ博多湾に現れ、十月二十日未明から上陸を開始します。集団戦法や火薬玉などに日本軍は苦戦し、大宰府への退却を余儀なくされます。ところが、夜になるとモンゴル軍は船に引き揚げました。その夜中に、暴風雨となって多数の船が沈み、モンゴル軍は逃げ帰ったと言われます。

台風によって日本は救われる形となったのですが、ともかくも一日のあいだ抗戦してもちこたえたことが、その夜にモンゴル軍を博多湾上の船に引き揚げさせる要因になったわけで、六年間の準備期間が重要な役割を果たしたと言えましょう。

アジア各地の反元闘争

第一回目の遠征には失敗したものの、モンゴルは当面の最も主要な目標である南宋の攻略を進めました。そして、一二七九年ついに宋王朝を滅ぼして中国全体を支配下に収めると、ただちに日本再征の準備に取りかかり、一二八一年の第二次遠征（弘安の役）となります。高麗を出撃拠点とする東路軍四万人と、新たに支配下に入った南宋地域で徴発した江南軍一〇万人の二手に分かれた大軍勢が日本をめざします。六月初旬に博多湾に現れた東路軍は一週間の戦闘で上陸できず、江南軍の到着を待って七月末に伊万里湾の入口の鷹島を占領、いよいよ上陸という前夜に、またまた台風に遭って船団は壊滅してしまいます。生きて帰ったものは三万数千にすぎなかったと言われる有様でした。

しかしながら、モンゴルの日本攻撃に対する意欲に、これで終止符が打たれたわけではありません。国内の緊張と恐怖は依然として継続し、事実、クビライは三回目の遠征を考えていました。なぜ、それが実施されなかったのか。

南宋征服のあとのクビライは、「日本及び交趾（ベトナム北部の呼び名）に遠征するための戦船の建造」（『元史』）を命じ、実際に日本遠征と並行して一二八〇年にはビルマのパガン朝を攻撃し、ベトナムへの圧力をいっそう強化しています。日本攻撃に失敗したあと、八二年にはベトナムへの遠征を開始したものの、チャン・フン・ダオを中心とするベトナム人の激しい抵抗にあい、撤退を余儀なくされます。ほかにも、雲南やミャンマー、ジャワなどにおいてもモンゴルは現地の人々の抵抗に悩まされていました。

このように東南アジアへの攻略は、各地で抵抗にあって困難をきわめました。負担を押し付けられる中国南部の各地で、漢族の農民の反乱が相次ぎます。そのうえ、モンゴル支配層内部で東方三王家の反乱（ナヤン・カダアンの乱）が起きると、クビライは一二八六年、ついに日本遠征計画の中止を決めざるを得なくなりました。『元史』は、この決定を知って「江淅の軍民、歓声雷の如し」という状況になったと書いています。元朝内部の状況や漢族、ベトナム人の抵抗など広くアジア全体の状況が、モンゴルによる第三次日本遠征を最終的に断念させたと言えます。

高麗牒状不審条々

クビライ

クビライはその後も日本への侵攻を計画していましたが、一二九四年のクビライの死とともに三回目の日本遠征計画は立ち消えになったのです。

「神風」

一連の過程における日本の対応に特徴的なのは、相手方との交渉らしきものがほとんどなされなかったということです。最初にきたクビライの詔書について、幕府にせよ朝廷にせよ、返答を出すことすらできなかったというのが実情で、判断するための情報自体がなかったのでした。交易の発達があったとはいえ、いずれの国とも外交関係を断っていたことの反映でした。連帯を求める三別抄からの書状の意味を理解することなど、とうてい不可能でした。

朝廷は、ただひたすら寺社に命じて「異国調伏（いこくちょうふく）」の祈願を行なわせただけでした。一二七四年の官宣旨（かんせんじ）（朝廷が出した公文書）の文言のなかにも「蒙古の凶賊等が鎮西に来着し合戦をしたのだが、神風が荒れ吹き、異賊は命を失い、船を棄て或いは海底に沈み、或いは入江や浦に寄せられた。これは即ち霊神の征伐、観音の加護に違いない」とあるように、元寇を日本の神と異賊の争いと見る観念が共有されており、神社や寺による神々への祈願のおかげで「神風」が吹き、撃退できたという言説が流布されました。この体験はもっぱら神国思想の深化に帰結していき、第二次世界大戦において日本の戦局が悪化するなかで、神風特別攻撃隊などにまで至りました。

モンゴルの大遠征によるユーラシア大陸をおおう大帝国の建設は、東西交易に未曽有の発展をもたらしました。そのうえに実施されたクビライ時代の海軍による遠征は、東シナ海からインド洋に至る海上交易の掌握と拡大をめざしたものと言われます。新たに建設された首都・大都は運河によって海につながり、陸上交易と海上交易の要となりました。モンゴルは概して自由な民間貿易の振興策をとっており、実際のところ、日本遠征が実施されていた時期ですら中国沿岸の諸港では日本商船との取引が行なわれていたのです。

一九七五年に韓国西南海岸の新安沖海底で沈没船が発見されます。全長約三八メートル、幅約九メートルの沈没船は、中国式の外洋帆船であるジャンク様式であり、船倉には銅銭八〇〇万枚、中国製の陶磁器、高麗青磁あわせて二万点あまり、その他多数の香辛料が整然と荷積みされていました。荷札としてつけられた木簡には西暦一三二三年を示す年号や、「東福寺」などという荷主の名前まで書かれていました。中国南東部の慶元（現在の浙江省寧波市）を出帆し、朝鮮半島を経由して博多に向かう途中沈没したものと考えられます。蒙古来襲のあとにも交易関係が依然として盛況だったことを示してくれています。

日元貿易は、民間の商人による交易、もしくは、幕府や朝廷が寺社の造営費用を得るために交易する形をとることが多かったようです。こうした商船の活発な往来に支えられ、宋代に引きつづいて中国にわたる僧の数は多数にのぼりました。元末の七〇年間に記録に残っている禅僧の数だけでも二百数十人に達しており、留学ブームといっていいような状況が生まれています。学術・文化交流は盛況だったのです。

日本は神国だという自尊の意識が昂揚するいっぽう、同時に大陸文化への憧憬も衰えることはなかったと言えるでしょう。

第3章

室町時代・織豊政権期・江戸時代の日本と朝鮮

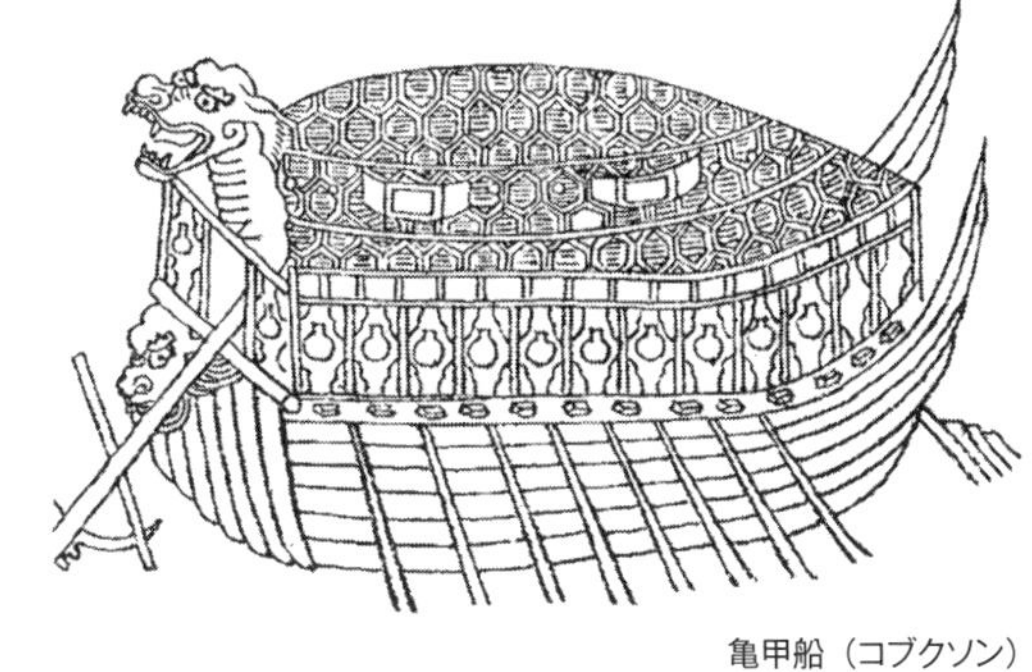

亀甲船（コブクソン）

朝　鮮	日本・中国
	1336　室町幕府成立
1350　倭寇のはじまり	
1356　恭愍王、反元運動を展開	
	1368　明の建国
1377　鄭夢周訪日	
1388　威化島回軍	
1389　琉球の中山王察度が高麗に使節派遣	
1392　朝鮮の建国	1392　南北朝合一
1401　明、「朝鮮国王」冊封	1401　足利義満、明へ遣使
	1402　明、義満を「日本国王」に冊封
1404　日本国王（義満）と朝鮮国王の通交開始	
1419　対馬に遠征（己亥東征）	
1420　『老松堂日本行録』	
	1467　応仁の乱
1471　『海東諸国紀』	
1510　三浦の乱	
	1523　寧波の乱
	1573　室町幕府滅亡
	1590　豊臣秀吉、全国平定
1592　秀吉の第一次侵略(壬辰倭乱)	
1597　秀吉の第二次侵略(丁酉再乱)	
1605　探賊使惟政訪日	
1607　第一回使節（回答兼刷還使）訪日	
1609　己酉約条	
	1616　後金建国
1627　後金の侵入（丁卯胡乱）	
1636　清の侵入（丙子胡乱）第四回使節（朝鮮通信使）訪日	1636　清と改称
	1644　明滅亡　清の中国支配
	1781　藤貞幹『衝口発』
	1785　本居宣長『鉗狂人』
	1823　佐藤信淵『宇内混合秘策』
	1840　アヘン戦争
	1853　ペリーの来航
	1854　吉田松陰『幽囚録』

一　室町時代の日本と朝鮮

明の建国と中華世界の再建

一四世紀中葉になると、中国各地で元に対する大規模な反乱が起こります。なかでも紅巾軍の指導者として頭角をあらわした朱元璋（しゅげんしょう）（洪武帝）は、一三六八年に集慶（いまの南京）に都を置いて明王朝を創建し、引きつづき元朝の首都・大都を占領しました。元の王室は本拠地のモンゴル草原に戻って北元として存続します。明王朝は、中華帝国の再建をめざし、周辺諸国に使節を派遣し、朝貢を求めました。

高麗では、一三五一年に即位した恭愍王（コンミン）が反元運動の姿勢を明らかにして、一三六九年に明の使節を迎え、その冊封を受けることを決意し、新興の儒臣らを中心に改革を進めました。しかし、改革に反対する勢力は北元と手を結んで力を保ちつづけ、一三七四年に恭愍王が臣下に殺されると再び政治の実権を握りました。一三八八年、元の直轄地とされた鉄嶺（チョルリョン）（いまの江原道安辺郡）以北を直轄するという明の方針が高麗に伝えられると、親元派の崔瑩（チェヨン）は明への攻撃を決意しました。同年五月、高麗軍が明の遼東城をめざして鴨緑江まで進んだとき、指揮者の一人である李成桂（リソンゲ）は中洲の威化島（ウィファド）で全軍の反転を行ない（威化島回軍）、首都開城に突入して一挙に制圧したのち、新興儒教官僚層と手を結んで、親元派を追放して一連の改革を実行しま

李成桂

す。そして、一三九二年七月、改革派官僚らの推挙によって即位し、高麗に代わる新たな王朝を創設しました。

李成桂は明に使者を送って国交を結び、明皇帝の裁可を得たうえで、一三九三年に国号を朝鮮と定めます。また、一三九四年に、漢陽（ハニャン）（いまのソウル）に遷都し、翌年に漢城（ハンソン）と改称します。一四〇一年には、第三代太宗（テジョン）が正式に明皇帝の冊封を受けて朝鮮国王となり、国際的正統性も手に入れました。朝鮮からは毎年、元日、冬至、皇帝の誕生日などに定期的な朝貢使節が派遣され、さらに謝恩・奏請などの臨時の使節も数多く送られました。

南北朝の内乱が長くつづいていた日本においても、一三九二年に室町幕府の第三代将軍・足利義満（あしかがよしみつ）が南北朝の合一を実現して、幕府の体制も確立します。義満は一四〇一年に第一回遣明船を送ります。これを受けて、翌年に明は義満を「日本国王」に冊封して、国交を樹立します。以後、義満はみずから「日本国王」を名乗って、朝鮮国王あてに国書を送ります。これに応えて、一四〇四年に朝鮮国王が日本国王へ国書を送り、ここに八世紀後半に国交が事実上断絶してから六〇〇年ぶりに両国の国交が復活し、相互に外交使節を交換するようになりました。室町幕府の使節は漢城に入り、朝鮮国王の謁見を受けました。朝鮮の通信使は三回にわたって京都まで派遣され、外交関係だけでなく、日本情報の収集にも重要な役割を果たしました。一四二〇年の使節宋希璟（ソンヒギョン）による『老松堂日本行録』、一四四三年の使節書状官申叔舟（シンスクチュ）の『海東諸国紀』（一四七一年撰述）などが日本や琉球に関する歴史と地理をまとめています。

このように一四世紀後半の東アジアでは、中国の元・明の交替、朝鮮半島の高麗・朝鮮の交替、日本の南北朝の内乱とその終結という政治的な変動がありました。一四世紀のこうした東北アジア情勢の変動を背景にして、倭寇（わこう）が朝鮮半島と中国の海岸を侵略しはじめました。

倭寇対策と多元的な通行体制

倭寇（わこう）とは、高麗の史料では「三島の倭寇」と言われ、対馬・壱岐・肥前松浦など九州の北部沿岸・島嶼が倭寇の根拠地と見られています。倭寇の海賊行動は、一四～一五世紀（前期倭寇）と一六世紀（後期倭寇）をピークに激発します。前期は朝鮮半島から中国の華北沿海部、後期には中国東南の沿岸部がその主要な舞台となりました。高麗の史料をもとに、朝鮮半島への倭寇の襲撃回数を見ると、一三五〇年代は三四回、一三六〇年代は二八回、さらに一三七〇年代は一一二回、一三八〇年代は一二二回と急増しています。この時代は、日本国内では後醍醐天皇が開いた南朝と、足利尊氏（室町幕府）が擁立した北朝が対立して、六〇年近くにわたって国を二分する争乱に揺れていました。それが一三五〇年頃には幕府が尊氏と弟の直義に分裂し三つ巴の争い

老松堂日本行録

倭寇

になります。とくに内乱が激しかったのは九州でした。南北朝の動乱で国内の秩序が乱れた時期と、九州地方を拠点とする倭寇の襲撃が活発化する時期は重なっています。

倭寇の攻撃は沿岸地方ばかりでなく、内陸部にまでおよび、主に租税の運搬船や倉庫が襲われて穀物をはじめとする財貨が奪われ、人間が連れ去られました。連行された人々は日本国内で奴隷として取引され、さらに琉球を介して東南アジア方面へ転売されました。高麗側の史料に見える倭寇は、五〇〇艘の船団で、数千人におよぶものもあり、千数百の騎馬隊を擁している場合も見られます。

日本史研究者のなかからは、このような多数の馬を引き連れた大規模集団が、容易に海を越えられるものなのか、という疑問が出されています。朝鮮側の記録に、「前朝（高麗）の季、倭寇興行して、民聊生せず。然れども其の間、倭人は一二に過ぎず、本国の民、仮に倭服を着して党を成し、乱を作す」（『朝鮮王朝実録』世宗二十八年［一四四六年］丙寅十月壬戌条。判中枢院事李順蒙の上書）、「交州・江陵道の禾尺・才人、詐りて倭賊と為る」（『高麗史』辛禑九年［一三八三年］）と記されていることから、それをもとに田中健夫は、前期倭寇の構成員は日本人だけでなく、水尺・才人などの賤民や没落した下層農民など高麗の民衆を含んでいたのではないかと問題を提起しました。高橋公明も、一三七二年に明の洪武帝が高麗の使者に示した教書に、「耽羅牧子に至っては、つねにこれら賊徒（倭寇のこと）に合流する者がおり、殲滅するのはかなりむずかしい」（『高麗史』恭愍王世家二十一年［一三七二年］九月壬戌条）と記されているから、耽羅（済州島）が三別抄崩壊後、元の直轄地にされ、一二九四年に高麗に返還されたのちも、「牧子」と呼ばれる蒙古系の牧場経営者が支配層として残り、これが倭寇集団の擁した馬の供給源となったのではないか、と考えました。日本人による倭寇のほか、朝鮮人を主体とした倭寇、日本人と朝鮮人が連合した倭寇、蒙古系の「済州島人」などを想定したのです。

村井章介は、国家の枠を越えた「環シナ海地域」を設定し、その担い手としての多様な海民の活動を浮かび上がらせ、倭寇の本質は「国籍や民族を越えたレベルでの人間集団」、つまり境界人であるところにあり、「日本人か朝鮮人か、という問い自体、あまり意味がない」と指摘しています。

日本史研究者側からのこのような問題提起に対して、朝鮮史研究者側から疑問が呈されています。浜中昇や李領は、朝鮮史の展開に即して言えば、当時の高麗社会に多数の民衆が倭寇に合流するような状況が生み出されていたとは考えにくく、船舶や馬匹の多さは渡海後の掠奪によって説明可能だと指摘しています。倭寇が主として日本列島地域から朝鮮半島地域へと押し寄せたことは間違いなく、その管轄者は、南北朝時代の九州における征西府、菊池氏、小弐(しょうに)氏など南朝方の代表的勢力ですが、こうした権力が、倭寇集団を有効に統制できた形跡はありません。特定の権力に全面的に依存するような存在ではなく、強い自律性を持った海上武装集団と見るのが妥当だろうと思います。倭寇はあくまでも日本列島内の勢力であり、この点で日本側の認識も大きく異なるものではない。軍記物語『太平記』（一三七〇年頃までに全四〇巻が成立）は、「四十余年が間、本朝大いに乱れて、外国暫も静まらず。此動乱に事を寄せて、山路には山賊有りて、…海上には海賊多くして、…此賊徒数千艘の船を揃えて、元朝・高麗の津津泊々に押し寄せて、…元朝・高麗の吏民、是を防ぎ兼て、浦近き国々数十箇国、皆栖人もなく荒れにけり」と語っています。

後期倭寇の姿を伝える貴重な絵画資料が、東京大学史料編纂所に保管されています。『倭寇図巻』と呼ばれる長さ五メートルを超す絵巻で、一六世紀中頃の明の時代の中国人によって描かれたものです。この絵巻のなかでは、明を襲った倭寇が、上陸し、放火略奪を行なう様子、それを防ごうとする明の兵士たちの奮闘と勝利が描写されています。倭寇たちは日本刀、槍や弓矢などの武器を携えており、ザンバラ髪に口髭という風貌です。倭寇船には「八幡大菩薩」と書かれた幟を立てており、当時の日本人を象徴するような姿で描かれています。

倭人をまねた高麗人の寇賊（仮倭）がいたことは事実としても、あくまでも異質な倭人をよそおうことで、民衆を脅すことが可能になったのだと思われます。また、高麗側の史料の倭寇の規模に関する記述が、主として地方や軍団からあがる戦果報告や被害報告に基づくものである以上、誇張を含む可能性があることは、注意する必要があります。

高麗政府は足利政権に対して、一三六六年以後、何度も使者を派遣し、倭寇の鎮圧と取り締まりを要請しましたが、内乱にあえぐ足利政権には高麗政府の要請に応える力はありませんでした。こうした閉ざされた状況の中で鄭夢周（チョンモンジュ）は一三七七年に対日交渉に乗り出し、倭寇の取り締まり、拉致された朝鮮人、奴隷として売られた朝鮮人婦女子の故国への帰還を若き足利義満に求めたのでした。朝鮮王朝も、創建の一三九二年に使者を送り、九八年と一四〇二年にも重ねて倭寇禁圧を要求しています。そして一四〇四年には両国の国交が結ばれたのです。

日本に対して取り締まりを求めるいっぽう、軍事的な対応も進められました。一三七六年、高麗の崔瑩（チェヨン）は鴻山（いまの扶余）で倭寇を撃滅し、翌年には朴葳（パクウィ）が洛東江河口で倭船五〇艘の侵入を防ぎました。一三七七年には火筒都監（ファトントガム）を設置し、崔茂宣（チェムソン）により火薬技術を持った火器が製造されます。一三八〇年、五〇〇艘の倭寇船が錦江河口の鎮浦に上陸したときには、崔茂宣が率いるこの火砲を装備した高麗水軍は、倭寇船の大半を撃沈しました。軍船を失った倭寇は上陸して雲峰（現在の南原）の山に立てこもりますが、後の朝鮮王朝を創始することになる李成桂（リソンゲ）の指揮のもとで、打ち破られます。また、倭寇を海上で撃破するだけでなく、ついに一三八九年には、朴葳が指揮する高麗の水軍が、兵船百艘で倭寇の根拠地と見られた対馬を攻撃して三百艘を焼き払い、海岸施設をことごとく破壊し、倭寇によって捕虜になっていた百余人を連れて帰ったと言います。

新王朝はさらに兵船を建造し、水軍を増強するなど対策を推進します。そのうえで、一四一九年、李従茂（リジョンム）の指揮のもと兵船二二七艘に一万七千人の大軍で再び対馬を攻撃します。巨済島を出発して対馬の浅茅湾に入った朝鮮水軍は、島内の船一二九艘を奪って焼き払い、さらには民家一九三九戸を焼いたうえ、倭寇の捕虜となっていた一三一人の中国人を連れ帰りました（応永（おうえい）の外寇、己亥（キヘ）東征）。

武力による対策と並行してとられたのは、倭寇を懐柔する試みです。その一つが、倭寇に投降を呼びかけ、これに応じた者（降倭）には土地や家財を与えて定住させようとするものでした。これにより朝鮮内に住み着いた者の数は慶尚道だけでも二千近くに達したと言われ、降倭の頭目のなかには武官職を受けて活躍する者（受職倭人）も現われます。官職の授与は日本列島に居住する者にまでおよび、受職は一種の貿易権としての性格を帯びるようになりました。

懐柔策のもう一つは、平和的通交の奨励です。受職倭人のほかにも主に西日本各地の大名や豪族らに使節派遣の権利を与え、海賊行為の取り締まりを期待するとともに、交易を認めたのです（使送倭人）。また、交易を目的に来航する者（興利倭人）にも取引を認めました。使送倭人や興利倭人のなかには、倭寇からの転身者も多く、また、条件が変われればいつでも海賊行為に転ずる可能性を持った存在でもありました。

こうした通交者の統制のため、朝鮮政府は一四二六年に港を富山浦（プサンポ）（釜山）・薺浦（チェポ）（熊川）・塩浦（ヨムポ）（蔚山）の三浦に限定する措置をとります。これらの港には恒常的に居住する倭人（恒居倭人）の数は年々増加して三千人を越えたと言われています。一五一〇年、朝鮮政府の統制強化に反発した三浦居住者による反乱が起こり（三浦の乱）、最終的には釜山浦だけが継続を許され、対馬の人が駐在して交易を行ないました。

日本国王との通交だけでなく、朝鮮国王が日本列島内の諸勢力と個別に関係を結ぶといった多元的な通交体制、これが室町時代の対朝鮮外交の特徴でした。各種の通交者には朝鮮国王から図書が与えられましたが、これは朝鮮側からすれば理念的に臣従形式の関係が設定されたものとみなされます。ここでは、朝鮮国王を中心にした世界秩序が想定されていたように見えます。

交易品は、日本からは銅・硫黄・金など、これに対して朝鮮からは木綿の輸入がなされたが、高麗大蔵経や朝鮮鐘を求めて渡海する者も多くいました。記録に残っている限りでも、大蔵経は五〇部以上が日本に持ち込まれています。とりわけ一五世紀中葉の世祖（セジョ）（一四五五〜六八）の時代に西日本地域の多くの人々が先を争って朝鮮へ使いを送ります。遣使ブームというべき現象が起きます。一四五五年だけで「日本国諸処使送倭人六千一百六人」という記事もあります。

朝鮮の対外交流は琉球にも開かれていました。高麗末期の一三八九年、琉球の中山王察度が使節を派遣し、交流を求めてきました。すでに一三七二年、琉球は明との国交を開き、中山王が琉球国王に冊封されていました。朝鮮王朝が成立すると、琉球との関係は正式なものとなり、外交関係が成立して交易ルートが開かれました。しかし、次第に対馬や博多の商人が琉球使節を騙ったいわゆる偽使が大半を占めるようになり、一五〇〇年を最後に琉球国王が派遣する使節は途絶えました。その後は、琉球と朝鮮の遣明使節が北京で接触し、双方の国王の親書の交換（一六三〇年代まで）や送還される漂流者の受け渡しなどを行ないました。

二　豊臣秀吉の朝鮮侵略

領土獲得の戦争

朝鮮および明との平和的な外交関係を突き崩したのが、豊臣秀吉による朝鮮侵略、いわゆる文禄・慶長の役です。一五九二年が壬辰の年にあたるところから、朝鮮ではこれを「壬辰倭乱（イムジンウェラン）」、一五九七年の第二次戦争を「丁酉再乱（チョンユチェラン）」と呼んでいます。

なぜ秀吉が朝鮮・明の征服をめざしたのか。その目的は何だったのか。そのような根本問題については、秀吉の功名心や誇大妄想癖から説明する見解があるいっぽう、日本が明との勘合貿易の復活を希望したのに朝鮮がその仲介を拒んだためという説が唱えられてきました。しかし、多くの大名たちが侵略戦争に呼応したのであって、秀吉の個人的な素質の問題に還元することはできないものと思われます。また、勘合貿易復活というのは、戦争が行き詰まった段階になり、明との和平交渉のなかで登場してきた要求であって、侵略戦争に打って出た直接の目的とは思えません。

朝鮮に対する秀吉の要求は「征明嚮導（せいみんきょうどう）」、つまり征明のための先導をせよというもので、朝鮮のみならず中国までをも征服しようというのが秀吉の構想であり、和平交渉でも最後までこだわったのは、朝鮮南部の領土割譲です。その最大の狙いは、領土の獲得にあったと考えるべきでしょう。その動機の一つには、大名、家臣に対する知行地（ちぎょうち）の確保ということがあります。豊臣政権は戦争をして相手を服属させ、戦功のあった者には知行を増やすという形で拡大していきました。たとえば加藤清正の場合は、最初は一二〇石程度でしたが一五五八年頃には肥後国で一九万石の大名になっています。このような形で戦争によって知行を増やしていった結果、日本の国内を統一したところで、配下の武将たちに与える知行がそれ以上なくなってしまいました。そこで海外に目を向け朝鮮、明を征服してアジアに君臨し、家臣たちにも大きな知行を与えようとしたのです。つまり、朝鮮侵略は、常に新しい戦争を起こし、新しく獲得した領土を家臣に分け与え、部下たちもまた、そ

名護屋城

豊臣秀吉

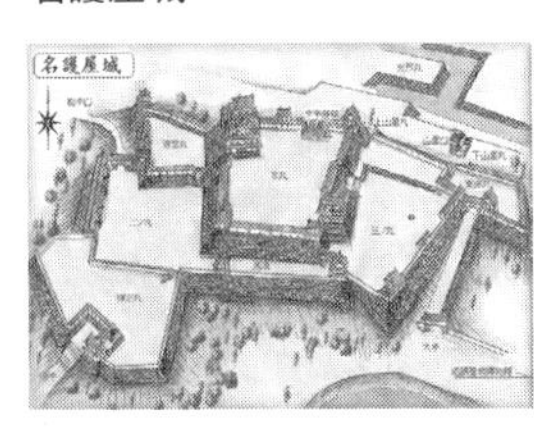

釜山鎮殉節図

加藤清正像

うした恩賞をめざして主君への忠勤に励むという戦国大名の論理から導き出されたものだったと考えられます。

秀吉は朝鮮国王も日本国内の戦国大名と同じような待遇で扱おうとしていたように感じられます。秀吉は一五八七年、九州の島津氏との戦いが終わったあとに、対馬の宗氏を通して朝鮮の国王に日本の朝廷に参内するようにと要求を出しています。国内の戦国大名に対する態度と変わりがありません。秀吉が国内の他の土地と同じような感覚で朝鮮を見ていたことがうかがえます。そして、九〇年、小田原城を落とし、奥州を平定して、ついに全国を統一すると、秀吉はただちに朝鮮出兵に向けて動きはじめ、「九州同然」に支配するのだと述べています。つまり、秀吉にとっては、畿内↓九州↓朝鮮が同一の論理で構想されているのであり、おそらく明への侵略もこの延長線のうえに位置づけられていたのでしょう。宗氏の要請で九〇年に来日した朝鮮使節と聚楽第で会見した秀吉は、「征明嚮導」を要求しますが、翌九一年五月に朝鮮国王宣祖は秀吉に返書を送り、これを拒否します。同年八月、秀吉は全国の大名に動員令を発動し、出撃の拠点として肥前に本営・名護屋城を築き、九二年四月に侵略を開始します。

侵略を正当化する根拠としての「神国」

このような侵略の構想を、秀吉はどのように正当化し、根拠づけようとするのだろうか。ポルトガル領インド総督あて返書で秀吉は、「吾朝ハ神国」であり、「朝命」にしたがって日本全土を統一したことを強調したあと、中国からインドへの勢力拡張に触れて、「此時に当って聖主の勅を寰中に伝へ、良将の威を塞外に振ひ、四海悉く関梁を通って海陸の賊徒を討ち」云々と言います。「日本国」は「神国」であると名乗り、自らの事業を天皇の命に基づくものだと位置づけるわけですが、朝鮮へ送った文書でも「日本国関白秀吉」を名乗り、天皇の臣下であることを明確にしています。

漢城を攻め落としたという知らせを聞いた二日後、秀吉が甥の関白・秀次に宛てた書状には、「大唐都へ叡慮（天皇のこと）うつし申すべく候」と書かれています。つまり、明を征服したあかつきには後陽成天皇を北京に移し、東アジア世界に君臨させるというものでした。日本の天皇は良仁親王か智仁親王、中国の関白には豊臣秀次、日本の関白には羽柴秀保か宇喜田秀家を就任させ、朝鮮の支配は羽柴秀信か宇喜田秀家にまかせて、じぶんは寧波に居所を構えるのだとしています。

秀吉の構想は、中国皇帝を中心とした中華世界秩序への挑戦を意味するものですが、これに取って代わるのは天皇を中心とした体制であったと思われます。これが、神国思想で基礎づけられました。こうした神国思想のもと、武将たちは、神功皇后の三韓征伐に重ね合わせて、自らの行為の意義づけを行なったのです（吉野誠、前掲書）。

義兵と水軍

李舜臣

小西行長

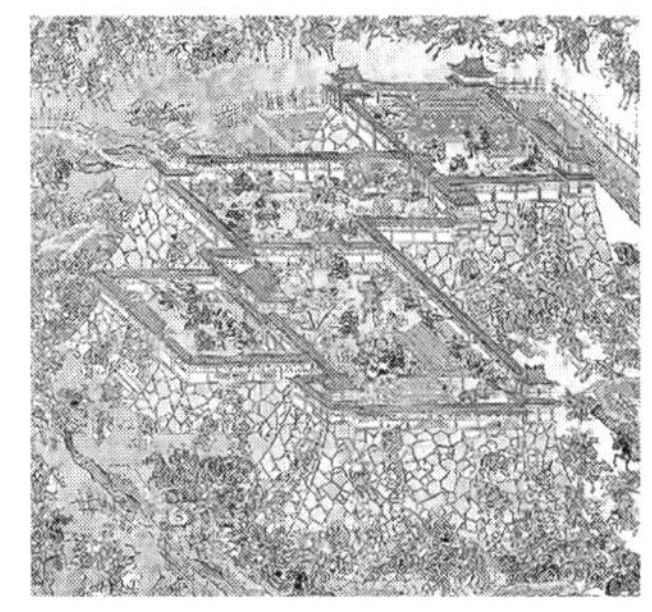

蔚山島山城

亀甲船

名護屋城には陸軍一番隊から九番隊まで、それに水軍を合わせて約一六万人が編成され、さらに一二万の軍勢が待機するなか、一五九二年四月十二日、小西行長・宗義智（そうよしとし）率いる一番隊が出帆し、翌日には釜山鎮を占領します。鉄砲を多数保持し、戦国の乱世を勝ち抜いてきた歴戦の日本軍に対して、備えが十分でなかった朝鮮軍は有効な反撃ができないまま連敗を重ね、五月二日には首都の漢城が陥落します。国王・宣祖は漢城を捨て、平壌、義州に逃れて明に援軍を要請します。日本軍の武将たちは持ち分を決めて各道の占領に着手し、平安道担当の小西行長は六月中旬に平壌城を占領、咸鏡道の加藤清正は豆満江を越える地域にまで到達しました。秀吉は、自ら朝鮮へ渡る意向を表明しました。しかし、このの ち、日本軍は当初の勢いを失っていきました。

日本軍に対し、執拗に抵抗したのは、義兵と水軍でした。義兵というのは、正規軍ではない、各地の士族や名望家などに指揮された義勇軍です。一番隊が釜山に上陸した一〇日後には、早くも慶尚道で郭再祐（クァクチェウ）が挙兵し、日本軍への反撃を開始しており、これに呼応して、義兵の活動は各地に広がります。義兵は日本軍の武器と食糧補給路、通信網を遮断し、日本軍を苦境に陥れました。義兵の蜂起によって民心は徐々に落ちつき、官軍も再起する時間を得ることができました。

海上では、李舜臣（リスンシン）将軍率いる朝鮮水軍が、日本の水軍を悩ませました。全羅道の麗水（リョス）に基地をおいた朝鮮水軍は、日本軍上陸の翌五月から反撃を開始し、南部沿岸の複雑な地形・海流を巧みに利用して、藤堂高虎や脇坂安治、来島通総、九鬼嘉隆らが率いる日本水軍の精鋭部隊を撃破しました。李舜臣が考案したと言われる亀甲船（コブクソン）が登場し、威力を発揮します。七月四日の閑山島（ハンサンド）の海峡では、李舜臣の天才的な軍略によって脇坂水軍七〇余隻のうち六六隻が撃沈されました。八月二九日には釜山湾内の軍船・輸送船を攻撃し、一〇〇隻余を沈めました。ここに至って、朝鮮水軍は制海権を掌握し、日本軍は補給路を断たれ、陸軍は伸び切った戦線を各所で義兵に分断されて、孤立を余儀なくされました。朝鮮の要請に応じて一五九二年七月、明の援軍五千が派遣されてきて、小西行長が立てこもる平壌城を攻撃しましたが、失敗して本国へ退却してしまいました。翌年一月に四万余の軍勢を整えて朝鮮に入り、朝鮮軍・義兵と連合して平壌城を再び攻撃し、さらに漢城に後退する日本軍を追撃しましたが、碧蹄館（ビョクチェグァン）で敗れ、平壌まで後退します。その後、明は朝鮮の反対を押し切って日本との講和交渉を進めます。明の軍事援助は、明自身が秀吉の侵略対象となっていたことから、未然に朝鮮で防ごうとしたものですが、そもそも冊封国を助けることは宗主国の義務というべきものでした。

　開戦一一か月が経った一五九三年三月の時点での日本軍の消耗率は、極めて高いものになっていました。第一軍の小西行長は一万八七〇〇人から六六二九人に減り、二番隊の加藤清正の一万人は五四九二人に減り、鍋島直茂の一万二〇〇〇人も七六四四人に減り、大友吉統の六〇〇〇人も二〇五二人に減っていました。今後の戦いをどうするのか、ソウルまで後退してきた武将たちのあいだで協議が行なわれました。ここで宇喜田秀家は、自分たちの置かれた状況を、「兵量が底をつき、今後一か月、正確に申せば四月一一日には、一粒の粟もなくなる勘定となっている。釜山の兵量を運ぶにも、人馬は皆目手に入らず、またたとえそれが得られたとしても、途中に山林あって強盗充満し、飛脚一人通るとても、継ぎ継ぎの城から騎兵の五十騎、三十騎、弓矢鉄砲の百や二百挺をつけてやらねば押し通れぬ昨今の有様」なのだと説明しています。

戦争が長期化し食料不足が深刻化するにつれ、朝鮮側に投降する日本軍の将兵が続出します。こうした日本兵を朝鮮側は「降倭」と呼びました。一五九四年頃から急増し、丁酉再乱時の一五九七年に再び増加します。こうした日本兵は少なくとも一万人以上いたと言われています。『朝鮮王朝実録』『承政院日記』に沙也可（さやか）、平仇老、山如文などの日本名を持つ「降倭」を確認できます。沙也可については、かれの文集『慕夏堂文集附實記』（一八四二年、賜姓金海金氏宗會編は一九九六年）を通じて知ることができます。一五九二年四月、加藤清正の先鋒将として釜山に上陸後、「このような不義の戦についていけない」と言って反旗を翻し、三千名の部下とともに朝鮮軍に帰順します。火縄銃、火薬の製造法を教え、銃砲部隊を率いて日本軍と戦いました。その功績から朝鮮王から金（キム）忠善（チュンソン）という姓氏と官職を受けます。現在も慶尚北道大邱市郊外の達成郡嘉昌面友鹿里に沙也加の後裔が住んでいます。

四月中旬、ついにソウルから撤退する方針が出され、慶尚道沿岸一帯に倭城を築いて守備隊を残したまま、本体は順次日本へ戻り、焦点は講和交渉に移りました。

和平交渉と第二次出兵

現地では、一五九二年九月以降、小西行長と明の沈惟敬のあいだで和平の工作が進められていました。明軍の司令官宋応昌の部下が明皇帝の使者と偽って日本へ派遣されます。偽の明使は九三年五月に名護屋城に至り、秀吉は朝鮮の南部四道の割譲や勘合貿易の再開などの要求を示しました。このいっぽうで小西は、仮の講和使を仕立てて、偽装した秀吉の降伏文書を持たせて、北京へ派遣します。仮講和使が北京入りしたのは一五九四年十二月で、領土割譲という秀吉の要求は伏せたまま、朝鮮からの完全撤退という明側の条件をのみます。

これを受けて皇帝が派遣した本物の明使一行は、一五九六年八月になって日本へ到着、九月一日に大坂城で秀吉と会見します。真相を知らない秀吉は、明が自分の要求を呑んだものとばかり思って上機嫌でしたが、明使がもたらしたのは、「汝を封じて日本国王となす」という神宗からの誥命（こうめい）と、勅諭および金印でした。秀吉は激怒し、交渉は決裂します。秀吉は翌九七年二月に改めて出兵命令を下し、七月には再び一四万余の軍勢が朝鮮海峡を渡ります。

しかし、今度も義兵や水軍の活躍に悩まされ、そのうえ政府軍や明軍も充分に応戦の体制を整えていました。戦争は南部地方にとどまり、冬になると反撃が強まります。日本軍の各武将たちは苦戦を強いられ、沿海地域に築城して拠点を構える方針をとります。加藤清正が管轄した蔚山の島山城も、朝鮮側の軍勢に包囲されました。

水の手を取り切られ、城中には汲むべき術なし。夜に入りて城外に水汲みに出ずれば池水に多くの死骸をいれ埋みける。血まじりの水を汲み来て、渇をやめけれども兵糧次第に尽きぬれば紙をかみ壁土を煮て食物とす。牛馬のあるうちは之を殺し飢を助ぐ。これも万人の飢を助ぐべきにあらざれば、壮士どもは夜に入りて、城を忍び出て寄手の打たれし（死骸）腰をさがし炒米・牛の炙肉をとりて、暫時の命を繋ぐ。大将達の前には一飯を進むるに飢を忍びて働きよき士卒に一箸に五六粒ずつ挟んで給いける。かく励まし給えども飢え、疲れ、塀下に倒われ伏したる者は寒気に攻められ、喚き叫べば、聞くに心もきえぎえと力弱りこそ見えし。

大関定祐『朝鮮征伐記』

これが実情で、日本軍には厭戦機運が広がっていきます。そのようなとき、一五九八年八月十八日に秀吉は伏見城で生涯を終えたのです。秀吉の死を待つまでもなく、朝鮮侵略は完全な失敗が明らかだったと言うべきでしょう。秀吉の死を隠したまま、前線に撤退を促す指令が伝えられます。さらに、徳川家康ら五大老から正式に秀吉死去の報と撤退命令が伝えられ、各地の武将は海岸沿いに釜山へ引き上げ、帰還することになります。朝鮮側の追撃も激しく、露梁津（ロリャンジン）の海戦では島津義弘と朝鮮・明の連合軍が渡り合いました。この戦闘で李舜臣は被弾して戦死しました。島津・小西らの軍勢は大きな被害を出しながら、ようやく危地を脱して釜山に至り、十一月二十五日、釜山から日本へ撤収したのです。

耳塚（京都市東山区茶屋町）

二度にわたる日本の朝鮮侵略は、休戦期間を含めると七年近くにおよぶ長期の戦争でした。それゆえ戦場となった朝鮮はもちろん、侵略の主体であった日本、朝鮮の求めに応じて援軍を送った明にとっても、この戦争が残した影響は決して小さなものではありませんでした。まず朝鮮は、この戦争で多くの人命が失われ、傷ついた人も多く、土地が荒れ果てました。

秀吉は、一五九七年九月二十八日、京都の方広寺前に造った耳塚（鼻塚）の供養なるものを、四〇〇人もの僧に読経をさせて仰々しく行ないました。朝鮮に出陣した諸大名が、一般の戦功のしるしである首級の代わりに鼻や耳を削ぎ、塩漬けにして送ってきたものの「供養」と称して、「慈悲」の名目で、秀吉の権威と戦意の高揚のために、一大法会を催したのです。この時期の実際の戦況は、陸海軍ともに大敗して、南部沿岸に追い詰められて守勢でした。そのため、仰々しく催して厭戦気分を払おうとしたのでしょう。

耳塚

全州史庫

仏国寺

一五九七年八月の全羅南道南原城の戦いの場合は、一番乗りの太田一吉の軍が、朝鮮高官の首とともに鼻一一九人分をあげており、ほかの軍も合わせて、計一〇〇一人分の鼻が秀吉のもとへ送られました。大河内秀元の『朝鮮物語』

には、「日本の軍勢十六が討ったる朝鮮人の首級八万五七三八、大明人の首級二万九〇一四、都で二一万四七五二、平安城の東なる大仏殿辺に土中の築籠め、石塔を立てて、貴賤今に是を見る」と記されています。

この鼻削ぎは、数を求めて、軍兵だけでなく、無防備の住民の鼻が男女老若幼少を問わず狙われました。加藤清正の家臣の山本安政は、「男女生子（赤ん坊）までも残らず撫で切りに致し、鼻を削ぎ其日々に塩に致した」と述べています。

「人さらい戦争」

秀吉の朝鮮侵略戦争は「人さらい戦争」とも呼ばれています。朝鮮に出兵した日本軍の諸将は、領内の産業（農業・漁業・土木など）を振興させるための労働力を確保するために、儒者、医師、陶工などの学者や技術者を強制的に連行しました。さらに、諸将は、商人へ朝鮮人を売り渡し、商人は朝鮮人を日本国内だけでなく、長崎・平戸へ連れて行き、ポルトガル・スペインの商人へ奴隷として売り渡して、鉄砲・絹・南蛮の品々を手に入れました。朝鮮侵略は、奴隷狩りでもありました。これまでの研究では、その数は五、六万人以上にのぼると推測されています。

城主太田一吉の従軍僧慶念は、釜山浦に上陸したとき目撃したことに驚愕して、次のように記しています。

日本より万の商人も来たりし中に、人商いせる者来たり。奥陣より後に男女老若買い取りて、縄にて首を括り集め、先へ追い立て、歩み候はねば、後より杖にて追ったて、打ち走らかす有様は、さながら阿坊羅刹の罪人を責けるも、かくやと思い侍り。

『朝鮮日々記』慶長二年（一五九七年）一一月一九日条

一五九七年六月、長崎に入った南蛮船のイタリア人フランシスコ・カルレッチの自叙伝的な『東西印度航海記』によると、かれは長崎で朝鮮の少年五人を買い、そのうち四人をインド・ゴアの奴隷市場に転売し、残った一人はイタリアまで連れてゆき、アントニオ・コレアという名をつけ釈放したといいます。その後、二〇歳になったかれを、フランドルの画家ペーター・パウル・ルーベンスが肖像画に描きましたが、この絵は一九八三年にロンドンの競売場で落札され、世に初めて知られるようになりました。アントニオ・コレアの後裔は現在もイタリア東南のアルビという山間の村に住んでおり、一九七九年の村の人口一三四八人中コレア姓が一八五人にもおよぶとのことです。その他にも、イタリア各地にコリア姓をもつ人々が多いそうです。

文化財破壊、略奪

一五九二年四月二十日、加藤清正らの二番隊は、古都・慶州に侵攻し、世界的な名刹の仏国寺などすべてを焼き払ってしまいました。従軍した大河内秀元は、この様子を「昔帝都の旧跡なれば、家風尋常ならず、軒を争う高屋三十余万、煙有りて、大仏殿を建て置きたり、二十二日、大仏殿を先として、洛中の在家三十余万、軒一宇も残さず、放火しければ、夜中に及ぶと雖も、炎の光、遠里まで輝きて、只白昼に異ならず」と記しています。歴代国王の実録を編修した『朝鮮王朝実録』は、四史庫（春秋館、忠州史庫、星州史庫、全州史庫）に各一部ずつ保管していましたが、日本軍の攻撃により全州史庫以外は失われてしまいました。

京都五山の禅宗の僧は、その学識をもって強奪の道案内役に変じて、膨大な数の貴重な文物が日本に強奪されました。

宇喜多秀家は漢城を占領するや校書館鑄字所から銅活字二〇万字を持ち出し、戦利品として秀吉に届けました。秀吉は活字を御陽成天皇へ献上しましたが、この銅活字で日本で初めて活字印刷されたのが、一六一五年の『大蔵一覧集』（一一冊）と一六一六年の『群書治要』（四七冊）です。

諸将は多くの書籍を強奪しました。宇喜多秀家と安国寺恵瓊らが奪った書籍の多くは、のちに家康に没収されました。家康が設けた富士見亭文庫（一六〇二年）や駿河文庫（一六〇七年）は、朝鮮の書籍が中心であって、かれの死後、このうちの多くが徳川御三家に譲られます。尾張家へ二八三九冊（名古屋市蓬左文庫）、紀伊家へ一四九二冊（紀伊文庫、のちの和歌山市南葵文庫）、水戸家へ二二一〇冊（水戸彰考館文庫）などです。とくに蓬左文庫の『高麗史節要』初版本三五巻は、現在唯一の貴重本です。富士見亭文庫（紅葉山文庫）は大政奉還後、江戸城明け渡しに際し、即封印され、その蔵書は新政府に移管され、現在内閣文庫（二九六六冊）や宮内庁書陵部（九四三冊）が所蔵しています。その他、諸将が強奪した朝鮮書籍は、金沢市の尊敬閣文庫（一〇七三冊）、山口県立図書館毛利文庫（二〇六冊）、山形県米沢図書館（一六四冊）、対馬の宗家文庫、東京都の静嘉堂文庫、鹿児島大学図書館などに在庫しています。

「焼き物戦争」

秀吉の朝鮮侵略は、日本では「焼き物戦争」とも比喩されています。朝鮮の陶磁器は日本の武将にとって憧れであっただけに、真っ先に略奪の対象となりました。陶磁器だけでなく、そのものを生産する陶工が狙われました。佐賀県の有田焼（伊万里焼）の李参平、鹿児島県の薩摩焼の朴平意・金芳仲・沈当吉、福岡県の高取焼の八山、上野焼の尊楷、佐賀県の平戸焼の金久永・巨関、山口県の萩焼の李勺光・李敬など。これら西日本各地の有名な陶磁器は、拉致した朝鮮人によって、日本の風土に合わせて工夫創始されたのです。薩摩焼の沈当吉の子孫は、沈壽官という朝鮮風の氏名を代々受け継ぎ、苗代川に居住しながら薩摩焼を継承してきました。現在は、第一五代沈壽官に至っています。第一四代沈壽官は司馬遼太郎と親交があり、司馬の小説『故郷忘じがたく候』（一九六九年刊）の主人公のモデルとなりました。

いっぽう、日本にとっても、この戦争は大義名分のない軍事行動であり、多くの人命を失うとともに、その失敗が豊臣政権崩壊の一因となりました。鹿児島県川内市久見崎に「想夫恋（そうふれん）」という踊りが伝承されています。島津軍の船団が久見崎から朝鮮へ出陣したのですが、いつまで待っても夫が帰ってこないことから、朝鮮で戦死した夫を想って、未亡人が、盆の八月十六日に夫の霊を迎えるために踊ったもので、紋付羽織に白鼻緒の葬い草履、御高祖頭巾で顔を隠し、弔いの悲しい踊りです。

援軍を派遣した明も大きな被害を蒙りました。多くの軍費負担によって国家財政に大きな痛手を受けましたが、さらに朝鮮半島に軍事力を振り向けたため、それまで押さえつけていた北方の女真の膨張を招きました。戦乱が大きな契機になって、北東アジア全体が変動の波に洗われていきます。

三　江戸時代の日本と朝鮮——交隣、その虚実

日本との国交回復

日本の朝鮮侵略後、日本と朝鮮は数年間にわたって国交の断絶状態がつづいていました。一六〇〇年の関が原の戦いで勝利し、〇三年には征夷大将軍となって江戸幕府を開いた徳川家康は、まず朝鮮との国交を回復することで、政権の正統性を国際的に確保しようとしました。朝鮮も、戦後の日本の情勢を探索し、また北方での女真台頭という事態に備えて対日関係を安定化させておく必要がありました。対馬藩も自己の存続のためには朝鮮との交易が必須であるため、両者のあいだに立って、調整役を果たすことになります。

一六〇三年、徳川家康は対馬藩の宗義智を介して、朝鮮政府に国交の回復を要請します。これを受け朝鮮政府は一六〇四年、敵情を探る「探賊使」の名目で僧惟政（ユジョン）（松雲大師（ソンウン））を対馬へ派遣し

ました。翌年、対馬藩は惟政を京都へ案内し、伏見城で家康・秀忠父子との会見が実現します。このとき家康は、「自分は壬辰の役の際に関東に居て、兵事に干与していない。朝鮮と自分のあいだには讐怨がないので、ぜひ交誼をお願いしたい」と強調し、国交を回復する意欲を示しました。朝鮮王朝では議論を重ねた末、日本に対して和を結ぶための条件を出します。第一に、日本側が先に国書を出すこと、第二に、侵略のとき王陵を荒らした犯人を引き渡すこと、この二点でした。東アジアの伝統的国際秩序において、国書を先に出すということは相手国王への恭順の意思表示であったため、家康としては、簡単に応じられません。

　交渉を任された対馬藩と朝鮮のあいだで協議が繰り返されましたが、一六〇六年に「日本国王」を名のる家康の国書を持った使節団が朝鮮に来訪し、墓荒らしの犯人として二人の男が引き渡されました。この犯人というのは、たまたま対馬で捕まっていた罪人でした。朝鮮政府は、この国書の信憑性に対して強い疑念を抱きましたが、ともかく要求が満たされた形となった朝鮮政府は、徳川幕府の申し出に応じます。

　こうして翌〇七年五月、総勢五百人におよぶ使節団を訪日させます。あくまでも「回答兼刷還使」、つまり、先に日本側からきた国書に「回答」し、日本へ連行された人々を「刷還」（連れ帰る）すると

想夫恋

徳川家康

いう役目の使節でした。使節は江戸城で第二代将軍秀忠と会見して朝鮮国王の国書を手渡し、秀忠からは朝鮮国王あての国書が渡されます。これにより、断絶していた朝鮮との国交が回復されたことになったのです。実は、この過程で双方の国書は対馬藩が書き換えたのです。実際に将軍に渡されたのは、朝鮮の方から先に国書を送ったかのようなかたちがとられており、朝鮮国王に渡されたのは、将軍の方から先に国書を送ったかのように改竄されていたのです。その後、一六一七年の第二回使節、二四年の第三回使節の訪日の際にも同様の改竄が行なわれました。一六三一年、対馬内部からの告発によって、国書が対馬の偽造であることが暴露される大事件が起きました（柳川事件）。江戸幕府はこれを一部の者の罪として処理し、藩主宗家に責任なしとして朝鮮との関係を継続しました。いっぽう、朝鮮政府もすでに円滑に動き出していた江戸幕府との関係を変えないこととしました。まずは国交を回復すること、懸案はそれからだという点で、国書改竄問題の処理に関する双方の思惑が合致したのでしょう。

一六三六年の第四回からは、回答兼刷還使から「朝鮮通信使」に名を改めた名称で使節を派遣するようになります。通信とは「信(まこと)を通じる」、つまり信頼関係を築くという意味です。新しい将軍が就任すると、対馬藩から通知が行なわれ、これを受けて朝鮮国王が使節を派遣します。この使節は「通信使」の名称で、朝鮮からの国書の宛先は「日本国大君」とすることになりました、これに対する朝鮮国王あての将軍国書の名義は「日本国源家光」というようにし、日本年号を使用することに決まったのです。時の将軍は徳川家光ですが、かれは一六三六年第四回、四三年第五回、五五年第六回の三回にわたって、朝鮮通信使に徳川家の祖廟がある日光で儒教式の祭祀を挙行してもらうことで幕府の権威を高めようとしました。

朝鮮半島南部の釜山には東莱府（トンネブ）という政庁があり、そこは日本との外交を担当する窓口です。現在でも残る東莱府の左右の門柱には「交隣」と「鎮邊」という、日本に対する朝鮮側の外交姿勢を示す文字が記されています。交隣とは日本という隣国と親しくすることを意味します。鎮邊とは辺境を守るということで国防を意味します。もし日本が侵略すれば、それを防ぐということです。一六〇九年に対馬藩との貿易協定（己酉（キユ）約条）が結ばれ、日本からの来航者は国王使、対馬藩の特送・受職者に限定されますが、その拠点として、同年に釜山に「倭館」という特別な地区を設けました。倭館は対馬から来る使節や商人を留めておく施設です。一〇万坪におよぶ広大な地域で、常時五〇〇人以上の日本人で賑わい、朝鮮側と交易が盛んに行なわれていました。長崎出島のオランダ商館が四千坪だったことを想起すれば、その規模の大きさがわかります。朝鮮からの輸入品は、生糸・綿布・朝鮮人参・絹織物・陶磁器・煎海鼠・虎皮・書画・米などであり、日本からの輸出品は、鉱産物（銀・銅・錫・硫黄）や南蛮物（水牛角・明礬・胡椒・丹木）や工芸品・武具でした。倭館は単に外交だけでなく、貿易の拠点としての意味合いが重要だったといえます。

朝鮮通信使

回答兼刷還使から通信使に外交の仕組みが整えられたのは、いわゆる「鎖国」体制が完成していく時期にあたっています。鎖国という名が使われたのは、一八〇一年に長崎のオランダ通詞志筑忠雄がオランダ商館のドイツ人ケンペルの著書『日本誌』の付録文章を翻訳して、それに「鎖国論」と名づけたのがはじまりでした。それが幕末に開国という言葉に対して、「鎖国」という言葉が一般的に使われるようになりました。いわゆる「鎖国」とは、中国明清時代に行なわれた領民の海上利用を規制する「海禁」の一類型と見られます。海賊禁圧や密貿易防止を目的とし、領民の私的な海外渡航や海上貿易を禁止した、明清、朝鮮など東アジア諸国が共通してとった政策のことです。

しかし、「鎖国」時代にも、外部に向けて四つの窓口が開かれていました。明清との冊封体制に加わらないまま、①長崎出島に来航するオランダおよび清国との関係（長崎口）、②一六〇九年の琉球侵攻により軍事的優位に立った薩摩藩を介した琉球との関係（薩摩口）、③将軍の臣下でありながら朝鮮側からも属領とみなされていた対馬の宗氏を仲立ちとした朝鮮との関係（対馬口）、④松前藩を介した山丹や蝦夷（アイヌ）との関係（松前口）が存在していました。清国・オランダは「通商の国」、朝鮮・琉球は国交のある「通信の国」と位置づけられていました。これが徳川幕府の対外関係の基本構造の枠組みでした。

通信使は日本側の要請を受け入れて将軍の代替わりごとに派遣されるものでした。最初の三回の回答兼刷還使を含めると、江戸時代を通じて使節の訪日は一八一一年までに一二回を数えました。朝鮮王朝では、通信使の三司（正使・副使・従事官）を任命し、正使には正三品の官位の者が選ばれました。その他に儒学・書画・法律・歴史・武芸・医学・音楽などに秀でた第一級の者が一行に加えられ、とくに日本での文化交流の中心となる製述官（書記官）には優れた文人が当てられました。通信使一行の総人員は三百から五百名にもなります。朝鮮国王の国書を持って首都漢城を発ち、陸路で釜山までできて出帆します。通信使の来日が決まると、老中が総責任者となって使節を迎える一大事業が開始されます。沿道の諸藩に命令が下され、道路の普請や宿舎の建設など応接の準備が進められました。対馬からは藩士が多数つきしたがい、壱岐を経て博多湾外に浮かぶ藍島（あいのしま）（相島）に宿泊したあと、関門海峡より瀬戸内海に入り、上関・下蒲刈・鞆の浦・牛窓・室津・兵庫に寄り、大坂へ上陸します。瀬戸内海の航行には数百艘の舟が警護のために投入されます。行く先々で各藩の手厚い接待が行なわれました。大坂からは幕府が用意した絢爛豪華な御楼船や諸大名が仕立てた御座船に乗り換え、京都に向け両岸から綱引人足に引かれ、淀川をさかのぼって行きました。京都からは陸路を一日四〇㎞ほど進みました。京都から彦根への道筋は、通信使以外には将軍上洛のときしか使われない琵琶湖沿いの「朝鮮人街道」を通り、大垣・名古屋・岡崎・浜松に至り、難関の大井川を渡河し、箱根を越えて、藤沢、神奈川と泊をかさね、ようやく品川へと至るわけです。

江戸城中における国書の奉呈は将軍にとって一世一代の国家的セレモニーであり、それにつづく歓迎の宴には徳川御三家の藩主や老中をはじめとする高官たちが揃って参席し、豪勢な饗応が挙行されたのです。

接待にかかる費用の負担は沿道の諸大名に義務づけられましたが、幕府自身の出費も膨大な額にのぼりました。一回の使節を迎えるための総費用は百万両と言われます。

通信使の行列は、一般庶民が外国を意識する数少ない機会であり、人々は思い思いに着飾って一行の通過を見物しました。その過程では相互の交流も生まれ、例えば岡山県瀬戸内市牛窓町で秋祭りに行なわれる、朝鮮風の衣装をまとった二人の男の子が踊る「唐子(からこ)踊り」は、通信使の一行から伝わった踊りが現在まで受け継がれたものと見られます。また、通信使には学問的にも一流の人物が選ばれ、すぐれた学者が同行していましたから、各地の宿舎には学者や文人たちが面会を求めて馳せ集まり、詩文の交換などが行なわれました。

一七一九年第九回通信使の製述官であった申維翰(シンユハン)は、日本滞在の印象を『海游録』という紀行文に次のように書き残しています。「遠近から詩を求める者が、後を絶たない。紙を机に積み上げ書を求める。書き終えると、また紙がまるで薪のように積み上げげられる。一字を得れば手でおしいただき、秦の始皇帝が白狐を有り難がったようにする。字の上手、下手はかまわない。(中略)食事をとる間もなかった。」

日光東照宮、詫茶と朝鮮との関わり

三代将軍家光は、一六三六年に莫大な財力を注ぎ、初代将軍家康が祀られた日光東照宮の社殿を大改築しましたが、同年に招聘した第四次通信使を旅程にはなかった日光東照宮へさっそく案内します。家光が通信使を日光に招いた理由は、東照宮の由来を記す「東照社縁起」の権威を高めるために、縁起に通信使三使の詩文を納めたいと願ったからでした。次いで、第五回(一六四三年)・

御楼船

第六回（一六五五年）の通信使も日光に招待され、朝鮮国王の親筆・祭文・三具足・銅鐘・銅燈籠などが奉献され、儒教式の祭事が行なわれます。日光に朝鮮通信使を迎えることは、徳川将軍こそが国際的に認められた日本国王であることを国内に徹底させる政治的意味があったのです。

東照宮陽明門前の鐘楼には、第五回通信使が残した朝鮮鐘が懸かっていますが、銘と序には明の最後の年号「崇禎壬午十月」（一六四二年）が刻まれています。しかし、第六回通信使は東照宮を訪れた際に、隣接する大猷院（家光の霊廟）に二基の銅燈籠を残しますが、その銘と序には明が滅んだあとであったため、明の年号はなく「乙未年正月」（一六五五年）とだけ刻まれています。一六三六年の清の朝鮮侵攻（「丙子胡乱（ピョンジャ）」）に屈服して和議が結ばれ、清への事大外交の一環として明の年号を廃止して清の年号「崇徳」を使用することが義務づけられたのですが、対日外交では清の年号を使わず、明の年号、もしくは干支を使いつづけていたことがわかります。朝鮮では、明の滅亡後、中華の正統は朝鮮にこそ受け継がれているのだという「小中華思想」が、朝鮮後期の思想の大勢を占めることになります。女真族の清に対する反発と警戒は強く、崇明思想や、清を攻撃しようとする「北伐」論が起こりましたが、内向きの議論であって、清との外交は継続されました。朝鮮通信使が日光に残した物品を通じて、当時の朝鮮、清国、日本の東アジア関係の一端を垣間見ることができます。

話は少し変わりますが、千利休（せんのりきゅう）と朝鮮との関連について少し述べようと思います。千利休の法名は宗易。祖父が千阿弥と名乗ったことからその名を取って千姓としたとされています。そのため出自は朝鮮半島だとする説もあります。

利休の求めた侘茶（わびちゃ）の在り方は、楽茶碗（らくちゃわん）と草庵（そうあん）によって具象化されますが、楽茶碗を造った長次郎という者は朝鮮からの渡来人であり、利休がつくったという草庵形式の茶室・待庵は朝鮮の民家、とくにソンビ（儒学者）が住んでいた草堂に酷似しています。美のよりどころを朝鮮半島に求めた利休にとって、秀吉の朝鮮侵略は耐え難いことであり、切腹という行動で無言の抵抗を示したと言われています。

この指摘が事実だとすれば、利休の思想的背景は禅であるとしたこれまでの定説は再考されるべきだと思います。利休好みと言われている楽茶碗と草庵は、それまで禅僧や貴族のあいだで流行った唐物茶碗や書院形式の茶室とは趣がまったく異なる。そこには継承性というよりも異風――朝鮮的なものが母体としてあると思います。それはそれまでの禅の文化では考えられないものです。利休は禅から儒教への思考転換を遂げたのではないか。侘という美意識には、禅というよりも質素で清廉潔白なソンビ精神がより深く関連しているように思えます。利休の高弟細川忠興は、江戸儒学の祖・藤原惺窩（ふじわらせいか）に就いて朱子学を修めており、利休の高弟古田織部に茶を学んだ小堀遠州も、儒教思想を自己のなかに取り込んでいます。藤原惺窩は朝鮮の儒者姜沆（カンハン）に直接学ぶことによって禅僧から儒者へと自己変貌を遂げています。そして惺窩とその高弟林羅山は徳川家康から家綱に至るまで四代にわたる将軍の侍講を務めました。その徳川家は自己の政治、文化的安泰を図るため、朝鮮との平和的な交流を実現させています。

　秀吉と家康はともに朝廷の伝統文化に対抗するため、利休の異風的な茶の湯を利用しようとしました。利休は秀吉によって殺されましたが、かれの茶の湯は徳川家という良い理解者を得ることによって江戸期に開化していったと言えます。

千利休

待庵

藤原惺窩

姜沆

徳川幕府は対等な外交関係であることを確認するいっぽう、国内的には通信使を朝貢使と偽る向きがありました。民衆もそのように伝え聞きました。当時の歌舞伎や浄瑠璃の演目にはそのような内容のものが多く、頻繁に上演されました。このような朝鮮認識の背景には、日本型華夷意識というべき優越意識がありました。日本は天皇を頂点とする神国であり、それとともに「武威」において他国より優越しているという意識です。本来の華夷意識はあくまでも中華文明意識に基づくものですが、日本では万世一系の天皇と「武威」が重視されました。しかし、朝鮮とのあいだで交隣関係を成り立たせるためには、天皇の存在を表面に出さないようにしておく必要がありました。通信使一行と天皇が接触するのを避けたのは、通信使の目から天皇を隠すためだったと言うべきでしょう。

京都で本能寺に宿泊した申維翰たちは、天皇について興味を持っていましたが、「天皇の宮殿は宿舎の西南にあるという。しかし倭人たちはみなこれをはばかり、質問しても答えない。また我々に宮殿の建物を遠くから眺めることもさせなかった。天子がいったいどのような官職なのかわからないままである」（『海游録』）と。日本側役人はついに説明すら拒否してしまいます。天皇と徳川将軍の関係は、徳川幕府側にとっては隠蔽しておきたいところなのでした。

朝鮮通信使は、日朝両国の平和な関係を維持するうえで大きな役割を果たしました。しかし、次のような点に注意する必要があります。第一に、派遣回数の少なさです。わずか一二回で、一六三七年からはじまった朝鮮から中国への使節団・燕行使に比べればその回数は四〇分の一にすぎません。しかも最後の一八一一年の通信使は対馬にて、通信使と将軍の使者である幕府の老中が国書を交換する「易地行聘」という簡略化された形態にとどまり、その後は通信使の派遣が実現しないまま、幕府の滅亡におよびました。日常の外交交渉は、釜山の倭館を舞台にして対馬藩と東萊府とのあいだで行なわれ、あわせて貿易が行なわれましたが、将軍の使節の朝鮮派遣はありませんでした。第二に、派遣が相互主義的な形ではなかったことです。朝鮮からの通信使は江戸まで訪れましたが、日本からの使節はすべて釜山浦の倭館止まりとなり、漢城までの上京は許されませんでした。侵略した日本を国内に入れることに対する強い警戒感があったからだと思われます。つまり、両国の交渉は一方的な通行であり、制限的な交渉であったため、強い結びつきにはならなかったと言えるでしょう。そのことは近代における関係再編に否定的に影響しました。

徳川幕府末期の征韓思想と国体思想

本居宣長

衝口発

佐藤信淵

本居宣長（一七三〇～一八〇一年）は、江戸時代中期の国学者・歌人ですが、古事記の研究に打ち込み、大著『古事記伝』（四四巻）を著しました。宣長は日本固有の古代精神のなかに真理を探求し、「もののあわれ」を国文学の本質としました。かれの思想は儒学的、仏教的理解を極度に排したため、尊皇思想と結び付き、門人の多くは国粋主義傾向を有し、なかには倒幕運動に加わった者もいます。その宣長と藤貞幹とのあいだで激しい論争が起こります。

藤貞幹（一七三二～一八〇一）は文献考証学の祖と言われており、一七八一年に『衝口発』を著し、日本古代文化と大陸文化との深い関わりを説いています。『衝口発』という書名は〝黙っておられるかい〟という意味です。そのなかで、記紀の記述といえども無条件でこれを支持すべきではないと主張し、神武天皇の在位を六〇〇年繰り下げて神代文字の存在を否定しました。また、中国の影響を受けて成立する古代国家以前の日本社会を、制度や儀礼、言語や習俗などの比較から、朝鮮半島の韓の文化に依存していたと主張しました。

この藤の主張を本居宣長が批判しました。宣長は一七八五年に『鉗狂人』を書き、藤を「鉗（首かせ）」すべき「狂人」、と過剰とも思える非難を浴びせます。藤が朝鮮の影響の痕跡とみなした多くを、本居は日本の影響が朝鮮におよんでいた証拠と読み替えたのです。いわば、朝鮮からの痕跡を消し去ることで、神話的古代世界に日本固有の起源があるとしたのです。本居の思想は幕末には尊王思想征韓論となって明治以降の帝国主義と拡大植民地政策へとつながっていきます。

一八世紀の後半に至って、外国船の接近により外圧が意識されるようになると、これに対する反発として、近隣地域への領土拡張論が盛んに唱えられました。

江戸末期の経世家であり農学者、兵法学者でもあった佐藤信淵（一七六九〜一八五〇年）は、秋田の人で、各地を巡歴したのち、江戸に出てから蘭学、天文学、農学、医学、兵学など多種多様な学問を学んでいます。こうした知識の幅がときに時代の潮流や転換点を鋭敏に掴みとらせる原因になっているように思われます。四〇代中頃に入ってからは、儒学を井上仲竜、国学を平田篤胤、神道を吉川源十郎に学び、とくに平田国学との出会いが、信淵の学問に国粋主義的性格を色濃く持たせることになったと思われます。一八二三年に主著である『宇内混合秘策』を著し、日本国内の統治論および世界征服論を開陳しました。冒頭に「皇大御国は大地の最初に成れる国にして世界万国の根本なり。故に能く根本を経緯するときは、則ち全世界悉く郡県と為すべく、万国の君長皆臣僕と為すべし」と書き、宇宙の根本たる日本が世界を統一する使命を持っているとしました。つづけて、世界を征服するために日本国内を固めることが大事だと説き、江戸に皇城をつくって「東京」とし、大坂も「西京」としてこれを別都とし、さらに全国を一四省府に分ける、中央集権的な統一国家をつくることを説いています。そして「凡そ他邦を経略するの法は弱くして取り易き処より始るを道とす。今に当て世界万国の中に於て皇国よりして攻取り易き土地は支那国の満州より取り易きはなし」と書き、近くて取り易いところからはじめるべきだと述べて、満州から朝鮮、そして中国本土への侵略を説きました。かれの思想は、日本中心主義に淵源する海外雄飛論の典型であり、近代日本の対外膨張主義を先取りしたあからさまな侵略思想にほかなりません。第二次大戦中の日本では、信淵は大東亜攻略を世に先駆けて述べた人物として大いに称揚され、軍人を中心に愛読されました。

会沢正志斎（一七八二～一八六三年）は、藩主徳川斉昭を支え、水戸の天保改革を指導し、後期水戸学をリードした一人です。一八二四年、水戸藩領大津浜に食料を求めてイギリスの捕鯨船員が上陸したとき、会沢が直接イギリス人に応対します。この事件を契機に西欧列強に対して危機意識を強く持つようになり、翌年に『新論』を執筆します。かれは、天皇を中心にした不変の国家体制を日本独自のものとして提起し、これを「国体」と名づけ、至高のものとしました。ここから、欧米列強という夷狄から国体を守るべきであるという、排他的な尊王攘夷論が形成されていきました。会沢は朝鮮に関して次のように記しています。

> 太祖の征戦も、また専ら来目を以て折衝の用となし、遂に中土を平定したまふ（中略）、崇神天皇、将軍を四道に遣はし（中略）、東は蝦夷を斥け、西は筑紫を清め、遂に三韓を平げ、府を任那に建て、以てこれを控制す（中略）、履中・安康よりして後、漸く衰弱に趨き、十余世を歴て、任那は守りを失ひ、三韓は朝せず
>
> 『新論』

「太祖」＝神武天皇の「征戦」から始まる歴史において、「三韓を平げ」（神功皇后の三韓征伐）、任那日本府を設置したが、その後、日本の朝鮮への影響は衰え、任那を失い、「三韓」は日本に朝貢しなくなった、というのです。会沢は日本独自の国体を創り上げるため『古事記』『日本書紀』

に拠って、古代からの朝鮮支配の物語を論じ、日本独自の国体を創り上げることを強調したのです。

吉田松陰（一八三〇〜五九年）は江戸滞在中にペリー来航に遭遇します。この対外危機に際して、敵情探査のため下田から密航を企てたものの、失敗し、捕らえられて萩の野山獄に幽閉されます。幽閉の身となった松陰は、獄中で『幽囚録』（一八五四年）を書きます。

> いま、急いで軍備を整え、軍艦の計画を持ち、大砲の計画も充足すれば、すなわち蝦夷を開拓して諸侯を封建し、間に乗じて加摸察加（カムチャツカ）と隩都加（オホーツク）を取り、琉球を説得し謁見し理性的に交流して内諸侯とし、朝鮮を責めて質を納め貢を奉らせていた古代の盛時のようにし、北は満州の地を分割し、南は台湾と呂宋（ルソン）諸島を治め、しだい進取の勢いを示すべきだ。

この主張は、松陰のアジア・朝鮮侵略構想を示すものとしてしばしば引用されるところです。このなかで注目すべきところは、「朝鮮を責めて質を納め貢を奉らせていた古代の盛時のように」するという部分です。長いあいだ、日本への朝貢を中断してきた朝鮮の無礼の責任を咎め、古代の盛時のように朝貢関係を復活

吉田松陰

会沢正志斎

しなければならないとしているのです。

松陰は「久坂玄瑞に復する書」（一八五六年）でも次のように記しています。

いまや徳川氏は、すでにアメリカ合衆国・ロシアの二国と和親条約を結んだのですから、わが国の方から国交を断つべきではありません。わが国の方から国交を断絶すれば、それは信義を失うことになります。いまの計略は、わが国の国境の守りを厳重にし、条約を励行し、もって、アメリカ、ロシア二国を牽制し、そのすきに乗じて蝦夷を開拓し、琉球を手中に収め、朝鮮を取り、満州をくじき、支那を圧迫し、印度にのぞみ、進取の勢を張り、退守の基を固めて、神功皇后のまだなしとげられなかったことをなしとげ、豊国（豊臣秀吉）もまた果たすことのできなかったことを果たすことに越したことはありません。

松陰にとって朝鮮・中国・インドの服属は、神功皇后や豊臣秀吉が果たすことのできなかったことを果たすことだったのです。松陰の朝鮮、近隣地域への侵略の主張は、天皇中心の本来の日本のあり方にとって不可欠な要素として位置づけられているのです。松陰は日本の日本たる所以、「国体」の究明に打ち込みます。

「天下は一人の天下に非ず」とは、支那の人の言葉である。支那ではそうであろうが、わが神州においては、断じてそうではないのである。謹んで考えると、わが大八洲は、皇祖が建国したのであって、万世にその子孫が継承し、天地とともに窮まりがないのである。他人が分外の望みをいだくべきではないのである。天下は一人の天下であることはまた明らかである。

『丙辰幽室文稿（抄）』一八五六年

松陰は「天下は天下の天下」だという中国に対して、「天下は一人の天下」なのが日本だと言います。そして、その日本の独自性を「国体」という言葉で説明します。

国体というものを考えてみると、神州には神州の特質があり、異国は異国の特質があるのである。しかし、異国の書物を読めばとかく異国のことのみをよいと思い、わが国をかえって賤しんで、異国をうらやむようになっていくのが学者が一般に陥りやすいあやまりである。このようなことがおこるのは、神州の特質が異国の特質と異なるわけを知らぬからである。だから朱子の『小学』を読めば、前に述べた士道についておおよそ知ることができるが、これは唐人のつくった書物のことだから、もし国体をわきまえないであわてて読んでしまうと、やはり異国をうらやましがり、わが国体を失うようになることを免れることができない。このことを先生は深く心配されたのである。これをもって諸君は、国体のなんであるかを考えるべきだ。

『武教全書講録』武教小学序（一八五六年）

松陰はここで、皇国の尊厳と士道との関係を論じ、また国々にはそれぞれの「国体」があり、他国の「国体」を必ずしも日本に用いることができないとしています。また、松陰は日本固有の「国体」の特質について次のように述べています。

わが国は、上は天朝より下は列藩にいたるまで、君たる地位は千万世にわたって世襲して絶えることがない。この点は、とうてい漢土などと比肩しうるものではないのだ。

道は天下公共の道であるから、いわゆる同である。国体は一国の独自のあり方を示すものだから、いわゆる独である。君臣・父子・夫婦・長幼・朋友の五者は、天下共通の関係であるから同である。いっぽう、わが皇国において、君臣間の義が万国に卓越しているごときは、わが国の独自性を物語るものであるから独である。（中略）皇国における君臣のあり方と漢土における君臣のあり方とを同一のものとして論じるのは、僕の断じて承服しえないところである。

『講孟余話』一八五六年

松陰は、易姓革命が行なわれる中国に対して、万世一系の天皇が中心となった日本の独自性を強調します。とりわけ日本における君臣の義は万国に卓越していることを強調しています。松陰は、安政の大獄により、一八五九年十月二十七日に刑死しましたが、その年の春に獄中で「坐獄日録」を記し、皇統の一系と臣道との関係について次のように論じています。

皇統綿々、千万世に伝わりて変易なきこと偶然にあらずして、即ち皇道の基本もまたここにあるなり。天照大神の神器を天孫瓊々杵尊に伝えたまえるや、宝祚之隆、与天壌無窮の御誓あり。されば漢土天竺の臣道はわれ知らず、我が国においては宝祚もとより無窮なれば、臣道もまた無窮なること深く思いを留むべし。

松陰の国体論によって理念化された朝鮮侵略論は、明治以降に征韓論として広く普及し、近代日本の国家原理として確立していったのです。

第4章

近代日本の朝鮮侵略

――明治維新・日清戦争（第一次朝鮮戦争・東北アジア戦争）

75年9月に江華島守備隊と砲火を交えた雲揚号

朝鮮		日本・中国	
1778	キリスト教弾圧		
1832	イギリス船の来航		
		1840	アヘン戦争
		1853	ペリー来航
		1854	日米和親条約
1860	東学創始	1860	英仏軍の北京占領
1863	高宗即位　大院君政権成立		
1866	丙寅邪獄 シャーマン号事件 フランス艦隊の江華島攻撃		
1868	書契問題発生	1868	明治維新
1871	フランス艦隊の江華島攻撃	1871	日清修好条規
1873	大院君下野　閔氏政権成立	1873	征韓論争
		1874	日本「台湾出兵」
1875	江華島事件		
1876	日朝修好条規		
1880	元山開港　第2回修信使金弘集一行	1879	日本の琉球併合
1881	統理機務衙門設置　辛巳斥邪上疏運動 李載先クーデター陰謀		
1882	朝米修好通商条約　朝英修好通商条約　朝独修好通商条約　壬午軍乱　済物浦条約　朝清商民水陸貿易章程		
1883	仁川開港　日朝通商章程『漢城旬報』創刊　朝英・朝独改定条約		
1884	朝露修好通商条約　甲申政変	1884	清仏戦争
1885	漢城条約　イギリス東洋艦隊、巨文島占領	1885	天津条約
		1889	大日本帝国憲法公布
1889	咸鏡道で防穀令		
1892	東学の教祖伸冤運動	1894	日清戦争開始
1894	甲午農民戦争はじまる　日本軍の王宮占領　甲午改革はじまる　第二次農民戦争		
1895	全琫準処刑		

一　一九世紀半ばのウェスタン・インパクト（西洋の衝撃）によるアジアの変動

一八世紀後半から一九世紀前半にかけての約一世紀間、産業革命の波が世界をおおいました。イギリスからはじまった産業革命によって、欧米諸国の工業力と軍事力は顕著に発展し、その力を背景にして海外市場拡大へと乗り出したのです。インド・東南アジアの植民地化が進むいっぽう、中国・日本も砲艦外交に屈して開港を余儀なくされました。この結果、東アジアも資本主義の世界体制へと編入されますが、そのことは外交的には条約体制（条約に基づく外交関係）の成立として現れました。アジアが条約をどのように結ばされたかを、年表にしてまとめましたので参考にしてください。中国に関連するものでは、一八五八年にロシアと結んだ璦琿（あいぐん）条約があります。これによって黒竜江（アムール川）以北はロシア領に編入されます。さらに一八六〇年の北京条約によって、豆満江以北の沿海州がロシア領になります。これによってロシアと朝鮮が国境を接するわけです。

朝鮮の近海にも異様船（黒船）が頻繁に出没するようになり、一八三二年にイギリスのロード・アマースト号が、一八四五年にはイギリスの軍艦サマラン号が来航して通商を求めましたが、朝鮮政府は朝鮮は「藩国」なので「藩国」は「他国と私交」できないとして通商を拒否しました。朝鮮への本格的な武力侵略は時間の問題でした。

大院君政権

この頃の朝鮮では安東金氏が国王の外戚として権勢をほしいままにしていましたが、一八六四年一月に哲宗が直系の世継ぎがいないまま死去し、傍系王族の命福が第二六代国王（後の高宗）に即位します。高宗はわずか一二歳であったため、実父の興宣君・李昰応が大院君の称号（直系でない国王の実父に与えられる尊称）を受け、摂政として実権を握ります。朝鮮王朝時代、大院君の称号を持った人は四人いますが、これらはすべて死去していた場合であって、ひとり興宣君のみが生きながらにして大院君となったのです。このため、大院君と言えば、興宣君を指すことになりました。

大院君はなによりもまず、弱体化していた王権を強化するために内政改革を断行しました。第一に重視したのは、政権の基盤を固める人事政策でした。安東金氏を分断して、そのなかから協力者を獲得するいっぽう、王族や弱小党派である南人派・北人派を高官に登用し、中人・胥吏・商人等の中間層を新しく登用しました。第二に、王権の威容を誇示するために豊臣秀吉の侵略の際に焼失した景福宮を六八年に再建しました。その工事費は「願納銭」という名目で民衆から徴収しました。第三に、大胆な財源拡張策をとりました。中央政府各機関および官吏の免税特典を奪い、田税を課し、また良人（平民）層にのみ課せられていた軍布の納入義務を両班層にも負わせました。さらに、地方両班の勢力の拠点であった書院の整理を試み、四七の書院を残して全国六〇〇余の書院を撤廃し、付属する土地や使用人を課税対象に繰り入れました。第四に、国防力を強化しました。まず、軍の最高統帥機構である三軍府を新設し、西・南海岸および北部国境地帯の防御施設を補修しました。また武官の地位を強化し、軍人の生活改善を図り、民兵制度を取り入れました。

大院君政権は対外的には攘夷政策を敢行します。政権成立当初から、天主教（カトリック教）を排斥する政策をとり、一八六六年に天主教徒を摘発し、潜入して布教にあたっていたフランス人宣教師を処刑しました（丙寅邪獄（ピョンインサオク））。

一八六六年八月、アメリカ武装商船ゼネラル・シャーマン号が開国通商を求めて大同江を遡り、官民の制止を聞かず、朝鮮軍人の拉致や銃砲撃を加える事件が起こりましたが、これに対して平壌の軍民は、平安道観察使・朴珪寿（パクキュス）の指揮の下に同船を焼き沈めました。翌九月には、フランス極東

欧米諸国とアジアの不平等条約

●中国

1840～42年　アヘン戦争（英）
42年　南京条約（5港開港）
44年　望厦条約（米）
同年　黄埔条約（仏）
57～60年　第2次アヘン戦争（英、仏）
58年　愛琿（アイグン）条約（露）＊黒竜江（アムール川）以北はロシア領に。60年、北京条約により豆満江以北の沿海州も。
60年　北京条約（11港開港）

●日本

1854年　日米和親条約
58年　日米修好条約など安政五箇国条約（英、米、露、蘭、仏）
64年　四国連合艦隊（英、仏、蘭、米）下関砲撃事件

●インドと周辺（英）

1658年　インドを直轄統治
77年　イギリス領インド帝国（ビクトリア女王がインド帝国皇帝を兼ねる）
1795年　セイロン島（スリランカ）占領
1819年　シンガポール買収
86年　ビルマ（ミャンマー）合併

●インドシナ（仏）

1604年　東インド会社
1858年　サイゴン占領
63年　カンボジア「保護国」
83年　ベトナム「保護国」
87年　フランス領インドシナ連邦
93年　ラオス「保護国」

●インドネシア（蘭）

1602年　東インド会社
1816年　ジャワ島統治
56年　ボルネオ島占領
1904年　スマトラ島占領

艦隊司令官ローズが横浜に駐屯していた七隻の艦隊と海兵隊二五〇〇名を率いて江華島に侵入し、江華府を占領して、宣教師殺害者の処罰と条約締結を求めます。大院君政権はこれを拒み、正規軍を増援し、地方の猟師や褓負商（ポブサン）からなる民兵を江華島に動員して、文殊山城（ムンスサンソン）・鼎足山城（チョンジョクサンソン）でフランス軍を撃破しました。フランス艦隊は江華府の書籍や銀を略奪して撤退しました。この年の二つの侵攻を合わせて丙寅洋擾（ピョンインヤンヨ）と呼びます。

一八七一年五月、駐清米公使ローは、シャーマン号事件を口実として条約締結を求めて、アジア艦隊司令長官ロジャースの率いる軍艦五隻と千数百名で長崎駐屯基地から江華島に侵攻しました。孫乭項（ソンドルモク）・草芝鎮（チョジジン）・広城鎮（クァンソンジン）で激戦が繰り広げられ、大院君政権は抗戦体制を強化して交渉を拒否したので、六月に米国艦隊は撤退を余儀なくされます。この戦争の最中に、大院君は「洋夷が侵犯するのに、戦うにあらざれば、即ち和することであり、和を主張するのは売国である。われわれは万年子孫に渡ってこれを戒めよ」と刻んだ石碑（斥和碑（チョクファビ））を全国要所に建て、抗戦の固い意志を示しました。このアメリカ艦隊の侵攻を辛未洋擾（シンミヤンヨ）と言います。

大院君の主観的意図は、あくまで王権を強化すること以上ではありませんでしたが、そのために旧来の特権的な貴族層を圧迫して、支配の基盤を北人・南人、また、中人・胥吏・商人などの中間層に置くことによって商品経済の発展を刺激しました。社会構造の変動とそれによる王朝支配の危機のなかで、王朝権力自体が変質するに至ったのです。注目すべきことに、フランス、アメリカの侵攻に際して、大院君の呼びかけに応じて民衆が駆けつけ、撃退しました。侵略に対する国家の強硬な立場は、軍民一体の抗戦の効果的な組織を可能にしたのです。

明治維新と征韓論争——書契問題

薩摩・長州を中心にした討幕派は、一八六七年（慶応三年）十二月九日（西暦一八六八年一月三日）、王政復古のクーデターを断行し、翌六八年一月、戊辰戦争がはじまると、諸外国に対して維新政府による外交権の掌握を宣言しました。しかしながら、江戸時代に一貫して外交関係を保ってきた朝鮮との交渉については、幕府以来の慣例にしたがい、対馬藩が引きつづき特殊権益として担当することを承認します。四月には江戸開城、九月には明治改元となります。

一八六八年十二月十九日（西暦一八六九年一月三十一日）、明治政府は対馬藩を通じて朝鮮に新政府成立を通告します。しかし、持参した書契（外交文書）には従来の形式とさまざまな点で相違が見られました。これまで使用してい

広城鎮戦闘

大院君

斥和碑

た朝鮮国礼曹から与えられた図書「日本国対馬州太守拾遺平某」ではなく、新政府から下付された新印「日本国左近衛少将対馬守平朝臣義達」に変えられていたこと、宛名の敬称がそれまでの「朝鮮国礼曹参判大人」から「朝鮮国礼曹参判公」に変更されていたこと、文中に「皇」「勅」の文字が使用されていたことなどです。朝鮮にとって「皇」は宗主国中国の皇帝を、「勅」とは皇帝の命令を指したので、日本が清と同等の立場に立ち、朝鮮を一段低位に置こうとしていると判断し、二〇〇年つづいてきた江戸幕府と朝鮮との外交慣行を一方的に破る行為であり、やがて朝鮮を日本の臣下にしようとする野望を抱いている証拠だと強く非難して、受け取りを拒否します。いわゆる書契問題の発生です。しかし、朝鮮が拒否したのは、書契の受け取りであり、日本との交渉そのものではありませんでした。

維新政府がこのような書契を送らせたのは、決して朝鮮外交について知識が足りなかったからなのではありません。政府と対馬藩の担当者のあいだで綿密な協議が行なわれ、書契の文面も慎重に作成されたものでした。もっとも書契の作成、受け渡しの役割を担った当の対馬藩では、従来の交隣外交の経験から、新形式の書契を朝鮮側が抵抗なく受理するとは考えませんでした。藩主宗義達自身が、このような内容では朝鮮側が受け取らないだろうと予想し、「国体ヲ立、勤王ノ道ヲ尽シ、社稷ト存亡スル」ほかないのだと悲壮な内容の戒諭を藩内に布達していたのです。維新政府のこうした姿勢はいったいなにに基づいていたのでしょうか。

維新政府の中枢にあって朝鮮外交を主導した木戸孝允（桂小五郎）は、対馬藩の使節が出発した直後、つまり、書契の受け取りが拒否される以前の十二月十四日付の日記に次のように記しています。

> 速ニ天下ノ方向ヲ一定シ、使節ヲ朝鮮ニ遣シ、彼ノ無礼ヲ問ヒ、彼若不服トキハ鳴罪攻撃其土、大ニ神州之威ヲ伸張センコトヲ願フ
>
> 『木戸孝允日記』一八六八年一二月一四日条

ここで木戸が「無礼」と言っているのは、決して書契の受け取りが拒絶されることを指すのではありません。そもそも天皇への朝貢を怠って、幕府と対等な外交をやってきたこと自体が無礼であるというのです。朝鮮側が、書契の文面に警戒を強め、態度を硬化させたのは必然的なことだったと言わなければなりません。

一八六九年九月二十五日に外務省が太政官（当時の政府の呼称）弁官に提出した「朝鮮国一件伺書」に、「朝鮮は昔日に御親征（「神功皇后の三韓征伐」）もあらせられ、列聖（歴代天皇）が御配慮なさった国柄のゆえに、たとえ皇朝の藩属と相成らずとも末長くその国家の命脈を永世保存いたしたい。しかるに現在ロシアをはじめその他の列国頻りに垂涎机上の肉となさんとす。このときに当たり公法をもって維持し危険から救い不安から守る任務は皇朝のほかにない」として、天皇の使節を軍艦一、二艘とともに朝鮮に派遣して交渉を進めることを具申しました。明治新政府の対朝鮮政策は、朝鮮は古代から日本の属国であったと主張し、それを根拠にして武力を以っ

て朝鮮を日本の影響下に置くことを当然視しているのです。

書契問題が膠着するなか、政府内では朝鮮外交権を対馬から外務省へ一元化し、「皇使」すなわち天皇の直接の使節を派遣すべきだという意見が強まってきます。しかし、即時の「皇使」派遣は朝鮮服属論を前提とした意見であり、交渉が失敗した場合に戦端を開く恐れがあるため、それを避けて清国との交渉を先行させる方針をとることにしました。日本が清と対等な条約を結べば、朝鮮が書契の受理を拒否する理由が成り立たないと考えたからです。まずは一八七〇年八月に外務権大丞・柳原前光が清国に派遣されます。清との交渉を優先し、臨時措置として、天皇と朝鮮国王との直接の交際ではなく、政府間同士の対等な応対にする形で、九月に外務権少丞の吉岡弘毅を派遣します。吉岡が持参した外務卿書契には問題となる文字は使われていません。政府と政府のあいだの交渉ならば対等であってもかまわないとする政府対等論自体が、天皇とのあいだでは対等な関係が成り立たないことを示しています。

この交渉もしかし、容易には進展せず、一八七一年七月に日清修好条規が成立し、廃藩置県で対馬（厳原）藩が廃止されると、再び朝廷直交の原則に基づいた強硬論が勢いを盛り返します。七二年一月、廃藩置県を朝鮮に通告するために送られた書契には、わざわざ「天子」の文字が用いられていたため、交渉は暗礁に乗り上げて中断します。九月には外務大丞・花房義質が軍艦春日丸、汽船有功丸、熊本鎮台歩兵二個小隊とともに派遣され、日朝外交の窓口となってきた釜山の倭館を、朝鮮側に断りなく対馬から外務省の手に「接収」します。前章で述べたように、倭館は一四〇七年に朝鮮側が建てて、その使用権を対馬藩に与えた施設であり、東萊府使が管理してきました。日本史ではこの事件をほぼ例外なく、「対馬から外務省に『接収』」と叙述していますが（倭館接収）、朝鮮側が長年維持費を負担し、管理してきた施設を、武力示威によって一方的に占領した不当な行為と言えます（倭館占領）。日本の外務省は翌七三年四月に倭館を日本公館と改称し、館長には外務省官吏が就任するようになりました。

征韓論争

日本の明治政府内では七三年に朝鮮との外交をめぐって征韓論争が激化します。岩倉使節団（一八七一年十一月〜七三年九月。岩倉具視、木戸孝允、大久保利通、伊藤博文などの一〇七名）の帰国が当初の予定から大幅に遅れるなか、一九七三年になって、留守政府のなかで西郷隆盛を天皇の使節として朝鮮へ派遣する決定がなされます。板垣退助は談判が不成功に終わるならば開戦も辞さずとの態度でした。しかし、九月に岩倉使節団が帰国すると、閣議では延期論を唱える大久保利通らとのあいだで論争になります。いわゆる征韓論争です。一般に、西郷グループを征韓派、大久保グループを内治派と区分していますが、内治派に属する木戸孝允の上記の日記からもうかがえるように、征韓論を主張する点において両者に違いはありませんでした。ただ後者が、先内政・後征韓という「時勢」の問題を考慮した点が異なっていただけのことでした。明治政府の征韓論は、幕末期の吉田松陰や国学者の国体論によって理念化された朝鮮侵略論（古代から朝鮮は天皇が中心となっていた日本に服属していたという説）を受け継いだものです。「明治六年政変」と言われるこの権力争いで敗れた西郷グループは一斉に下野し、のちの西南戦争（一八七七年）の引き金となります。

閔氏政権の成立

日本での政変とときを同じくして、朝鮮でも政変が起こっていました。大院君の人事に対して老論の保守人士の不満が高まり、勢力回復のために、王妃閔氏（諡は明成皇后）の兄である閔升鎬を中心に集結します。二〇歳を超えた高宗も権力を行使したいと思うようになりました。一八七三年十二月、著名な衛正斥邪派の儒生であった崔益鉉による大院君弾劾の上疏をきっかけに反大院君の動きが高まります。衛正斥邪とは、正学（朱子学）を擁護し邪学（キリスト教）を排斥するという一九世紀の体制的思想のことです。欧米諸国だけでなく日本も欧米化したとみなし、その接触を拒否しました。大院君の対外政策はこの思想に支えられて行なわれました。外国の侵略には抵抗の思想でありましたが、いっぽうでは土木工事の中止、民からの収奪の停止などを求めて大院君の施政をも批判しました。国王高宗の親政（国王が政治に直接あたること）が宣言され、大院君は退陣します。この政変によって、政治の実権は高宗の外戚である老論の驪興閔氏が握ります。

閔氏政権は、前政権との対抗上政策転換を図り、七四年初めにそれまで対日交渉に当たっていた大院君派の東萊府使鄭顕徳らを、対日関係を阻害したとして更迭しました。また、八月に清国の

郵便はがき

113-8790

料金受取人払郵便

本郷局承認

4580

差出有効期間
2023年12月
31日まで

東京都文京区本郷3-29-10
飯島ビル2F

株式会社 スペース伽耶 行

購入申込書(FAX03-5802-3806でも申し込めます)

書　　名	定　価	部　数

小社の出版物をお買い上げいただき、ありがとうございます。この本をお読みになった御感想、装丁・造本等についての御意見をお聞かせ下さい。また、小社の本が書店でお求めにくい場合やお急ぎの場合は、この葉書を購入申込書としてご利用下さい。送料小社負担にてお送りいたします。代金は書籍到着後一週間以内に、郵便振替にてお支払い下さい。

<table>
<tr><td colspan="2">書　名</td></tr>
<tr><td>お名前</td><td>年齢　　　　歳
御職業</td></tr>
<tr><td colspan="2">御住所　〒

☎　　　　　　　　　　FAX</td></tr>
<tr><td colspan="2">御意見・御感想等、御自由にお書き下さい。</td></tr>
</table>

礼部から咨文が届き、日本が台湾に出兵（七四年五月「台湾出兵」）し、朝鮮に侵略する可能性があることを伝えました。

これを受け、九月以降には、新任の訓導玄昔運、東莱府使黄世淵と日本外務省の理事官森山茂、副官広津弘信とのあいだで公式に会談が行なわれ、局面は打開されるように見えました。しかし、今回も書契の文字に加え、宴享（使節歓迎儀式）に前例のない洋式礼服を着用したことから交渉はゆきづまります。このようななか、翌年六月十三日の廟堂での諮詢に対して、従来から政権内で主体的な準備を進めながら開国に踏み切るべきだと主張していた右議政朴珪寿は、書契や儀礼の格式違反を批判しながらも、「聖度包容之如何」の態度で書契の受理を進言しました。朴珪寿は実学者朴趾源の孫で、一八六〇年代から中央および地方の要職を歴任しますが、一八六二年の晋州民乱の際には現地に派遣されて収拾にあたり、アメリカ武装船シャーマン号事件のときは平壌で指揮をとっていました。また燕行使として二度清国を訪問し、第二次アヘン戦争直後の清の様子や洋務運動を目撃した経験から対外的危機意識を強く持っていました。のちに両班のなかで最初の開化思想家となり、門下から金玉均、朴泳孝、徐光範などの開化派が輩出しました。

森山は交渉が難航するなか、すでに四月に広津を帰国させ、寺島宗則外務卿に打開策として武力による示威活動を上申させていました。広津弘信よりの建議書は以下の通りです。

萬一他日大院ノ党志ヲ得テ前約ヲ履マサルニ至ラハ我モ亦大ニ力ヲ用ヒサルヲ得サル可シ如カ

ジ、今彼〔朝鮮〕ノ内訌シテ攘鎖党未タ其勢ヲ成サヽルノ際ニ乗シ、力ヲ用ルノ軽クシテ而シテ事ヲ為スノ易カランニハ（中略）我ノ力ヲ彼国ニ為スハ只此時ヲ好機会トス而シテ今日一二隻ノ小発遣ハ他日或ハ大ニ発遣セサルヲ得サルノ憂ヒナカランヲ願フノ意ニシテ敢テ軽々凶器ヲ隣国ニ弄舞センヲ欲スルニ非ルナリ謹テ此ニ上申ス速ニ英断ヲ賜ヘ切願ノ至ニ堪ヘス
「朝鮮国内訌ニ祭シ交渉促進ノ為軍艦派遣アリ度旨具申ノ件」（『日本外交文書』第八巻、明治八年四月二三日）

この上申を受けて明治政府は、五月二十五日に軍艦雲揚号を、つづいて六月十二日には軍艦第二丁卯号を釜山に入港させ、朝鮮海域で示威行動します。

雲揚号事件

日本政府は閔氏政権の妥協的な態度に乗じて、朝鮮への武力侵攻を決行します。いったん長崎へ戻った雲揚(うんよう)号は、再び朝鮮近海に出動し、七五年九月に江華島守備隊とのあいだで砲火を交えるという事件を引き起こしました。いわゆる雲揚号事件（江華(カンファド)島事件）のことです。江華島は首都の出入り口にあたるため、外国船が無断で接近することは禁じられている場所です。

この事件の顛末についてはこれまで一八七五年十月八日付けの雲揚号艦長井上良馨(よしか)の報告書（『日本外交文書』第八巻）によって語られてきました。この報告書は、さらに外務省を通じて各国に送られました。報告書で強調されているのは、日本国旗を掲げて飲料水を求めて近づいたところ突然

砲撃されたので応戦したという点です。つまり、日本側の行動の正当性を主張する内容となっています。しかし、江華島は首都防衛の要衝にあたり、一八六六年と七一年にはフランスおよびアメリカ艦隊と交戦したことから、同島への接近が、こうした事態を招くのは十二分に予測できたはずです。海軍省はすでに、アメリカ艦隊が一八七一年に同島を占領したあと海図を譲り受けており、雲揚号はそれを頼りに砲台へ接近したはずです。

ところが二〇〇二年に鈴木淳により、日本側の公式見解を覆す新史料が紹介されました（鈴木淳「『雲揚』艦長井上良馨の明治八年九月二十九日付け江華島事件報告書」『史学雑誌』第一一一編第一二号、二〇〇二年一二月）。それは雲揚号が長崎に帰港した九月二十八日の翌日、二九日付け報告書の存在です。ここには三日間にわたった戦いの様子が詳細に記録されています。この報告書は朝鮮側の記録とも、より整合的であり、事実に近いと考えられるので、これにしたがって事件の概要を述べてみます。

井上良馨

九月二十日、雲揚号は江華島沖に碇泊し、測量と視察のために艦長以下が乗るボートを出し、江華島の東海岸と本土とのあいだの狭い水路に入った。草芝鎮（チョジジン）砲台の前に到ったとき、砲台から砲撃・射撃を受け、本艦に帰った。翌二十一日、雲揚号は草芝鎮砲台を砲撃し、大きな打撃を与え、さらに近くの頂（項）山島砲台に上陸し、これを焼き払った。さらに二十二日には永宗（ヨンジョンド）島砲台を砲撃したうえで、永宗鎮城を焼き払い、大砲などを奪取した。これが江華島事件の概要です。

江華島事件の報が届くと、日本政府は居留民保護のために軍艦を派遣することを決定します。十月には軍艦三隻が釜山に集結し、艦隊指揮官として海軍少将中牟田倉之助が派遣されます。中牟田指揮官は、十二月にかけて礼砲発射、ボート回漕、陸戦隊の上陸など武力示威を重ねます。雲揚号事件が、当時の国際法に違反した日本側の計画的な挑発作戦であったことは明らかです。

江華島条約

釜山における武力示威を背景にして、日本政府は全権を派遣して朝鮮に条約の締結を迫る方針を決定しました。一八七六年一月、全権大臣黒田清隆（くろだきよたか）、副全権大臣井上馨（いのうえかおる）は春日号以下艦船六隻、陸戦隊二六六人をともなって品川を出港します。また、山縣有朋陸軍卿は下関に出張し、交渉不調の際には、熊本・広島両鎮台から二個大隊を出兵させる準備を講じました。

同年二月、全権一行は江華島沖に到り、江華府において朝鮮側の接見大官申櫶（シンホン）、副官尹滋承（ユンジャスン）と交渉に入ります。日本側は武力示威を背景にして、用意してきた条約案への調印を迫りました。当時、朝鮮では民衆や衛正斥邪派、下野した大院君などはこうした条約交渉の在り方に反対しましたが、政府の重臣たちは、一様に日本の威圧外交に憤慨しながらも、閣議では条約調印やむなしの議論が大勢を占めました。結局、条文の一部を修正し、二月二十六日に日朝修好条規が調印されました。

日朝修好条規に規定されなかった通商などに関する条項については、同年八月二十四日に理事官として派遣されてきた日本の外務大丞宮本小一(おかず)と朝鮮の講修官である刑曹参判趙寅熙(チョイニ)とのあいだで交渉が行なわれ、「日朝修好条規付録」「日本国人民貿易規則（日朝通商章程）」が調印され、「修好条規付録に付属する往復文書」が交換されました。日朝修好条規の体制は、これらの付属条約、付属文書を含めて成り立っています。

　これらの条約で最も重要なことは、修好条規第一款に「朝鮮国は自主の邦」と明記したことです。これは朝鮮に対する清国の宗主権を否定し、日本の朝鮮進出を容易にしようとするものでした。次いで、釜山ほか二港の開港と自由貿易、開港場における居留地の設定、開港場における日本貨幣の通用、日本商民への領事裁判権、輸出入税の免除（無関税）、朝鮮沿岸の測量・海図作成権などが決められました。これらは欧米諸国が中国や日本に押しつけた不平等条約よりも、より過酷な内容であったと言えます。このように近代に入り、日本による朝鮮植民地化への第一歩がはじまりました。

二　壬午軍乱と甲申政変

開化と斥邪

花房義質

　開港（江華島条約）後、朝鮮政府は日本の現状視察のために修信使を日本に派遣します。一八八〇年八月、第二次修信使の金弘集(キムホンジプ)は、駐日清国公使館を訪問した際、黄遵憲(こうじゅんけん)執筆の『朝鮮策略』を贈られます。この書は、ロシアのアジア南下の脅威に対抗するために、清・日・米の三国と提携し、国内改革によって自強を図る必要性を説いていました。清国の李鴻章は、日本の台湾侵略、一八七九年の琉球併合（「琉球処分」）、ロシアとのイリ（伊犂）国境紛争とつづく周辺情勢の展開に危機感を強め、欧米諸国を朝鮮に引き入れ、ロシアと日本を牽制しようと考えたのです。伝統的な「夷を以って夷を制する」施策と言えます。

朝鮮政府内では『朝鮮策略』をめぐって議論が沸騰し、ついに八〇年のうちに、開化政策採用と対欧米開国の方針を決定します。八一年一月に、開化政策と外交を掌る官庁として、統理機務衙門が設置されます。同年四月から八月にかけて、上層・中堅官僚らが日本に派遣されて官庁・軍隊・学校・工場などを視察します（紳士遊覧団）。また同年十一月には金允植を領選使とする学生・技術者の一行が清の天津機器局に派遣され、新式兵器の製造技術を学習することになりました。

政府の開化政策に力を得て、開化派が勢力を強めました。近代的改革をはかろうとする開化思想は、両班の金玉均・朴泳孝・徐光範・洪英植、中人の呉慶錫・劉鴻基、僧侶の李東仁らを担い手として、開国（日朝修好条規）の前にすでに形成されていましたが、八〇年代以降に政権上層部に進出して、金弘集、金允植、魚允中らも開化派の一翼を形成するようになりました。

いっぽう、これに危機感を強めた衛正斥邪派は、八一年に反開化の上疏運動を各地で展開しました（辛巳斥邪上疏運動）。同年九月には、大院君一派は李載先（高宗の異母兄）を国王に推戴するクーデター計画を図りますが、未遂に終わります。

こうしたなか、八二年五月に清国の仲介で、仁川に来航したシューフェルト米国海軍提督と朝鮮の全権申櫶、金弘集とのあいだで交渉が行なわれ、朝米修好通商条約が締結されます。交渉と調印には、李鴻章の幕僚である馬建忠（ばけんちゅう）が立ち会い、その勧告によって朝鮮国王のアメリカ大統領宛の親書が出され、朝鮮が清の属邦であることを宣言しました。朝米条約も日朝修好条規と同様に不平等条約でしたが、条約の第一条は、第三国が締結国のいっぽうを軽蔑することがあれば、他方は通知を受けて周旋すると規定したことから（周旋条項）、朝鮮側が困難にあったときには、アメリカが好意的な態度をとってくれると期待させる役割を果たすことになりました。アメリカに引きつづき、同年六月には、朝英修好通商条約、朝独修好通商条約が相次いで調印されました。両条約の交渉、調印にも馬建忠が立ち会い、国王の属邦声明が交付されました。清国の朝鮮政策は、伝統的な冊封関係を再確認し、それに依拠して欧米列強や日本による侵略を防ごうとするものだったのです。

　朝鮮の「独立」をうたい文句として清国との冊封関係を断絶させ、朝鮮侵略の足掛かりを得ようとする日本と、宗属関係を明確にして東アジア世界の解体を防ごうとする清国との対立が、日清戦争へ向けて深まっていくことになります。

　欧米諸国との条約が締結されるのと並行して、朝鮮は対清外交・貿易体制の修正を要請する交渉を行ないました。八二年三月、魚允中らが門議官に任命され、五月に天津に到着し、北洋大臣衙門とのあいだで、海上貿易の開始、国境貿易（中江・会寧・慶源の開市）の体制の刷新、朝鮮使節の北京常駐と進賀・謝恩などの臨時使節の廃止などを要請しました。しかし、六月十四日に光緒帝（こうしょてい）の上諭が下り、海上貿易の開市、国境貿易の刷新は認めるが、朝貢使節の形式の変更はできないとして、使節の北京常駐は却下されました。朝鮮側は宗属関係自体を否定したのではなく、朝貢使節の派遣による負担の軽減を求めて、使節の北京常駐を提案したのですが、清は宗属関係の根幹に関わるとして、これを受け入れなかったのです。

壬午軍乱

こうした開化政策への反発として、壬午（八二年）軍人暴動が起こります。軍乱の主体勢力となったのは首都・漢城に居住する下級兵や貧民層でした。開港後、米穀の対日輸出が急速に伸びたため、漢城への米穀の供給不足と米価の沸騰が引き起こされ、貧民層の生活を圧迫しました。また、開化政策による軍制改革で、日本式訓練を施す新式軍隊・別技軍が創設されるいっぽう、従来の訓錬都監・武衛所などの五軍営は二軍営に統合縮小され、給料米の支給は一三か月も滞っていました。

八二年七月十九日、ようやく一か月分の給料米が支給されたものの、屑米で砂が混じっていたことに憤激した兵士たちは、ついに反乱を起こします。反乱軍は大院君の示唆を得て二十三日に政府高官や日本公使館を襲撃しました。この暴動には下層民衆が多数合流しました。花房公使一行は公使館を脱出して、日本に逃亡します。翌二十四日には昌徳宮（チャンドククン）へ乱入して閔謙鎬（ミンギョムホ）らを殺害しますが、王妃閔氏は辛うじて王宮を脱出し地方に避難しました。二十五日、高宗は事態を収拾するために民衆からの人気が高かった大院君を復帰させ政権を委ねます。

復帰した大院君政権（第二次大院君政権）は統理機務衙門の廃止と三軍府の復活、別技軍の廃止と旧軍営の復活、大院君派・衛正斥邪派の釈放など、反開化の措置をとりました。

しかし、事態は急変します。反乱の報に接した日清両国は争うように朝鮮に出兵してきたのです。清国は「藩属国保護」と称して、八月十日以降に三千名の軍隊を派遣します。いっぽう、長崎に到着した花房公使からの報に接した日本政府は、七月三十一日に緊急閣議を開き、出兵を決定し、八月十二日以降に千五百名の軍隊を派遣しました。日清両軍は衝突を回避し、大院君政権を打倒することで野合します。清国軍は二十六日、軍乱の責任を大院君に押しつけて中国へ拉致し、二十八、二十九日に兵士たちの居住地域である往十里（ワンシムニ）・梨泰院（リテウォン）両村を襲撃して反乱兵士を鎮圧しました。日本は三十日に済物浦（チェムルポ）条約・日朝修好条規続約を強要し、謝罪と賠償金の支払い、公使館警備の名目による軍隊の駐屯（二個中隊）、開港場の拡大、外交官・領事官の内地旅行権などを認めさせました。

甲申政変

壬午軍乱を鎮圧した清国軍はそのままソウルに駐留し、復活した閔氏政権への介入を強めます。十月には朝清商民水陸貿易章程を締結します。章程はその前文において、「属邦を優遇」するものなので、他の条約国は均霑、つまり均等な待遇を受けることができないとしました。また、海路・陸路による自由貿易、清にのみ領事裁判権、清商人の漢城における商業活動を認めました。清は、従来の名目的な宗属関係を再編し、本格的に内政干渉を強化していきます。

復活した閔氏政権は、清に従属しながらも、開化政策を引きつづき進めます。まず第二次大院君政権によって廃止された外交・開化政策を担当する官庁を復活させ、八三年一月に統理交渉通商事務衙門（外交担当）、統理軍国事務衙門（開化政策担当）に改編されます。同年七月には、報聘使と名づけられた遣米使節が出発し、米国大統領に国書を捧呈したあと、ヨーロッパを歴訪して翌年六月に帰国しました。開化政策として最重要の位置を占めたのは、新式（洋式）軍隊の建設でした。駐留清軍の袁世凱（えんせいがい）に依頼して八三年に清式の訓練を受ける親軍左営、右営が編成され、いっぽう、開化派の朴泳孝が広州府留守就任とともに建設した日本式訓練による新式軍隊を含む形で、八四年に親軍前営、後営が編成され、これらを合わせた親軍四営の体制が成立しました。また、金玉均らが計画して日本へ派遣された徐載弼（ソジェピル）らは八三年九月に陸軍戸山学校に入学して士官・下士官養成の訓練を受けて、八四年五月に帰国しました。そのほかに注目される開化事業としては、八三年八月、英語学校の同文学英語学塾の創設、同年十月には最初の近代新聞である『漢城旬報』（漢文新聞）を発行し、政府への官吏の報告、国際情勢に関する記事、近代的知識に関する記事などを掲載しました。

清の宗主権強化政策は、朝鮮政府内の改革派である開化派の分裂をもたらしました。清国や閔氏一族と協調して漸進的に改革を進めようとする金允植・金弘集・魚允中ら穏健開化派と、清国からの独立とより徹底した内政改革を求める金玉均・朴泳孝・洪英植ら急進開化派とに分裂します。清国に従属した閔氏政権のもと、急進的な改革を進めようとする金玉均、朴泳孝らは左遷されることにより、急進開化派と閔氏政権との対立は先鋭化するようになります。八四年六月に事実上、清仏戦争が開始され、漢城駐屯の清国軍の半数が引き揚げると、急進開化派は清国からの独立をなす機会であると判断し、閔氏政権打倒のクーデターを企てます。十月末に、一年近く帰国していた日本の竹添進一郎（たけぞえしんいちろう）公使が帰任し、急進開化派に接近しはじめると、勢力が微弱な急進開化派は日本軍の支援を得ようとします。

十二月四日夜、急進開化派は郵政局落成祝賀宴を利用して、まず閔泳翊（ミンヨンイク）ら閔氏政権要人の暗殺を計画します。しかし初動の手違いで閔泳翊を負傷させるにとどまったので、金玉均らは高宗を昌徳宮から景祐宮（キョンウグン）に移し、手はず通り公使館守備隊一五〇名と急進開化派の行動隊とで国王の警護を固めます。そうして王の安否を問うため駆けつけた閔氏政権の要人を次々に殺害し、翌五日には新政府を組織しました。新政権は、開化派を中心に王室、大院君派の人物で構成され、閔氏系の人々は排除されます。さらに、六日には政綱を発表します。金玉均の回想録『甲申（カプシン）日録』に「革新伝教要録」が残されていますが、そこでは、まず、大院君の早急な帰国を求めるとともに、清国に対する朝貢を廃止するとしました。また、門閥を廃止し、人物本位の官吏選抜をなすこと、さらに地租を改正し、奸吏を根絶し、窮民を救済し、財政の充実を図ること、巡査を新設し、軍制を改革し近衛隊を創設することなど、国家機構の近代化を図るものでした。甲申政変は、いったん成功するかに見えました。

しかし、五日に王妃や高宗が寒さを理由に昌徳宮に戻ることを主張したため、やむなく戻るほかなく、さらに、閔氏政権の出動要請を受けた清国軍が、六日午後、昌徳宮を攻撃すると、新政府側はたちまち劣勢となり、日本公使は日本軍の引き上げを命じ仁川まで逃走しました。高宗は戦闘中、別の場所に避難した王妃のもとへ合流し、同行した洪英植らは殺害されました。生き残った金玉均・朴泳孝・徐光範らは、日本公使館一行とともに日本へ亡命しました。甲申政変は文字通り三日天下で失敗しました。金玉均は、主観的には日本軍を「利用」しようとしましたが、その実態は安易な「依存」に過ぎませんでした。このため日本の態度如何という外的条件が政変勝敗の決定的要因となってしまいました。

また、この事件は日本の対朝鮮外交の失敗でもありました。日本公使の判断によって、急進開化派に加担し、朝鮮の内政に介入したことは、不当で誤った行動でした。金玉均の自主的改革の初志をゆがめるべく働きかけ、その構想を早産に追いやった日本の責任は、大きいと言わねばなりません。

三　日清戦争と朝鮮——甲午農民戦争と甲午改革

甲申政変後の状況——清国の内政干渉

甲申政変の報に接した日本政府は、竹添公使の責任は不問に付し、公使館消失と居留民殺害の責任を問う方針を決定し、八五年一月九日に漢城(ハンソン)条約を結んで朝鮮に賠償金の支払いを認めさせます。次いで、同年四月十八日に清国とのあいだで天津条約を締結(甲申政変時における日清両軍衝突の事後処理条約）し、日清双方が朝鮮から撤兵すること、将来もし出兵する場合には相互に事前通告することなどを決めました。この条約に基づいて、日清両国軍は七月までに撤兵を完了しました。

天津条約により日清両軍が朝鮮から撤退した状況のもとで、朝鮮政府は欧米諸国への公使派遣、永世中立国化の提起（金允植、金玉均、兪吉濬（ユギルチュン））、ロシアへの接近（一八八四年七月二十五日、朝露修好通商条約締結）など、外交の自律化を図ります。

しかし、清国は朝鮮に対する内政干渉をますます強め、伝統的な宗属関係に押しとどめようとします。清国は八五年十一月に袁世凱（えんせいがい）を駐箚朝鮮通商交渉事誼として派遣し、内政への干渉を強めます。駐米公使となった朴定陽（パクチョンヤン）は、宗主国の清国公使に無断で大統領への親書を交付したため、袁世凱の圧力によって帰国を余儀なくされました。

日清の経済的浸透

日清両国は、八三年十一月に締結された第二次朝英条約（朝英改訂条約）に均霑して内地通商権を獲得したことにより、朝鮮の内部に経済的進出を拡大します。清の商人は漢城、仁川を拠点にして、内陸部にも居住して商業活動を拡大していきました。朝鮮への日清両国からの輸入額の割合は、一八八五年に八二対一八で日本が優勢でしたが、九三年には五一対四九と互角になりました。輸入品の中心は日清両国ともイギリス製綿製品でしたが、その供給地は上海、香港であったので、清は輸送距離面において有利な地位を占めることができたからです。

しかし朝鮮からの輸出貿易においては、日本は圧倒的な優位を占めつづけました。朝鮮からの輸出額のうち日本向けは、一八八五年から九三年まで九割以上でした。日本からはイギリスの綿製品が中継輸出され、朝鮮からは米、大豆、金地金、牛皮などが輸出されました。穀物の輸出は、釜山、仁川、元山の開港場における朝鮮側の売込商である客主（卸売商人）を通じて行なわれていましたが、日本商人の内地行商による穀物買い付けが可能となり、穀物輸出の拡大をもたらしました。穀物の域外への搬出が増大することによって、地域の安定した穀物流通が動揺し、飯米購買者である下層民の生活が困難になりました。観察使など地方官は、朝鮮商人や下層民の困窮を防ぐため、穀物の域外搬出の禁止令（防穀令）をしばしば発布するようになりました。八三年の日朝通商章程では、旱害・水害・兵擾のときには一か月前に通知することを条件に、防穀令の発布を認めていたからです。しかし日本商人は前貸しによって買い集めをしていたため、防穀令によって損害を被ったとして賠償を求めて地方官としばしば紛争を起こしました（防穀令事件）。とくに日本政府は、八九年咸鏡道の防穀令、九一年黄海道の防穀令を政治問題化して、武力も辞さないと威嚇し、朝鮮政府から一一万八〇〇〇円の賠償金をもぎ取りました。その他、日朝通商章程によって、咸鏡、江原、慶尚、全羅四道への通漁権を獲得し、四道の沿岸には日本の漁民が進出しました。

朝鮮農村の疲弊と東学の浸透

日本、清の経済浸透に対して、朝鮮ではさまざまな抵抗が起きました。漢城では市廛（シジョン）商人など

日清戦争の経過

６月２日	日本政府は閣議で朝鮮への出兵方針決定。
３日	朝鮮政府が清国に援軍を求める。
５日	広島に大本営設置。
６日	清国は日本に朝鮮出兵通告。７日、日本は清国に朝鮮出兵を通告。
10日	「全州和約」。全羅道各邑に農民軍の自治機関である都所設置。
12日	朝鮮政府は両軍撤退を要求。清国同意。
15日	日本は清国に共同改革案提示。清国拒否。
７月３日	日本は単独改革案提示。朝鮮政府拒否。
７月23日	日本軍の王宮（景福宮）占領。国王を「擒」にして清国軍駆逐の「依頼」。
25日	牙山湾外豊島沖で清国艦隊を奇襲攻撃。
27日	金弘集を首班とする穏健開化派の政権樹立。
29日	成歓戦闘。
８月１日	宣戦布告
９月中旬	平壌戦闘、黄海海戦。10月下旬、清国領内進出。

が清・日本商人の退去を求めつづけ、九〇年に七日間におよぶ撤市（チョルシ）（閉店ストライキ）を行ないました。日本人漁業会社・漁民の出魚に対しても、それを阻もうとする朝鮮漁民の運動が起きました。とくに済州島では、九一年に日本人漁民の出魚永久禁止を求めて蜂起しました。

農村は疲弊し農民蜂起が多発するようになります。前で見たように、八五年以降、日本商人が生産地に出向いて米の買い付けを行なうようになったため、日本への米穀輸出が急増します。その結果、米穀取引は投機性を強めていき、米穀が慢性的に不足しました。これに加え、地方官や胥吏（ソリ）の中間収奪も加わったため、下層民はますます貧窮化を余儀なくされ、各地では民乱・火賊が起こり、九二～九四年には多発するようになりました。

こうした社会不安を背景に新興宗教である東学が農民層のあいだに広く浸透していきます。一八六〇年に没落両班の崔済愚によって創建された東学は、西学（天主教）に対抗する意味が込められており、呪文を唱えて霊符を飲めば、現世において天と人は一体となることができると説きました。六四年に異端のかどで崔済愚が死刑に処されましたが、第二代教主崔時亨のもとで、その勢力は八〇年代以降には中南部一帯に広がっていきました。東学は次第に創建時の宗教的な自己修養を説く上層指導部の意（教祖伸冤〔罪名取消〕運動）から離れ、「斥倭洋」と社会変革の志向と結びつき実践的に理解されていくようになります。そのような人物に全羅道の東学の接主（地方組織の幹部）である全琫準らがおり、かれらは自らを「南接」（全羅道）と称し、東学教門指導部の「北接」（忠清道）と対抗しました。

日本の軍備拡張

日本は、甲申政変の失敗で朝鮮に対する政治的影響力をほとんど失いますが、経済的な進出を強化するいっぽう、将来における対清戦争を目標にして、陸海軍の拡張に邁進します。

すでに八三年には海軍の、八四年には陸軍の拡充計画がスタートしていましたが、国家予算に占める軍事費の割合は同年に二〇％を、九〇年にはついに三〇％を超えることになります。陸軍では、八八年にはそれまでの鎮台制を師団制に替えて、大陸での戦争に対応できる軍事編成に改め、翌八九年には徴兵制の改正も行なわれました。兵力は戦時三個師団が九一年には常設七個師団二〇万人に急増しました。海軍では、七六年に一万四三〇〇ｔが九三年には五万八六一ｔに拡充されました。九〇年の山県有朋（やまがたありとも）『外交政略論』は、主権線のみならず利益線を守る必要があり、それは清国と朝鮮との国境にあたる鴨緑江だと言いました。朝鮮をも日本の軍事的な勢力下に置くことをめざそうというわけです。そのために山県が力説したのは軍備と教育でした。すでに八二年に軍人勅諭が下されていましたが、九〇年には教育勅語が下され、教育の目標として「忠君愛国」が強調されます。

日清戦争は、ほかならぬ朝鮮をめぐる日本と清国の対立の帰結でした。一八九四年という時点での開戦の背景にあったのは、やはり、軍備拡張政策によって清国軍と戦えるメドがついたことでした。すでに一八八七年に参謀本部第二局長の小川又次（おがわまたじ）は「清国征討策案」で、清国の軍事改革が進む前に一撃を加えるべきだと書いています。九三年になると山県有朋が「軍備意見書」を書いて、シベリア鉄道完成前の日清開戦を主張しており、機は熟していたと言えます。軍はじっと朝鮮の動静をうかがっていました。

田中正造

甲午農民戦争

九四年二月十五日、全羅道古阜（コブ）郡で、全琫準が率いる、古阜郡守の不正に抗議する民乱が起こりました。いったん解散した後、引きつづき東学組織を通じて各地の農民に決起を呼びかけます。四月二十五日、再度決起した農民は全琫準を総大将とした六、七千名の陣営を整え、「倭夷を逐滅し聖道を澄清せよ」「兵を駆りて京に入り権貴を尽滅せよ」、つまり、日本の駆逐と閔氏政権の打倒を掲げて、政府軍を破りながら全羅道各地を転戦し、五月三十一日には道都の全州を占領しました。

農民軍が掲げていた一二旒の旗幟には、「①降伏者はもてなすべき、②困窮者は救済すべし、③貪虐者は放逐すべし、④農民軍に従う者は敬服すべし、⑤逃げる者は追うなかれ、⑥飢える者には食をあたうべし、⑦奸猾な行為はやめるべし、⑧貧者は施すべき、⑨不忠の者は除去すべし、⑩逆らう者は諭すべし、⑪病者には薬をあたうべし、⑫不孝者は刑すべし」と書かれており、転戦した各地の民衆から熱く歓迎されました。当時、農民軍の行動を追跡していた日本人密偵の記録にも、「此等の十二旒の軍旗は如何に地方民に望を属せしめしか（中略）彼等は、尚ほ金力に於ても相当の準備ありしと見へ、敢て地方土民の米糧等を奪ふことなさず。されば這回の暴挙たる従来屢々蜂起したるものとは全く其轍を殊にし、朝政の紊乱に厭きたるの地方民等、時としては一層の歓呼を以て此等反徒を迎へたるもの、決してその故なきに非るなり」（函南逸人〔志良以染之助〕編『甲午朝鮮内乱始末』一八九四年）と記されるほどでした。足尾銅山の公害に反対した田中正造は、日清戦争のときには、朝鮮を清国から自立させるためにという理由で日本軍の出兵を認めましたが、甲午農民戦争に関しては、「東学党は文明的、一二カ条の軍律たる徳義を守ること厳なり」（「朝鮮雑記」明治二九年四月、『田中正造全集』第二巻、岩波書店、二八三頁）と言い、その正当性・道徳性を高く評価しています。かれはその後、日露戦争の前に非戦論・軍備全廃論を説き、非戦論を抑圧し鉱毒を放置する政府を批判しました。

日本軍の王宮占領と日清戦争

日本政府は、農民軍を自力で鎮圧できなくなった朝鮮政府が、宗主国の清国に出兵を要請するのではないか、そのときが日本も出兵する好機であると待ち構えていました。六月二日の閣議で、伊藤内閣は公使館と居留民の保護を理由として朝鮮への出兵方針を決定します。そして五日には広島に大本営を設置しました。果たして、朝鮮政府が六月三日に清国に出兵を求めたために、清国は六日、天津条約に基づいて朝鮮への出兵を日本に通告してきました。八日に清の北洋陸海軍の先発隊約九〇〇〇人が忠清道牙山（アサン）湾に上陸し、十日には日本の海軍陸戦隊約四〇〇〇人が仁川に上陸します。こうして、日清両国軍が朝鮮で対峙することになりました。この状況の急転にあわてた政府側と農民軍側は、両国に武力介入の口実を与えないよう、農民軍が提出した幣制改革案を条件として、六月十日に「全州和約」を結びます。このあとに全羅道各邑に農民軍の自治機関である都所が置かれ、農民自身の手による幣制改革が推進され、全羅道一円には特異な二重権力的な状況が現出しました。

十二日、朝鮮政府は反乱が平定されたとして両軍の撤兵を求め、清国はこれに同意します。しかし日本は、これを拒否し、開戦を図ろうとします。十五日、日本は清国に対して朝鮮の共同改革案を提案します。これが拒否されると、今度は日本単独で実行するとして、七月三日に朝鮮政府に対し改革案を突き付けます。この間に、両軍ともに軍隊を増派し、日本軍は八〇〇〇人、清軍は二八〇〇人に達しました。朝鮮政府は十三日に自主的に改革を進める姿勢を示し、日本の改革案要求は内政干渉であり、日本軍の撤退が先決であると主張しました。日本はついに強圧手段に出ます。七月二十三日、「朝鮮王宮ニ対スル威嚇的運動ノ計画」（参謀本部『日清戦争　第五篇第十一章　第三草案』）のもとで、日本軍が王宮（景福宮）を襲撃占領し、国王を「擒（とりこ）」にして清国軍駆逐の「依頼」を引き出しました。ついで二十五日に、牙山湾外の豊島（プンド）沖で日本の連合艦隊が清国艦隊を奇襲攻撃し、さらに陸上では二十九日に忠清道稷山県成歓（ソンファン）に駐屯していた清軍に攻撃を仕掛け、八月一日の宣戦布告に先立って戦争状態に突入しました。さらに日本は、二十七日には金弘集を首班とする穏健開化派の政権を樹立させます。このように日清戦争は朝鮮を舞台にして朝鮮王宮占領からはじまりました。

　日本政府の対朝鮮「保護国」化政策はこのような日清戦争の最中に構想されました。同年六月二六日、駐朝日本領事内田定槌（うちださだつち）が陸奥宗光外相に宛てた「対朝鮮政策ニ関シ意見上申ノ件」で、朝鮮に対して「我日本帝国ノ保護ヲ受ケシムルノ条約ヲ締結」することを建議し、八月四日、大鳥圭介（おおとりけいすけ）公使も「将来朝鮮ヲ如何ナル地位ニ置キ…ベキヤ…彼ガ独歩ノ実力ヲ得ルマデ我保護国ノ下ニ置」くことを建議しました。これを受けて八月十七日、陸奥外相は閣議に「朝鮮問題ニ関スル将来日本ノ政策ニ関スル閣議案上申ノ件」を提出します。閣議案は四つの選択肢を示しました。その内の乙案は「朝鮮ヲ名義上独立国ト公認スルモ、帝国ヨリ間接ニ直接ニ永遠若クハ或ル長時間其独立ヲ保翼扶持シ他ノ侮ヲ禦グノ労ヲ取ル事」です。乙案は「朝鮮ヲ保護国ノ如ク取リ扱」おうとするものでした。閣議では四案の得失利害が論じられましたが、日清戦争の形勢がいまだ流動的である事情のため決定するに至らず、当分のあいだは「四個の問題中先づ乙案の大意を目的となし置き、他日更に廟議を確定する所あるべしと議決」されました。日本は、八月二十日に「日朝暫定合同条款」を調印し、このなかに「内政改革」施行の保障を明記して実質的な保護権を掌握しようとしました。また、二十六日に「大日本大朝鮮両国盟約」を朝鮮政府に調印させ、漢城—釜山間（京釜）、漢城—仁川（京仁）鉄道敷設権の日本への供与、京釜・京仁間の日本軍用電信線の存置、日本軍の行動と糧食準備に便宜を与えるなど、軍事行動を合法化し、朝鮮政府の「協力」を義務づけました。

日本軍は、九月中旬の平壌の戦い、黄海海戦で勝利して、戦局の主導権を握り、十月下旬には鴨緑江を渡河して清国領内に進出し、日清戦争の勝敗は決しました。また日本軍は、朝鮮内の要地に兵站部を設け、守備隊や憲兵を配置して、食料・人馬・物資の徴発、道路の整備、電信線の警備に当たらせました。

川上操六

第二次甲午農民戦争

この新しい状況のもとで、南接農民軍は「斥倭斥開化」、「輔国安民」のスローガンを掲げて十月中旬に再度挙兵します。全琫準の共同出兵の呼びかけに応じて、北接派も参加し、ここに蜂起は忠清、慶尚、江原、京畿、黄海、平安の諸道にも広がりました。日本軍は、十一月六日に、鎮圧のために南小四郎少佐指揮下の後備歩兵独立第一九大隊（三個中隊）を新たに動員し、各地守備隊からの派遣軍も加え、約二七〇〇人を投入しました。朝鮮政府軍二八〇〇人も動員されます。南接農民軍は北上して忠清道に入り、十一月二十日以降、公州（コンジュ）で日本軍・朝鮮政府軍の連合軍と大激戦が繰り広げられます。しかし、最新銃で武装した連合軍の前に、軍事的な劣勢は免れず、ついに十二月七日に敗退します。連合軍は追撃の手を緩めず、南方各地に退却した農民軍を各個撃破し、全琫準も捕らえられ、翌年一月には抵抗を終えます。その他の道の農民軍も、連合軍に撃破され、四月には活動を終えました。

日本軍は農民軍に対して過酷な弾圧を加えました。十月二十七日、大本営参謀部次長兼兵站総監・川上操六は、「討伐作戦」を指揮する仁川の南部兵站監部宛に、「東学党ニ対スル処置ハ厳烈ナルヲ要ス、向後、悉ク殺戮スベシ」（仁川兵站監部日誌『南部兵站監部陣中日誌』一〇月二七日条）との殲滅命令を下しました。農民軍と日本軍との戦いは、火縄銃・竹槍対スナイドル銃の戦いであって、農民軍と日本兵は一対二〇〇、一対三〇〇の戦闘力の差があったと言われております。

南部地方に分散退却した農民軍に対する日本軍の殲滅作戦については、北海道大学の井上勝生さんの研究があります。そこで引用されている新史料をいくつか挙げてみます。

九五年一月五日、羅州「討伐」

当地〔羅州〕ニ着スルヤ、〔羅州城の〕南門ヨリ四丁計リ去ル所ニ小キ山有リ、人骸累重、実ニ山ヲ為セリ…彼ノ民兵、或ハ、我ガ隊兵ニ捕獲セラレ責問ノ上、重罪人ヲ殺シ、日々拾二名以上、百三名ニ登リ、依テコノ所ニ屍ヲ棄テシ者、六百八十名ニ達セリ、近方臭気強ヨク、土地ハ白銀ノ如ク、人油結氷セリ

後備第一九大隊第一中隊上等兵の「明治二十七年日清交戦従軍日誌」

一月七日〜九日、長興、康津「討伐」

長興・康津付近ノ戦イ以後ハ、多ク匪徒ヲ殺スノ方針ヲ取レリ、ケダシコレ小官〔南〕ノ考案ノミナラズ、他日、再起ノオソレヲ除クタメニハ、多少、殺伐ノ策ヲ取ルベシトハ、公使〔井上馨〕ナラビニ指揮官〔仁川兵站司令官〕ノ命令ナリシナリ。…残徒ハ、スベテ皆、残虐獰猛ノ無頼漢ノミトナリシ故、マタ多ク殺スノ策ヲ必要トナスニ至レリ。長興辺ニテハ、人民ヲ脅迫シテ、コトゴトク東徒ニクミセシメ、ソノ数、数百ニ登レリ。ヨッテ真ノ東学党ハ、捕フルニ従ッテコレヲ殺シタリ

南小四郎大隊長講話記録「東学党征伐記録」

我ガ隊ハ、西南方ニ追敵シ、打殺セシ者四十八名、負傷ノ生捕拾名、シカシテ日没ニアイナリ、両隊共凱陣ス。帰舎後、生捕ハ、拷問ノ上、焼殺セリ

後備第一九大隊第三中隊兵士の「陣中日記」

甲午改革

日本軍の軍事占領という状況のなかで成立した金弘集内閣は、軍国機務処を設置して内政改革に着手します。九六年二月の金弘集政権倒壊までに実施された内政改革を甲午改革と言います。中央・地方行政の改革、軍制改革、科挙制の廃止、租税の金納化、奴婢制の廃止、再婚の自由および早婚の禁止、清国との宗属関係廃止、太陽暦の採用と年号の制定、小学校令の頒布などが実施されました。他方、「大日本大朝鮮両国同盟」、「日朝暫定合同条款」調印による日本の軍事行動の合法化、政治勢力の拡大、経済的利権の拡大が図られました。甲午農民戦争に対しては日本軍と連合して弾圧しました。こうして甲午改革派改革推進と対日従属の二面性を持つものとなりました。甲午改革は日本の干渉を受け、日本に従属した側面を持っていましたが、国政全般にわたる改革であり、朝鮮社会の近代化を促進するうえで一つの画期をなしたと言えるでしょう。

甲午農民戦争の性格

甲午農民戦争の歴史的性格については、次のように言えると思います。

第一には、貧農下層民が主導した一君万民的な平等社会、民衆自治の実現をめざした農民戦争であったということです。現実可能性としても、全州和約によって下からの農民軍の改革案と上からの甲午改革案が結びついて、一時、全羅道地域で民衆自治が行なわれ、「近代」化の道が大きく開かれようとしていました。しかし、日本軍の弾圧により、結局は押しつぶされました。にもかかわらず、この農民軍の戦いは、農民の真の解放なくして民族的な解放はあり得ないという、以後の、朝鮮のみならず、アジアの大多数の国々にとっての変革のあるべき姿を先駆的に示したものとして画期的な意義を持っています。宮嶋博史は、レーニンが論文「二つのユートピア」（一九一二年）において、ロシアのナロードニキ的ユートピア（公正で、均等な土地分割）の歴史的役割について指摘したことを受けて、甲午の農民軍がめざしたものは、西欧や日本におけるブルジョア的変革の見地からすれば「誤り」であり、ただのユートピアであったかもしれないが、世界史的には真理であったと強調しています。

第二に、農民軍の規模や意識から見て、日本の朝鮮侵略に反対した祖国防衛戦争であったことです。現在の研究では、甲午農民戦争における農民軍の犠牲者は三万人を超え、負傷後死亡した数を加えれば五～六万人以上と推定されています。日清戦争における日本軍の戦死者は一四一八名で、多発した病死者を入れた総数は約一万三八〇〇人です。清軍の死亡者数は不明な点もありますが、台湾も入れて約三万五〇〇〇人くらいと思われます。日清戦争における日清両軍の死亡者数をはるかに上回る農民軍の戦いは、まさに「輔国安民」のための祖国防衛戦争と言うべきものでした。

日清戦争の性格

日清戦争の性格は、第一に、朝鮮の「保護国」化を目的とした近代日本の最初の対外戦争であり、台湾を植民地化した侵略戦争でした。原田敬一は、「日清戦争は、一八九四年七月二三日（朝鮮王宮占領）にはじまり、一八九六年四月一日（台湾征服戦争が一段落して大本営が解散した日）に終わる。一年八カ月と一〇日間の長期間の近代最初の対外戦争だった」（『戦争の日本史⑩　日清戦争』吉川弘文館）と指摘して、「『日清戦争』を広く捉え、①七月二三日戦争（対朝鮮）、②狭義の日清戦争（対清）、③農民戦争殲滅作戦（対朝鮮民衆）、④台湾遠征戦争（対台湾民衆）という四種類の複合戦争と考えなければ、その後の日本のアジアへの関わり方の特色となる、侮蔑と暴力が理解できないのではないでしょうか。」（『日本の近現代史をどう見るか　シリーズ日本近現代史⑩』岩波新書）と主張しています。

「日清戦争」を広く近現代の東北アジア史から見ると、第一次朝鮮戦争・東北アジア戦争ということができ、一九〇四年の日露戦争（第二次朝鮮戦争・東北アジア戦争）、一九三〇年代の朝中共同の民族解放戦争（第三次朝鮮戦争・東北アジア戦争）、一九五〇年の朝鮮・中国対アメリカ・韓国との戦争（第四次朝鮮戦争・東北アジア戦争）へとつづきます。

第二に、日本軍の民衆弾圧は少なくとも朝鮮で五～六万人以上、台湾では一八九五年から一九一五年に「平定」されるまで約一万四〇〇〇人が殺され、旅順では二万名が殺戮されたと推定される、組織的な大虐殺、ジェノサイドでした。

旅順占領直後、大山巌指揮下の第二軍は、九四年十一月二十一日から四日間、敗残兵、民間人を大虐殺しました。この旅順虐殺事件は目撃した欧米の従軍記者によって報道され、国際問題となりましたが、朝鮮や台湾の虐殺は報道されず、知られることがありませんでした。しかし、欧米諸国が朝鮮や台湾での虐殺事件をまったく知らなかったわけではありません。朝鮮の農民軍は、欧米の公使館の壁に紙を張り、反侵略の主張や日本軍の虐殺について告発していました。しかし、甲午農民軍がインド農民戦争（セポイ反乱）や中国の太平天国農民戦争と同様のナショナリズムの運動、民族自立運動であったため、いずれその矛先が自分たちに向けられることになる、と日本軍の殲滅作戦を黙認し、また支持したのです。研究上でも、一九八二年に朴宗根（パクチョングン）が『日清戦争と朝鮮』（青木書店）を出すまで、農民軍に対する弾圧を正面から研究することはありませんでした。明治の〝栄光〟は、近代日本の最初の対外民衆虐殺は、旅順や南京に先んじて朝鮮で行なわれました。明治の〝栄光〟は、まさに朝鮮民衆の悲劇の上に構築されたのです。

第三には、日本の民衆は挙国一致で日清戦争を支持したことです。日本の国内政治を見ると、一八八九年に大日本帝国憲法が制定され、翌九〇年には帝国議会が開かれましたが、初期議会では、過半数を占めて優勢な民党（立憲自由党・立憲改進党）と藩閥政府とのあいだで、軍備拡張と条約改正をめぐって激しく対抗していました。そしてついに、九四年五月三十一日、伊藤内閣弾劾上奏案が可決され、藩閥政府は窮地に追い込まれていました。このようなときに、朝鮮政府が清国に出兵を要請する機会を狙って、六月二日の閣議で伊藤内閣は総辞職ではなく議会の解散を決めるとともに、朝鮮への出兵方針を決定します。民党および藩閥政府は一致して強硬方針へと進んでいきました。

このとき、福沢諭吉の『時事新報』など新聞のほとんどは、開戦の決意をうながす好戦的な主張を繰り広げました。福沢諭吉は、もとより国権論者でした。かれが金玉均の開化運動を支援したのは、あくまでも日本の国権のためでした。そのため福沢の朝鮮開化論は状況によっていくらでも変化するものでした。かれは当初、「亜細亜州中、協力同心、以て西洋人の侵凌を防がん」と、まだしも自らをアジアのなかに位置づけた議論をしていましたが、甲申政変の失敗後に論説「脱亜論」(『時事新報』一八八五年三月一六日)を書いて、日本はアジアの「悪友」との関係を断絶し、西洋列強と同じように接すべきであると主張しました。さらに日清戦争の時期には、社説「日清の戦争は文野〔「文明」と「野蛮」〕の戦争なり」(『時事新報』一八九四年七月二五日)のなかで、日清戦争は文明国の日本が野蛮国・清(中国)を教え導くための「正しい戦争」であるとしたのです。文章の最後には、「幾千の清兵はいずれも無辜(むこ)の人民にして、これを鏖(みなごろし)にするは憐れむべきがごとくなれども、世界の文明進歩のためにその妨害物を排除せんとするに、多少の殺風景を演ずるはとうてい免れざるの数なれば、彼等も不幸にして清国のごとき腐敗政府の下もとに生れたるその運命の拙(つた)なきを、自から諦むるの外なかるべし。／もしも支那人が今度の失敗に懲(こ)り、文明の勢力の大いに畏(おそ)るべきを悟りて、自からその非を悛(あらた)め、四百余州の腐雲敗霧を一掃して、文明日新の余光を仰ぐにも至らば、多少の損失のごときは物の数にもあらずして、むしろ文明の誘導者たる日本国人に向かい、三拝九拝してその恩を謝することとなるべし。／我輩は支那人が早く自ら悟りて、その非を悛めんこと希望に堪えざるなり」とあります。罪のない清兵を皆殺しにするのはかわいそうだけども、それも世界の文明進歩のためであり、腐敗した国に生まれたのだから諦めるしかない、もしこの戦争で文明に目覚めたら、きっと日本に感謝するであろう、と言っているのです。福沢は自らを「世界文明」の側に位置づけていますが、その「世界文明」観がいかに民族差別、排外主義に毒されているのかを知ることができます。現在の日本で流行っているヘイトスピーチの原型を見る思いです。

福沢の『時事新報』はじめ、『東京日日新聞』『東京朝日新聞』『報知新聞』なども日清戦争を積極的に肯定し、それを押し進めました。森鷗外、夏目漱石など当時の知識階級の多くも、反戦主義者として有名な内村鑑三ですら、この時点では同様の認識でした。内村は同年八月、論文「日清戦争の義」を欧米人向けに英語で雑誌に発表しましたが、日本は「東洋における進歩主義の戦士」で、中国は「進歩の大敵」であると強調しています。日清戦争の勝利は、日本人に、アジアは遅れているという認識を根付かせ、蔑視感情も広がりました。その意識は一〇年後の日露戦争でさらに強まり、中国侵略に踏み出す行為につながりました。日本敗戦後、現在に至るまで在日朝鮮人は、「野蛮」の側に立たされ、ヘイトスピーチの標的とされる状況がつづいています。「文明」と「野蛮」を越えることが求められています。

第5章

日露戦争（第二次朝鮮戦争・東北アジア戦争）と韓国強制「併合」

「漁夫の利」
魚（朝鮮）を釣り上げようととする日本と清、横どりをたくらむロシア
ジョルジュ・フェルデイナン・ビゴー画

朝　鮮	日本・中国ほか
1895　王后閔氏殺害事件　義兵運動起こる	1895　下関条約　台湾総督府設置
1896　俄館播遷　独立協会結成	
1897　大韓帝国に改称	
1898　万民共同会開催	1898　皇城新聞創刊
1899　大韓国国制頒布　韓清通商条約	
	1900　義和団戦争
	1902　日英同盟
1904　局外中立宣言　日露戦争 日韓議定書　大韓毎日申報創刊　第一次日韓協約	1904　日露戦争
1905　韓国保護条約（第二次日韓協約）	1905　桂・タフト協定　第２回日英同盟　ポーツマス条約
1906　韓国統監府設置　大韓自強会創立	
1907　国債報償運動起こる　新民会結成　ハーグ密使事件 高宗強制退位　第三次日韓協約　朝鮮軍解散　大韓協会創立	
1908　新聞紙法改定　私立学校令	
1909　出版法頒布　南韓大討伐作戦　安重根、伊藤博文射殺	
1910　韓国併合　朝鮮総督府設置	

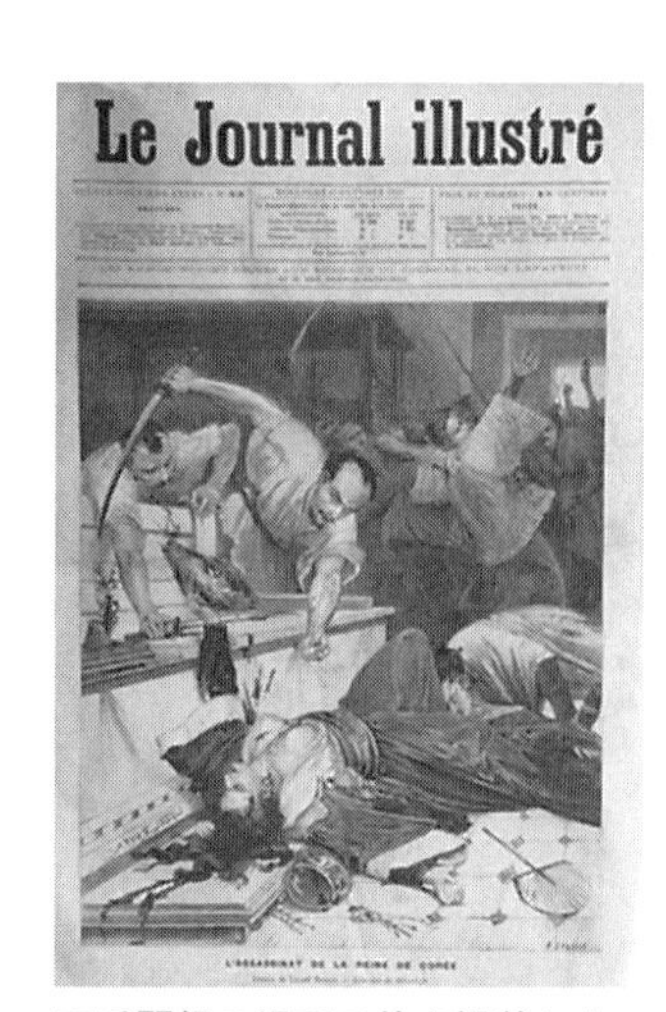

Le Journal illustré

王后閔妃の場面の絵を掲載したフランス週刊紙『ル・ジュルナル・イリュストレ』表紙記事

一　三国干渉と王后閔氏殺害、朝鮮政府の対応

下関条約と三国干渉

一八九五年四月十七日に下関（馬関）条約が調印され、日清戦争は終結します。その第一条に、朝鮮国は自主独立であり、朝鮮に施行していた貢献典礼などは禁止する、と規定しました。伝統的な冊封関係を清国自身が自ら否定したものであって、これによって清国は周辺の朝貢国をことごとく喪失することになります。その他、奉天省南部の遼東半島と台湾および澎湖列島を割譲（二条）、軍事賠償金として庫平銀二億両（テール）を支払う（四条）などが規定されました。賠償金は日貨に換算すると約三億円で、当時の日本国予算は八千万円ですから、天文学的な金額ですね。

日清戦争での清国の敗北は、中国を中心とした伝統的な国際秩序の解体を決定的にしました。東アジアは、帝国主義列強による分割競争の主要舞台のひとつとなります。勝利した日本は、朝鮮への進出の足掛かりを確保したはずでしたが、下関条約調印の直後に、はやくもロシア・フランス・ドイツの三国干渉を受けます。

四月二十三日、露独仏の駐日公使らは、遼東半島の日本領有は清国の首都を脅かし朝鮮の独立を有名無実にするとして、その撤回を求める旨の覚書を日本外務省に送り、同時にロシア艦隊を太平洋水域と遼東海峡に集結させました。日本は英米の協力を得て三国を牽制しようとしましたが、英米両国は「厳正中立」を宣布し、日本の要請を拒絶しました。五月五日、日本政府は「覚書」の接

受を余儀なくされ、追加の賠償金三〇〇〇万両（日貨四七〇〇万円）を受け取ることになりました。その後、日本は「臥薪嘗胆（がしんしょうたん）」を合言葉にロシアを仮想敵として対露開戦の準備を本格的に行ないます。

「乙未事変（ウルミサビョン）」

三国干渉を機に、朝鮮の王室と政府内部にロシアと結んで日本の勢力を排除しようとする動きが顕著になります。窮地に陥った日本は、親露勢力の中心である王后閔氏を殺害する計画を企て、その実行役として予備役陸軍中将の三浦梧楼を新たな朝鮮公使として九月一日に着任させます。十月七日夜から未明にかけて、日本軍守備隊、領事館警察、公使館員、「大陸浪人」らは、大院君を担ぎ出して景福宮に侵入し、王宮守備隊を撃破し、宮内大臣や宮女を手当たり次第に切り殺すとともに、王后を寝室に襲って殺害し、死体を陵辱したのち焼き払い、そのうえで親日内閣を再組織しました。この事件を一般に「乙未事変」と呼んでいます。

三浦は当初、大院君のクーデターに見せかけようとしましたが、事件は王宮の警護にあたっていた侍衛隊のアメリカ人教官ウィリアム・ダイとロシア人電気技師アレクセイ・セレディン＝サバチンに目撃されており、国際問題化しました。サバチンによる事件の報告書がロシア科学大学の教授に発見され、米国コロンビア大学韓国リサーチセンターにおいて一九九五年十月六日付でその翻訳が公開されています。サバチンの証言は以下のようなものです（以下は部分訳）。

王妃の居住する王宮の一角には、おおよそ二〇人から二五人程度の日本人が詰め掛けていた。彼らは奇妙なガウンを羽織っており、サーベルで武装していた。そのうち何人かはサーベルを鞘から抜いていた。…複数の日本人兵士が宮殿のあちこちを捜索し、他の者は女王の居住区域になだれ込み、その場で見つけた女たちに襲い掛かっていた。…私は…日本人が王妃の居住区域で物をひっくり返したりしているのを観察しつづけた。二人の日本人が女官たちの一人をつかんで建物から引きずり出し、そして彼女を引っ張って階段を駆け下りた。…また、日本人のうち一人は、私に向かって、英語で『王妃はどこだ？　答えろ！』と繰り返し聞いてきた。…私が謁見の間を通り過ぎたとき、私はその場所が日本人兵士と将校、そして韓国人の高級官僚の協力によって包囲されていることが分かった。しかし、その中で何が行われていたのかは、私には知る由も無かった。

(Imperial Russian Legation, Seoul 1895, Telegram 211, Appendix VI)

晩年の三浦悟楼

日本政府はやむなく、十月十七日、三浦ら関係者を召還し、広島において地方裁判所および第五師団の軍法会議にかけます。しかし、翌年一月には関係者四八名全員が「証拠不十分」で免訴釈放されました。三浦はのちに学習院院長、枢密院顧問官を歴任しました。

義兵運動のはじまり、俄館播遷（アグアンパチョン）

この破廉恥きわまりない事件に対し、上下をあげての怒りが高まります。衛正斥邪派在地両班らは、「国母の復讐」をかかげて、反日・反開化の義兵闘争に立ち上がりました。九五年十二月、金弘集政権による断髪令公布はそれに拍車をかけました。義兵は当時の全国二三府制のうち一七府に広がり、開化派の観察使・参書官・郡守を殺害するとともに、日本の軍用電信線を襲撃・切断し、日本人商人・漁民の活動を脅かしました。当時の雰囲気について駐韓日本公使の報告書は次のように記しています。

上国王ヨリ下庶民ニ至ル迄韓国ノ上下官民ハ挙ッテ排日熱ニ浮サレ、国讐ヲ以テ之レヲ見ルヲ以テ、内地行商者ハ至ル処ニ暴徒ノ為メニ殺傷セラレ、港市ニアルモノモ常ニ迫害ヲ受ケ、帝国政府人民ノ言動ハ、凡テ猜疑ト不快ヲ以テ迎ヘラルルヲ以テ、権利ノ拡張ハ愚カ、唯々勢力範囲ノ維持ニ暇ナキ有様ナリキ

在韓特命全権公使加藤増雄報告書「輓近（ばんきん）韓国事情」『日本外交文書』第三一巻第二冊

義兵とは何か。愛国啓蒙運動家で歴史家であった朴殷植（パクウンシク）は次のように定義しています。

義兵は民軍である。国家の危急に際し、ただちに義を以って蜂起し、政府の命令、徴発を待た

ずして軍務に従事し、敵と対決したものである。（中略）義兵はわが民族の国粋であるといえよう

『韓国独立運動之血史』第一一章

朴殷植は、わが民族は伝統的に忠義の心が厚く、三国時代以来、外敵の侵略に対して義兵を起こして戦い、壬辰倭乱では儒者、郷紳、僧侶などが義兵に立ち上がり、民衆を激励し、決死的に抗戦したとして、義兵は民族の精華であると力説しました。

義兵運動の鎮圧に政府軍が地方へ出動している隙をついて、九六年二月十一日、ロシア公使ウェーベルと提携した親露派の李範晋（リボムジン）らが、仁川碇泊中のロシア軍艦の水兵たちの助力を得て、高宗を王宮からロシア（俄羅斯）公使館に移して、金弘

駐韓ロシア大使館

独立門

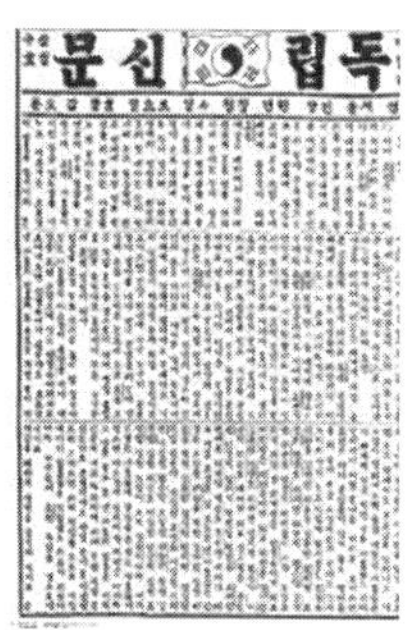
독립신문

独立新聞

集政権を倒して親露派政権を樹立しました。金弘集、魚允中らは殺害され、兪吉濬（ユギルチュン）、張博（チャンバク）らは日本へ亡命します。この俄館播遷（アグァンパチョン）を機に、日本は政治的な後退を余儀なくされますが、朝鮮に軍事力を配置する体制は維持しました。義兵の多くは親露派も開化派の一部であるとして運動を継続しますが、政府軍や日本軍の弾圧が強まり、十月頃にほぼ活動を停止しました（初期義兵）。

二　独立協会運動と大韓帝国、日露戦争

大韓帝国の成立と戦時局外中立声明

日露間の牽制がつづくなかで、九六年七月、開化派系官僚らにより近代的政治団体である独立協会（トンニプヒョプフェ）が設立されます。独立協会は、甲午改革の精神を継承すべく、同年四月から発行されていた純ハングル文の『独立新聞（トンニプシンムン）』を機関紙とし、独立門・独立館建設や公開討論会などを展開するいっぽう、高宗の還宮を強く求めました。その結果、翌年二月二十日に高宗はロシア公使館から、そこにほど近い慶運宮（キョンウングン）（現在の徳寿宮（トクスグン））に戻ることになります。

その後、称帝を要請する官民の上疏がつづき、高宗はそれを受け入れ、同年八月十六日に年号を新しく「光武（クァンム）」と制定し、十月十一日には国号を「大韓帝国（テハンチェグク）」と改め、翌十二日に国王を皇帝に改称し、即位式を圜丘壇（えんきゅうだん）で行ないました。それまでの中国との宗属関係を破棄し、近代的な国際法体系のもとへ独立した主権国家として参入することを内外に明らかにしたのです。旧宗主国であった清は、下関条約で朝鮮の独立を承認しましたが、朝鮮とのあいだでは対等な国交を結ぼうとし

ませんでした。ようやく九九年九月十一日「韓清通商条約」の締結により、互いの領事裁判権を認め対等な関係となります。

しかし、やがて大韓帝国と独立協会は対立するようになります。独立協会は、九八年三月から街頭に出て、万民共同会（マンミンコンドンフェ）といわれる大衆集会を開き、外国による利権収奪や政府の姿勢を批判するようになります。この過程で、高級官僚らは脱落し、急進開化派の流れをくむ尹致昊（ユンチホ）らが主導権を掌握します。十月の万民共同会には数万人が参加し、中枢院改組による立法機関化（議員の半数を独立協会が選出）を含む国政改革案を要求するに至り、政府とのあいだで合意されました。しかし、皇帝権が制限されることを恐れた皇帝や保守勢力の巻き返しにより、十二月二十三日に軍事弾圧を受けて独立協会は解散させられました。

独立協会運動は皇帝権力に基づく強固な中央集権国家を下から支えうる「国民」を創出しようとするものでしたが、民権伸長の程度をめぐって高宗と対立したと言えます。

独立協会の国政改革運動を抑え込んだ高宗皇帝は、皇帝権力の確立を中核とした近代的な国家体制の構築をめざして諸改革を実行します。改革事業は、李容翊（リヨンイク）など高宗の側近勢力が主導しました。九九年八月十七日に公布された「大韓国国制」（憲章）では、「大韓国は世界万国に公認されたところの自主独立の帝国」であり、その政治は万古不変の皇帝専制であるとうたわれています。

内政では、宮内府の強化を通じて、①量田・地契発給事業、②軍制の再編と軍備拡張、③通信網整備、④鉄道建設、⑤商工業振興、⑥貨幣改革と中央銀行設立、⑦各種学校設立——などに着手しました。外交では、列国の共同保障による朝鮮の永世中立化を実現しようと構想し、一九〇一年以後、日本・ベルギー・ロシアなどに働きかけていましたが、〇三年十一月二十三日には、「日俄開戦時には本国〔韓国〕の局外中立を各国に向かって宣言」(『高宗純宗実録』光武七年〔一九〇三年〕一一月二十三日条) することを決定し、実際、日露開戦直前の〇四年一月二一日に「戦時局外中立」声明を中国芝罘から世界に向けて発信し、イギリス・ドイツ・フランス・デンマーク・清国・イタリアがこれを承認しました。

このような大韓帝国政府の諸政策には、歴史学者により「光武改革(クァンムケヒョク)」という名称が与えられています。いまだ王権の性格をめぐっては、かなりの異論が残っていますが、立憲君主制をめざした甲午改革よりも王権が強化された点、三権分立や国民の権利規定が大韓国国制にない点などを考慮すると、専制君主制が近代的に変容した政権、立憲君主制(国民国家)への過渡期にあたる政権だったと捉えることができるでしょう。

しかし、大韓帝国政府の改革は、韓国政府の局外中立声明を無視した日本による日露開戦と不法な韓国占領によって挫折してしまいました。

日露戦争

三国干渉により、日本の朝鮮政界に対する影響力は後退し、反面ロシアの影響力が増していきました。日露両政府は、対決を回避し当面、勢力関係の妥協を図りました。日露間で締結した三協定

（一八九六年の小村・ヴェーベル協定と山県・ロバノフ協定、九八年の西・ローゼン協定）は、いずれも朝鮮内における日露の勢力均衡主義に基づく権利分割規定であり、朝鮮の独占的支配をめざす日本の意図からすれば、日本の優位は保証されず、むしろ日本側は守勢に立たされていました。

さらに、一八九八年三月二十七日に「旅順・大連租借に関する露清条約」によって、日本が放棄した旅順・大連をロシアが清国から租借し、一九〇〇年の義和団戦争のあとも出兵したロシアが満州を占領しつづけます。また、一九〇一年一月七日、ロシア政府は、「列国ノ共同保証ノ下ニ韓国ヲ中立セシメントスル計画」を日本政府に提案します。ロシアの韓国中立化提議は、満州におけるロシアの行動の自由を獲得することに目的がありました。

火中の栗　1903年10月13日『中央新聞』

日本政府は三国干渉のあと、ロシアに対抗するために陸海軍の大拡張を進めてきました。陸軍は九八年までに七個師団を一三個師団へとほぼ倍増し、海軍は戦艦六隻、装甲巡洋艦を基幹とする新鋭の艦隊を一九〇二年三月までに就役させました。このような陸海軍大拡張を背景にして、日本は戦争を辞さない強硬な外交を展開していきます。

日本政府は、ロシアの韓国中立案に対抗して、「満韓不可分論＝満韓交換論」をロシアに逆提案します。満州問題と韓国問題とは不可分であるから一括処理すべきであり、日本は韓国を、ロシアは満州をそれぞれ勢力範囲として「分割」すべしという内容です。この方針は、日清戦争後、朝鮮半島の日露勢力分割で劣勢に立たされていた日本の外交を転換させる契機となりました。

ロシアの満州占領はイギリス、アメリカの通商利益を脅かし、列強の非難するところとなります。日本政府は、こうした列強のロシア満州占領批判を日本外交の好機ととらえ、なによりもイギリスとの交渉を進め、〇二年一月三十日に第一回日英同盟協約を結び、満州韓国問題を日英の共通利害対象として協議することを規定しました。これは対露同盟であると同時に、日本が韓国における「利益」を擁護するために「必要不可欠」の行動をとることへの承認が規定されました（第一条）。日英同盟は日英米対露独仏という東北アジアにおける国際的対立構図を明確にしました。一九〇三年八月より日露交渉が開始され、日本は軍事面を含めて韓国の内政に関与する権利を主張し、ロシアが求めた韓国領土の軍略的不使用条項・北緯三九度線以北の中立地帯設定を拒絶しました。交渉の最終段階でロシアは、韓国の「軍略的不使用」を除いて、「中立地帯」設置要求の撤回、「満州問題」で譲歩（日本を含む諸国が清から獲得した権利と特権の尊重、韓国鉄道と東清鉄道の連結、居留地建設）しましたが、日本は受け入れませんでした。韓国を日本の「勢力圏」ないし「従属国」とすることを譲らなかったのです。ロシアの譲歩にもかかわらず。戦争回避は果たされませんでした。

〇三年十二月三十日、日本政府は閣議で、「対露交渉決裂ノ際日本ノ採ルベキ対清韓方針」を決定します。そのうち対韓方針は、①「実力ヲ以テ」韓国と「攻守同盟若シクハ他ノ保護的条約」を締結する、②その素地をつくるために、駐韓日本公使は韓国政府に対する工作をいっそう強める、

③韓国皇帝が締約を遵守することは期待できず、成功は「実力ノ如何ニ帰スルコト殆ド云ウヲ俟タ」ないため、「軍事上ト併考シ」方策を規定すると強調しています。その後も、日露の交渉は〇四年一月までつづきましたが、双方の溝は埋まることがありませんでした。

日露戦争の性格については、日本の「防衛戦争」だとか日露間の帝国主義戦争だとか、さまざまに語られています。いずれも不可避な戦争と捉えることでは共通しています。しかし、加納格、和田春樹などによる最近のロシア史へのアプローチで、日露戦争前夜、ロシアは日本との戦争を回避するため、日露同盟論（韓国や満州の主権を保存しながら、日本は韓国の、ロシアは満州の開発を協力し合って進めるという同盟）を提案したことが明らかとなりました。また、韓国政府の戦時局外中立宣言を、「共感をもって受け取った」（ニコライ二世）との回答を伝えようとしていました。つまり、戦争を避けることができる可能性があったのです。しかし日本はこれらを無視して、無理やり開戦に持ち込みました。〇四年二月六日、日本海軍の第三艦隊が慶尚南道南岸の鎮海湾を占領し、進んで釜山と馬山の電信局を占領しました。八日夕方には、連合艦隊の一部が仁川に上陸して、すぐにソウルを占領し、九日には仁川沖にいたロシア軍艦二隻に攻撃を加えました。連合艦隊の主力は八日夜から未明にかけて旅順港のロシア太平洋艦隊に夜襲をかけました。こうして日露戦争がはじまったのです。日露戦争は朝鮮への軍事行動がまず先にあったのです。日本による開戦は、列国の承認を得た中立国・大韓帝国に対する国際法を無視した侵略戦争でした。総じて、開戦責任は日本側にあるのです。

また、二十三日に日韓議定書を押しつけて、韓国は「施政改善に関する忠告を受け」、「日本の軍事行動を容易にするための便宜を図る」ようにしました。三月十日には、韓国駐劄軍六個大隊九千人とその隷下の韓国駐劄憲兵隊が編成され、軍律（一般民への刑罰命令）発布による軍政が実施されました。五月三十日の日本元老会議では「帝国ノ対韓方針」で韓国の「保護権ノ実権ヲ収メ」ることを決定し、翌日の日本内閣会議の「対韓施政方針」で保護国化のための軍事・外交・財政・交通・通信・拓殖の諸分野における具体案を決定しました。八月二十二日には外国人顧問傭聘協定書（第一次日韓協約）を強要し、外交・財政顧問を送り込んで内政への干渉を強めていきました。韓国駐劄軍は日露戦争終結時には二個師団二万八千人に増強されます。これらのことは、日本による朝鮮の植民地支配は、事実上このときからはじまったことを示しています。

前章で、日清戦争を第一次朝鮮戦争・東北アジア戦争と見るべきだと指摘しましたが、日露戦争も同様に第二次朝鮮戦争・東北アジア戦争と見るべきだと考えます。日清戦争も日露戦争も、ともに戦争目的が朝鮮半島の支配権にあり、戦争も当初はほとんど朝鮮半島だったのですが、日清戦争・日露戦争という呼称は、日本と清との戦争、日本とロシアとの戦争という側面に戦争を局限してしまい、戦争の本質を見誤らせるのではないでしょうか。また、日清・日露という強国同士の〝取引き〟対象とされた地域にとっては、むしろ反征服・反侵略戦争を展開する契機となりました。日露戦争ではその結果、大韓帝国を保護国化したために、それに反対する反日義兵戦争が展開されました。講和は戦争の終結ではなく植民地戦争を引き起こしたのです。日清戦争・日露戦争を朝鮮、東北アジアの視点で考えてみることが大切ではないでしょうか。

三　韓国「保護」条約

強制調印

一九〇五年三月の奉天会戦において日本軍がロシア軍を破ったのち、四月八日に日本政府は韓国の外交権を奪って保護国とする「韓国保護権確立ノ件」を閣議決定します。「日韓議定書」に謳われていた韓国の独立、領土保全の保証は、ここにかなぐり捨てられました。この閣議決定に基づき、朝鮮の「保護国化」承認を列強に求めていきます。七月二十九日「桂・タフト協定」、八月十二日第二次日英同盟、九月四日に日露講和条約（ポーツマツ条約）を締結し、朝鮮における日本の「保護権」を承認させました。

十月二十七日、「韓国保護権確立実行に関する閣議決定」を行ない、韓国政府の同意を得られない場合には、最後の手段として保護権を確立した旨を通告するだけで実行することを決めました。韓国政府に保護条約締結を迫るため、勅使を買って出たのは枢密院議長・伊藤博文でした。十一月九日に漢城に到着した伊藤は、翌日に高宗皇帝に明治天皇の親書を捧呈し、「数三日内」に条約案に応じるよう求めますが、高宗は「病気ノ理由ニテ」引き延ばしを図ります。しかし、十五日に伊藤と高宗の会談はようやく実現します。席上、伊藤は「外交権委任」を要求しましたが、高宗は、外交権委譲に強い拒否を示し、「惟形式ヲ存」することを求めました。つまり、外交形式の維持を以って妥協を図ろうとしたのです。高宗が言う外交の形式とは、修交国との使臣往来、すなわち公使交換の既存の制度のことを指します。高宗は既に外交事務が日本の監視下にある現状のなかで、独立国の国際的地位だけは維持しようとしたのです。この見解は皇帝ばかりでなく、他の大臣からも出された一致した政策でした。これに対して伊藤は、「本案ハ、帝国政府ガ種々考慮ヲ重ネ、寸毫モ変通ノ余地ナキ確定案ニシテ（中略）若シ御拒ミ相成ランカ、帝国政府ハ已ニ決心スル所アリ（中略）貴国ノ地位ハ此条約ヲ締結スルヨリ以上ノ困難ナル境遇ニ坐シ、一層不利益ナル結果ヲ覚悟セラレザルベカラズ」と恫喝します。

高宗は、外交形式保存策が拒絶されると、次の策として条約手続きに関する国内法を盾に条約締結の遅延を図ります。高宗は、「事、重大ニ属ス。朕、今自ラ之ヲ裁決スルコトヲ得ズ。朕ガ政府臣僚ニ諮詢シ、又一般人民ノ意向ヲモ察スルノ要アリ」、「我国ニ中枢院ナルモノアリ。重大ノ事ハ一応其意見ヲ徴スルノ制ナリ。故ニ朕ガ政府ニ諮ルト同時、之ニモ亦諮詢センコトノ意ニ過ギズ」と述べます。当時の国内法では、重大な国政に関しては、必ず議政府（内閣）と中枢院の諮詢を経たあと、皇帝が裁可する制度になっていました。これに対して伊藤は、「本案ハ断ジテ時日遷延ニ流ルルヲ許サズ」として、「極メテ速決」に調印することを急ぎました。翌々日早くも調印となりますが、この速い展開は、内閣の総辞職、あるいは一八九六年の「俄館播遷」のときのように高宗が漢城駐在の各国公使館に避難することによって、調印の当事者を失うことを恐れたためでした。十十六日には、伊藤と駐韓日本公使・林権助（ごんすけ）が韓国政府大臣と個別的に会い、説得を試みます。

七日午前一一時、韓国政府大臣は日本公使館に召集されます。会談では、林が大臣たちに決定を下すよう要求しましたが、大臣たちは条約手続き上の問題を理由に応じようとはしませんでした。しびれを切らした林は、午後三時頃、御前会議を開かせるため、政府大臣をともない参内します。「憲兵か何かをあらかじめ手配しておいて、途中逃げ出さぬやうに監視」（林権助『わが七十年を語る』）しながらの連行でした。慶運宮内も「各大臣ノ護衛トシテ日本警察官吏及憲兵隊等多数宮城内ニ在リ」という状況でした。

このような騒然としたなかで、午後四時頃、日本公使一行は休憩所で待機し、慶運宮の漱玉軒（スオクホン）で高宗と大臣たちの御前会議がはじまるのですが、状況から考えると無理やり開かせられたものです。午前会議では、協約案の「不可」としばらくの協商「猶予」を結論としました。ところが会議場の外で待機していた林は、午後七時、御前会議が終わり、帰路に着こうとする大臣たちをそのまま別室に押し留め、打ち合わせ通り待機していた伊藤に参内を促す連絡をとります。伊藤博文は長谷川（はせがわ）好道（よしみち）駐劄軍司令官、佐藤憲兵隊長を帯同して乗り込み、直接大臣たちを威圧します。伊藤は、軟禁状態に置かれていた諸大臣に対して、同意か、不同意かの二者択一を迫りました。参政大臣の韓圭卨（ハンギュソル）、度支大臣の閔泳綺（ミンヨンギ）は最後まで絶対拒否の姿勢を示しましたが、伊藤は他の大臣たちの言葉の一部だけをわざとゆがめて賛成とみなし、一方的に賛成多数と決め付けたのです。調印は遅れ、十八日午前二時半頃、ようやく終わりました。調印書には外部大臣朴斉純（パクチェスン）と特命全権公使林権助の名前が署名され、奪ってきた「外部大臣之章」が捺されました。また、調印書正本には条約名が書かれていません。「乙巳(ウルサ)保護条約」、または「第二次日韓協約」という名称は後に便宜上使っているだけです。

このような経緯を見ると「乙巳保護条約」(「第二次日韓協約」)は強制によって調印された条約であると言うしかありません。

「保護国」無効化闘争

〇五年十二月、日本は韓国統監府を設置し、統監に伊藤博文を任命します。韓国政府の法部は廃止され、韓国の外交権は日本外務省の管轄下に置かれます。各国公使館は廃止され、韓国の在外公使館も閉鎖されます。内政も事実上統監が支配することになります。韓国政府は傀儡機関と化し、韓国は「保護国」となりました。

「保護国」とは、「大航海時代」からはじまった西欧諸国の暴力的な植民地支配と、それに抗する被圧迫諸民族の反植民地闘争の世界史において、一九世紀後半以降に出現した新しい形態の植民地支配——「保護国」「併合」「自治領」という「洗練」された植民地支配方式でした。日本は軍事的手段と並行して、「名分」が立つ方策として「保護国」を選択したのです。外交権を奪われた「保護国」は独立国ではありえず、名目だけ残った国家(大韓帝国)は一九一〇年「韓国併合条約」により「消滅」したのです。「保護国」はまさに併合への過渡的段階=迂回路だったのです。

「保護国」化に対して、各階層の民衆は無効化運動を起こし、元老・官吏・儒生らも反対上疏文を上げ自決する者も現れました。高宗も親書伝達、密使派遣の方法で「保護条約」の無効確認を諸外国に求めました。また、農村・山間部においては義兵運動が再開され、都市部においては愛国啓蒙運動が展開されました。

こうしたなか、高宗は、〇七年六月に第二回万国平和会議が開かれるオランダのハーグへ李相卨（リサンソル）らの三名を密使として送ります。二十四日にハーグに到着した一行は、日本の工作によって会議への参加を拒否されます。しかし、同地で開かれたジャーナリストが集う国際協会の会議で発言する機会を得、七月八日、外国語に通じた李瑋鍾（リウィジョン）が熱弁を振い、日本の非道と「保護条約」の無効を訴えました。この演説は地元発行新聞『クーリエ・ド・ラ・コンフェランス』に掲載されます。しかし、密使外交は具体的な成果を得ることはできず、李儁（リジュン）は十四日、悲憤のうちにその地で病死しました。

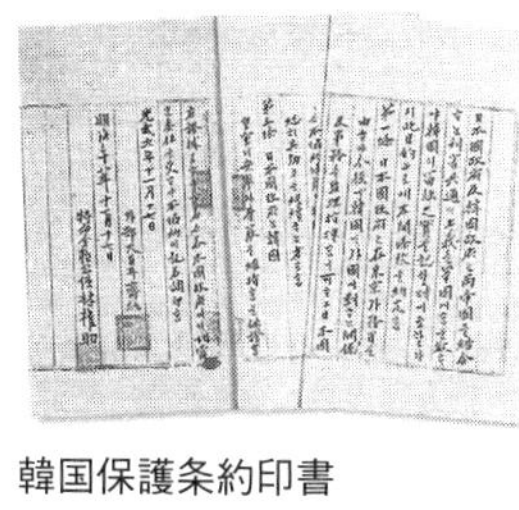
韓国保護条約印書

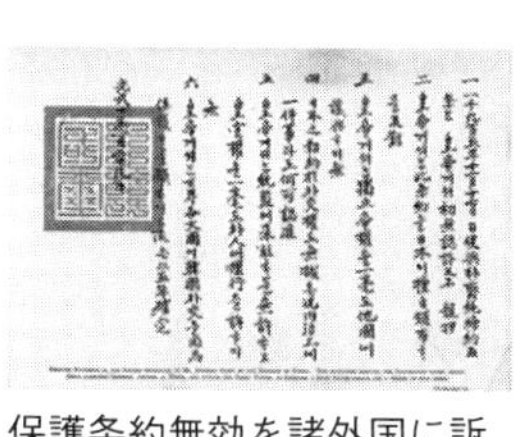
保護条約無効を諸外国に訴えた高宗の秘密親書

ハーグ密使事件

日本は「ハーグ密使事件」を口実にして、七月二十日に高宗を強制退位させ、皇太子（純宗）に譲位させます。七月二十四日には「丁未七条約」（第三次日韓協約）を強制調印させ、内政権を奪います。さらに八月一日には韓国軍を解散させるなど、植民地化を強化していきます。

無効化運動の論理

この時期の「韓国保護条約」無効化闘争はどのような論理をもって展開されたのでしょうか。当時の条約批判の上疏文を手がかりにして探ってみます。『高宗実録』に収録された元老・官吏・儒生による条約批判の上疏文は、一九〇五年十一月十八日から翌年六月十七日まで七三件に上ります。表にしましたので参考にしてください。上疏文では、「乙巳五条約」の無効とその根拠について体系的に指摘しています。まず、国が定めた議政府官制や中枢院官制では、軍国の重要な問題は必ず議政府会議と中枢院の諮詢を経たあとに陛下の裁可を受けることになっているが、今回の条約締結は、正式な議政府会議を開くことなく、中枢院の諮詢も経ないで、且つ陛下の裁可もなく、首席大臣も拒絶した、と条約締結の手続き上の瑕疵について指摘しています。また、江華島条約、馬関条約、日露開戦声明書などで、韓国の独立保全を約束したことを挙げ、今回の条約はこれら盟約に対する違反であると批判しています。次に、強迫によって調印された強制条約であるため、万国公法第四〇九章に照らし無効であると強調しています。保護条約に賛成したとみなされ、「乙巳五賊」と糾弾される法部大臣・李夏栄(イハヨン)、農商工部大臣・権重顕(クォンジュンヒョン)の二人も十一月十八日に上疏文を出していますが、かれらは自分は間違っていたと自己批判し、調印書は裁可を得ていないので、条約として成立していないと述べています。上疏文はこのように条約無効の根拠を挙げ、調印書は「偽造文書」「偽造条約」であると強調しています。

上疏文で指摘された条約無効の理由は、高宗の秘密外交活動の論理と同様のものであり、一〇〇年を経た現在、韓国保護条約の効力をめぐって学界で論争されている争点とほぼ重なっています。このことから、条約不法・合法論争の歴史性を考えることができます。朝鮮では、保護条約の強制調印直後から条約無効を主張する各階層の独立回復運動が連綿と展開され、一九四五年八月、朝鮮はついに解放を達成し、独立国として日本の植民地支配の責任を問おうとしますが、米日を中心とする東アジアの冷戦体制構築の影でその声はかき消され、久しく国際社会の表面に出ることがありませんでした。五二年からはじまる「韓日会談」は、植民地責任問題を除外したサンフランシスコ条約を前提として行なわれたため、保護条約をはじめ旧条約の法的効力、個人補償の問題は結局うやむやにされてしまいました。一世紀ものあいだ、被害の側、朝鮮人の主張は、いかに無視もしくは軽視されてきたのでしょうか。そのせいで、現在の論争においてもいまだ被害者不在の主張がまかり通っています。

強制条約は無効とする国際法上の原則

国家代表者に対する強制条約は無効とする国際法上の原則は、一九六九年「条約法に関するウィーン条約」第五一条にて法文化されました。この原則は外務省政務局長として韓国併合計画の策定に関わった倉知鉄吉や東京帝国大学法科大学教授であった高橋作衛が自著教科書で、主権者または

		先行条約	議政府	中枢院	首席大臣	正式会議	裁可	強制	関係者処罰	外国無効通告	無効宣言	高宗批判	自己批判
11/28	秘書監丞李明翔等												
	判敦寧司事趙秉式等			○			○	○	○				
	従一品金宗漢						○		○		○	○	
	成均館教授李商永等						○		○		○		
	前内部主事盧鳳洙								○			○	
11/29	臣崔益鉉	○			○		○	○	○	○	○	○	
11/30	領敦寧司事沈舜澤等								○	○		○	
	従二品李南珪							○	○	○			
12/1	領敦寧司事沈舜澤特進官趙秉世特進官李根命等								○			○	
	外部大臣署理協辦尹致昊								○				
12/2	宮内府特進官李根命								○		○	○	
	従一品李容稙・趙秉世遺疏								○	○	○		
12/3	判敦寧司事趙秉式								○			○	
12/5	宮内府特進官李根命								○				
	臣郭鍾錫						○	○	○	○			
	臣宋秉璿	○					○	○	○				
12/7	領敦寧司事沈舜澤								○				
	宮内府特進官李根命								○		○		
	臣田愚						○		○				
12/8	侍従院卿閔泳徽								○				
	外交交渉局長李始栄												
12/14	臣郭鍾錫											○	
12/16	前参賛郭鍾錫											○	
	「五大臣上疏文」		○	○									
12/18	正二品尹容植						○	○	○				
12/20	臣宋秉璿								○		○		
12/31	忠清南道観察使李道宰	○										○	
1/2	臣郭鍾錫								○		○		
1/5	前主事呉炳序等												
1/18	臣宋秉璿								○				
1/23	従一品金奭鎮				○		○	○	○		○	○	
2/2	宋秉璿遺疏								○		○		
2/12	咸鏡南道観察使申箕善												
2/18	従二品宋秉瓚										○		
6/17	臣李偰											○	

『高宗実録』に収録された保護条約批判の上疏文（11月18日～翌年６月17日まで73件）

		先行条約	議政府	中枢院	首席大臣	正式会議	裁可	強制	関係者処罰	外国無効通告	無効宣言	高宗批判	自己批判
11/18	法部大臣李夏栄						○						○
	農商工部大臣権重顕						○						○
11/19	宮内府特進官李根命								○				
11/20	秘書監卿李愚冤												
11/21	正二品朴箕陽				○		○	○	○		○		
	社稷署提調朴鳳柱								○	○			
11/23	原任議政趙秉世						○		○				
	中枢院議長閔種黙等			○					○				
	前秘書院丞尹斗炳								○				
11/24	太医院都提調李根命								○				
	議政府参賛李相卨							○	○				
11/25	農商工部大臣権重顕		○		○	○	○		○				
	従一品李裕承						○		○				
	従二品朴斉斌	○							○				
	学部編輯局長李鍾泰								○				
	秘書監郎鄭鴻錫								○				
	法官養成所教官丁明燮等								○		○		
	前秘書院丞尹斗炳								○		○		
	奎章閣直閣申性均	○							○				
	前侍読姜遠馨						○	○	○	○			
	法部主事安秉瓚				○		○		○	○		○	
11/26	宮内府特進官趙秉世等				○		○		○	○			
	判敦寧司事趙秉式			○			○		○				
	正三品洪祐晳							○	○	○			
	正三品安鍾和						○		○				
	奎章閣学士李容泰				○		○		○	○			
	侍講院侍読朴斉璜						○	○				○	
	正三品尹秉綬						○	○	○		○		
	中枢院賛議閔泳奎												○
11/27	宮内府特進官趙秉世等						○	○	○	○			
	従一品李根秀								○		○	○	
	中枢院賛議洪淳馨			○			○		○		○		
	表勲院総裁朴定陽						○		○			○	
	臣崔在学	○					○	○	○				
	前秘書院丞李渭来						○		○		○		
11/28	秘書監卿李愚冤等												
	侍従武官長閔泳煥等（２回）								○			○	

条約締結者に対し強暴、脅迫が行なわれたるときはその条約は有効にあらず、と書いているように、一九世紀末二〇世紀初には慣習法として確立されていました。

この原則に則り、韓国保護条約の無効を主張した学説としては、フランスの国際法学者フランシス・レイ論文「韓国の国際状況」（一九〇六年）があります。そこにおいてレイは、「私たちはためらうことなく一九〇五年条約が無効であることを主張する」と結論しています。当時、有賀長雄は「倫敦タイムスの記事すら事実に相違するもののなきを保せず」といって、レイがロンドン・タイムズの記事に基づいて書いたことを批判していますが、レイが、誰でも入手可能な情報に基づいてであっても事実関係を認識し正確な判断を下せたのは、朝鮮に関する広い知識がその基礎にあったからです。レイは保護条約無効の論拠を三つ指摘しています。①強制調印、②日韓議定書第五条の規定（条約遵守義務）を無視した第二次日英同盟、日露講和条約は条約違反、③先行条約における独立保障の不履行。この三点は、当時の国際状況に対する深い洞察力、また調印時の状況を正確に知っていなければ出せないものです（レイ論文は調印直後の韓国皇帝の秘密外交について触れている）。実際、レイの無効論拠は、当時、朝鮮人の無効化運動の内容と一致していました。

レイ論文がのちのハーヴァード報告書やウォルドック報告書など国際法学者たちの条約関連法制化に引き継がれたのも、その学説の信頼度が高かったことを示しています。一九二七年、アメリカ国際法学会は国際条約制定にともなう法律案の起草をハーヴァード大学に依頼しますが、ハーヴァード大学では国際法研究委員会を組織し、数年間の論議を経たあと、一九三五年に報告書（「ハーヴァード草案」）を提出します。報告書は強制による無効条約として「乙巳五条約」をはじめ五件の条約を挙げています。「乙巳五条約」についてはほぼレイ論文を参考にしており、「日本全権公使が日本軍隊を動員し、一九〇五年十一月十七日、条約を締結するために大韓帝国皇帝と大臣たちに加えた強圧」を指摘しています。ハーヴァード報告書の論理は、その後、国連の国際法委員会の条約法に関する論議に引き継がれました。一九六三年、条約法条約の草案を審議するために開かれた国連国際法委員会第一五次会議に提出されたウォルドック特別報告者の第二報告書（ウォルドック報告書）では、「条約に対する署名、批准、接受、あるいは承認を得るために個人に強迫や威嚇を加える行為」の実例として一九〇五年韓国保護条約を挙げ、このような強要行為を通じた同意は「絶対的無効」であると指摘しました。

このように、国際法学界では国家代表者に対する強制の例として韓国保護条約を挙げることが国際的に広く行われているのは、伝統的国際法の時代から現代国際法の時代に至るまで、国際法学者たちのあいだでは、同条約の無効が通説となっていることの反映なのです。

四　反日義兵戦争

義兵戦争、ジェノサイド

日露戦争を機に、各地では国権回復をめざした義兵闘争と愛国啓蒙運動が起きます。義兵闘争とは、農村・山間部において民衆が自ら武器を取り戦った抗日武装闘争のことを意味します。義兵運動は一八九五年にはじまりましたが（初期義兵）、一時の中断期をはさんで日露戦争、「保護条約」の強要を機に再起しました（中期義兵）。〇七年八月、朝鮮軍が解散させられると、軍人の反乱が起き、解散軍人が義兵部隊に加わることで、義兵の戦闘力は強化され、運動は全国的に拡大しました（後期義兵）。

日本は義兵を「暴徒」に矮小化しようとしましたが、後期義兵の実態は、闘争の規模から見ても、義兵将の意識から見ても、戦争に匹敵するものでした。日本の鎮圧軍が編纂した、義兵部隊に対する弾圧の統計が残っています（朝鮮駐劄軍司令部編『朝鮮暴徒討伐誌』一九一三年）。

統計では、一九〇七年の戦闘数は三二三回、参加義兵の延べ人数は四万四千人。〇八年には、一年間の戦闘数一四五一回で、六万九千人が日本軍と戦い、〇九年には八九八回、二万五千人となっています。とくに注目すべきは、まず義兵側の膨大な犠牲者数です。〇七年八月から一〇年までの三年半のあいだに、義兵側の被「殺戮」者は一万七六八八名に達しています。日清戦争における日本軍の戦死者一万三八二四名（そのうち一万二〇〇〇余名は戦病死）を上回る数です。次に、「捕虜」の数が被「殺戮」者の九分の一に相当する一九三三名に過ぎないことです。他の戦争の一般的な事例から比較しても捕虜の数が戦死者よりも極端に少ない。長谷川駐劄軍司令官は「成るべく捕虜とする以前に於いて適宜処分すべし」（歩兵第一四連隊『陣中日誌』）との命令を各部隊に発しており、義兵の投降の機会に乗じた虐殺が恒常化していたのでしょう。民間人の死傷者はさらに多かったと考えられます。

義兵闘争の状況

		1907年(8～12月)	1908年	1909年	1910年	合　計
衝突回数		323	1,451	898	147	2,819
衝突義兵数		44,116	69,832	25,763	1,892	141,603
義兵側損害	殺戮	3,627	11,562	2,374	125	17,688
	負傷	1,592	1,719	453	54	3,800
	捕虜	139	1,417	329	48	1,933
	捕獲銃	1,235	5,081	1,329	116	7,824
日本側損害	戦死	29	75	25	4	133
	戦傷	63	170	30	6	269

朝鮮駐劄軍司令部編『朝鮮暴徒討伐誌』（1913年）から作成

「ロンドン・デイリー・メール」特派員としてソウルに滞留していたマッケンジーは、〇七年の初秋、利川・堤川・原州などで日本軍によって焼き払われ、廃墟と化した村を見て回り、義兵部隊とのインタビューにも成功しましたが、かれはこのときの様子を次のように書いています。

私が至る所で聞いた話は、多くの戦闘において、日本軍は、負傷者や投降者のすべてを組織的に殺りくしたことを示している。すべての場合が

火縄銃を構える義兵たち

義兵部隊

そうであったというわけではないだろうが、多くの場合がたしかにそうであったのである。この事実は、日本軍の多くの戦闘報告によっても確かめられる。報告中の韓国人死傷者には、負傷者や投降者については触れることなく死者があまりに多すぎるのである。

F・A・マッケンジー著・渡部学訳注『朝鮮の悲劇』平凡社、一九七二年

マッケンジーは「われわれは死ぬほかないでしょう。結構、それでいい。日本の奴隷として生きるよりは、自由な人間として死ぬ方がいい」という義兵将の言葉を書き残しています。
また、『朝鮮暴徒討伐誌』にも「討伐隊ハ以上ノ告示ニ基キ、責ヲ現犯ノ村邑ニ帰シ誅戮ヲ加ヘ若クハ全村ヲ焼夷スル等ノ処置ヲ実行シ、忠清北道堤川地方ノ如キ、極目殆ント焦土タルニ至レリ」と記されているように、まさに日本軍による義兵弾圧は焦土作戦であり無差別虐殺（ジェノサイド）でした。

交戦団体としての承認を諸外国に要請

各地で戦っていた義兵のあいだに連合の試みが模索されました。その最大のものは、〇七年十二月に結成された李麟栄（リリニョン）を総大将とした「十三道倡義大陣所」という一万名ほどの全国義兵連合部隊です。〇八年一月末、連合部隊の参謀長・許蔿（ホウィ）は三〇〇名の先遣隊を率いて漢城東大門から一二キロの地点にまで肉迫しましたが、日本軍の攻撃の前に敗退を余儀なくされました。許蔿は漢城進

攻に先んじて漢城の各国領事館に次のような書状を送っています。

今日、この挙に出た義兵は、国権を回復するために血をもって闘う団体であるから、各国はこの衷情を諒察され、国際公法に依拠して交戦団体として承認し、正義の声援を送られるよう。

『大韓毎日申報抜翠録』青丘大学出版部

かれらは日本の不義を訴えるとともに、義兵部隊を国際法上の交戦団体として承認するよう要求したのです。交戦団体の資格は、〇七年の万国平和会議の「陸戦の法規慣例に関する規則」（ハーグ陸戦法規）によって成文化されており、平理院（最高裁判所）首班判事・平理院署理裁判長・議政府参賛を歴任し、法律、政治に熟達した許蔿はこの戦争法規を念頭に置いていたと思われます。同規則の第一章では「交戦者の資格」について規定しています。「交戦者」を正規軍だけではなく、「民兵と義勇軍」にも適用しています。第二章の「捕虜の処遇」では、交戦当事者である戦闘員および非戦闘員は捕虜の待遇を受ける権利が保障されると規定しました。

許蔿が義兵を交戦団体として承認することを外国に要請した理由は、それまで日本軍は義兵将に対して「騒擾罪」の汚名を着せ、かれらを極刑に処していたため、捕虜としての待遇を受ける権利を保障し、挙兵の正当性を確保するためでした。第三国が義兵部隊を交戦団体として承認することになれば、日本は国際的監視下で交戦法規に違反する行動を抑制せねばならず、また局外中立の立場をとることになる承認国は、中立法規に基づいて対日関係を展開せざるを得ず、その影響力は計り知れないものになります。一九〇八年六月十二日、伊藤統監が「部隊長トシテ暴徒討伐ニ従事セラルル」陸軍将校に対して行なった次の演説（『倉富勇三郎関係文書』三〇―一）は、その危機感をあらわに示しています。

韓国ノ現状ハ縦ヒ暴徒ノ蜂起スルアリト雖、全ク平時ニシテ戦時ニモアラズ、内乱ニモアラズ、寧ロ所謂地方ノ騒擾ト称スベキモノナリ。日本ノ駐韓軍隊ハ当然ノ任務トシテ暴徒ヲ鎮圧スルノ義務アリヤ否ヤ、日本ハ韓国国土ノ防衛ニ任ズルモ、之ヲ以テ直ニ地方ノ騒擾ヲ自ラ鎮圧スルノ義務アルモノニアラズ

而シテ爾来暴徒未ダ歇マズ、終ニ今日ノ蔓延ヲ見ルニ至レリ。暴徒討伐ニ就キ第一ニ注意スベキハ、韓国ハ平時ノ情態ニアルコトナリ。盗賊ノ横行ハ戦争ト全ク異ナルガ故ニ、戦時ノ法規ヲ適用スルコトヲ得ズ。目下ノ状況ハ啻ニ戦争ナラザルノミナラズ、内乱ト称スニモ当ラズ。内乱ナルモノハ、亜米利加ノ南北戦争ノ如キモノヲ指シテ之ヲ謂フナリ

果シテ内乱ナリト認ムレバ、与国ハ暴徒ヲ交戦団体トシテ中立ヲ布告スルコトヲ得ルガ故ニ、其ノ影響スル所実ニ重大ナルヲ慮レバナリ。然ルニ韓国ノ暴徒ハ決シテ内乱ニアラズ、纔ニ地

方ノ騒擾ニ過ギズ。然ラバ之ヲ討伐スル際ニ於テ良民ニ危害ヲ加フルガ如キハ最之ヲ慎シマザルベカラズ
諸外国中一トシテ暴徒蜂起ノ為ニ中立ヲ掲グルモノナキニ於テハ、之ガ鎮圧ニ従事スル諸君ハ、慎重ニ此関係ヲ熟慮セラレ、多大ノ注意ヲ以テ可成良民ニ被害ヲ及ボサザル様警告セラレンコトヲ望ム

義兵闘争の内乱化と列国による義兵の交戦団体承認、中立国宣言を恐れる伊藤は、義兵闘争を「地方ノ騒擾」「盗賊ノ横行」に矮小化し、戦争法規が適用される内乱には相当しないことを繰り返し述べつつ鎮圧部隊に自重を求めたのです。

日本の台湾・朝鮮植民地化への過程は、日清・日露の対外戦争後の条約締結という手段によって獲得したという通念的認識、または列国間の〝獲物の分け前〟のための予定調和的な過程などではなく、大規模な植民地侵略戦争・組織的なジェノサイドと、それに抗する祖国防衛戦争・抗日武装戦争が存在したのです。

日本軍は〇九年九月から十月にかけ、最後まで抵抗の大きかった全羅道一帯で「南韓大討伐作戦」を展開しました。この戦闘で多数の義兵、民間人が殺害され、朝鮮国内での義兵闘争は衰退していきます。以後は黄海道や京畿道の北部で義兵部隊の活動がつづきますが、一五年に終息します。義

兵の一部は中国東北・沿海州へ移り、独立軍となって軍事行動を継続しました。こうした「戦争」を経て初めて、韓国併合は可能になったのです。

五　安重根(アンジュングン)と伊藤博文

安重根の思想

当時の義兵将の精神世界を安重根の行動を通じて知ることができます。安は早くから黄海道鎮南浦で私立学校を設立して愛国啓蒙運動に携わり、一九〇七年七月「丁未七条約」締結以後には、ウラジオストクに亡命し義兵の参謀中将となります。しかし義兵運動は間もなく失敗し、〇九年に一一人の同志とともに断指同盟を結成します。この頃に伊藤博文のハルビン来訪の消息に接し、同志らとはかって十月二十六日、ハルビン駅頭に降り立った伊藤を射殺します。

安重根に対する朝鮮および日本での公的な評価は、前者は愛国義士、後者は暗殺者(テロリスト)というものであり、朝・日間における歴史認識の差異を象徴するものとなっています。しかし、近年では安重根の帝国主義批判の論理、東洋平和構想に注目し、かれを思想史的に位置づけようとする研究が盛んになっています。

安重根は伝統的儒教思想の「天賦之性」を基礎にして、社会契約説(天賦人権説)、キリスト教思想が複合した思想体系を備えていました。かれは義兵闘争に際して、日本の「野蛮」に対するに「弱のよく強を除き仁を以て悪に敵する法」を実現しようとし、国際法＝「信義」に忠実たることをその戦略の第一としましたが、その基底には天賦人権論の普遍的原理がありました。

安重根は敬虔なカトリック教徒でもありました。安はキリスト教信徒としての信仰と伊藤博文を殺害した行動との関係について次のように述べています。

聖書ニモ人ヲ殺スハ罪悪デアルトアリマス併シ人ノ国ヲ取リ人ノ命ヲ取ラントスルモノアルヲ袖手傍観スルト言フコトハ罪悪デアリマスカラ私ハ其罪悪ヲ除ヒタノデス　第一〇回訊問調書

伊藤狙撃直後、安はただちにロシア兵によって取り抑えられましたが、そのとき、成功を神に祈り、胸に十字を切ったと言われています。安重根が、「汝殺すなかれ」という聖書の戒めと伊藤殺害のあいだに横たわる矛盾を、明快に克服する思想的ないし神学的論理を持っていたとは、必ずしも言い切れません。しかし現実に伊藤が「統監トシテ来リシ以来皇帝ヲ廃シ新皇帝ヲ圧制シ又多数ノ人民ヲ殺シテ益々韓国ヲ疲弊セシメ」ているのに、それを阻止せず傍観するとすれば、それこそ罪悪であると考えていました。安にはナショナリズムとキリスト教的ヒューマニズムの結びついた抵抗の精神があったのです。

安重根が民族の独立に自己を捧げたことと、教会に忠実でありながら朝鮮人としての信

処刑される前の安重根

初代統監・伊藤博文

仰の主体性を貫いたことの重さは、キリスト教と宗教の本然の姿勢に対する大きな問いかけとなるのではないでしょうか。

安重根は獄中で「東洋平和論」の構想を練っていました。しかし、それは脱稿に至らず、序文と本文冒頭を書いたところで、安はこの世を去りました。わずかに残っている文章から垣間見えるかれの東洋平和論は、朝鮮の開化派が主張した中立論とも、日本のアジア主義者が唱えたアジア連帯主義とも次元が違う、アジア諸国の自主独立に基づいた平和論です。具体的には、帝国主義による東アジアへの侵略に対抗して朝・中・日の自主独立に基づいた三国連帯とその実践方法を構想したものです。安の東洋平和論は、反帝国主義・自主独立・平和主義を基礎としつつ、まず、東洋三国が共同体を構成して世界に規範を見せようとしたものでした。安の訴えはいまも有効です。今日盛んに論じられている「東北アジア平和体制」の構築をすでに百年前に構想した思想家であることが高く評価されるべきでしょう。

安重根裁判

安重根はすぐに日本側に引き渡され、旅順刑務所に収監された後、関東都督府地方法院の裁判に付されます。安は、裁判において次のように反論しています。

我ハ個人謀殺（私嫌）ノ犯罪人ニアラズ。我ハ即チ大韓国ノ義兵ニシテ、参謀中将ノ義務ヲ帯任シテ哈爾賓ニ至リ、襲撃ヲ開伏シテ後、虜トナリテコレニ到ル。旅順口地方裁判所ハスベテ関係ナケレバ、マサニ万国公法ト国際公法ヲ以テ判決ス可キナリ

『安重根自叙伝』

私ハ三年間各所ニ遊説モシ又義兵ノ参謀中将トシテ各地ノ戦ニモ出マシタ今回ノ兇行モ韓国ノ独立戦争ニ付私ハ義兵ノ参謀中将トシテ韓国ノ為メニ致シタノデ普通ノ刺客トシテ造ツタノテハアリマセヌ故ニ私ハ今被告人デハナク敵軍ノ為メニ捕虜トナツテ居ルノタト思ツテ居マス

第三回公判始末書

安は裁判で、皇帝廃位・軍隊解散・良民殺戮・利権奪取・東洋平和の攪乱など一五項目にわたる伊藤の罪を列挙して糾弾し、自らを「義兵の参謀中将」と名乗り、テロ行為の殺人犯としてではなく捕虜として扱い、「国際公法をもって判決」すべきだと求めました。かれは、当時の国際法を「信義」の遵守と理解していただけでなく、それを実践しようと努力しました。義兵闘争時に、日本人捕虜問題でほかの義兵の意見に反対して、万国公法に沿って釈放したことがありますが、これは安が当時の戦争捕虜の待遇に関する国際法（「陸戦の法規慣例に関する規則」）をよく知っていたことを示しています。

朝鮮人同胞や安重根兄弟の依頼によるロシア人、イギリス人、朝鮮人の弁護士の選任に安重根が同意したのも、かれに公平な裁判への期待があったことを示しています。しかし、関東都督府地方

法院は小村寿太郎日本外務大臣の「政府ニ於イテハ安重根ノ犯行ハ極メテ重大ナルヲ以テ懲悪ノ精神ニ拠リ極刑ニ処セラル丶コト相当ナリト思考ス」とした指示にしたがい、三人の弁護士の選任を棄却し、日本人の官選弁護士を充て、結局安重根を「殺人罪」として処刑してしまいました。

関東都督府地方法院で開かれた安重根裁判は、裁判所の管轄権をめぐって問題になりました。それはこの事件がロシアの治外法権が認められている東清鉄道附属地で起こったとはいえ清国の主権下にある満洲で発生したからであり、また、安は韓国の国籍を有しており、韓国人は清国領土内においては一八九九年に締結された韓清通商条約に基づいて治外法権が認められていたためです。そのため裁判は韓国政府の刑法を適用して行なわれるべきでした。

しかし、日本とのトラブルを恐れたロシア側は、一たん安重根を逮捕したものの、すぐにロシアの裁判に付しがたいとして調書とともに安重根を日本側に引き渡したのです。日本は「満洲における領事裁判に関する法律」（一九〇八年法律第五二号）を、満洲における領事裁判の上級審を関東都督府法院に移管することにより、安重根裁判に適用しました。しかし、日本の裁判に付すことは、朝鮮人を刺激するだけでなく、国際的にも奇異な感じを与え、法律的に問題視される恐れがありました。これについては日本側も意識しており、安重根の判決文で裁判の合法性を強調するのに一貫して腐心しています。日本側が言う合法性とは、次のことを根拠としています。

明治三十八年十一月十七日締結セラレタル日韓協約第一条ニ依レハ日本国政府ハ在東京外務省

ニ由リ今後韓国ノ外国ニ対スル関係及事務ヲ管理指揮スヘク日本国ノ外交代表者及領事ハ外国ニ於ケル韓国ノ臣民及利益ヲ保護スヘシトアリ又光武三年九月十一日締結セラレタル韓清通商条約第五款ニハ韓国ハ清国内ニ於テ治外法権ヲ有スルコトヲ明記セルヲ以テ右犯罪地及逮捕地ヲ管轄スル哈爾賓帝国領事館ハ明治三十二年法律第七十号領事官ノ職務ニ関スル法律ノ規定スル所ニ従ヒ本件被告等ノ犯罪ヲ審判スルノ権限アルモノト謂ハサル可カラス然ルニ明治四十一年法律第五十二号第三条ニハ満洲ニ駐在スル領事官ノ管轄ニ属スル刑事ニ関シ国交上必要アルトキハ外務大臣ハ関東都督府地方法院ヲシテ其裁判ヲ為サシムルコトヲ得ト規定シアリ

関東都督府地方法院判決文

しかし安は公判で、かれらに対し、「私ハ義兵ノ参謀中将トシテ独立戦争ヲシテ伊藤公爵ヲ殺シ参謀中将トシテ計画シタノデアッテ御モ此法院ノ公判廷ニテ取調ヲ受クルノハ間違ツテ居ルノデス」（第一回公判始末書）と反論しています。

日本側は、この事件が国際化することを非常に警戒し、外国人弁護士の弁護を許可せず、日本人の官選弁護人のみで適当に処理しようとしたのです。だが、その当の日本人弁護人（水野吉太郎、鎌田正治）ですら、次のように弁論しています。

日韓協約ニ依レハ日本ハ韓国ヨリノ委任ニ依リテ韓国ヲ保護スヘキコト丶ナリタルヲ以テ外国

ニ於ケル韓国民ハ韓国ノ法令ニ基キテ日本国ノ保護ヲ受クヘキモノナリ故ニ本件ノ如キ場合ニ於テハ韓国ノ法益ヲ保護スル為帝国刑法ヲ適用スヘキニアラス韓国法ニ依ルヘキモノトス然ラサレハ委任ノ範囲ヲ超越シテ韓国ノ立法権ヲ左右スルト同一ノ結果ヲ生スヘキナリ以上ノ理由ニヨリ已ニ本件ハ韓国刑法ヲ適用セラルヘキモノトスレハ韓国刑法ニ於テハ外国ニ於テ犯シタル罪ニ付テハ何等罰スヘキ規定ナキヲ以テ各被告ハ之ヲ処罰スヘキモノニアラス仮ニ検察官論告ノ如ク日本刑法ヲ適用スヘキモノナリトスルモ（中略）被告安ハ已ニ死ヲ決シテ実行シタルモノナルニ之ニ死刑ヲ科シタリトテ刑法ノ主義タル懲戒又ハ社会ヲ威喝スルノ効ナキモノナレハ安ヲシテ死刑ニ処スルノ必要ナシ殊ニ被告等ハ国ヲ憂フルノ余リ遂ニ本件ノ犯行ヲ為スニ至リタルモノニシテ其心事ハ真ニ憐ムヘキモノアルニ付被告等ニ対シテハ酌量ハ出来得ル限リ減等シテ軽キ懲役ニ処セラル丶ヲ相当ト思科スル

第三回公判始末書

これに対して日本側は、先に引用した判決文のつづきにおいて次のように述べています。

被告弁護人ハ日本政府カ前顕日韓協約第一条ニ依リ外国ニアル韓国臣民ヲ保護スルハ固ト韓国政府ノ委任ニ因ルモノナルヲ以テ領事館ハ韓国臣民ノ犯シタル犯罪ヲ処罰スルニ当リテモ宜シク之ニ韓国政府ノ発布シタル刑法ヲ適用スヘク帝国刑法ヲ適用スヘキモノニアラスト論スルモ日韓協約第一条ノ趣旨ハ日本政府ガ其臣民ニ対シテ有スル公権作用ノ下ニ均シク韓国臣民ヲモ

保護スルニ在ルモノト解釈スヘキニ依リ公権作用ノ一部ニ属スル刑事法ノ適用ニ当リ韓国臣民ヲ以テ帝国臣民ト同等ノ地位ニ置キ其犯罪ニ帝国刑法ヲ適用処断スルハ最モ協約ノ本旨ニ協ヒタルモノト謂ハサル可カラス

まさにかれらは、「均シク韓国臣民ヲモ保護」し、「帝国臣民ト同等ノ地位ニ置」くため日本「帝国ノ刑法ヲ適用処断スル」ことにしたとの詭弁を弄したのです。安重根裁判は、裁判所の管轄権を確立する法的根拠が欠けており、また、日本側が安重根の法律的にも正当な主張をその命とともに抹殺するために、あらかじめ結論を下していた政治裁判でした。

伊藤博文の統監政治

最近、伊藤博文の「統監統治」を肯定的に評価する書籍が散見されます。その代表的な研究は、伊藤之雄と李盛煥（リ ソンファン）を代表にした日韓の研究グループが二〇〇六年から二〇〇八年まで共同で研究を進めてきた『伊藤博文と韓国統治―初代統監統治をめぐる百年目の検証』（二〇〇九年）の刊行です。

本書には一二編の論文が収録されており、伊藤の韓国統治構想と統治思想、その具体的な展開、とくに韓国司法政策とそれに対する韓国人の反応を考察しています。論者により伊藤博文に対する評価は差異がありますが、全般的な傾向として伊藤を肯定的に評価している本だと言えます。

伊藤之雄は本書で、「伊藤の姿勢は併合を目的としたものというより、韓国人の自発的な協力を取り付け、保護国として、日本にとって安い費用で韓国の近代化を行い、日本、次いで韓国の利益を図ろうとするものであった」と指摘し、また他の論文でも、一九〇七年七月の「第三次日韓協約」締結後も「元老の伊藤統監は併合をしない形の韓国統治構想を推進していた」が、「一九〇九年一月から二月にかけて行われた韓国皇帝純宗の朝鮮南北巡幸の後、伊藤は併合せざるを得ないと判断した」、しかしその後も、「『副王』（総督）の下であるが、韓国に『責任内閣』制や公選制の植民地（地方）議会を設けてある程度の『自治権』を与えるなど、その後に実際に展開した併合とは異なった理想を持っていた」と強調しています。かれの言葉をそのまま受け止めると、安重根の伊藤博文射殺は伊藤の構想を挫折させ、併合を早めた間違った行為になってしまいます。

伊藤博文に対する肯定的評価は、日本の言論媒体を通しても広く報道されています。『読売新聞』の二〇〇五年十二月二十五日付は日露戦争の特集を組みましたが、そのなかの伊藤博文に関するコラム「日韓の連邦　探った宰相」の中で、佐々木隆は「伊藤の根本方針は、韓国を衛星国ないしは保護国にすることで、併合は望んでいなかった」、「暗殺がなければ伊藤は元老会議で阻止するつもりだった可能性はある」と言っています。

ここで重要なのは、かれらの主張は当時の日本側が主張した内容とほぼ同じだということです。当時、日本の新聞は伊藤に対する追悼文で次のように書いています。

近くは韓国統治の重任に膺り、韓人に対して恩威並び行われ、公の韓人を視ること猶ほ同胞を視るが如く、慈愛慰撫到らざる所無かりしに拘らず、異郷漫遊の途上、遂に韓人の手に斃るるの不幸を見るに至りては、運命の嘲弄も亦極れりと謂ふべき

『東京日日新聞』一九〇九年一〇月二七日付

一九〇九年十二月二十日の第八回訊問に際して、溝淵検察官は、安に、伊藤が韓国を「保護シ醒覚シ国民ニ奮励鞭撻ヲ加ヘ世界ニ向テ日本ガ韓国ノ独立安寧皇室ノ繁栄ヲ保障シ居ラバ其ノ点ヲ見ルモ伊藤公ノ行為ハ日本国是ト一致シ伊藤公ノ高潔ナル事ガ分ルデアラウ」と述べ、日本側の立場を説明して説得に努めましたが、安は「伊藤公ノ行為ハ間違テ居リマス」と答えている。さらに安は自叙伝でも、「伊藤ノ罪状ハ天地神明ト人ガミナ知ル。我ナンゾ誤解センヤ」と書き、自己の主張を曲げませんでした。

また、第六回訊問で検察官が、韓国は日本の保護を受けることによって、農産工業が発達し、衛生、交通が完備されるようになった、と言ったことに対して、安は、「夫レハ皆日本人ノ為サレタルモノデ韓国ノ為メニ尽サレタノデハナイト思フテ居リマス」、「韓国ハ相当ニ発達シテ居ル様思ッテ居リマス」、さらにまた「私ハ全ク夫レハ考ヘガ違ヒマス兎モ角日本ノ韓国ニ対スル政策ハ誤ッテ居ルト信シマス」、と確信をもって反論しています。

伊藤之雄は、「一九〇九年二月までは、元老の伊藤統監は併合をしない形の韓国統治構想を推進

していた」が、「その後、同年一〇月二六日に伊藤が暗殺された後、元老の山県元帥と寺内陸相の主導で、併合の時期が早まったのみならず、併合後の朝鮮植民地の統治のあり方も、伊藤の構想とは大きく変えられていった」と指摘していますが、これは「日本を守る国民会議」が編纂した一九八六年文部省検定合格の高校教科書『新編日本史』（原書房、一九八七年）が韓国併合を合理化するための方法の一つとして、「一九〇九年統監伊藤博文がハルビンで韓国独立運動の指導者安重根によって殺害され、これを契機に合併問題が急速に進展した」と記述した内容とまったく同じです。伊藤之雄の主張は、その意図がどうであれ、客観的には右翼教科書の記述に「科学的根拠」を与えているのです。

伊藤之雄は、前に見た本のなかで、「日本は韓国問題をめぐり、日露戦争をする羽目になった」とか、「伊藤は主観的には自らが専制権力を使って、韓国を日本の分家のようにみて近代化と発展を助けようと思っていたのである」などと書いていますが、そういう言葉のなかに、かれの日本中心主義、大国主義的な歴史観を見ることができます。安重根が伊藤博文を殺害したために併合が早まったというかれの主張もまた、安重根は亡国の引き金を引いた〝愚か者〟で併合は〝自業自得〟だという筋書きの、もう一つの蔑視論なのです。

一九〇九年四月十日、日本に帰国中の伊藤のもとに、桂太郎首相と小村寿太郎外相が訪問して「韓国併合」の方針と対韓施政大綱を示して意見を求めたところ、伊藤はあっさりと同意しました。六月十四日、伊藤は統監を辞任し、七月六日には「韓国併合ニ関スル件」と「対韓施政大綱」を閣議決定します。伊藤が「併合」の意を固めていた以上、安重根事件が「韓国併合」を早めたという判断は決してできません。

また、かれらの主張は、いま、学界で争点となっている「植民地近代（性）」論と通じるものがあります。「植民地近代（性）」論者たちは、統監府および総督府時期における「近代性」の存在を実証するに急なあまり、「近代性」の上に形容詞としてついている「植民地」は副次的な意味しか持っていないように考えます。植民地と宗主国との歴史的差異は単に「近代性」の量的問題というよりも、あくまでも宗主国総体の力による異民族支配という点にあり、したがって収奪・差別・抑圧、暴力関係がその基調をなすと見るべきでしょう。

伊藤之雄が日本側代表になっているこの本に、軍事、警察等の暴圧機構についての項目がないのは偶然ではないと思います。一九〇五年「韓国保護条約」の交渉や「統監統治」は軍事的抑圧との連関のもとで展開されたのであり、「統監政治」の基礎は軍事的支配、力による暴力にあったのです。

安重根と伊藤博文に対する評価の差異の前提には、日本近代史に対する肯定的評価、日本中心主義的な歴史観があります。日本近代史を東アジア近代史との関連のなかで見る視点が欠如しているのです。

安重根が書いた「安応七歴史」「東洋平和論」、揮毫などが残っています。それは安に接して感銘を受けた裁判所と監獄の日本人関係者によって伝えられました。かれらは、伊藤博文の統監統治の正当性に疑念を持ち、安重根の「義戦」に「正義」を確信するまでに至りました。だからこそ、獄中で書かれた安の書が日本人たちの手によって保存され、安重根の人物と事績への証言を後世にまで伝えることができたのでしょう。そこには日本近代史に対する相対化の視点がありました。

安重根に対する正当な評価は、自国中心主義的な歴史観を克服し、東アジア共通の歴史認識を獲得することによって、東アジアの諸国家と国民が和解へと進む糸口を見出す可能性をつくり出すのではないでしょうか。

六　愛国啓蒙運動

啓蒙運動の高揚

反日義兵運動と同時期に、漢城を中心とする都市部において愛国啓蒙運動が展開されました。これは、独立協会運動を継承し、教育と実業の振興、言論・出版などによる啓蒙活動を通じて自強と国権の回復をめざした運動でした。主な担い手は、学校教員や新聞記者などの新知識人、学生、商工業人、開化派系の官僚・在地両班などでした。

一九〇六年四月に大韓自強会（テハンジャガンフェ）が創立（会長尹致昊（ユンチホ））され、漢城に本部、各地に支会を設けて全国的規模の団体となりました。〇七年七月、大韓自強会は、高宗強制退位に反対して、漢城市民の大衆示威運動を組織したため解散させられましたが、十一月にその後継団体として大韓協会（テハンヒョプフェ）が創立され、全国に七七の支会を置く組織に発展しました。これら全国的団体のほかに、漢城に居住している特定の道の出身者・関係者を中心に地方別の啓蒙団体を組織することもはじまり、〇六年十月に西友学会（平安南北道、黄海道）、関北興学会（咸鏡南北道）が創立されました。地方別啓蒙団体の動きは広がり、〇八年には西北学会（西友学会と関北興学会が合同）、畿湖興学会（京畿、忠清南北道）、湖南学会（全羅南北道）、嶠南教育会（慶尚南北道）、関東学会（江原道）が創立されました。

〇七年四月には、安昌浩（アンチャンホ）らが秘密結社の新民会（シンミンフェ）を結成しました。合法運動の限界を感じて徹底した秘密結社の形をとった新民会は、弾圧の目をかいくぐりながら平安南北道、黄海道を中心に各地で講演会や新聞を通じた啓蒙活動、大成学校・五山学校設立、陶器製造株式会社設立、中国での独立軍基地設立などを展開し、当時の愛国啓蒙運動の中枢的機関となり、会員は八〇〇人に達しました。統監府は結成後二年ものあいだ、その存在すら察知できずにいましたが、一一年に朝鮮総督寺内正毅暗殺未遂容疑により、会員の大量逮捕と一〇五人の有罪判決（一〇五人事件）を受けて壊滅しました。

愛国啓蒙団体は、総会や評議会などの組織活動、演説会や機関誌の発行などを通じて立憲政治の思想、教育・実業振興、愛国心培養の必要性を訴えました。各団体やその構成員は、三〇〇〇を超える私立学校を設立し、新教育の普及と愛国精神の高揚を内容とする民族教育を推進しました。『大韓毎日申報（テハンメイルシンボ）』（一九〇四年七月創刊）、『皇城新聞（ファンソンシンムン）』（一八九八年九月創刊）などの新聞も、愛国啓蒙運動の一環としての言論活動を担いました。とくに『大韓毎日申報』は日本の干渉を避けるために、イギリス人のベセルを社長に据えて反日の論陣を張り、〇七年に展開された国債報償運動（日本からの借款を国民の募金によって返済しようとする運動）の中心として活動しました。

この運動の時期には、西洋の新学問が本格的に受容されましたが、それと同時に朝鮮語や朝鮮史などの「国学」の研究が発達し、その成果が出版物や私立学校を通じて民衆のなかに普及しました。朝鮮語研究では、周時経（チュシギョン）の『国語文法』『国語文典音学』が刊行され、また朝鮮語文字で書かれた新小説が登場しました。歴史研究では、申采浩（シンチェホ）、朴殷植（パクウンシク）らによって「読史新論」などの史論、『乙支文徳伝』『李舜臣伝』などの英雄伝、『越南亡国史』『瑞西建国誌』などの諸国興亡史などが多種刊行されました。

愛国啓蒙運動の高まりに対して、日本は韓国政府に指示して、〇七年に「新聞紙法」「保安法」、〇八年には「私立学校令」「学会令」、〇九年には「出版法」をそれぞれ公布させ、運動の抑圧を図りました。

愛国啓蒙運動は、愛国精神や近代思想を全国に拡散させることに貢献しました。そしてこれは、植民地期における国内外の民族独立運動の基盤となり、近代民族文化の源流となりました。しかし、当時流行した「弱肉強食」の社会進化論は、西洋文明を理想視する態度を生み出すこともあり、一部の幹部のなかには保護国化を容認したうえでの実力養成を主張する者や傀儡化した内閣の一角に食い込もうとした者も現れました。

併合条約の強要、韓国の「廃滅」

一九〇九年七月六日、日本政府は、「韓国併合ニ関スル件」を閣議決定し、適当な時期に韓国を併合する方針を決めます。この閣議決定は、韓国に対する日本の権力は十分に充実していないため、韓国を「帝国版図ノ一部」となすことが最確実の方法であり、「帝国百年ノ長計ナリ」としました。完全に植民地にすることしか韓国に対する支配を安定させる道はないと判断したのです。この閣議決定に先立って、六月十四日に伊藤統監は辞職し、後任には副統監曾禰荒助（そねあらすけ）が任命されていました。

この閣議決定に沿って、韓国政府の司法機関（裁判所、検事局、監獄）が統監府に移管され、法部・軍部は廃止されました。また、清とのあいだの間島問題の処理を図りました。中国吉林省東南部の間島（現在の延辺朝鮮族自治州）には、朝鮮人が多く居住しており、統監府は、当初には領有権を主張していましたが、〇九年九月四日に「満州及間島に関する日清条約」（「間島協約」）を結び、妥協を図ります。日本は南満州における利権の獲得と引き換えに、清の間島領有権を認めました。間島居住朝鮮人に対する清の裁判管轄権を認め、間島に日本の領事館・同分館を設置することを認めます。

一九一〇年に入って、日本は「併合」についてロシア・イギリスの承認を取りつけます。五月三十日、第三代統監に陸軍大臣寺内正毅（てらうちまさたけ）を任命し、六月三日に「併合後ノ朝鮮ニ対スル施政方針」を閣議決定して、併合の準備を急ぎます。寺内統監が、漢城着任前に進めた重要事は、憲兵警察制度の創設です。六月二十四日に「韓国警察事務委託に関する覚書」を結び、二十九日には日本の勅令で「統監府警察官署官制」および「韓国駐箚憲兵条例」が公布され、統監府の警務総監部の長（警務総長）は韓国駐箚憲兵隊司令官が兼任し、各道における警務部長は憲兵隊長が兼任するなど、憲兵中心の憲兵警察制度が成立します。韓国併合を強行し、支配を行なうために、憲兵と警察を統一して弾圧の敏活性を保障しようとしたのです。

七月二十三日、寺内統監が漢城に着任します。八月十八日に李完用（リワニョン）首相に条約案を提示し、二十二日の御前会議で「韓国併合に関する条約」が調印され、一週間後に公布されました。この条約は、韓国統治権を韓国皇帝が日本国皇帝に「譲与」し、それを日本国皇帝が「受諾」するという内容になっており、「任意的併合」であることが強調されています。

この条約案起草の中心となったのが、外務次官で国際法学者の倉地鉄吉です。倉地は「併合」という言葉について、「韓国が全然廃滅に帰して帝国領土の一部となるの意を明らかにすると同時に、其語調の余りに過激ならざる文字を選まんと欲し種々苦慮したるも、遂に適当の文字を発見すること能はず、依て当時未だ一般に用ヰられ居らざる文字を選む方得策と認め、併合なる文字を…用ヰたり」（小松緑『朝鮮併合之裏面』一九二〇年）と述べています。この条約が決して対等なニュアンスを帯びる「合邦」、「合併」などでなく、日本帝国による大韓帝国の「廃滅」に他ならないことを明確にしつつ、しかし「併呑」などでは「如何にも侵略的」な本質が現われてしまうから、「併合」という言葉を創りだしたのだと自ら告白しているのです。

「韓国併合」に対し、日本では異論や反対の声はほとんど挙りませんでした。併合発表後、連日全国各地で、祝賀会や提灯行列が行なわれ、併合を祝しました。当時の新聞・雑誌の大部分は、併合を支持するキャンペーンを行ない、「合併の与論」と題して政治家・学者の談話を掲載し、併合が朝鮮の文明発展のためであるとか、古代における本来の姿に回帰した、などと触れ回りました。

幸徳秋水・大杉栄・西川光二郎ら日本の社会主義者は『平民新聞』『社会新聞』などを通して、日本の朝鮮侵略を糾弾し、朝鮮人の反日闘争の支持を表明していましたが、一九一〇年五月のいわゆる「大逆事件」で多くの社会主義者が弾圧され、社会主義運動の「冬の時代」がはじまると、かれらは従来の立場から離れ、「併合」直後の『週刊社会新聞』（九月十五日）では「日韓併合と我責任」と題して、「日韓併合は事実となった。之が可否を云々する時ではない。今日の急務は我新朝鮮を治むるに当り高妙なる手段方法を用いることである」と述べ、そのために、朝鮮人に「日本帝国臣民としての独立心」をぜひ与えなければならず、「為政者は固より全日本国民は個人として、社会団体として、彼等を誘導教育し新同胞として立派にする必要がある」と、同化を強く主張しました。

「韓国併合条約」によって大韓帝国は消滅し、朝鮮はついに大日本帝国の領土として併呑され、直轄植民地となりました。しかし、長い歴史過程のうえに築かれた伝統文化は、決してたやすく消え去ることはありません。植民地朝鮮の新たな葛藤がここにはじまるのです。そしてその植民地主義の傷あとは現在に至るまで克服されるべき課題として残っているのです。

第6章

日本の朝鮮植民地支配と民族解放闘争

――第三次朝鮮戦争・東北アジア戦争

朝鮮義勇隊（1938年）

			次世界大戦はじまる
1940	創氏改名を実施　東亜日報・朝鮮日報無期停刊	1940	日本軍、仏領インドシナ進駐開始
		1941	日ソ中立条約　太平洋戦争開始
1942	延安で華北朝鮮独立同盟結成　朝鮮語学会事件		
1943	朝鮮人学徒志願兵制実施	1943	カイロ宣言
1944	呂運亨ら建国同盟結成 徴兵の実施		
1945	8.15解放	1945	ヤルタ会談　広島・長崎に原爆投下　ソ連対日参戦　日本、ポツダム宣言受諾・敗戦

朝鮮解放を祝賀するソウル市民

	朝　鮮		日本・中国ほか
1910	韓国併合　朝鮮総督府設置　寺内正毅総督就任　会社令公布		
1911	安岳事件　朝鮮教育令	1911	辛亥革命
1912	105人事件　朝鮮土地調査令公布	1912	中華民国成立
		1914	第一次世界大戦はじまる
1917	朝鮮国民会結成	1917	ロシア十月革命
1918	林野調査令公布　ハバロフスクで韓人社会党結成　上海で新韓青年党結成	1918	ウィルソンの14カ条　日本軍のシベリア出兵
1919	高宗死去　東京で2.8宣言　3.1独立運動起きる　上海で大韓民国臨時政府結成　斎藤実総督就任「文化」政治の開始	1919	パリ講和会議
1920	間島出兵（庚申虐殺）		
1922	第二次朝鮮教育令		
		1923	関東大震災（朝鮮人虐殺）
1924	朝鮮労農総同盟創立 京城帝国大学予科開設		
1925	在日本朝鮮労働総同盟創立　朝鮮共産党創立		
1926	産米増殖更新計画実施　純宗死去　6.10万歳運動		
1927	新幹会創立 槿友会創立		
1929	元山労働者ゼネスト 光州学生運動		
1931	宇垣一成総督就任	1931	満州事変
1932	尹奉吉義挙		
1933	東北人民革命軍組織		
1936	在満韓人祖国光復会結成　東北抗日聯軍に改編　南次郎総督就任		
1937	金日成部隊、普天堡に進攻　日中戦争勃発　皇国臣民の誓詞制定	1937	日中戦争開始
1938	陸軍特別志願兵令の公布　第三次朝鮮教育令　国家総動員法を朝鮮に施行		
1939	日本への労務動員開始	1939	ノモンハン戦争勃発　第二

一　日本の朝鮮植民地支配の特徴と基本的性格

欧米列強の植民地支配と日本の植民地支配の違い

植民地とは、武力によって主権を他国に奪われ、政治的・経済的に従属させられた地域のことを言いますが、欧米列強の植民地支配と日本の朝鮮植民地支配には違いがあります。

①まず、イギリスやフランスなどの欧米国家においては国民国家化と植民地保有とはタイムラグ（時間のずれ）が存在し、地理的にも遠く世界に広がりました。しかし、日本においては日本の国民国家化と国外での植民地保有が同時進行し、隣接する台湾やサハリン、朝鮮、南洋諸島、中国大陸など東アジア地域に同心円状に、ドーナツ形に植民地、占領地が拡大していきました。

②支配の仕方で見ると、欧米の場合は、被支配者は「肌の色の違う人」、「未開で野蛮」だから同等の権利を与える必要はない、とする人種差別に根ざしていましたが、日本の場合は支配する相手との近さ、つまり、見た目が大きく違わず、文化や歴史をある程度共有する人々への支配だったため、「内地」と「外地」を同化・皇国臣民化（同化のなかの差別）することを基本政策としました。

③また、欧米の植民地には最小限の欧米人支配者がいるだけでしたが、日本の植民地には多数の日本人が居住していました。このため日本の植民地には本国と変わらぬ多くの都市が形成され、そこにはあらゆる職業・階層の日本人が住んでいました。在朝日本人を見ると、一九四五年に七五万人、軍人を含むと一〇〇万人に達していました。一九四〇年代に一〇〇万人以上に増えたソウル（当

時は京城府）の人口のうち、約三割が日本人でした。同じ頃、日本人の四割以上が農村に住み、多くの日本人地主が農地を占領していました。

④経済面では、一般に植民地では工業化が抑制されましたが、日本の植民地では一定の工業化が進展しました。これは日本の植民地支配が、本国の工業化と同時並行で進められたためです。こうした植民地工業化は、独立後の工業化に直結するものではありませんが、原料や食料の供給地にとどまった欧米の植民地とは大きく異なる経済構造をもたらしました。

このように国民国家形成と植民地化が同時に遂行され、「外地」を「内地」の「同質性」の延長として認識するようになった点、そのうえ、独立戦争に直面することなく、第二次世界大戦の敗戦による引揚げという事態によって植民地支配が終わったことが、敗戦後の日本政府や日本人の植民地意識の低さや植民地支配責任の希薄さにつながりました。

朝鮮総督府庁舎

憲兵と警察の合同写真

朝鮮神宮

三五年間の植民地支配の時代は、統治政策の推移にしたがって三つの時期に区分することができます。その概略をまとめると次頁のようになります。

第１期　1910年代「武断統治」―植民地支配の基礎構築期

- 政治―植民地抑圧機構の整備
  総督武官専任制
  憲兵警察制度
- 経済―植民地経済への再編
  土地および林野調査事業―近代的土地所有権と植民地地主制の確立
  会社令による朝鮮人資本の抑制
- 社会文化―「同化」政策
  植民地教育制度
  民族文化抹殺
  地主を植民地支配の柱に

第２期　1920年代「文化政治」―植民地的経済収奪の本格化

- 政治―民族運動分裂政策
  普通警察制度
  一定の範囲のなかで言論活動を「許容」
  治安維持法
- 経済―植民地経済の確立
  産米増殖計画―米穀の大量収奪
  会社令の撤廃―日本資本の本格的進出
  社会文化―「協力者」育成　民族改良主義の台頭　独立運動の分裂

第３期　1930～40年代前半　ファッショ政治
――大陸侵略のための人的・物的資源の大量収奪

- 政治―「大陸兵站基地化政策」
  ファッショ抑圧の強化
  「内鮮一体」「満鮮一体」
- 経済
  植民地工業化
  人的・物的資源の大量収奪
- 社会文化―「皇国臣民化政策」
  朝鮮語・朝鮮史科目撤廃
  親日派の育成　日本語の常用強制　「皇国臣民の誓詞」「創氏改名」

朝鮮に対する植民地支配の基本的性格——軍事暴力支配

朝鮮に対する植民地支配の基本的性格については以下の四点にまとめることができると思います。

第一に、軍事暴力支配が基本的な政策でした。一九世紀末、二〇世紀初頭の世界は列強によってアジア・アフリカ諸国の領土が分割しつくされた帝国主義の時代でした。帝国主義列強の領土分割戦争の過程で、過酷な軍事暴力と圧制への不満は頂点に達し、各植民地で民族独立運動が盛り上がっていくことになります。

日本は大韓帝国を一九〇五年十一月に保護国化し、一九一〇年には完全に植民地化しました。それは日清・日露の両対外戦争を経ただけではなく、植民地化に激しく抵抗した朝鮮の人々に対する軍事力による過酷な植民地征服戦争を通じて行なわれました。

一九一〇年八月の強制「併合」後も日本は軍事警察力を背景とした植民地支配を展開していきます。

一九一〇年十月一日施行の「朝鮮総督府官制」によって朝鮮総督府の機構が整えられます。朝鮮総督は天皇に直属する親任官で、現役の陸海軍大将が任命され（総督武官制）、朝鮮に配備された陸海軍の統率権を持ちました。初代の総督は寺内正毅で、一九一一年八月まで陸軍大臣と兼任であり、一六年十月に日本の首相に転じました。「韓国併合」とともに韓国駐箚軍は朝鮮駐箚軍に改称（一八年五月に朝鮮軍と改称）され、一五年に従来の一個師団から二個師団に増設されました。海軍も慶尚南道に鎮海要港部司令部を設置し、一分遣隊を常駐させます。「韓国併合」の直前に発足した憲兵警察制度は、一八年末には、憲兵の機関数一一一〇で警察の機関数七五一を上回っていました。

三・一独立運動後の一九年八月に「朝鮮総督府官制」が改正され、総督武官制の廃止と文官の任命、憲兵警察制度から普通警察制度への転換が図られました。しかし、文官が総督に任命されたことはなく、歴代の総督は陸海軍大将でした。この点で、文官が総督に就任したこともある台湾とは対照的です。また、一九年八月には憲兵、警察を合わせた職員数は一万四三四一人であったのが、二〇年二月の警察職員数は二万八三人と、警察力は大幅に強化されました。

このような軍事警察暴力の下で、抗日運動は徹底的に弾圧され、民衆の日常生活も治安維持の対象とされ厳格な取り締まりを受けました。三・一独立運動に際しては、従来の軍事警察暴力では足りず、日本から歩兵六個大隊を派遣し、過酷な武力弾圧が各地で加えられました。朴殷植の『韓国独立運動之血史』によれば、朝鮮人の犠牲者は三月から五月のあいだに死者七五〇九人、負傷者一万五八〇五人、逮捕者四万六三〇六人に達しました。

三・一独立運動を契機に、中国間島(カンド)の各地に朝鮮人の武装独立団体が多数結成され、朝鮮の北部に進出し、日本軍・警察と交戦を繰り返します。これらの団体は独立軍と総称されています。独立軍の勢力拡大を恐れた日本は、一九二〇年十月、朝鮮軍第一九師団およびシベリア出兵軍(浦潮派遣軍)から二個師団相当の兵力を間島に侵攻させ、約三〇〇〇人の朝鮮人を虐殺しました。この事件を「庚申大虐殺事件」と呼んでいます。

一九二三年九月一日、日本の関東地方南部で大震災が発生すると、その直後から東京、横浜では、

「朝鮮人が暴動を起こした」「井戸に毒薬を投げ込んだ」などのデマが流されはじめました。東京では末端の警察官がメガホンなどでデマを扇動しています。臨時内閣会議では一日夜半に戒厳令の施行を決断して、二日には東京市とその周辺の五郡に戒厳令を発令し、四日までに発令地域は東京・神奈川・埼玉・千葉の一府三県に拡大されます。戒厳令は〝戦時〟もしくは〝事変（内乱）〟に際して出される非常法なのですが、そのような事実がないにもかかわらず出されたのです。なぜなのでしょうか。

一つは、朝鮮人民の独立運動に対する日本政府の恐怖意識が、震災の混乱した状況のなかで朝鮮人に対する先制攻撃、虐殺へとつながったと考えられます。日本の朝鮮駐屯憲兵隊が残した『大正三年乃至九年戦役(西伯利出兵、第一、第二朝鮮騒擾事件)』という記録があります。一九一四年（大正三年）から一九二〇年（大正九年）までの義兵運動、シベリア出兵、三・一独立運動、独立軍などに対する弾圧、虐殺事件を、当時の憲兵隊は〝戦役〟と呼んでいるのです。朝鮮人民を植民地における戦争の対象、敵として見ているのです。このことは朝鮮人民の絶えることのない独立運動の質的高さを示すと同時に、これに対して日本は戦争の論理で朝鮮人民を弾圧、虐殺したことを物語っています。植民地とは「平常の

関東大震災と自警団による虐殺

戦争状態」と言えるでしょう。反面、これは朝鮮人民に対する日本帝国主義の恐怖心の反映です。このような恐怖心が、関東大震災時の混乱した状況のなかで朝鮮人に対する先制攻撃につながったのではないでしょうか。

二つめは、日本政府は、国内・国外の矛盾の激化による危機を朝鮮人に対する蔑視と敵対視政策を通じて抜け出そうとしたことです。当時の国際情勢を見ると、ロシア十月革命と一九一九年に起こった朝鮮での三・一独立運動と中国での五・四運動が日本にも大きな影響をおよぼしました。日本では、一九一八年に日本史上最大の社会運動と言える米騒動が起こり、そのなかで二二年には日本共産党が結成され、「大正デモクラシー」と呼ばれる民主主義運動も高揚しはじめました。この時期の日本は各階層民衆による反政府運動が高まり、政治的危機が深まっていました。日本の為政者が震災直後に最も恐れたのは、震災によって衣食住が欠乏した民衆の不満が政府に向かうことでした。日本の為政者は、起こる可能性がある反政府運動の芽を事前に摘んでしまうには軍隊の出動が不可避だと考えたのではないでしょうか。そのためには戒厳令の公布が必要で、その口実に「朝鮮人暴動」のデマを利用して、それを積極的に流したと思われます。戒厳令を公布するのに主導的な役割を果たした、治安関係を担当していた内務大臣水野錬太郎と東京の警視総監赤池濃は、三・一独立運動時に、前者は朝鮮総督府の政務総監、後者は警務局長にいた人物です。

こうして九月二～九日にかけて、軍隊、警察、自警団などが連携して、各地域で「朝鮮人狩り」が行なわれ、六六六一人の朝鮮人が虐殺されました。日本の民衆は、自警団を組織して朝鮮人殺害に加わった者があるにもかかわらず、朝鮮人虐殺事件を「鮮人騒ぎ」と描き、民族的偏見を強めました。

日本政府はその後、事件の正当化と隠蔽を進めてきました。しかし、二〇〇三年八月に日本弁護士連合会は「関東大震災人権救済申立事件調査報告および勧告書」を内閣総理大臣あてに送り、①虐殺事件の被害者、遺家族に対して国家の責任を認め謝罪すること、②虐殺事件の全貌と真相を調査し、その原因を明らかにすること、を勧告しました。また、二〇〇〇年八月に国連人権保護促進委員会において、国連NGO（AWHRC）は関東大震災時の朝鮮人虐殺について言及し、日本人による「最初のジェノサイド」であると発言しました。国際的な人権基準からするとこの事件はジェノサイドであり、「人道に対する罪」は一九六八年十一月二十八日の国連総会決議により「時効が適用されない」と認識されています。関東大震災時における朝鮮人虐殺事件に対する日本政府の責任は現在もつづいているのです。

「同化」政策（「同権なき同化」）

第二に、「同化」政策です。同化政策の中心を占めたのは、教育政策でした。一九一一年八月二十四日に公布された勅令第二二九号「朝鮮教育令」は、教育勅語の趣旨に基づき「忠良ナル国民」を育成することを教育の本義と定めます。普通教育においては天皇への忠誠を図る「修身」と「国語」（日本語）を教えることが重視され、中等教育ではそれに加え、日本歴史・地理や実業教育が重視されました。教科書は、朝鮮総督府の編纂したものを使用しなければならないと定めました。

三・一独立運動後の二二年二月六日には第二次「朝鮮教育令」が公布されます。改正教育令によって、普通学校では日本語の時間が増えて、朝鮮語の時間が減り、日本歴史、地理が加わり、同化教育が強化されました。二四年には京城帝国大学の二年制の予科が設置されます。二六年に法文・医両学部が設置され、四一年には理工学部が増設されます。教授・助教授は日本人が独占し、朝鮮人学生の割合は法文で四割台、医で二～三割台、予科で三割台でした。朝鮮人教員は助手だけで、朝鮮人青年の学ぶ機会はごく一部の者にしか与えられなかったことは、まさに植民地の大学であることを端的に示すものでした。

三七年の日中戦争の開始にともなって、朝鮮総督府は朝鮮人も戦争への協力に動員するために、「皇国臣民化」政策を全面的に推し進めます。三七年十月に、総督府は「皇国臣民の誓詞」を制定し、学校・官庁・職場・地域などいたるところでこれを斉唱することを義務づけました。次に、神社参拝の強要が進められました。朝鮮における神社は、日朝修好条規以後、日本人居留民が建てたのが端緒ですが、一九二五年にソウルの南山に朝鮮神宮を竣工したのをはじめ、各地に神社、神祠が増設されていきました。都市部を中心に神社、神祠への参拝が強制され、それが身近にない地域では各家庭に神棚を設置させて、毎朝礼拝することを強要しました。そのほか宮城遥拝、「国旗」掲揚、「君が代」斉唱などが強要されました。

三八年三月四日に勅令第一〇三号として第三次「朝鮮教育令」が公布されます。教科目から朝鮮語が外され、「国語常用」運動が学校だけでなく、社会全般に推進されていきます。四二年十月には、朝鮮語の辞典編纂を進めていた朝鮮語学会のメンバーが一斉に逮捕される事件も起きました。さらに三九年十一月、制令「朝鮮民事令改正ノ件」「朝鮮人ノ氏名ニ関スル件」を公布し、いわゆる「創氏改名」を推進しました。朝鮮の男系血縁主義的な夫婦別姓の「姓」を否定して、日本の家の称号として夫婦同姓の「氏」を定めて、「名」も日本式に改めさせたのです。四〇年二月十一日の紀元節を期して、八月十日までのあいだに「氏」を定めて（設定創氏）、府、邑面に届ける必要があるとしました。この期間に届けなかったときは、施行日（四〇年二月十一日）における戸主の「姓」をもって「氏」とするとしました（法定創氏）。届け出期間に、総督府の地方行政機関がさまざまな圧力をかけて誘導したので、朝鮮人戸数の八割が届け出て日本風の「氏」を名乗らされました。任意とされた日本風の名前への「改名」も、末端では事実上の強制と言っていいやり方がとられま

1910 年代の教育

『内鮮一體』創刊号

産米増殖ポスター

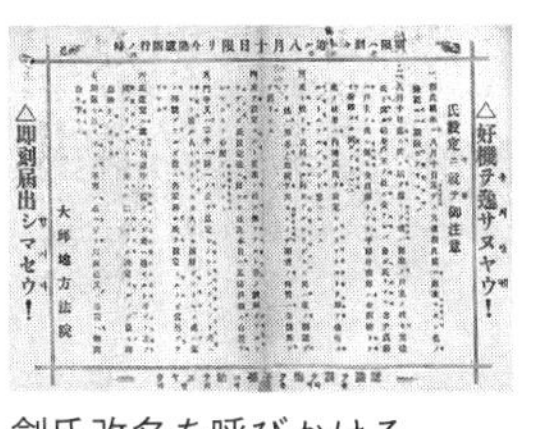

創氏改名を呼びかける

した。

植民地朝鮮に対する同化政策の実態は、「同権なき同化」でした。インドではインド統治法が一九三〇年代に改革され、各州政府で選挙により国民会議派が多くの州で政府を構成して、これが独立の前提となっていく備えとなりましたが、朝鮮では議会の設置は認められず、地方政治への参加も限定されたものでした。一九二〇年の地方制度改正によって、道・府・面に諮問機関を設置しますが、構成員は選挙制あるいは任命制によって選出されます。選挙制の場合の選挙権者・被選挙権者、任命制の場合の被任命者の資格は、それぞれ、府税、面賦課金、学校賦課金を年額五円以上納付するものに限定されます。朝鮮人の選挙権者と任命制の構成員の合計数は、一九二六年時点では朝鮮人総人口の二％程度にすぎませんでした。

一九二九年末に朝鮮在住者の国政参加および「朝鮮議会」設立の構想が朝鮮総督府内で決定されますが、本国側から「時期尚早」として一蹴されました。一九四五年四月一日に改正された衆議院議員選挙法によって朝鮮・台湾居住者への帝国議会への議席が与えられ、選挙によって外地からも衆議院議員を送ることができるようになります。しかし、朝鮮の衆議院議席数はわずか二三人にすぎず、有権者も直接国税一五円以上の納入者に限定されていました。男子に限る形で普通選挙が行われていた本国居住者との差別は歴然としていました。しかもそれも、敗戦によって実施されずに終わってしまいました。

対日従属的経済開発

第三に、植民地期の朝鮮経済は、日本の原料供給地・商品市場・資本供給地と化し、民衆生活は大きく破壊されました。

しかし、一九八〇年代に入って韓国・台湾がＮＩＥＳ（Newly Industrializing Economies　新興工業経済地域）と呼ばれるような経済成長を遂げ、さらに独裁から民主化へと政治状況が変化するなかで、それを可能にした歴史的要因を植民地期の経済成長に求める新しい研究動向が生まれました。いわゆる「植民地近代化　modernization in colony」論と言われる議論です。「植民地近代化」論は、日本統治下の朝鮮で近代化が進展したとして、その植民地支配を積極的に評価すべきという立場をとっています。かれらが植民地経済開発の代表例とする産米増殖計画、植民地工業化という問題について、その歴史的意味を検討してみようと思います。

日本は、一九一八年の米騒動で露呈した国内の米不足に対応するために、朝鮮と台湾で米を増産させ、日本へ移入しようとしました。これが植民地における「産米増殖計画」です。朝鮮では、日本から資金を導入して品種や肥料などの耕種方法の改良と灌漑施設、開墾、干拓といった土地改良事業を内容とする計画が一九二〇年代後半を中心に展開されました。その結果は、一九一七～二一年平均の生産高は一四一七万石、移出高は二二〇万石（生産高の一五・五％）でしたが、二七～三一年の平均の生産高は一五九一万石、移出高は六六一万石（生産高の四一・五％）、三二～三六年平均生産高は一七七一万石、移出高は八六六万石（四八・八％）でした。米の生産量はさほど増加しなかったのに移出量は急増し、生産量の四割から五割ほどが日本へ移出されました。日本の米穀市場において朝鮮米の占める比率は、一八〜二一年平均で六・四%であったものが、三〇〜三三年の平均では一五・二%へと増加しました。その結果、朝鮮は「飢餓移出」の状態になり、朝鮮人の一人当たり年間米消費量は、二一年の〇・六七石から、三〇年の〇・四五石、三五年の〇・三八石へと大幅に減少し、不足分は中国東北地方からの粟などの雑穀を輸入して補っていました。

日本への米の移出の急増によって米の商品化が急速に拡大したため、米の販売で利益を上げた朝鮮人地主のなかには、小規模な精米業や紡績業など商工業に投資する者も出ましたが、朝鮮人企業が大資本に成長した例は少なかったのです。いっぽう、小作料や水利組合費の借金で農民は没落していき、土地を失った農民は都市に流れて雑業労働者になったり、日本や中国東北地方に流亡したり、なかには山林に入って火田民(焼畑農)になる者もありました。とても産米増殖計画の成果が朝鮮社会に還元されたとは言えません。

植民地工業化との関連で言えば、一九三七年に日中戦争がはじまると、朝鮮は軍需生産を担う「大陸兵站基地」と位置づけられ、軍需産業への資金配分や技術者・熟練工の養成、地下資源開発などの政策を進めます。とくに重化学工業を中心とする咸鏡道の北部工業地帯と、精米・紡績・機械器具を中心とした京畿道の京仁工業地帯が発展しました。このような変化をどう見るのか。

まず、植民地朝鮮における市場の発展は、あくまでも日本の総資本の要求に沿うものであって、朝鮮国内の蓄積構造、個別資本の発展には直結しませんでした。たとえば、一九三〇年代に工業化が進展し、経済成長も増加しますが、その投資はほとんど日本の大資本によるものでしたし、生産財・資本財供給と製品輸出はほぼ日本が相手でした。つまり、日本のための工業化だったのです。そのため朝鮮内の各工業部門間・民族間における有機的連関を、それはほとんどもっていませんでした。また、工業生産の伸びを産業構造や就業構造の比率から見ると、ほぼ第一次産業（農業、林業、漁業）によるもので、第二次産業（製造業、建設業）が飛躍的に上昇することはなかった。この特徴は同時期のインドと大差ありません。さらに、三〇年代に工業化の波に乗って一部の朝鮮人企業がある程度成長したとはいえ、生産性の低さから大規模工場への成長の道はほとんど閉ざされていました。注目すべきは、日中戦争の拡大・国家総動員体制の強化とともに、朝鮮人資本の経営する産業が極めて大きな打撃を被ったことです。戦時経済統制の強化は、朝鮮人資本家のなかで軍需産業の一翼を担った一部の大資本を除いて、朝鮮人企業の大部分を没落させていきました。たとえば、三八年に朝鮮人経営の会社数は全体の四八％を占めていましたが、四四年には九％に低下し、また資本面でも三八年に朝鮮人会社は払込資本金総額の一二％を占めていましたが、四四年には三％と低くなっています。戦時経済統制の強化によって、工業部門における朝鮮人資本の形成ないし蓄積は衰退過程をたどっていったのです。

アジアＮＩＥＳとしての解放後の工業化との関連では、アジアＮＩＥＳ（新興工業経済地域）というのは、東アジアに位置する韓国・台湾・香港・シンガポールの四地域のことで、これらの地域はもともと植民地として支配され、独立後も発展途上国地域として先進国との経済格差に悩まされていましたが、一九六〇年代後半から急速な工業化と経済成長がはじまって、いまでは先進国と肩を並べる経済水準に達しています。このような工業化戦略は、一九八〇年代以降にもＡＳＥＡＮ４（タイ・マレーシア・インドネシア・フィリピン）や中国に引き継がれ、二一世紀初頭には東アジアが「世界の工場」としての役割を担うようになりました。解放後の韓国では、台湾と並んで一九六〇年代後半からめざましい工業化が進展し、現在では半導体、液晶パネル、自動車などで世界的なシェアを占める大企業が現れています。このような工業化は、植民地工業化と連続性を持ったものなのでしょうか。

「植民地近代化」論の虚実

まず、日本人が残したインフラストラクチャーや工場設備です。港湾や鉄道などのインフラは、解放後の経済成長の初期条件として無視することはできませんが、高度成長期に高速道路・空港・地下鉄など新たな交通手段の建設が進み、鉄道電化・ディーゼル化やコンテナ埠頭建設など既存設備の更新も行なわれました。したがって現在の韓国で見られるインフラで、植民地支配の直接の遺産と言えるものは極めて限定的な範囲に過ぎません。

また、日本人財産に関しても、朝鮮半島では戦時期の重化学工業建設が北部に集中したため、解放後の分断によって韓国に残った設備は少なかった。その残された部分は帰属財産と呼ばれ、民間の企業家に払い下げられて生産を継続しましたが、中小工場が中心でした。

そして注意すべき点は、これらの日本人財産が解放後の高度成長の中核となったのではないことです。韓国では財閥と呼ばれる企業グループが高度成長の担い手となりましたが、それが形成されたのは六〇年代後半以降の現象でした。三星（サムソン）・現代（ヒョンデ）・大宇（テウ）・ＬＧなど高度成長期の上位一〇大財閥のうち、植民地期に現在の主力部門を創業していたものは一つもありません。

このように、解放後の経済とのつながりを考えても植民地期の遺産は限定的なものに過ぎず、本格的な工業化をもたらした条件は解放後になって新たに形成されたものです。

韓国経済が、六〇年代後半以降、高度成長をなした背景には、東アジア低開発諸国の経済成長＝開発独裁体制化によって社会主義の影響力を弱めようとするアメリカの、いわゆるロストウ発展路線があります。ロストウ路線とは、アメリカの経済学者ウォルト・ホイットマン・ロストウ（一九一六〜二〇〇三年）が一九五〇年代に提唱した経済発展理論が原型で、ロストウはケネディ、ジョンソン両政権の国務省政策企画本部長、国家安全保障担当大統領特別補佐官を務めて、経済援助を開発に結びつけようとしました。韓国を非共産圏の「ショーウィンドゥ」に創り上げることをめざしたのです。とくに韓国軍のベトナム派兵（延べ三二万人）を契機に、その見返りとしてアメリカから積極的に外資導入（一〇億ドル以上）がなされました。韓国の高度成長の担い手となった現代、韓進（ハンジン）、大宇、三星などの新興財閥は、ベトナム特需で発展の基礎を築き、日本との国交正常化にともなう経済協力資金（八億ドル）の「特恵」により事業多角化に成功して企業グループを形成することができました。そして、アメリカや日本の大きな市場に向けて、化学繊維・家電製品・造船・

自動車・電子産業などを輸出できるようになります。いわば韓・日・米の三角貿易構造のなかで、高度経済成長と輸出指向型工業化の条件を整えることができたのです。アジアＮＩＥＳでは低賃金が売り物だったので、労働運動を強権的に弾圧するなど、賃金引き上げを求める国民の声を封じ込める役割を開発独裁政権が果たしました。韓国における維新体制は朴正熙の長期政権意欲という内的要因と、韓国の「ショーウィンドゥ」戦略という外的要因が、複合して形成された体制と言えるでしょう。

戦争への動員――兵力動員

日中戦争以降、日本は完全な戦時体制へと転換し、戦線を拡大していくなかで、朝鮮人を戦争に動員します。まず兵士として動員します。その端緒は一九三八年二月の勅令「陸軍特別志願兵令」の公布です。三八年から四三年まで志願者数約四〇万人、陸軍兵訓練所への入所者数約二万人でした。志願者数の入所者数に対する比は二〇倍です。異様に多い志願者数は、地方行政官庁が競って志願を「勧誘」したからです。志願兵令は直接的な兵力の確保というより、皇民化教育の一環としての意味が大きく、選抜の基準は相当に厳格なものでした。社会運動に関係したものが志願兵のなかに入らないように警戒していたのです。軍艦に朝鮮人を乗せることに慎重な姿勢をとっていた海軍は、四三年七月の勅令「海軍特別志願兵令」を公布して、ようやく志願兵制の実施に踏み切ります。陸海軍合わせ志願兵の人数は延べで一万九八三〇人という数字が残っています。

四三年十月には、日本人学生の「学徒出陣」に連動して、陸軍省令「陸軍特別志願兵臨時採用施行規則」を公布して、朝鮮人学生にも陸軍特別志願兵に応募させる措置がとられました。こうして専門学校以上を卒業した朝鮮人学徒三八九三人が動員されました。

戦局が悪化して戦力補充が差し迫った課題になると、ついに一九四四年四月、朝鮮でも徴兵が実施されます。四月から八月までのあいだに徴兵検査が行なわれ、最終的には二〇万人以上が動員されたと言われます。

兵士として以外に多数の人々が軍要員として動員されました。その身分は軍に直接雇われる軍属の形で、朝鮮内部のほか、中国、東南アジア、南洋諸島などへ、二四万人以上が動員されたといいます。軍属は、飛行場や道路建設などに使役されたほか、米英人捕虜の監視員などにあてられましたが、これが戦後の戦犯裁判でBC級戦犯として裁かれる原因となります。連合国による裁判では二三人の朝鮮人が死刑、一二五人が有期刑となりますが、そのほとんどが捕虜監視要員とされていた人たちでした。むりやり軍要員として動員され、戦後は日本軍の一員として罪を引き受けることになったのです。軍人・軍属の犠牲者は二万二〇〇〇人以上におよぶと言われています。

兵力動員の規模

内　訳	人　数
陸軍特別志願兵	16,830
海軍特別志願兵	3,000
学徒志願兵	3,893
徴兵陸軍	186,980
徴兵海軍	22,299
軍属陸軍	70,424
海軍	84,483
合　計	385,209

（厚生省第二復員局『在日朝鮮人概況』1958年）

労務動員

日中戦争の開始後、出征兵士の増加によって日本本国の労働力が不足し、朝鮮内部でも軍需工業部門における労働力需要が増大したため、三〇年代末以降、朝鮮人を労働力として強制的に動員しました。日本への労務動員については、国民動員計画に基づき、一九三九年から「集団募集」方式でスタート、四二年からは官憲らによる「官斡旋」方式で、さらに四四年からは「徴用」方式によって青紙一枚で動員が実施されました。いずれも労働者の居住地からの動員には朝鮮総督府の地方行政・警察機関が関与していた、権力による強制連行でした。

その大半が炭坑・金属鉱山・土木工事などに送り込まれました。一九三九～四五年に日本へ動員された労働者の合計数は、少なくとも七二万人以上であったと推計されています。就業先でも、労働者は集団管理され、「皇国臣民」たる資格を錬成するための訓練が行なわれ、「君が代」奉唱、宮城遥拝、「皇国臣民の誓詞」唱和などが強制されました。劣悪な居住条件、低賃金と長時間労働、危険な労働に従事させられ、賃金の大半は企業側が貯金に回して自由に使用できない、食事の量は少なく日本式であるなど、過酷な労働と人権無視の処遇に苦しめられました。耐えかねて多くの朝鮮人が逃亡し、逃亡率は平均三〇～四〇％であったといいます。

不問に付された朝鮮人強制連行

日本の敗戦に際して、かれらは過酷な労働のなかでの死亡や負傷に対する補償、貯金や未払い賃

労務動員の規模

年度	「国民動員計画」数	移送先ごとの人数			
		日本本土	樺太	南洋	計
1939年	85,000	49,819	3,301	—	53,120
1940年	97,300	55,979	2,605	814	59,398
1941年	100,000	63,866	1,451	1,781	67,098
1942年	130,000	111,823	5,945	2,083	119,851
1943年	155,000	124,286	2,811	1,253	128,350
1944年	290,000	228,320	—	—	228,320
1945年	不明	不明	不明	不明	
計	857,300	634,093	16,113	5,931	656,137

＊朝鮮内の動員数および軍属としての動員は含まない。
＊1944年度は12月までの数値。
（朝鮮総督府財務局「第86回帝国議会説明資料」）

金の支給を受けないままに帰国させられました。日本への強制連行は朝鮮人だけではなく、戦争末期の一九四四年には、アメリカ・イギリス・オランダ・カナダの戦争捕虜や中国人もいました。日本に連行された中国人は約四万人におよびますが、その名前と出身地などはわかっています。しかし、朝鮮人は七〇万人以上に達しますが、ほとんど名前もわかっていません。なぜこのような違いが生じたのか。それは連合国捕虜に対する対日本政策と関連します。アメリカはポツダム宣言と日本降伏文書、連合国最高司令部一般命令第一号などで、日本政府に連合国捕虜を虐待した者を処罰すること、捕虜の保護および帰国の措置、捕虜の名簿と所在地を明記した書類を提出することを命じました。

連合国軍最高司令部（ＧＨＱ）の指令を受けた日本国外務省は、各地の工場、企業所に連合国戦争捕虜（白人、中国人）に関する報告書を提出させます。そのうち、中国人と関連する各工場、企業所から上ってきた報告書（『華人労務者就労顛末書』一九四六年二月提出）に基づいて、それを総合した『華人労務者就労事情調査報告書』（外務省報告書）を一九四六年三月に作成したのです。これによって約四万人の中国人連行者についての真相を知ることができたのです。しかし、植民地朝鮮の連行者については、連合国人ではないとの理由で調査や報告書の提出は義務化されず、加えて、この隙に日本政府と関連企業は朝鮮人強制連行関係書類を大量に焼却して証拠の隠滅を図りました。朝鮮人強制連行・強制労働の責任問題は、植民地問題を回避したアメリカの戦後政策と、これに便乗し逆利用した日本政府によって、敗戦後の初めから不問に付されたのです。

日本の強制労働をめぐってのこれまでの「和解」は、中国人強制労働被害者に対する花岡和解、西松和解、三菱マテリアル（旧三菱鉱業）和解などがありました。和解内容において、国家の謝罪が忌避され、企業は法的責任のない歴史的（道徳的）責任にとどまっており、「和解」受け入れをめぐって被害者同士が分裂したことなど問題点がありますが、曲がりなりにも被害者と企業とのあいだで「和解」が成立したのです。しかし、朝鮮人強制連行者遺家族の訴訟に対しては日本の企業は和解交渉に応じようとしません。日本政府が戦争責任については認めても、植民地支配の法的責任については認めていないからです。まさに日本において植民地支配責任は不在なのです。

女性に対しては、一九四四年八月に勅令「女子挺身隊勤労令」が朝鮮にも適用され、数十万人の一二歳から四〇歳までの女性が日本本国を含めて軍需工場などに動員されました。

「軍隊慰安婦」も動員の一形態です。日中戦争開始以降、未成年者を含む女性が、日本や中国・東南アジア・南洋諸島に設けられた「軍隊慰安所」に連行され、「軍隊慰安婦」とされました。その数は一〇万～二〇万人ぐらいと推定されています。連行の手段は「稼げる仕事がある」といった就業詐欺、甘言、誘惑、人身売買、暴力的な拉致などでした。「軍隊慰安所」は日本軍が立案し、直営するか、その関与によって設けられたものであり、「慰安婦」は軍の厳重な管理・統制下に、日本軍将兵への性的「奉仕」を強制されたのです。

日本の敗戦後、日本軍は彼女らを戦場に置き去りにしました。また、解放後の南北朝鮮でも日本の戦争・植民地責任を追及する活動において、「日本軍慰安婦」問題はなおざりにされていました。そのため長い間、彼女らは「忘れられた存在」だったのです。ところが沖縄に居住していた被害女性裵奉奇さんが一九七二年に初めて

1944年9月3日に雲南省拉孟で撮影された日本軍「慰安婦」被害者朴永心（パク・ヨンシム）さんの写真

1944年8月14日にミャンマーのミチナで撮影された日本軍「慰安婦」の写真

カミングアウトして世間の注目を浴びました。一九九一年には、韓国の被害女性金学順（キムハクスン）さんのカミングアウトと提訴をきっかけに、日本国内外で「慰安婦」問題の解決を求める声が高まります。一九九三年八月に河野洋平内閣官房長官が軍の関与を認め、「お詫びと反省」を表明しました（「河野談話」）。その後、国連人権委員会でもこの問題が取り上げられ、日本政府にこの問題の責任を認め、謝罪と賠償をすること、犯罪者の処罰と歴史記憶の措置を求める勧告書を採択しています。このときに「日本軍慰安婦」という表現ではなく、「軍性奴隷　sexual slavery」という表現が正しいとされ、以後、この表現が定着しました。

二〇〇〇年十二月には東京で「日本軍性奴隷制を裁く女性国際戦犯法廷」が開かれ、ハーグ最終判決では昭和天皇をはじめとする日本軍の責任者一〇人を「人道に対する罪」で有罪であるとしました。その後も、国際社会ではアメリカ・オランダ・韓国・台湾・カナダ・欧州の議会などで日本政府の謝罪と責任を求める決議案が採択されています。

しかし、日本政府の公式謝罪や個人補償はいまだなされていません。近年は右翼保守勢力の逆攻勢が強まり、二〇〇七年に安倍首相が強制性を否認、現在の安倍政権下でも「河野談話」の見直しを主張する議論が行なわれています。

満州移住

戦時期の朝鮮人労働力の移動としては、朝鮮農民の満州移民も重要です。朝鮮総督府は農村過剰人口の対策の一つとして、一九三六年九月に移民助成会社の鮮満拓殖株式会社を設立し、これを事業主体として、「満州国」政府・関東軍側と協力した朝鮮農民の満州移住を本格的に推進しました。この集団形態の農業移民は朝鮮南部の出身者が多く、三七年から四三年までのあいだに一七万人以上の朝鮮人が開拓農民として満州に移住しました。入植先は、関東軍の意向によって東北抗日聯軍の活動が活発な間島などの荒れ地でした。鉄道建設工事、軍需工場への朝鮮人労働者の動員もあって、満州在住の朝鮮人は三六年の九一万五九三〇人から四三年の一五四万五八三人へと増加しました。

二　海外朝鮮人社会の形成

「東アジア」と「アジア主義」

先に述べたように、日本の海外進出は隣接する台湾やサハリン、朝鮮、南洋諸島、中国大陸など東アジア地域に同心円状に、ドーナツ形に拡大していきました。

「アジア」という言葉は単に地理的に区画された概念ではありません。アジアの語源は古代フェニキア人がエーゲ海の東側を「asu」と呼称していたことからはじまり、のちに「asu」にラテン語の接尾辞「ia」が付いて「Asia」という言葉が生まれました。古代ギリシャではダーダネルス海峡を越えた、いまのトルコの方向を指して、東側を意味するアジアと呼びました。

この他者概念が大航海時代にヨーロッパ人が海外進出するなかで、この地域に強要され定着します。マテオ・リッチ（中国名：利瑪竇）が北京で明国の李之藻の協力を得て製作した世界地図「坤輿萬國全圖」（一六〇二年）には、アジアを漢字で「亜細亜」と表記しました。その後、この本が日本に伝来して、新井白石の『采覧異言』（一七一三年）をはじめとする世界地誌に、亜細亜＝アジアという言葉で受容されます。

元来、地域名として受容されたアジアはその後、日本人により西洋に対する共通の利害と関わる地域という意味を持つ言葉として再発明されます。

一八八〇年代に日本、中国、朝鮮では、ロシアを仮想敵国と見て、これに対抗するために「同文同種」を基礎にして、日中朝三国が団結しようという主張が出てきました。日本では一八八九年に「興亜会」が設立され、「アジア主義」（西洋に対抗してアジアの連帯を主張）が台頭します。朝鮮でも駐日清国公使館の黄遵憲が書いた『朝鮮策略』（朝鮮は対内的には自強を図り、対外的には主敵であるロシアに対抗するため、親中、結日、聯美の均整策をとるべきだとする意見書）が日本に来ていた金弘集修信使を通じて朝鮮政府に伝わり、外交政策に影響を与えました。

しかし、日本の「アジア主義」は当初から日本中心の支配秩序を構想したものでした。日本の「アジア主義」概念はその後、「日韓合邦」、傀儡「満州国」の「五族協和」、太平洋戦争時の「大東亜共栄圏」等、地理的に拡張することになります。東アジア地域での帝国主義体制は日本が主導して構築されたのです。

いっぽう、朝鮮ではアジア主義概念に対する理解はこれとは異なっています。「乙巳五条約」に反対した大韓帝国の官僚や元老、在野の儒生が上げた上疏文には、「韓国の独立保全」を盟約した江華島条約、馬関条約、日露開戦声明書等に対する違反、アジア連帯論に対する背信であると批判します。また崔益鉉(チェイクヒョン)は、一九〇六年六月に義兵部隊起兵にあたって書いた「日本政府大臣に送る書」で、「忠君愛人と守信明義は人類の敷衍であり、これを守らない国は必ず滅亡するしかないが、今、韓日清三国連帯の信義に背反している日本は将来亡するであろう」と指摘しました。

日本のアジア主義に対する朝鮮側の批判は、孫文が一九二四年に日本の神戸で行なった講演「大アジア主義」よりも時期的に先んじていました。日本のアジア主義はヨーロッパの覇権主義を模倣したヨーロッパ中心主義的「日本主義」と言えるでしょう。反面、朝鮮・中国のそれは儒教的な王道主義に基づいた東アジア三国の対等な連帯論でした。

「東アジア」とは、大日本帝国が対外的膨張を推進し影響をおよぼした①植民地、②占領地、③交戦地を含む地域を指しています。そのため大陸だけではなく太平洋地域をも含みます。これは日本の侵略戦争および植民地支配と関係する歴史的概念なのです。

日本の対外侵略は、一八世紀以来の欧米帝国主義のアジアに対する膨張と侵略に誘発されて推進されたものですが、欧米帝国主義と日本帝国主義は相互矛盾を内包しながらも同時に共犯関係をなして今日まで東アジアの平和を脅かしつづけているのです。

朝鮮人の海外移住は、日本の海外侵略先と時期的・地理的に重なっており、少数者としての苦難の歴史を歩んできました。そのため朝鮮独立運動は本国にとどまらず、朝鮮人が居住する東アジア各地で繰り広げられました。海外における朝鮮独立運動は移住先の反日革命運動との国際的連帯の下で展開されました。

朝鮮人の海外移住は、時期的に三期に分けることができます。第一期は、日本による植民地化以前の時期からはじまった中国、ロシアへの農民の移住です。第二期は、日本植民地支配下において加速化する中国、ロシアへの農民移民と、日本への労働力移動の増加です。第三期は、解放後、海外同胞たちの祖国帰還と朝鮮戦争によって発生した離散家族、韓国からアメリカへの移住、冷戦崩壊後に顕著になってきた朝鮮半島の本国民と、海外朝鮮人の人口移動です。

在外朝鮮人の歴史的起点は、一般的に一七〇〇年代と言われています。最初の移動は、朝鮮北部の農民たちが中国、ロシア沿海州へ移動したのが大部分であり、その後、朝鮮の植民地化の進展にともなって、日本やアメリカ・ハワイへの移住が増えていきました。

第一期：一七〇〇年代〜一九一〇年――中国

一八世紀に入り、豆満江南岸に居住する朝鮮人の豆満江北部への「犯越」が頻繁に起こったため、清朝の封禁政策（清朝の聖地である白頭山北部への立ち入り禁止）が破綻しました。

豆満江対岸の肥沃な土地と人口の希薄な空間が国境沿岸の農民たちを移動させるＰＵＬＬ要因で

あったとすれば、朝鮮王朝末期の農村分解の進行にともなう農村社会の混乱は、国境地帯の農民たちを国境外に押しやるPUSH要因でした。

朝清間の境界線を区分するために一七一二年に白頭山東南方面四㎞地点に白頭山定界碑を建てます。その後も移住がつづき一八八一年には一万人を超えました。朝清両政府間では一八八五年と八七年に境界線画定のための会談を行ないますが、結論を見ることはできませんでした。結局、朝清間の国境線は、一九〇九年九月、日清間の「間島協約」によって間島における日本の利益（吉長鉄道を延長して韓国鉄道と接続）との交換条件で豆満江を朝清国境線にしました。当時、間島には一九〇八年九万人、一〇年一〇万人、一五年一五万人の朝鮮人が居住していました。

ロシア

ロシアのポシエット地方に一八六三年一三戸、一八六八年一六五戸、ノヴゴロド湾には一八六九年七六六家族、三三二一人が居住していたと言われます。一八九七年にはロシア極東在住朝鮮人は二万四五〇〇人、一九一〇年五万四〇〇〇人（そのうち、ロシア国籍所有者一万七〇〇〇人）がいました。

この時期の中国、ロシアへの移住は、最初は単身で農業労働者、採金労働者、都市雑業者など季節労働者が多く、その後、生活が安定しはじめると、家族を呼び寄せる定住型移民が定着していきます。この地域は政治的亡命者や独立運動家の国外拠点としての役割を果たします。

初期の日本渡航朝鮮人には、主に労働目的と留学の二つの経路がありました。最も早い例は、一八九七年滋賀県長者炭坑、一八九八年下山田炭坑に朝鮮人坑夫数十人がいました。日露戦争後、朝鮮人労働者の渡航は増えていきます。一九〇六年九州肥薩線鉄道工事、〇七年山陰線鉄道工事に朝鮮人労働者が雇用されていました。この工事には大倉組、鹿島組などが関連していました。この会社は日清戦争後に日本軍の支援を受けて朝鮮内の工事を担当しました。一八九九年に京仁鉄道、日露戦争時には京釜および京義鉄道工事に着手します。ここでの朝鮮人「募集」の経験を日本国内の炭坑、鉄道工事の労働者「募集」に転用しました。在日朝鮮人の形成は日露戦争後の日本資本の朝鮮進出過程、日本の朝鮮植民地化過程と密接に結びついていました。とくに一九〇六年、韓国統監府は「韓国人外国旅券規則」を定めて、朝鮮人の国外渡航と就労の許可権を大韓帝国から奪い、日本の管理下に置くようにしました。このように初期の朝鮮人の労働目的の日本渡航は、朝鮮人の自発的な意思というよりも日本資本の要求によるものであって、時期的には日露戦争前後の朝鮮植民地化過程に目立ってきます。

朝鮮人の留学は一八八一年からはじまります。初期は朝鮮政府の官費留学生が派遣されましたが、朝鮮の「保護国」化の進展につれ、私費留学生が激増していきます。一九〇五年から一九年にかけて年平均五〇〇人ないしは六〇〇人の留学生が日本に在留していました。〇九年に大韓興学会（テハンフンハククェ）、一二年には東京朝鮮留学生学友会等の留学生団体が組織されました。一九一一年現在の在日朝鮮人数は二二二六人であり、そのうち労働者一二一一人、留学生四六六人、商人三七人です。

米国

米国への移住は一九〇三年の一〇三人のハワイ渡航からはじまります。朝鮮内の米国系キリスト教会と移民会社によって行なわれたためにキリスト教信者が多く、大部分はサトウキビ農場で労働しました。この時期に約七〇〇〇人がハワイに移住し、そのうち約一〇〇〇人がサンフランシスコに渡ってアメリカ全土に広がっていきます。

第二期：一九一〇～一九四五年――大日本帝国の拡大と崩壊

第二期は、一九一〇年の韓国強制「併合」から四五年の解放までの日本の朝鮮植民地支配、大日本帝国の占領地拡大と崩壊の期間です。「韓国併合条約」により、日本の統治権がおよぶ地域に居住するすべての朝鮮人は日本国籍保持者とされてしまいます。しかし、朝鮮には当時の日本国籍法を適用しませんでした。国籍法には国籍離脱の手続きが定められていたため、朝鮮人の国籍離脱を阻止するために朝鮮に国籍法を施行しなかったのです。よしんば第三国に帰化できるような朝鮮人であったとしても二重国籍の「日本臣民」として取り扱いました。また、朝鮮総督府は一九二三年に朝鮮戸籍令を制定し、朝鮮（外地）戸籍から日本（内地）戸籍への転籍を禁止しました。こうして朝鮮人を日本国籍保持者として統制しながら戸籍を通じて日本人と法的に差別しました。満州やロシア沿海州への独立運動家たちの脱出と活動については、日本側が居住国当局に日本帝国臣民としての身柄引き渡しを要求してしばしば外交問題化しました。

中国

中国在住朝鮮人数はその後も増加します。一九一二年約二三万人、二〇年約四五万人、三〇年には約六〇万人に達しました。

中国東北地方への侵略を狙った日本は、三一年七月、中国吉林省長春県三姓堡の萬寶山地域で朝鮮人農民と中国人農民とが水路問題のため衝突するように仕向け、これを契機にして「満州事変」を起こします。関東軍高級参謀の板垣征四郎は、三一年五月の講演「満蒙問題について」のなかで、「結局満蒙問題を解決するにあらざれば真の朝鮮統治は期しがたいということは在鮮有志の一致した意見であります」と述べています。また、「満州事変」を挑発した関東軍が朝鮮軍（朝鮮駐屯日本軍）の越境支援を要請した際、朝鮮軍司令官林銑十郎は関東軍の要請に対する出兵以外に「更に間島方面の状況危機につき極力占領の必要ある旨」を参謀総長に意見具申しています。朝鮮軍が事変の拡大に積極的役割を果たした背後には朝鮮人の集住地域である間島と朝鮮の治安確保という独自の問題意識があったことをうかがわせます。

三二年にでっち上げられた傀儡「満州国」は欺瞞的な「五族協和」を掲げましたが、国籍法を施行せず、満州在住朝鮮人を「日本臣民」とみなして朝鮮総督府と連動して弾圧しました。

在中朝鮮人は引きつづき増加し、一九三五年約八八万人、四〇年約一三〇万人、四二年約一五一万人に達しました。

ロシア

第一次世界大戦（一九一四年〜一八年）が勃発すると、日本はドイツに宣戦布告し、ドイツが持っていた中国山東半島の利権を獲得しました。大戦末期にロシア十月革命が起こると、日本はシベリア干渉戦争を挑発し、極東の覇権を握ろうとしました。当時の極東ロシアにはウラジオストクを中心に中国人、朝鮮人、日本人の集住地域が存在していましたが、一九二〇年には赤軍と連合した朝鮮人パルチザン闘争が展開されており、この過程で「四月残変」（新韓村に居住する朝鮮人虐殺）や「尼港（にこう）（アムール川河口ニコラエフスク）事変」（日本軍と同時に日本民間人も多数死亡）が起こりました。日本軍のシベリア干渉戦争失敗による日本人の撤退、「満州国」のでっち上げによるソ連と満州の国境管理の強化により、朝鮮人だけが極東ロシアに残りました。極東ロシアの朝鮮人人口は増加し、二六年約一六万八〇〇〇人、三二年には約一九万人が居住していました。ロシア国籍所有者は半分程度で、それ以外は外国籍、もしくは無国籍者でした。三七年、ソ連の政策により約一七万二〇〇〇人の朝鮮人がカザフスタン、ウズベキスタン等の中央アジアに集団的に移住させられました。

サハリン島北緯五〇度以南地域は日露戦争後に「南樺太」という名で日本の支配下に置かれるよ

うになります。南部サハリンには一九一〇年代から三井鉱山川上工業所に朝鮮から「募集」した労働者が働いていましたが、シベリア干渉戦争時にその数が増加します。戦時体制下で朝鮮南部の農村を中心に南部サハリンへの強制連行が実施され、その数を合わせると約四万人におよびました。

日本

植民地期における朝鮮人の日本渡航時期は二期に分けることができます。最初の時期は一九一〇年代から三〇年代末までです。この時期の日本渡航の原因は、「土地調査事業」（一九一〇年代）、「産米増殖計画」（一九二〇年代）を通じた土地および米収奪の結果、朝鮮農村が窮乏化し離農者の多数が日本に渡航したことにあります。また、第一次世界大戦を契機に形成された日本独占資本が、増大する労働力の需要を廉価な朝鮮人労働力をもって解決しようとしたことにあります。在日朝鮮人数は一九一七年一万四五〇二人、二〇年三万一八九人、二三年八万四一五人、三〇年二九万八〇九一人、三五年には六二万五六七八人に増加します。日本渡航者は一定の所持金と交通費がないと渡航規則を通過することができなかったので、最下層よりも若干上の階層が多かったと思われます。

二九年にはじまった世界的な経済恐慌からの出路を、三一年の「満州事変」、三七年の日中戦争の開始など大陸侵略戦争の拡大に求めた日本は、朝鮮を自らの戦争遂行のための人的および物的資源の収奪のための「大陸兵站基地」と位置づけます。この時期に「労務動員」、「軍事動員」（軍人、軍属）、日本軍性奴隷（日本軍「慰安婦」）など各種戦時動員を行ないます。そのうち、日本への強制連行（「労務動員」）は三九年から敗戦までに約七〇万人以上に達しました。こうして在日朝鮮人数は、四〇年一一九万四四四人、四五年二三六万五二六三人に急増しました。当時の大阪はソウルに次ぐ第二の朝鮮人集住地でした。

一九四五年の時点での海外朝鮮人数は、日本約二三〇万人、中国約一五〇万人、中央アジア約一七万人、米国数万人、合計約四〇〇万人におよびます。これは当時の朝鮮半島人口数約二五〇〇万人に対する一六％の比率です。今日、朝鮮人は世界各地に散らばって暮らしていますが、その淵源は日本の朝鮮植民地支配にあります。

第三期：一九四五年～現在――解放と分断による人口移動

一九四五年、日本の敗戦によりアジア・太平洋地域を中心に大規模な人口移動が起こりました。敗戦から数年のあいだに朝鮮への移動は約二三八万人、「外地」から日本への引揚げ者数は総計六三〇万人で、軍人・軍属と民間人がほぼ半分ずつを占めます。また、その後、分断の長期化および冷戦の崩壊によって朝鮮半島と東アジア地域の朝鮮人の人口移動が頻繁に起こりました。

日本

敗戦段階で日本に滞留する朝鮮人は約二三〇万人、朝鮮に滞留する日本人は南朝鮮に約五〇万人、北朝鮮に約二七万人、満州からの避難民が約一二万人いたとされます。朝・日間では日本滞留朝鮮人と朝鮮滞留日本人の双方が本国に向かう大規模な移動が起こりました。

解放直後から四六年三月までに自力で帰還した朝鮮人、日本政府の措置により帰還した強制連行同胞は合わせて約一四〇万人、その後、ＧＨＱの指令による計画輸送は四六年末までに八万二九〇〇人でした。ＧＨＱの帰還条件制限指令（日本貨幣一〇〇〇円、荷物二五〇パウンドまでの持ち出し）、南朝鮮情勢の複雑化などを考慮して、多くの朝鮮人が当分のあいだ帰還を遅らせ、そのまま日本に残りました。しかし四六年に入り、朝鮮から日本に再渡航する者が増加します。当時朝鮮では、中国、日本、東南アジアの各地からの帰還者によって、四六年現在、南朝鮮地域の人口は四四年に比べて二二・四％も増加し、住宅、食料、生活必需品等が極度の欠乏状態に陥ったためです。日本政府は再渡航者を「密航」として厳しく取り締まりました。日本当局による「密入国者」の検挙数は四六年一万七七三三人、四七年五四二一人、四八年七八一三人に達しました。朝鮮人は「在日」というよりも「残留」が実態に近かったと言えます。日本に残留した朝鮮人は、故郷と日本を往復する生活圏が完全に遮断されてしまいました。四七年の「外国人登録令」による同胞登録者は五九万八五〇七人でした。

中国

満州、中国関内の朝鮮人の内、約五〇万人が朝鮮半島に帰還し、一一〇万人が中国に残りました。大陸に残った同胞たちは四九年の中華人民共和国の建国後は中国籍の朝鮮族となります。中国解放戦争後、朝鮮人兵士は朝鮮人民軍に編入され、朝鮮戦争時には抗米援朝の中国人民志願軍として参戦しました。戦後、祖国復興のため中国朝鮮族数万人が朝鮮に帰還しました。

六六年にはじまった文化大革命期には各民族の文化が抑圧され、少数民族が迫害されました。延辺朝鮮族自治州内だけでも犠牲者は一〇万人を超え、多くの人々が対岸の朝鮮へ渡ったとされます。多くの民族学校が閉鎖され漢民族学校と併合されました。

九二年「韓中国交」樹立後、中国朝鮮族の韓国への渡航がはじまり、二〇一五年現在、約六九万人が居住しています。日本にいる中国朝鮮族は約四万人程度です。

全般的に中国朝鮮族社会は縮小しています。八二年以前は東北三省に約一九〇万人（吉林省一一〇万人、黒竜江省約六〇万人、遼寧省約二〇万人）が居住していましたが、現在、東北三省に残っているのは約三五万人であり、中国関内の沿海都市や内陸に九〇万人、韓国や日本、米国、南米などに七〇万人程度が移住しました。

ソ連と中央アジア、沿海州、サハリン

サハリン在住朝鮮人は、日本敗戦後の帰還が日本人だけを対象としたため、四万人におよぶ同胞はそのまま取り残されてしまいました。九〇年「韓ソ国交」樹立後、サハリン残留同胞の一部が韓国に帰国しました。

ソ連軍とともに中央アジアの高麗人（一九三七年に沿海州から中央アジアに移住した朝鮮人は、

その後に高麗人と自称します）が北部朝鮮に派遣され、党、国家、情報機関で活動しましたが（四九年時点で約四〇〇人）、五八年の政治闘争と関連して多くの人々が再び中央アジアに「帰還」しました。

五六年の居住地制限撤廃により中央アジアの高麗人はモスクワ、レニングラード、ボルゴグラード、ロストフナドヌー、キエフ等の都市部に移住します。ソ連崩壊後に至っては高麗人の一部が沿海州に帰還します。八〇年代以後は高麗人が韓国に移住しはじめ、二〇一七年現在約四万五〇〇〇人に達しています。

沿海州地域には、八〇年代以後、中国朝鮮族、韓国および米国の同胞たち、中央アジアの高麗人、朝鮮から派遣されてきた労働者たちが住んでいます。南北朝鮮および海外同胞の縮図のような様相を見せており、多様な文化が交差しています。

一九八九年の旧ソ連の国勢調査によると、ソ連全体の朝鮮人人口数は四三万八六五〇人、その内、ウズベキスタン一八万三一四〇人、ロシア一〇万七〇五一人（その内、サハリン州三万五一九一人）、カザフスタン一〇万三三一五人です。

韓国からの海外移動

一九六四年の米国移民法の改定により、米国への移民が多くなります。その後、米国はベトナム戦争に参戦した韓国を同盟国として取り扱い、大きな移民枠を定めました。米国各地にコリアンが集住するタウンが形成されます。六五年約二万五〇〇〇人、七〇年約五万人、八〇年約三五万七〇〇〇人、九〇年には約七〇万人に増加しました。とくに八〇年代から爆発的に激増し、現在の在米同胞数は約二〇〇万人（その内、市民権取得者五七万人、永住権取得者一〇二万人）に達します。

一九六〇年代には西部ドイツに坑夫、看護師として数万人が移動し、契約期間が過ぎても帰国しないでそのまま定着する人々も多かった。オーストラリアには二〇〇一年時点で五万人が住んでおり、ニューサウスウェールズ州、ビクトリア州、およびクイーンズランド州に集中しています。また、朝鮮戦争以後、国家的に進めてきた国際養子縁組の結果、現在二二万人以上になる在外のコリアン養子が存在しています。

朝鮮からの海外移動

在日朝鮮人は一九五九年から朝鮮に帰国します。その数は約一〇万人弱にのぼります。

朝鮮からの人口の海外移動に関する公開された公式資料はほぼありません。そのような条件のため、韓国の俄山政策研究院、韓国貿易協会、日本の東アジア貿易研究会から出た研究資料に基づいて推定するほかありません。二〇一三年一月時点での世界一六か国に派遣された朝鮮の労働者数は約五万二〇〇〇人ないしは五万三〇〇〇人と推定されています。最も多い国は中国、ロシアであり、各々二万人程度です。中国へは縫製工業、食料および水産業加工工場、食堂等に派遣されています。ロシアへは木材伐採、農業などです。その他、中東（クウェート、アラブ首長国、カタール、オマーン）、東南アジア（マレーシア、インドネシア）、アフリカ（アルジェリア、リビア、ナイジェリア、エチオピア、アンゴラ、赤道ギニア）、ヨーロッパ（ポーランド、マルタ）に派遣しています。

以上の経緯を持つ朝鮮人の海外移住は、朝鮮半島に在住する本国朝鮮人に比して、一九四五年の一六％、一九九七年でも八％になります。これは世界中に溢れていると見える在外華僑の三％（一九九〇年頃）よりも大きな数字となっています。民族の全体が歴史的に世界各地に離散したユダヤ人を除外すれば、朝鮮民族の在外人口は群を抜いており、それこそがこの民族の顕著な特徴なのです。このような事情から、朝鮮独立運動は、海外に在住している朝鮮人の果たした役割が大きく、移住先の反日革命運動との国際的連帯の下で展開されることになりました。

三　海外朝鮮独立運動

民族主義と社会主義

三・一独立運動のあと、一九二〇年代に至って民族解放闘争の主体はブルジョア民族運動から社会主義運動へ変わっていきます。

朝鮮の民族解放闘争史の中心課題の一つに、民族主義と社会主義との関係をどう捉えるかという問題があります。その場合、社会主義的でない民族運動の諸潮流は「ブルジョア民族主義」と一括して捉えられ、その階級的基礎が「民族ブルジョアジー（＝民族資本）」にあると難詰されるふしがある。果たして本当にそうでしょうか。

「ブルジョア民族主義」という政治史的概念は、もともと一九二〇年代初頭、レーニンによる植民地・被圧迫民族の民族運動に対する関心から、非社会主義的な民族運動の諸潮流を指して用いられたものです。その後この用語は、言葉の独り歩きによって、その基礎が「民族ブルジョアジー」にあると理解され、経済史的カテゴリーとして用いられるようになりました。まだ断定的な規定をする段階には至っていなかった二〇年代前半までは民族ブルジョアジーを肯定的に評価していたコミンテルンが、二七年の蒋介石反共クーデターによってその期待が裏切られるやいなや、一転してそれを打倒の対象と結論してしまったことが転機となりました。

今日、一般に定着している「民族資本」というカテゴリーを確立したのは、一九三〇年代末の延安における毛沢東らでした。ここでは買弁資本と区別される「民族資本」が「ブルジョア民族運動」の担い手として捉えられました。これらの概念は、半植民地中国においては一定のリアリティーを持っていました。帝国主義と買弁資本に奪われきっていない「民族資本」独自の経済領域は一定程度存在しており、それゆえ「民族ブルジョアジー」が抗日戦争下において統一戦線の一翼を担う能動性を発揮することができました。

金性洙

朝鮮人ブルジョアジーの軌跡

しかし、梶村秀樹は、完全植民地の朝鮮では、移植植民地経済とは別個の次元で朝鮮人ブルジョアジーの経済体系が「二重経済」的に成立し、民族資本が自由に活動できるといった領域が確保されることはそもそもありえなかったとして、大略次のように指摘しています（『梶村秀樹著作集第三巻　近代朝鮮社会経済論』明石書店、一九九三年）。

実際のところ、「併合」前から一九一〇年代にかけて日本帝国主義が土着資本の発展を阻止せんとする政策をとっている状況のもとで、朝鮮人ブルジョアジーは日本資本と競合し一定の民族的抗争の姿勢を示していたが、二〇年代に入り、日帝の懐柔政策の一環として、第一次大戦後に本格的に確立された日本独占資本に従属した範囲内で土着資本の発展が許容されるようになると、「従属発展の道」（政治的には独立国家放棄）か、あくまで一国資本主義発展の奪回（ブルジョアジー独立国家樹立）かという選択の岐路に立たされ、ついに三〇年代になって隷属的な姿勢をいっそう強めるという軌跡をたどっていった。完全植民地下の状況にあって、土着資本が資本としての発展を望む限り、隷属的にならざるを得なかった、と。

これを、当時の代表的な朝鮮人資本家である湖南(ホナム)財閥（金性洙(キムソンス)・金年洙(キムニョンス)）を例に挙げて見ると、一九一〇年代に鉱山資本兼地主として存在していたものが、第一次大戦後に京城紡織を設立して産業資本に転化し、やがて関連部門にも展開していき、植民地経済体系内ではあるが、一応自立した産業資本として存在していました。その限りでこの時期は、隷属的であると同時に民族的でありました。湖南財閥・『東亜日報』グループを拠点とする二〇年代の民族改良主義の台頭は、そのような状況に見合うものでした。しかし、三〇年代になると、日本帝国主義は「満鮮一体」をスローガンとして朝鮮人資本の満州への進出を奨励するようになり、湖南財閥はこれを積極的に受容し、太平洋戦争の時期に、資本の大半を満州へ移動させます。このようなかれらの軌跡をいま一度時機的に特徴づければ、一九一〇年代には民族主義、二〇年代には民族改良主義（＝妥協的民族主義）、そして三〇年代以降は、隷属的な姿勢を強めるというものであったと言えるでしょう。

民衆的民族主義

要するに、完全植民地下の朝鮮には、厳密な意味での民族ブルジョアジーは存在しなかった。あったとしても、自営業の域をあまり出ない、つまり単純再生産的たらざるを得ない条件下の零細資本（＝植民地的小ブルジョアジー）ぐらいなものだったのです。一九二〇年代以降、朝鮮人ブルジョアジーの大半が次第に体制内化するなかで、なお残る非妥協的民族主義運動の基盤は実はブルジョアジーではなく、零細農民を中心とする広範な植民地民衆にあったのです。植民地的小ブルジョアジーは、その独自の政治的代表者を持つよりは、むしろ、このような民衆に合流してその一角を担うことになります。

一九二〇年代以降の民族主義運動の基盤を植民地民衆に置くことによって、はじめて社会主義的でない民族主義の諸潮流の展開を展望しうる視点を持つことができます。そのような民族主義をブルジョア民族主義と区別して、単に民族主義もしくは民衆的民族主義と呼ぶのが望ましいと考えます。

三・一独立運動以後、インテリや学生・青年らは、民族解放闘争の新たな理念をマルクス主義に求めるようになっていきます。マルクス主義は、ロシア革命の直接的影響下で、国外の共産主義者グループ（上海派、イルクーツク派、北星会）を通じて朝鮮国内に伝わっていきます。各グループは競い合いつつ国内と連絡をとっていき、その結果一九二二〜二四年頃には、マルクス主義を研究・宣伝する思想サークル（上海派はソウル派、イルクーツク派は火曜派、北星会はＭＬ派など）が数多く生まれることになりました。

朝鮮におけるマルクス主義の普及は一定の特徴を持っています。第一に、日帝の弾圧の厳しさにもかかわらず、日本や中国のそれに比べ、普及の速さ、拡がりが突出していたことです。第二に、土着資本が脆弱であった朝鮮では、他の国に見られたような機会主義や修正主義などの影響をほとんど受けなかったことです。

このような機運があったにもかかわらず、朝鮮共産党の創設（一九二五年）は、中国や日本よりも二、三年遅かった。その理由は、植民地統治下では公式の組織を立ち上げる条件がきわめて限られていたからです。そのため、共産主義運動は潜在化した形でしか現われることがなかった。しかし、そのエネルギーは日本や中国とは比べようもなく大きかったのです。

たとえば、一九一八年にハバロフスクで在外活動家（李東輝（リドンフィ）など）により韓人社会党（後に上海に拠点を移して上海派高麗共産党となる）という最初の社会主義組織が創られ、一九年にはイルクーツクで金哲勳（キムチョルフン）らがボリシェヴィキ党イルクーツク支部高麗局（後にイルクーツク派高麗共産党と称される）を結成しましたが、この組織年次は、日・中よりも早かった。また、一九二二年にコミンテルンが主催した「極東諸民族大会」に参加した朝鮮の代表団は、全参加者の三分の一を超え、日本や中国よりも格段に多かった。

コミンテルンは一九二八年の第六回大会に際して、朝鮮共産党の支部としての承認を取り消します。その理由は、弾圧による指導部の崩壊と分派問題であるとされ、同年の朝鮮問題に関するいわゆる「一二月テーゼ」では、労農大衆を基礎とする党再建を指示しました。朝鮮の共産主義者は、臍（ほぞ）を噛みながらも、「一二月テーゼ」に忠実に、必死に労働者や農民のなかに入っていきました。朝鮮国内ではおよそ一〇に余る党再建の試みが、後を絶たずにつづけられます。とくに統一戦線の新幹会運動や三〇年代前半の地域散発的な赤色労農組合運動の時期は、党が最も必要な時期でした。それにもかかわらず、コミンテルンは最後まで正式の再承認を与えなかったのです。

党内外に相当の分派闘争があったことは事実ですが、それはあくまで克服されるべきものではあっても、党解散の十分条件とは言えない。「分派は朝鮮の共産主義隊列にのみあったのではない。分派はドイツやソ連にもあったし、中国や日本にもあり、コミンテルン内にもあった。にもかかわらず、なぜひとり朝鮮人だけが分派的な習癖を気質としてもっている民族とみなされ、なぜ朝鮮共産主義者という名が分派の代名詞のように呼ばれなければならないのか」（金日成『世紀とともに』第四巻）。

実際、二八年以後の党再建運動の時期のほうが、朝鮮共産党が存在した時期よりもかえって運動の質や活動家層の厚みが増していきます。党は小さかったし短命に終わりましたが、その後の活動はむしろ大きく粘り強く持続したということが、朝鮮共産主義運動の特徴です。コミンテルンの態度は、朝鮮問題軽視の固定観念によるものとしか説明できないと思います。

朝鮮の初期共産主義運動の歴史を見るとき、どこの国にも見られるその歴史的限界を認めつつも、それをいま、全体としての民族解放闘争史のなかに正当に位置づけ直すことが必要ではないでしょうか。

社会主義的な民族主義者、民族主義的な社会主義者

民衆的民族主義者も、社会主義者も、かれらはその表面的なイデオロギー対立にもかかわらず、具体的な闘争現場においては、多分に共通する課題を掲げていました。一九二〇〜三〇年代の民族解放闘争史を顧みると、民族主義運動は、民衆の生活現実に根ざす諸要求に応えようとするなかで、単なるブルジョア国家としての独立の回復を越える「新しい社会」を希求していきます。いっぽう、共産主義運動を見ると、一時期、コミンテルンの「一国一党原則による現住国党加入方針」を受け、在外朝鮮人共産主義者は朝鮮革命とプロレタリア国際主義のはざまのなかで苦悩しますが、三五年のコミンテルン第七回大会の方針により、再び朝鮮革命固有の課題＝抗日民族統一戦線運動を正面から取り上げていくようになります。

朝鮮をはじめ第三世界の植民地諸国における民族主義と社会主義は、単なる二律背反ではなかっ

た。いっぽうは民族性にいくぶん重きを置き、他方は階級性をより多く強調しているだけのことでした。実態に即して言い表すならば、社会主義的な民族主義者、民族主義的な社会主義者がいたということでした。朝鮮の独立運動はこのことをよく示しています。

抗日民族統一戦線の拡大

一九三〇年代初め、中国東北地方の各地で、日本の侵略と傀儡「満州国」に反対する反満抗日の武装闘争が、中国人・朝鮮人共同の戦いとして展開されるようになりました。とくに三一年末以後、東満州（北間島）、南満州で朝中連合の赤色遊撃隊が結成され、その後、各地の遊撃隊は、全一的な指揮体制を整えた東北人民革命軍（三四年）、東北抗日聯軍（三六年）に編成されます。三六年六月には、朝鮮人独自の大衆団体として、金日成（キムイルソン）を会長とする常設的な統一戦線組織である在満韓

ハバロフスク近郊の野営地での金日成

大韓民国臨時政府（重慶時代）

朝鮮義勇隊

朝鮮建国同盟

人祖国光復会が結成され、朝鮮革命の性格と課題を明示した十大綱領を採択します。四〇年以後、東北抗日聯軍はソ連沿海州に入り、四二年夏に朝中ソの連合軍を編成します。形式上、ソ連極東軍独立旅団と呼び、対外番号は八四六一歩兵特別旅団とします。三個支隊の内、第一支隊は朝鮮支隊でした。

いっぽう、中国関内で展開されていた民族主義運動は大きく二つの派に分かれていました。一つは、民族主義派と言える金九（キムグ）を中心とする重慶の大韓民国（テハンミングク）臨時政府（上海臨政）であり、もう一つは、人民戦線派と呼ばれていた金元鳳（キムウォンボン）を中心とする武漢の朝鮮民族戦線連盟です。上海臨政は四〇年に光復軍を組織し、朝鮮民族戦線連盟は傘下に三七年に組織した朝鮮義勇隊を持っていました。四一年に崔昌益（チェチャンイク）をはじめとする大部分の義勇隊は中国共産党中央がいる延安地区に北上し、四二年五月に義勇隊の一部は金元鳳とともに重慶に行き、上海臨政の光復軍に編入されます。上海臨政は三〇年代に趙素昂（チョソアン）が提唱した「三均主義」に基づいて、四一年に「大韓民国建国綱領」を発表します。また、四二年十月の臨時議政院会議では民族戦線連盟側の金元鳳が議員に選出され、四四年四月には金奎植（キムギュシク）が臨時政府の副主席になったことによって臨時政府は左右合作を成し遂げました。臨時政府は延安（中国関内華北地域）の朝鮮独立同盟側に人を派遣し統一戦線の強化をめざしました。

中国関内華北地域には、中国共産党とともに活動していた金武亭（キムムジョン）などの朝鮮共産主義者たちがいました。武亭は、中国の紅軍建設と中国人民の解放闘争に寄与しました。かれらは四一年一月に華北朝鮮青年連合会を組織し、同年七月に延安地区に到着した朝鮮義勇隊を受け入れ、朝鮮義勇隊華北支隊に再編成します。四二年八月には華北朝鮮独立連合会を朝鮮独立同盟に、朝鮮義勇隊華北支隊を朝鮮義勇軍に改称します。朝鮮独立同盟は二〇万の華北地域の朝鮮人民たちを反日闘争に動員することを目標としました。朝鮮義勇軍は中国共産党の武装力である八路軍に所属し、日本軍兵士たちに対する反戦思想の宣伝や、日本軍に強制徴用された朝鮮人たちに対する脱出の宣伝を基本としながら、戦闘にも一部参加しました。独立同盟は中国関内の諸地域に支部を置き、国内の朝鮮建国同盟および重慶の臨時政府との連携を図りました。

国内では三九年に結成された火曜派系の京城コム・グループが、朴憲永（パクホニョン）を指導者として朝鮮共産党の再建をめざして活動していました。また四四年八月には、日本の敗戦を予測し民族解放を準備するため、呂運亨（リョウンヒョン）が中心となって秘密結社・朝鮮建国同盟を組織しました。工場、学校、企業等に組織拡大を図り、内務・外務・財政部門と地方別委員を置いていました。また、上海臨政、朝鮮独立同盟に人を派遣し連携を図りました。

社会主義運動と民族主義運動の潮流が、対立と統合の過程を重ねて、最終的に収斂されていったかれらの建国構想は、土地改革と進歩的民主主義を基礎に、両者が広く結集した民族統一戦線的な体制＝反帝反封建の人民民主主義革命の遂行でした。朝鮮独立運動史は、抗日民族統一戦線の拡大が基本的な流れだったのです。

朝鮮独立運動は、第二次世界大戦時の国際的な反帝反ファシズム連合戦線の一環（反帝反ファシズム戦争）として国内および東アジア地域で展開されました。このことからして、朝鮮独立運動は日本の朝鮮植民地支配と東アジア地域への戦争拡大に反対する第三次朝鮮戦争・東北アジア戦争であったと言えるでしょう。

民族主義と国際主義との葛藤——申采浩（シンチェホ）と無政府主義

一九世紀末から二〇世紀初めの愛国啓蒙運動家、独立運動家、歴史家であった申采浩（シンチェホ）は、当代の最も代表的な思想家でした。

かれは一九一〇年四月、強制「併合」の直前に海外に亡命します。ウラジオストク、上海、北京などで朝鮮人、中国人運動家たちと連帯して活動しました。かれは上海臨政の外交路線を批判して決別したあと、二二年末に義烈団（ウィヨルタン）の綱領「朝鮮革命宣言」を作成します。「朝鮮革命宣言」は、「文化政治」下の自治運動や文化運動、海外での外交論、準備論を批判し、民衆による直接暴力革命を強く主張します。その後、二五年に無政府主義東方連盟に加入します。民族と国家意識が誰よりも強かったかれが、無政府主義運動に身を投じたことは今日まで謎になっています。

二五年一月二日付の『東亜日報』に寄稿した「浪客の新年漫筆」は、この時期のかれの問題意識をよく示している文章です。かれはまず、「旧時の道徳や今日の主義の標準」はなにかと自問し、「利害問題の為に釈迦も現れ、孔子も現れ、イエスも現れ、マルクスも現れ、クロポトキンも現れた。（中略）その弟子たちも本師の精義をよく理解して自家の利を求めるから、中国の釈迦は印度と異なり、日本の孔子は中国と異なり、マルクスもカウツキーのマルクスとレーニンのマルクスと中国や日本のマルクスがみな異なっている。我々朝鮮人は、いつも利害以外のところに真理を探そうとするので、釈迦が入ってくると朝鮮の釈迦とならず釈迦の朝鮮となり、孔子が入ってくれば朝鮮の孔子とならず孔子の朝鮮となり、どのような主義が入ってきても朝鮮の主義とならずに主義の朝鮮になろうとする。こうして道徳と主義の為の朝鮮はあっても朝鮮のための道徳と主義はない」として、「人類は利害問題だけである」ため、「朝鮮の道徳と朝鮮の主義」を追求しようと主張しました。

申采浩はつづけて、「無産階級の日本人を朝鮮人と同様に見ることは没常識な言論であり、日本人がいくら無産者であろうともその後ろには日本帝国があって、危険があれば保護し、災害に遭えば補助し、子女が生まれれば教育で知識を与えるようにして、朝鮮の有産者より豪強な生活をしているのであり、まして朝鮮に利殖した者は朝鮮人の生活を威嚇する殖民の先鋒であるから、無産者の日人を歓迎することはすなわち殖民の先鋒を歓迎することではないか」と述べて、安易な階級論的な連帯を批判しています。

申采浩

このように民族精神を主体の問題としてつきつめていった結果、国家主義を否定する無政府主義に行き着いたように思われます。かれをして無政府主義を選ばせた契機の一つには、上海臨時政府の権力争いを見て、人々の力量を独立運動に集中させるためには無政府主義が適切と考えるに至ったと言われています。かれは権力悪を否定したのであって、マルクス主義を選択しなかった理由もそのあたりにあったと思えます。しかし申采浩にとって国家主義の否定、無政府主義の選択は決して民族の観点を放棄するものではなかった。現実そのものが民族的な利害対立の構造になっているとき、無政府主義の民衆革命も民族的な性格を帯びざるを得なかったのです。さらに言えば、帝国主義世界に対する被抑圧諸民族の共通の利害を見出していったことにより、国際主義に通じる民族主義が明示されているのです。民衆の民族主義というこの時期のかれの思想の基調と、無政府主義の国際的運動に携わることとは、かれのなかでは矛盾することではありませんでした。

洪範図(ホンボムド)と国際主義

洪範図(ホンボムド)は日本軍と戦った義兵・独立軍の名将としてよく知られています。かれは一八六八年、平壌外城の貧農家に生まれました。早くして父母を亡くし、地主の雇農、平壌鎮衛隊兵士、労働者などの仕事を経たあと、咸鏡道で猟師に携わります。一九〇七年九月、義兵弾圧策の一環として「銃砲及び火薬類取締令」が公布され、猟師たちの銃砲を回収すると、これに反対して車道善(チャドソン)とともに猟師を中心にして反日義兵隊を組織します。

咸鏡道の山岳地帯で活動し、厚峙嶺戦闘、三水戦闘、甲山戦闘などで日本軍を撃破します。その後、ロシア沿海州に亡命し、一九一〇年七月にウラジオストクで一三道義軍を組織しましたが、ロシアの弾圧により義兵活動が困難になり、教育、実業振興に活路を求め、一一年に勧業会を結成して副会長となります。第一次世界大戦中に中国・間島に移り、一九年の三・一独立運動時には間島国民会の結成に加わり、大韓独立軍総司令となり三水・甲山に進撃して日本軍を撃破します。とくに二〇年に崔振東（チェジンドン）、金佐鎮（キムジャジン）部隊と連合して鳳梧洞（ボンオドン）戦闘、青山里（チョンサルリ）戦闘で大規模の日本軍を撃破する戦果を収めました。

その後、沿海州に移り、赤軍と連合して朝鮮人パルチザン部隊を組織して、ソ連極東地方で白軍を支援して武装干渉を行なった日本軍とイマン（伊曼：ウスリー川辺）戦闘をはじめ数回の激戦を展開します。二一年「黒河事変」を経て、二二年に日本軍が極東シベリアから撤退すると、ソ連の措置により反日武装団体が解散されます。その後、洪範図は朝鮮人集団農場の責任者となり二七年にはソ連共産党に入党しました。

日帝は朝中両人民を離間させた手口を用いて、朝ソ両人民間にもくさびを打ち込む政策を絶え間なく実施しました。親日的な朝鮮青年らで国境監視中隊を編成し、ソ満国境線に配置します。また、間島に在住する朝鮮人のなかから多くのスパイを養成してソ連に送り込んだかのようなうわさを広めて、ソ連人のなかに不安をあおります。

洪範図

三七年の冬、沿海州在住の朝鮮人を中央アジア地域へ集団移住させる措置がとられました。ソ連は自衛のためのやむを得ぬ措置であると説明しましたが、朝鮮人はそれを快く受け取らなかった。しかし、大義のためにソ連擁護の旗を引きつづき高く掲げました。

カザフスタンに定着した洪範図は、高麗人劇場の守衛長となり、年金生活を送ります。劇場の劇作家は、洪範図を主題にした演劇「洪範図」をつくり、四二年に本人の前で初演を行ないました。翌年十月二十五日、洪範図は老患のため逝去しました。

洪範図は抗日武装闘争の指導者として、今日まで朝鮮人のあいだで広く知られています。咸鏡道の郷土民謡を基にした歌「天翔る洪範図」は現在も広く愛唱されています。クジュルウォルダー市にはかれの墓と記念碑があり、町の中心地域にはかれの名を採った洪範図通りが現在も残っています。

中央アジアに移住した高麗人は、自らの存立基盤の構築と地位確保を最大の課題として、ソビエト体制の構成員として社会の諸領域で渾身の努力を傾けました。その功労が認められて三七年から七〇年のあいだまでにカザフスタン高麗人のなかから六七人の労働英雄が生まれています。

中国革命における朝鮮人のプロレタリア国際主義

中国東北地方と中国関内で活動した朝鮮独立運動家たちは、中国革命に寄与することを朝鮮独立運動の一環、国際主義の責務であると認識していました。

中国広州に二〇年代には国共合作の革命政府が樹立され、その士官を養成する黄埔軍官学校がありました。ここでは中国人だけではなく、被圧迫民族の自由と解放を求める朝鮮人、ベトナム人、ロシア人なども多くいました。二七年に蒋介石の上海反共クーデターにより国共合作が破綻すると、中国共産党は広州蜂起を起こします。ここには朝鮮人も多く参加しました。『アリランの歌』の主人公として広く知られている金山（本名：張志楽）も広州蜂起に参加したあと、広東省海陸豊、北京などでの活動を経て、一九三六年に中国共産党中央が位置している延安に行き、軍政学校教員として活動することになります。延安に居ながらも、いつかは朝鮮人の集住地である間島へ行き、直接朝鮮独立運動に関連したいと常に考えていました。そのようなかれが、民族主義的傾向が強いと批判されたばかりでなく、敵区で活動していた時期に日本官憲に逮捕されたことを持ち出され、転向してスパイになったとの濡れ衣を着せられ処刑されてしまったのです。

中国東北地方の東満では、一九三二年十一月から三五年末まで東北人民革命軍第二軍内で反「民生団」闘争が極左に走った誤りのために、二〇〇〇余人の朝鮮人共産主義者が犠牲になりました。その原因は、満州省委や東満特委、各級県党および区党組織の責任ある地位を占めていた一部の左翼日和見主義と分派事大主義者の覇権主義、出世主義の政治的野望にありました。満州省党は東満党指導部の幹部抜擢と配置に際して、従来の朝鮮人中心主義から中国人中心主義に切り換えるという秘密指令を発します。その理由は、少数民族が多数民族を指導することはできないし、そのうえ朝鮮人革命家は分派的習癖と動揺が多く、朝鮮民族解放は一国一党原則に悖るということでした。反「民生団」事件で非業の死を遂げた人たちは、戦場で倒れた人の数をはるかに凌駕しました。これは世界の共産主義運動史に前例を見ない大きな悲劇であり、愚昧と無知の極みでありました。

金斗鎔（キムドゥヨン）は一九〇三年に咸鏡南道咸興で生まれました。父は小学校の校長を務めていました。金斗鎔は小学校を卒業した後、渡日して錦城中学校、旧制三高、東京帝国大学美学美術史学科（中退）に進学します。東京帝大在学時に、新人会、日本プロレタリア芸術同盟に所属して執筆活動に勤しみ、また、朝鮮プロレタリア芸術同盟東京支部の後身である無産者社の雑誌にも執筆しました。三〇年の最初の検挙以後、数回にわたり検挙投獄されます。解放後、再建された日本共産党中央委員候補および朝鮮人部副責任者、在日本朝鮮人聯盟の機関紙『解放新聞（ヘバンシンムン）』主筆として活動します。四七年に北部朝鮮に帰国し、四八年三月の北朝鮮労働党第二次大会で中央委員会候補委員に選出されています。

　これまで、解放後四〇年代後半の在日朝鮮人運動では、朝鮮革命と日本革命との関係において金天海（キムチョンヘ）（日本共産党中央委員および朝鮮人部責任者、在日本朝鮮人聯盟顧問）は民族的な立場を重視し、金斗鎔は日本革命を重視したと評価されていました。しかし、このような理解は朝鮮革命と日本革命を二元的に対立させる認識につながるものであると言えるでしょう。問われなければならない重要な点は、かれらと日本共産党の国際主義の内実と意味がどのようなものであったのかということです。日本共産党が朝鮮人党員であるかれらの国際主義の志を受け止め、共産党の綱領と路線において真の国際主義が実践されたか、どうかという点なのです。

　日本敗戦直後の日本共産党と金天海、金斗鎔の三者間には日本革命とともに「朝鮮の完全な独立」のために植民地搾取と軍国主義に反対し、その権力の核である天皇制を打倒するという点で認識が一致していました。この二つの課題の結合はプロレタリア国際主義の立場に立っていたことを示しています。しかし、日本共産党の姿勢は、その後、大きく変わっていきます。四六年二月の第五回党大会で採択された「当面の基本方針」では、「朝鮮の完全な独立」が除外され、同年、在日朝鮮人運動に関する「八月方針」では、「各地にある朝鮮人だけの細胞やフラクションは、なるべく日共の地域細胞やフラクションに加入し、日本人党員と一体となって活動する」こと、また、「朝連は、なるべく下部組織の露骨な民族的偏向を抑制し、日本の人民民主主義革命をめざす共同闘争の一環として、その民族的な闘争方向を打ち出すことが必要」であると明示しました。

金斗鎔は「八月方針」が出た翌年の四七年、『前衛』に書いた二つの論文で「われわれの運動は、いっぽうにおいては朝鮮の民主主義民族戦線へ、他方においては日本の民主主義革命運動へと、両足へ足をかけて活動していたような格好だった。…しかし今はすでにこのような考え方を完全に清算しなければならない時期に到達している」として、日本革命運動に専心すべきことを強調しました。金斗鎔の朝鮮革命と日本革命との相互連動という初期の認識が、ここでは二者択一式に運動論を展開しています。ここには金斗鎔の国際主義の分裂があり、それを条件づけた日本共産党の朝鮮認識とも関連しており、日本共産党の戦後革命路線の問題性も顕れています。

金斗鎔

金斗鎔は論文を書いた直後の四七年六月に、北部朝鮮へ帰国します。この帰国がどのような意図を持つものであったのかについては、いまだわからないことが多い。しかし、本来、民族的課題と国際的課題を渾然一体として強調してきたかれが、日本という地にはもはや活動の場がないと判断したことは間違いないであろうと思います。

反日民族統一戦線運動が持つ歴史的な意味

海外朝鮮独立運動家たちの経験が、現在を生きるわたしたちに示してくれる歴史的な意味を考えてみようと思います。

国内外の反日愛国力量との合作を図ろうとした朝鮮独立運動家たちの活動は、当然の実を結ぶことができませんでした。日本があまりにも早く敗戦したためです。金九はこのことを非常に惜しみました。かれは日本の降伏を自分にとってうれしい消息というよりも天が崩れるような出来事であったと言い、千辛万苦を乗り越えて参戦準備をしてきたことが無駄になったと嘆いて、自分たちが今回の戦争で役割を果たしていないため、将来における発言権が弱いだろうと心配しました。

しかし、反日愛国力量との合作を図った独立運動家たちの努力が歴史の下地となって、解放された祖国の地で各界各層を網羅する統一戦線の結成となって日の目を見たのです。解放直後、朝鮮の各地で雨後の筍のように生まれた下からの自生的な権力・人民委員会とそれを上から束ねた朝鮮人民共和国樹立の宣言、また、四八年四月の南北連席会議および南北指導者会議による「四・三〇共同声明」（①米ソ両軍撤退、②内戦防止、③全朝鮮政治会議招集と全国総選挙による統一国家樹立、④南朝鮮単独選挙反対）は、李承晩と韓国民主党を除くほぼすべての政治勢力の合意を基になされました。

解放直後の南北や左右を越えた民族的な大結集は、それ以前からの反日統一戦線運動の継承であり、到達点でした。また、歴史的な結果として、アメリカによる単独政府樹立と祖国分断を阻止し得なかったとはいえ、四八年四月の平壌における南北協商の経験は、七二年「七・四共同声明」、そして二〇〇〇年の「六・一五共同宣言」、二〇〇七年の「一〇・四宣言」、また二〇〇六年の「五・一七総聯、民団共同声明」へとつながっていきます。

国際主義の内実と歴史的な意味

海外朝鮮独立運動は周囲の圧力によって多くの紆余曲折を経ざるを得ず、独立運動家たちは大きな苦悩を体験しなければなりませんでした。かれらは臍を噛みながらも、居住国革命に寄与することを国際主義の責務であると認識して、民族的利益と国際的利益という両者を正しく結びつけるために渾身の努力を傾けました。周辺の大きな国の革命のために流した朝鮮人の血が如何に多かったか。だが、国際共産主義運動内に現代修正主義が台頭してからは、国際主義という言葉を使う人たちがあまりいなくなりました。

ロシア十月革命によって生まれたソ連がいまは存在しません。また、沿海州の朝鮮人が中央アジアに集団移住させられて八〇数年になります。これらの出来事は、当時の国際主義の内実を示していると言えるでしょう。海外朝鮮独立運動における国際主義実践の経験は、真の国際主義は大国ではなく小国においてこそ実践されたことを証明してくれます。反帝国主義、反植民地主義、反覇権主義の国際的連帯を如何に構築するのか、朝鮮の経験は、その問いに応答できるような高い質を保っていたことに大きな歴史的な意味があったのだと思います。

第7章

朝鮮解放と分断

――日本の「戦後民主主義」と第四次朝鮮戦争・東北アジア戦争

朝鮮の虐殺（ピカソ・1951年）

年	朝鮮	年	世界
	民志願軍参戦		
1951	休戦会談開始　韓日予備会談	1951	サンフランシスコ講和条約・日米安全保障条約調印
1952	第1次韓日会談		
1953	板門店で停戦協定調印　第2次韓日会談　韓米相互防衛条約調印　第3次韓日会談	1953	スターリン死去
1954	戦後復旧3か年計画開始　ジュネーブ会議	1954	周恩来・ネルー会談、平和五原則発表　インドシナ戦争停戦協定調印
1955	在日朝鮮人総聯合会結成	1955	バンドンでアジア・アフリカ会議、平和十原則採択　ワルシャワ条約機構成立
1956	朝鮮労働党中央委員会8月全員会議	1956	日ソ共同宣言　日本、国連加盟
1958	第4次韓日会談　中国人民志願軍撤退		
1960	4.19革命勃発　張勉内閣　第5次韓日会談	1960	日米相互協力・安全保障条約調印
1961	人民経済発展7か年計画開始　5.16軍事クーデタ　反共法公布　朝ソ友好親善相互援助条約締結　第6次韓日会談　朝中友好親善相互援助条約締結		
1962	朝中国境画定条約締結　金鍾泌・大平メモ		
1963	朴正熙、第5代大統領当選		
1964	第7次韓日会談	1964	トンキン湾事件
1965	韓日条約と付属の4協定調印　ベトナム派兵開始	1965	米、ベトナム戦争直接介入　インドネシア9.30事件

朝　鮮	日本・中国ほか
1945　建国準備委員会・朝鮮人民共和国　ソ連軍、平壌進駐　米軍、ソウル進駐　金日成、元山に上陸　米軍政庁設立　朝鮮共産党北部朝鮮分局設置　北朝鮮行政10局組織　在日本朝鮮人連盟結成	1945　降伏文書に調印　国際連合成立　モスクワ三相会談
1946　北朝鮮臨時人民委員会組織　朝鮮民主主義民族戦線結成　北朝鮮で土地改革実施　第1次米ソ共同委員会開催　南朝鮮で左右合作委員会発足　北朝鮮労働党結成　10月人民抗争　南朝鮮労働党結成　南朝鮮過渡立法議院発足	1946　日本国憲法制定
1947　北朝鮮人民委員会組織　第2次米ソ共同委員会開催　呂運亨暗殺　国連総会、南北総選挙実施を可決	
1948　朝鮮人民軍閲兵式　国連小総会、南朝鮮単独選挙を可決　済州島4.3抗争　南北政党・社会団体連席会議開催　在日朝鮮人の4.24教育闘争　南朝鮮単独選挙実施　大韓民国樹立　朝鮮民主主義人民共和国樹立　反民族行為処罰法公布　麗水・順天で軍隊反乱　国家保安法公布　ソ連軍撤退	
1949　朝ソ経済文化協力協定調印　祖国統一民主主義戦線結成　米軍撤退　朝鮮労働党創立　在日本朝鮮人連盟解散	1949　中華人民共和国樹立
1950　韓米相互防衛援助協定調印　南で農地改革実施　第2回韓国国会議員選挙　朝鮮戦争勃発　国連安保理、国連軍派遣決議　国連軍、仁川上陸・38度線突破　中国人	

一　戦後処理における国際公約と日本の敗戦

第二次世界大戦時に連合国が決議した国際公約は、敗戦国の処理と大戦後の国際秩序を規定しました。

戦後処理における国際公約の両面性

一九四一年八月、対独戦争直後にアメリカ大統領ローズヴェルトとイギリス首相チャーチルが大西洋上で会談し、第二次世界大戦の基本方針を協議しました。両首脳はドイツのヒットラー政権とその同盟国がはじめた侵略戦争の責任を認めたうえで、「世界の一層よい将来」のための基礎として八項目からなる「英米共同宣言（大西洋憲章）」を発表しました。

憲章はまず、民族自決の原則を具体化して、領土不拡大の原則（第一・二項）、すべての国民の政治体制選択の自由、強奪された主権と自治権の回復（第三項）という原則を規定します。憲章は次に、平和の原則を明示して、経済的繁栄、社会保障などの面で国際協力することを明らかにします。憲章発表後、すぐにソ連も支持を表明し、太平洋戦争勃発直後の一九四二年一月に発表された連合国共同宣言に大西洋憲章が導入され、連合国共通の戦争目的になりました。

しかし、大西洋憲章は宣言された理念とは違い、その適用において本質的な制約性を持っていました。四一年九月、ローズヴェルトとの会談を終え帰国したチャーチルは、下院での質問に答えて、インドとビルマ（現在のミャンマー）を憲章の適用から除外すると言いました。チャーチルは民族自決よりもイギリスの植民地主義的秩序を優先したのです。憲章はその後の連合国首脳部の会談においてその限界性を次第に露呈していきます。

四三年十一月二十七日、米国大統領ローズヴェルト、英国首相チャーチル、中国国民政府蒋介石の三人が署名した「カイロ宣言」は、連合国の対日戦争の目的を明らかにしたものです。宣言の前半では日本の侵略責任と処罰、領土不拡大の原則が規定され、後半では第一次世界大戦の開始以後に日本が奪取し占領した太平洋におけるすべての島のはく奪、満州と台湾および膨湖列島の中国への返還、朝鮮の独立が規定され、最後に日本の無条件降伏を要求します。とくに宣言の朝鮮条項で「前記の三大国は、朝鮮の人民の奴隷状態に留意し、やがて朝鮮を自由独立のものにする決意を有する」と明示し、朝鮮の独立を国際公約として規定しました。ソ連は四五年八月八日の対日宣戦布告のときに加わりました。「朝鮮の自由独立」条項は、大韓民国臨時政府指導部の要請を受けた中国の蒋介石の強い要望によって挿入されました。四五年七月のポツダム宣言でも「カイロ宣言の条項は履行せらるべく、また日本国の主権は本州、九州および四国ならびに、われらの決定する諸小島に局限せらるべし」として、朝鮮の独立を確認しています。

四五年二月、ヤルタ会談で採択された「解放されたヨーロッパに関する宣言」は、ファシズムの圧制から解放されたヨーロッパ諸国における秩序回復と経済再建の方法を言及するなかで、大西洋憲章の第二、第三項を直接引用します。

連合国のこのような国際公約には、民族自決原則の適用においてヨーロッパとアジアとではダブルスタンダードがありました。まず、「解放されたヨーロッパに関する宣言」に比べ、日本の圧制下にあったアジアの戦後処理問題を決定したカイロ宣言には民族自決に関する言及がありません。また、ヤルタ会談で決定したソ連の対日参戦についての秘密協定で、ソ連参戦の代価として約束された条件の内に千島列島の引き渡しという、大西洋憲章第一項領土不拡大の原則に反する約束が含まれていました。

歴史のこの段階においても民族自決と植民地主義的「平和」の矛盾は解消されなかったのです。この矛盾は朝鮮問題において如実に現われました。

アメリカの朝鮮信託統治案

カイロ宣言の朝鮮条項の原案は、アメリカ大統領の側近ハリー・ホプキンスの口述によって起草され、四三年十一月二十四日付けで提出されます。この原案は、朝鮮の独立は"at the earliest possible moment"(可能な限り最も早い時期に)とあり、独立が至上目標であるという意味に理解されました。しかし、ローズヴェルト大統領が加筆し、この部分を"at the moment"(適当なときに)と訂正し、他の配慮が即刻独立に優先するという意味に理解されます。最後に、チャーチル首相が"in due course"という表現に修正しました。"in due course"は「適当なコースを経て(やがて)」という意味の言葉ですが、これは信託統治を指しています。信託統治とは、国際連盟の委任統治を受け継ぎ、これを改良して国際連合が国連憲章第一二章に規定した制度のことです。信託統治地域には、旧国際連盟の委任統治地域（例外は南西アフリカ、イギリス領パレスチナ）、第二次世界大戦の敗戦国から分離された地域（イタリア領ソマリランド）、統治国が自発的に信託制度の下に置く地域（実例なし）の三種があります。信託統治下にあった地域は、その後次々と独立し、アメリカ統治下のパラオが一九九四年十月に独立したのを最後に、信託統治下に置かれた地域は消滅し、国連信託統治理事会は活動を休止しました。国際連合の信託を受けて統治を行なう国・施政権者は国際連盟の委任統治時代から引き継がれる国々であるため、形を変えた新しい支配方式だと言えます。大国が植民地という言葉の抵抗感を和らげる隠れ蓑に使ってきたのが委任統治・信託統治、という言葉なのです。

アメリカは四一年十二月の対日開戦以後、戦後の世界秩序について検討をはじめており、大日本帝国から切り離されるべき朝鮮について調査を行なっていきます。米国務省極東局のラングドンは、四二年二月二十日の報告書のなかで、朝鮮は、「少なくとも一世代くらいは強大国の保護と指導、そして援助を受けなければならない」として、信託統治による国際管理を実施すべきとする結論を出します。この報告書は、以後米国務省の政策担当者たちの朝鮮認識の原型をなします。四三年四月三日、国務省対外政策諮問委員会の政治小委員会では、「植民地民衆は自治政府を要求しはじめた。…この地域で革命が発生すれば、世界の安保が危機に陥る。安全ベルトがなければボイラーは爆発するだろう」と指摘しているように、植民地民衆の独立の熱望を改良的に吸収する〝安全ベルト〟が必要だと考えていました。

ローズヴェルトが戦後朝鮮に信託統治を実施する意向を同盟国に最初に表明したのは、四三年三月二十四日の英国外相イーデンとの会談の場でした。これがカイロ宣言の朝鮮条項での「やがて」が意味する伏線になります。カイロ宣言は朝鮮の即時独立を約束するものではありませんでした。一九四三年の時点でアメリカは、日本が敗戦したあと、朝鮮に信託統治を実施する構想を持っていて、カイロ宣言にもそのようなアメリカの意志が強く暗示されました。アメリカの信託統治構想は、朝鮮および東アジア地域においてアメリカの軍事力と経済力が他の国家を圧倒していた条件の下で、朝鮮の民族運動を制御すると同時にアメリカの安保と資本の自由で安全な活動を保つための装置であり、植民地地域に対する新しい国際管理方式として考案されたものと言えるでしょう。

朝鮮信託統治案に対するソ連の態度

テヘラン会談やヤルタ会談の非公式対話のなかで、ローズヴェルトとスターリンとのあいだで朝鮮の信託統治が同意されたかのように一般によく言われていますが、それは正しくありません。四三年十一月二十八日、テヘラン会談（第一次会談）で、ローズヴェルトは朝鮮問題について、「完全独立を獲得する前に、ほぼ四〇年間の訓練期間をおく必要がある」と提案しましたが、これに対してスターリンは沈黙します。

四五年二月八日、ヤルタ会談における非公式対話の席上で、ローズヴェルトはスターリンに、「朝鮮に対してソ連、アメリカ、中国の代表で構成された信託統治をする意図」を語り、そしてフィリピンの自治政府を準備するのにほぼ四〇年かかったが、「朝鮮の場合は二〇年から三〇年でよいだろう」と述べます。これに対してスターリンは、もし、朝鮮人が自分たち自身の政府を樹立しうるとすれば、なぜ信託統治のようなものが必要かと問い、つづけて、朝鮮問題の処理には同盟国の一員であるイギリスも参加すること、後見制は期間が短いほどよい、朝鮮に外国軍が駐留することのないようにと答えました（同席した駐ソ米国大使アベレル・ハリマンの回想録）。

これに関連してブルース・カミングスは、自著で「〔一九四五年〕一二月一六日の最初の会議（モスクワ三相会談）で、バーンズとモロトフは朝鮮の信託統治に対して米・ソのあいだには如何なる合意もなかったことを認め合い（モロトフはヤルタにおけるローズヴェルトとスターリンとの話し合いは、信託統治に対する意見の交換に過ぎないものであったと指摘したが、この指摘は正しい）」と書いています（ブルース・カミングス著、鄭敬模・林哲共訳『朝鮮戦争の起源』第一巻）。また、朝鮮民主主義人民共和国の政党である朝鮮社会民主党の機関誌『朝鮮社会民主党』（一九八九年一号）は、「西方の一部歴史学者は戦争期にすでにソ米間で戦後朝鮮に信託統治を実施することについての『同意』があったように説明しているが、それは間違った解釈である。戦後に行われたモスクワ三相会議での提案が示すように、ソ連が戦後の朝鮮について構想したのはあくまでも朝鮮を遅滞なく独立国家として発展させることであり、それを関係諸国が積極的に支援することであった。ゆえにスターリンがローズヴェルトの信託統治案に沈黙を守ったのは、『同意』の表示ではなく、外交的な『反対意見』の表示であって、朝鮮問題処理に英国の参加を主張したのは、朝鮮の独立に対するより強固な国際的担保を確保するためであった」（カンムンファン「誰がなぜ三八度線を引いたのか」）と指摘しています。

対ソ政策の一環としてのアメリカの朝鮮半島占領案

アメリカの朝鮮半島占領案は四三年末頃から米国務省の対ソ政策の一環として検討されていました。四三年十一月末頃、国務省の領土問題小委員会は、もし朝鮮がソ連の占領下に入れば、中国や日本に対して計り知れないほどの影響を与えるだろうと警戒しはじめます。この頃から米国務省は朝鮮に関する政策文書を次々と立案していきます。四五年六月二十八日、国務省の「極東における戦争終結後のアジアと太平洋地域の情勢予測と米国の目的及び政策」という文書では、「ソ連は極東での戦争に加わるであろうし、おそらくソ連軍が朝鮮の全部あるいは一部を占領するであろう。…ソ連政府は、疑いもなく、かれらの統制のもとで朝鮮に軍政を実施し、最終的には、ソ連によって訓練された朝鮮人指導者たちで構成された、ソ連に友好的な朝鮮政府を樹立させようとするのは、明白である」と指摘しています。つまり、米国務省は首脳会談で提議した四か国（米・英・中・ソ）による信託統治案を朝鮮の戦後処理案として考えながらも、協調すべき連合国であるソ連に対して、不信感と警戒心を強めていました。

四三年のテヘラン会談においてソ連が公式に対日参戦を表明した後、米ソは対日戦に関する軍事参謀会議を重ねますが、そこでは朝鮮とかかわるものは含まれず、ただ、朝鮮半島北部の一部の港が、ソ連軍の作戦目標である満州の日本軍を攻撃するための補助作戦地域として認められていただけでした。アメリカは朝鮮半島における影響力を確保するために、早期に先占しなければならないと考えていました。注目すべきは四五年五月に、国務・陸軍・海軍の三省調整委員会（ＳＷＮＣＣ）における議論のなかで、軍部から朝鮮半島のいくつかの地域、すなわち港湾施設と海軍基地がある釜山・鎮海地域と政治的中心地のソウルおよび朝鮮と満州の接境地域の清津・羅津地域を優先的に確保することが提案されています。これはつまり、この時点で軍部から地域分割占領案が出されているということです。軍部が、東北アジアにおけるソ連の軍事的優位から、朝鮮半島周辺の軍事状況を予測して、信託統治を実施する以前までの占領方式についての見解を明らかにしたものです。

　その後、ポツダム会談の真っ最中、原爆実験が成功したという報に接するや、アメリカはこれこそはソ連と交わした外交的な約定をすべて反古にしたうえで太平洋戦争を短期間に終息させ、東アジアの戦後処理の問題に対するソ連の参加を排除するチャンスだと判断し、八月六日と九日、広島と長崎につづけて原爆を投下しました。しかし、ソ連は間髪を入れず、八月八日夜にヤルタ協定での米国との秘密了解事項に基づいて日本に宣戦を布告し、翌日に中国東北、朝鮮半島北部、南樺太に進撃します。朝鮮進攻はチスチャコフ大将が率いるソ連第一極東方面軍第二五軍と太平洋艦隊の共同作戦によって進められます。九日、ソ連軍は満ソ国境を突破するとともに朝鮮咸鏡北道の慶興を占領し、雄基（現在の先鋒）と羅津に空襲を開始します。十一日に雄基に太平洋艦隊陸戦隊を上陸させ、十二日に羅津に対する上陸作戦を開始するとともに、清津に艦砲射撃を開始します。十三日に羅津は占領され、清津でも上陸作戦が開始され、十六日に占領されます。慶興・雄基戦闘には呉白龍（オベクリョン）ら抗日パルチザン隊員がソ連軍とともに参加しています。

三八度線の設定

ソ連軍の朝鮮進攻、また八月十日に日本のポツダム宣言受諾を知ったアメリカは、急遽八月十日夜から十一日未明まで三省調整委員会会議を開き、朝鮮半島全体がソ連の支配下に入ることを避けるために、半島において北緯三八度線を境界線とし米ソ両軍が暫定分割するという案を確定し、十三日にトルーマン大統領の承認を受けました。アメリカの三八度線分割占領案は、対日戦の早期終結という状況の下で、アメリカのこれまでの対朝鮮占領案を継承したものです。三八度線を境界線としたのは、以南にある首都ソウルを確保するためでした。この案は「一般命令第一号」草案として十四日にソ連側に伝達され、八月十六日にソ連はこれに同意します。

ソ連は対日参戦に先んじる四五年六月二十九日のソ連外務省第二極東局の文書で、「朝鮮が将来日本だけでなく、極東からソ連に圧迫を加えようとする任意のほかの強大国がソ連を攻撃する前哨基地になることを阻止しうるように朝鮮の独立は効果的でなくてはならない…朝鮮が完全に独立する前に何らかの後見制がなされる場合、ソ連はそこに参与しなければならない」と強調したように、朝鮮半島にソ連に友好的な政府を樹立することを優先順位に置き、後見制の実施は次善の策とする朝鮮政策を構想していました。

ソ連が三八度線を承認した八月十六日までは、ソ連軍の作戦は朝鮮半島北部の港に限って行なわれており、本格的に北朝鮮へ進撃し主要都市を占領したのは、八月十六日以後でした。二十一日に元山、城津、二十四日に咸興、平壌、二十五日に南浦、二十七日に海州、新義州を占領したのです。少なくとも八月半ばの段階までは朝鮮占領の計画を持っていなかったソ連にとっては、三八度線による米ソ分割占領案は、米国と対等な立場で朝鮮の戦後処理に臨むことを意味するものとして認識されました。ソ連はアメリカとの協調関係を優先して、三八度線分割案に合意することで朝鮮が自国の攻撃基地にならぬようにすることを朝鮮政策の基本としたのです。

四五年九月二日に日本が降伏文書に署名した直後に、日本国天皇・日本国政府・日本帝国大本営に指令された連合国最高司令官総司令部一般命令第一号は、アジア太平洋地域に展開した日本軍が武装解除し、無条件降伏すべき連合国の軍司令官を定めており、日本本土、沖縄、北緯三八度線以南の朝鮮、フィリピンなどの日本軍はアメリカ太平洋陸軍最高司令官マッカーサー元帥に、満州、北緯三八度線以北の朝鮮、千島列島、樺太の日本軍はソ連極東軍最高司令官ワシレフスキー元帥に、そして中国、台湾、北緯一六度線以北のフランス領インドシナは連合国中国戦区蒋介石最高統帥に降伏するものとされました。

日本の敗戦――ポツダム宣言

一九四五年七月十七日から八月二日にかけ、ベルリン郊外ポツダムにおいて、米・英・ソの三か国首脳会談が行なわれ、七月二十六日に米・英・中の三国首脳の名で日本に向けて共同宣言が発せられました（ポツダム宣言）。日本軍の無条件降伏と日本の民主化・非軍事化を要求した一三か条からなる宣言です。ソ連は八月八日の対日宣戦布告のときに宣言に加わりました。日本政府が宣言発表直後に受諾していれば広島・長崎の原爆、ソ連の対日参戦はありませんでした。ようやく八月十日の御前会議で天皇制護持の条件付き受諾を決定し、スウェーデンとスイスに向けて送信します。それに対する連合国の回答（「バーンズ回答」）は、「降伏の時より、天皇及び日本国政府の国家統治の権限は降伏条項の実施の為其の必要と認むる処置を執る連合軍最高司令官に従属する」としながらも、「日本の政体は日本国民が自由に表明する意思のもとに決定される」とするものでした。米陸軍長官スティムソンによると、この回答の意図は、「天皇の権力は最高司令官に従属するものであると規定することによって、間接的に天皇の地位を認めたもの」でした。これを受け、十四日に改めて御前会議を開き、宣言受諾が決定され、同日付で「終戦」の詔勅が発せられました。九月二日には東京湾に碇泊中の米軍艦ミズーリ号の甲板の上で降伏文書に正式に調印します。

日本の戦後処理は、一連の国際公約にしたがって実施することになっていました。しかし、日本を単独占領したアメリカは冷戦への移行にしたがって日本に非軍事化・民主化を求め戦争・植民地責任を追及するよりも、日本を反共陣営に編入することを優先しました。

八月二十八日、連合国軍による日本占領部隊の第一弾としてアメリカ軍の先遣部隊が日本に進駐し、連合国軍最高司令官総司令部（ＧＨＱ）が連合国の日本占領の指揮に当たります。日本に対しては日本政府を通じた間接統治をとります

十月四日のＧＨＱ「人権指令」によって、十月十日、東京予防拘禁所（府中刑務所）から政治犯が出獄します。釈放された人々は、徳田球一・志賀義雄・金天海・黒木重徳・西沢隆二・山辺健太郎など日本共産党員をはじめとした一六人です。府中刑務所門前で歓呼して出迎えた数百名の人々のほとんどが三多摩地域に居住していた朝鮮人でした。十月十五日には、在日本朝鮮人連盟（朝連）中央総本部結成大会が開かれています。

1945年8月24日、咸興に到着したソ連軍第25軍団チスチャコフ司令官

1945年10月10日、府中刑務所から政治犯が出獄。左から金天海、志賀義雄、徳田球一

日本敗戦から実に五〇余日、「一〇・一〇政治犯釈放」運動に見られる大きな特徴は、日本人と朝鮮人の「一体感」です。寺尾五郎は「戦前からの運動の中で培われていた日本人と朝鮮人の一体感が、そのまま生きていた。文字どおり腕を組み肩

をならべてつっ走っていた」、「その中で、在日朝鮮人がもっていた行動力、戦闘力は、日本人を上まわるすさまじいエネルギーとなって噴き出していました。そのことをよく象徴する一つの事柄が、一九四五年十月十日の状況でしょう」（「戦後直後の日本共産党と朝鮮人運動」未公刊）と述べています。寺尾は日本人と朝鮮人の「一体感」と言いつつも、その実態として、日本人を上まわる朝鮮人のすさまじいエネルギーを指摘しています。戦後直後、各地で朝鮮人団体が結成され、強制連行先の労働現場でも朝鮮人労務者による争議が頻繁に起こっていました。栃木県の足尾銅山でも朝鮮人労務者が帰還要求・貯金および未支給賃金の支払い・死亡者および負傷者に対する補償などを要求して会社側と交渉します。足尾の住民たちは初めは静観していましたが、次第に朝鮮人の処遇改善の運動に刺激を受け、四五年末に足尾銅山労働組合の再建大会が開かれ、朝鮮連盟栃木県本部が連帯のあいさつを行ないました。足尾銅山のような例は日本各地の労働現場でも一般に見られ、戦後の日本労働運動が再開しています。

日本の民衆と在日朝鮮人において、八・一五の迎え方には違いがあるように思います。歴史家の羽仁五郎（はにごろう）は八・一五の体験について次のように述べています。「ぼくが留置場にいたときの八月十五日、日本はポツダム宣言を受諾し、敗戦となって無条件降伏をした。（略）ぼくは牢屋のなかに座って、若い連中がぼくを迎えにきてくれると思って、一日中待っていたが、夕方になってもこない。夜になっても、そして翌日になってもだれもきてくれないそのとき、日本の革命の唯一の絶好のチャンスが失われていくことをしみじみ感じた。いままであんなに淋しい思いにとらわれたことはない」（『自伝的戦後史』新版・二〇〇六年、スペース伽耶刊）。京都学派の哲学者三木清（みききよし）は、戦時中に治安維持法違反で逮捕され収監されていましたが、敗戦後にも釈放されず、ついに九月二十六日に至って悲惨な獄死を遂げています。

八・一五の迎え方において、日本人と在日朝鮮人のあいだには、その主体性の程度において違いがあったと思います。そのため戦後変革期における政治的、社会的運動において日本人は在日朝鮮人の行動力に引きずられていたと考えます。また、あとで触れますが、朝鮮半島における朝鮮人の八・一五体験に比べ、日本人の敗戦体験はいかに貧しいものだったかが浮かび上がってきます。日本の敗戦による従来の価値体系に対する反省が、新たな政権機構を自分たちでつくっていこうといった形に結びつかなかった。上の方の権力機構は一定の変更を余儀なくされますが、末端の町内会ないしは村落、もしくは会社や職場のなかで、古いボス体制、タテの原理がそのまま温存されたまま戦後体制への再編がなされ、戦前からの閉鎖的な生活意識などが戦後にそのままずるずると継承されてしまったのではないでしょうか。

新版・スペース伽耶刊

三木清

アメリカの日本単独占領

日本の占領政策は、極東委員会で作成された政策に基づいて、連合国軍最高司令官が管理することになっていました。ワシントンに置かれた極東委員会には、連合国のうちアメリカ・イギリス・ソ連・オランダ・フランス・カナダ、そしてアジアから中国・フィリピン・インド・ビルマ・パキスタン、オセアニアからオーストラリア・ニュージーランドの一三か国（当初は一一か国）が入りました。

そのなかでも米・英・中・ソの四か国には極東委員会の政策決定に対する拒否権が与えられており、さらにアメリカには、他の三か国が拒否権を発動してもそれを排除して自らの意思を貫徹する「緊急中間指令権」と呼ばれる権限が認められていました。したがってこの両者を使うことによってアメリカは、事実上政策の実権を握っていたことになります。

このように、事実上アメリカの単独占領でしたが、そのあいだにはソ連の抵抗がありました。ソ連のスターリンは、ドイツのように占領区域を分けてそのそれぞれを連合軍が管理する分割占領を行なうか、それともソ連は占領に加わらずアメリカに任せるか、のいずれかであると考えていました。ソ連にとっては、ソ連軍がアメリカの管理下に置かれるなどということはあってはならないことであり、前者が通らないのであれば、占領には参加しないという選択のみが残されていました。

しかしソ連は、アメリカの緊急中間指令権に対しては抵抗を示し、米・英・ソからなる連合国対日理事会が設けられたのも、その所産でした。結局ソ連は、ソ連のバルカン・東ヨーロッパの管理における優越権を認めさせる代わりに、アメリカの日本の管理の優越権を認めるということで折り合いました。

イギリスや中国も手放しで認めていたわけではありません。しかし、イギリスは財政的に困難な状況にあり、大きなコストのかかる日本の占領は優先順位の低いところにあり、かつヨーロッパ・中東問題でアメリカの援助を必要としていた関係からも、アメリカの意向を追認することになります。中国はなによりも自国の経済再建のために日本からの賠償を望んでおり、日本の復興によって賠償が可能になると考えて、占領をアメリカに委ねました。

一国主義が強く支配しているアメリカを前に、これらの国々は、こうした事情によってそれに妥協していくことになったと考えられます。

極東国際軍事裁判（東京裁判）

日本の戦争犯罪者の処罰を規定したポツダム宣言に基づいて、一九四六年五月から極東国際軍事裁判（東京裁判）がはじまります。この裁判は戦争それ自体を国際法上の違法行為と見る世界的な流れのなかで、従来の戦争犯罪のほかに、「平和に対する罪」「人道に対する罪」を含む新しい戦争犯罪概念を裁判所条例に加えました。連合国軍総司令官の管轄の下で米国、英国、ソ連、中国など一一か国を原告にして、東条英機（とうじょうひでき）など二八名のA級戦犯を被告としました。判決は一九四八年十一月に下り、東条以下二五名が有罪となりました。しかし、最高の戦争責任者である天皇の責任は追及されず、大資本家、高級官僚の罪も問われませんでした。この裁判はアメリカの冷戦政策および対日占領政策の流れのなかで、コラボレーター（協力者）の育成というアメリカの政策的配慮が優先されたため、侵略的な権力および勢力を永遠に日本から除去するという当初の目的は達成することはできませんでした。

天皇をはじめ日本の支配層は、自分たちの運命をただ黙ってアメリカに預けたのではなかった。かれらはアメリカの冷戦体制構築の一環としての対日戦後構想を積極的に逆利用し、「天皇外交」と呼ばれるぐらいに天皇が先頭に立ち、マッカーサーと直接会い、戦争責任を一部の軍人になすりつけ、自分を弁護する行動を主導して行ないました。「東京裁判」は、そのような意味で「米日の合作品」であったのです。

極東国際軍事裁判判決では、日本軍性奴隷を含む植民地責任や七三一部隊の細菌戦などを裁くことはありませんでした。当時の朝連は天皇・朝鮮総督の植民地責任の追及を極東国際軍事裁判所に要求していました。いっぽう、日本が占領していた各地では連合国七か国による、いわゆるBC級戦犯裁判が行なわれました。その結果、九二〇人が死刑を執行されますが、そのうちには朝鮮人二三人、台湾人二六人が含まれます。

二　朝鮮解放と南北分断

解放を主体的にむかえた朝鮮人民

八月十四日の夜、ポツダム宣言を受諾するという天皇の詔書が朝鮮総督府に伝達されました。翌日の早朝八時に朝鮮総督府の遠藤柳作(えんどうりゅうさく)政務総監が建国同盟の指導者呂運亨と面会し、日本降伏後の治安問題と日本人の保護を申し入れます。呂は全国の政治犯・経済犯の即時釈放、ソウル市民のための三か月分の食糧確保、治安維持と建国運動のための政治活動に干渉しないこと、などを条件に申し入れを受諾します。呂はすぐに建国同盟員の会合を開き、朝鮮建国準備委員会（チョソンコングクチュンビウィウォンフェ）と改称し、委員長に呂運亨、副委員長には安在鴻（アンジェホン）が就きます。翌日、呂運亨は五〇〇〇人の群衆を前にして演説し、安在鴻もラジオを通じて演説して、団結と流血の阻止を訴えました。八月十五、十六日には全国各地で政治犯、経済犯が釈放されます。南朝鮮だけでも一万六〇〇〇人を数えます。非転向のまま獄中につながれていた共産主義者や民族主義者、もしくは地方で民衆の信望を受けて活動していた無名の人々が一斉に外に出て、植民地期の新幹会や労農組合、小規模なサークルなどの基盤を再建しながら、下から建国準備委員会を支える自主的な自治組織―建準支部を創り出していました。八月末までに組織された建準支部の数は、南北を合わせ一四五か所に達していました。建準支部には、対日協力者を除く広範な政治勢力が参加し、民族統一戦線の性格を有しました。九月六日には

徽文（フィムン）中学校の校庭で市民とともにいる呂運亨

8月16日に刑務所に収監されていた政治犯が釈放される

國號는朝鮮人民共和國
六日全國人民代表大會에서
建國大業에總團結

朝鮮人民共和国の創建を知らせる『毎日新報』

朴憲永と呂運亨

各地の人民委員会の代表がソウルに集まって全国人民代表者大会を開き、「朝鮮人民共和国」（人共）の樹立を宣言します。これは、米軍進駐という非常な時局を前にして、政府樹立を宣言することにより米軍の直接統治を阻止しようとした措置でした。主席に李承晩（右派）、副主席に呂運亨（中道左派）、国務総理に許憲（左派）、内務部長に金九（右派）、外務部長に金奎植（中道右派）、文教部長に金性洙（右派）、軍事部長に金元鳳（左派）、財務部長に曺晩植（中道右派）を選出し、中央人民委員を合わせ、国内外の共産主義者、民族主義者ら左右両派の著名な独立運動家がほぼ網羅されました。朝鮮人民共和国の建国が宣言されると、朝鮮建国準備委員会は中央人民委員会と名称を改め、地方の支部が人民委員会という名に統一されていきます。この改編はおおむね左翼が主導します。

　建準・人民委員会は、各地で農民組合や労働組合の結成を助けて、大事な備蓄食料の散失を防ぎ、その年の稲の刈り入れを無事に終わらせることができたばかりか、多くの工場と企業の運営に当たりました。また、森田芳夫の『朝鮮終戦の記録』によれば、八月十六日から二十五日までに総督府に報告された殺傷事件数は、殺害二八人（そのうち日本人六人）、傷害七五人（日本人八人）、殴打暴力一三九人（日本人二一人）に達していたとされています。この数をどう見るかは人によって異なるでしょうが、四〇年間におよぶ植民地支配による被害を受けた民衆の恨みを考えると、報復的な暴力というのは非常に少ないと思います。またこの数のほとんどが親日的な朝鮮人であって、日本人は少なかったことがわかります。建準の治安隊はあのような不安極まりない状況のなかで、よくも三週間にわたって秩序を保ち得たと驚かされます。

左翼・進歩派は、植民地期以来の民族解放運動の継続により、解放後も住民の多大な支持を受けていました。八・一五直後から国内の共産主義者たちはソウルを中心として全国的に活動をはじめます。解放前からのセクトの関係がからんで、はじめ長安派と再建派の二つの朝鮮共産党ができますが、長安派には植民地末期における転向経験者を含んでいたために、非転向者からなる朴憲永（パクホニョン）を中心とする京城（キョンソン）コム・グループの再建派がイニシアティブをとって、九月八日に朝鮮共産党は一つの党として再建されます。地方ごとに党組織が組織されていき、人民委員会を主導していきます。

朝鮮共産党は、四五年十一月五日、朝鮮労働組合全国評議会（全評）、同年十二月八日全国農民組合連盟（全農）、同年十二月十一日全国青年団体総同盟（青総）、同年十二月二十二日全国婦女総同盟（女総）などの外郭団体を組織し、政局の主導権を握ります。呂運亨や白南雲（ペクナムン）らの中道左派は、前者は十一月に朝鮮人民党（チョソンインミンダン）を、後者は翌年二月に南朝鮮新民党（ナムジョソンシンミンダン）を組織しましたが、左派に対して主導権を握ることはありませんでした。

このように、解放直後から、日本の植民地支配に対する非妥協的な抵抗運動の延長線上に自主的な建国運動が展開され、左右両翼を網羅した統一戦線的な政府の樹立を宣布しました。全国各地における広範な大衆の政治参加は、まさに朝鮮史上、空前絶後のものでした。連合国の力を借りるまでもなく、自分たちの力でそこまでやってしまいました。

人共については、それが海外において抗日運動をつづけてきた人たちとの合意がなく、あまりにも大会が性急に召集されたと批判する向きがあります。人共は、成立の過程を見ると確かに俄ごしらえの卓上のプランです。しかし、米軍が上陸する前に大急ぎでつくった情勢判断は間違っていたと言えるでしょうか。また、人共の指導部の構成には、民衆の理想とする政権像が反映されていると思います。わたしは、もし外来勢力による干渉がなかったとすれば、人共は、それこそ数か月を出ずして朝鮮半島の全域において勝利を占めたであろうと考えます。

アメリカ軍の軍政

日本の降伏当時、朝鮮半島に最も近い距離にあった米軍の部隊は沖縄に駐屯していたジョン・ホッジ中将が率いるアメリカ第一〇軍第二四軍団であり、この軍隊を南朝鮮に派遣することが決定されました。ホッジは八月末から南朝鮮駐屯の日本軍第一七方面軍と無電で連絡を取りつつ、朝鮮半島に対する情報を収集しました。日本軍は朝鮮人共産主義者が平和と秩序を乱していると伝えるなど、偏見に満ちた情報を流しました。

九月八日、アメリカ軍第二四軍団は仁川に上陸し、朝鮮総督府および第一七方面軍の幹部と接触しましたが、朝鮮人代表との面会は拒否します。九日に第一七方面軍司令官および朝鮮総督とのあいだで正式に降伏文書に署名しました。上陸の前日に飛行機から南朝鮮全域に撒布された太平洋アメリカ陸軍総司令部マッカーサー司令官の布告文第一・二号は、総督府と行政機関は別途の命令があるまで維持されるとし、これに反して秩序に違反する者には軍事裁判で死刑をはじめ厳罰に処するというきわめて高圧的な内容でした。十九日には在朝鮮アメリカ陸軍司令部軍政庁（米軍政庁）が設置され、軍政長官にアーノルド少将が就き、軍事統治が本格的にはじまりました。

親日派・右翼は解放直後は表立った活動を控えていました。しかし、米軍進駐を好機と捉え、四五年九月十六日に宋鎮禹・金性洙・張徳秀らにより、韓国民主党（韓民党）が結成されます。韓民党は大韓民国臨時政府（臨政）の帰国を呼びかけ、その奉戴を掲げて活動を開始します。植民地期の親日の経歴に臨政の「正統性」をまとい、人民共和国と左翼が主導する政治局面に対抗しようとしたのです。

十月十日、アーノルド軍政長官が、米軍政庁が唯一の政府であると声明して朝鮮人民共和国の存在を否定し、人民委員会や治安隊などに解散を命令しました。米軍政庁は十月五日に行政顧問に朝鮮人一一人を任命しますが、そのほとんどを韓民党系が占めていました。また、右翼・保守派や植民地期の官僚・警察官・軍人を実務能力と効率性に対する期待から軍政庁に再雇用します。とりわけ、四六年末まで軍政警察幹部のうち警尉以上の一一五七人中八二％の九四九人が植民地警察出身であり、軍関係では、四五年十二月五日に軍事英

米軍の南朝鮮進駐

大韓民国臨時政府の金九ら要員の第一陣帰国

語学校が開校しますが、将校に任命された一一〇人中日本軍出身が八七人、満州国軍出身が二一人を占めました。親日派の既得権が維持されたのです。

同年十月十六日、長年アメリカで独立運動に携わっていた李承晩が帰国します。長期の亡命生活により確固たる国内基盤がなかったかれは、派閥や党派を越えた存在を自任し、二十三日に自らが中心となる独立促進中央協議会（独促）を結成します。やがて、対日協力者の処理をめぐって左翼と決裂したあと、右翼・保守派と連携する方向に進みました。

他方、中国で活動していた大韓民国臨時政府グループは、十一月二十三日の金九、金奎植らの第一陣につづいて、十二月二日に趙素昂、金元鳳らの第二陣が中国・重慶から個人の資格で帰国します。金九は趙素昂とともに韓国独立党（韓独党）を組織します。しかし、金九は臨政法統論を固執するあまり、左派の人共、右派の韓民党、李承晩、米軍政と対立し、政局を主導することができませんでした。

朝鮮人民共和国を米軍政に否認された左派・中道勢力は、それぞれ独自の組織活動に乗り出します。朝鮮共産党のほか中道左派の政党として、四五年十一月十一日に呂運亨・張建相・李如星らを中心とする朝鮮人民党が結成され、さらに、北朝鮮における朝鮮独立同盟系の朝鮮新民党の結成に呼応して、四六年二月に白南雲を中心に南朝鮮新民党が結成され、中道左派勢力の結集を図っていきます。

ソ連軍の軍政と北朝鮮の建国運動

平安南道(ピョンアンナムド)では、八月十三日、道知事の古川兼秀(かねひで)が、敗戦後の治安維持に関して、古参の民族主義者である曺晩植に協力を要請します。八月一七日に曺晩植を委員長として民族主義者を中心に平安南道建国準備委員会が設立され、治安維持の活動を開始しました。

北朝鮮に進攻したソ連軍は、八月二十六日には平壌に第二五軍司令部を設置し、八月末までに三八度線以北地域のほとんどを占領しました。ソ連軍司令部は主要な地域に衛戍(えいじゅ)司令部を置き、治安維持にあたるいっぽう、地方行政は各地の人民委員会に委ねました。それまで各地では民族主義者と共産主義者により名称の異なる様々な自治団体が組織されていましたが、ソ連軍の介入により、左右合作の人民委員会に改編されていきます。平安南道でも二十九日に、チスチャコフ司令官の仲介のもとで平安南道建国準備委員会は平安南道共産党委員会（責任秘書・玄俊赫(ヒョンジュンヒョク)）と共同して平安南道人民政治委員会（委員長・曺晩植）に改編されます。北朝鮮では九月末までに各道に人民委員会が設置され、小作料三・七制、「敵産」（日本人の財産）接収などが実施されます。

米軍の南朝鮮進駐

1945年8月26日に平壌に入城したソ連軍第25軍団チスチャコフ司令官が曺晩植と会談

九月初旬ソ連軍司令部にロマネンコを長官とする民政部が設置され、その傘下に行政・政治部、産業部、財政部、商業・調達部、農林部、通信部、交通部、保健部、司法・検察部、保安・検閲部など一〇個の部署が置かれます。人民委員会は、ソ連軍民政部と協力して統治を進めます。北朝鮮で実質上間接統治が実施されていきました。

ソ連軍の占領方針は一九四五年九月二十日に最高司令部のスターリン大元帥の指令で示されました。そこでは、ソ連式の秩序を導入することや領土の獲得は目的ではなく、「北朝鮮に反日的民主政党と組織の広範な連合を基礎としたブルジョア民主主義政権を樹立すること」とあります。「スターリン指令」について、ソ連が北朝鮮において単独政権樹立を早くからめざしていたと指摘する研究者がいます。しかし、わたしはそのような見方は妥当であると思いません。まず、ソ連は対米協調を外交政策の柱としており、当時の米ソ関係はソ連が分断政権樹立を求めるほど悪化していなかったということ、また、左派が政局の主導権を握っていた状況で、北朝鮮に単独政権を進めていく理由がなかったことなどです。「スターリン指令」は、北朝鮮に左右連合の「親ソ」的な権力機関を樹立し、これを土台にして全国的な統一政府樹立においてソ連に有利な立場を確保するための腹案であったと見ることができると思います。

「スターリン指令」後、北朝鮮地域における行政の集権化が進んでいきます。十月八日から十日にかけて、北朝鮮五道（咸鏡北道・咸鏡南道・平安北道・平安南道・黄海道）人民委員会連合会が開催され、地方行政機関の統一について協議します。そして十一月十九日に北朝鮮地域全体の行政を担う行政一〇局が設立され、ソ連軍民政部から行政事務が委任されます。さらに十一月二十八日には曺晩植を委員長とする北朝鮮五道行政局となりました。

政党活動も再開されます。解放直後、北朝鮮地域でも玄俊赫、金鎔範（キムヨンボム）、呉琪燮（オギソプ）に代表される共産主義者たちが活動を再開し、建準支部や人民委員会に参加するとともに、道を単位とする共産党の地方組織をつくりますが、北朝鮮独自の革命を遂行すべきか、ソウルの朝鮮共産党中央の指導を受けるべきかをめぐり対立し、また、民族主義者との合作についても、意見は統一されませんでした。九月三日に平安南道共産党委員会責任秘書兼平安南道人民政治委員会副委員長であった玄俊赫が暗殺される事態まで起こります。

そうしたなか、九月十九日に抗日パルチザンが「朝鮮工作団」（団長・金日成（キムイルソン））という組織を掲げて元山港に帰国します。中国東北で抗日闘争を展開していた金日成将軍らパルチザン部隊は、一九四〇年以後、ソ連沿海州ハバロフスク州ビャツコエ村の基地でソ連極東軍傘下の独立八八旅団第一大隊（朝鮮人部隊）を編成して、第二五軍司令官チスチャコフや同軍事委員レベジェフとの関係を持っていました。かれらは基地内で、対日戦に備えるいっぽう、解放された朝鮮の新国家建設の構想を練っていました。朝鮮人部隊には、崔庸健（チェヨンゴン）・金策（キムチェク）・金一（キムイル）・崔賢（チェヒョン）といった古参の隊員らがいましたが、若い金日成を自分たちのグループの指導者に推しました。その理由には、朝鮮民衆から民族的英雄と崇められていたかれの高い知名度と、指導者としての個人的な実力が含まれていました。金日成主席は『回顧録』（第八巻）のなかで対日参戦の直前にモスクワへ行き、対日戦に備えたソ連軍総参謀部の会議に参加し、ジダーノフ（ソ連共産党中央委員会政治局委員）と解放後の朝鮮独立問題について意見を交わしたと述べていますが、ソ連も当時から金日成に注目していたのです。帰国した朝鮮工作団の金策、安吉（アンギル）、金京錫（キムギョンソク）、趙正哲（チョジョンチョル）、林春秋（リムチュンチュ）らは直ぐに各地の衛戍司令部の副司令官として派遣され、各地の人民委員会や共産党と連携してその指導に当たります。金日成団長は二十二日に平壌に入り、その任に当たります。

十月五日から朝鮮工作団員たちと北朝鮮各地の共産党指導者たちとのあいだで、北朝鮮地域における共産党の指導機関を設置する問題を討議するための予備会議が開かれますが、賛否が分かれたために、八日にソウルの朴憲永朝鮮共産党責任秘書を招請し、開城北方のソ連軍三八度線警備司令部で、金日成と朴憲永が初めて対面することになります。会議では、朴憲永は朝鮮共産党中央委員会の指導のもとで南北双方とも「八月テーゼ」に明示された政治路線と組織路線を実践しなければならないと主張しましたが、金日成は南北が置かれている政治状況の違いから北は地域的特性に合う新しい路線が必要であると主張します。最終的には北の状況に符合する新しい政治路線と組織路線を採択することと、同時に北部五道党を指導する「中間指導機構」として北部朝鮮分局を設立することに合意しました。十月十日から十三日まで、西北五道党責任者および熱烈者大会が開催され、「朝鮮共産党北部朝鮮分局（チョソンコンサンダンブクブチョソンブングク）」の設置を決定します。第一秘書に金鎔範、第二秘書に呉琪燮、執行委員には金日成をはじめ一七人が就きます。十月十四日にソ連解放軍・歓迎平壌市民大会（「金日成将軍歓迎平壌市民大会」とも言われる）が開かれ、金日成将軍が曺晩植、金鎔範とともに登壇し、初めて大衆の前に姿を現します。二十三日にはソウルの朝鮮共産党中央委員会は北部朝鮮分局を承認します。このように北部朝鮮分局の設置は、ソウルの朝鮮共産党中央の下にある北部朝鮮地域の組織という形式をとりますが、実質的には北朝鮮五道党を統一的に指導する中央組織として機能することに合意したのです。

ところで、当時ソ連軍下で共産主義者が進める行政に対する不満も少なくありませんでした。十一月七日に咸興、二十三日に新義州（シニジュ）で現地の共産主義者に反対するキリスト教徒、学生たちのデモが起こりました。背景には、ソ連軍兵士の横暴・略奪行為があり、地元の共産党・人民委員会のキリスト教徒・地主に対する非人道的行為がありました。元来キリスト教勢力が強い地域であったためそれに対する反発が強かったのです。この事件の解決は容易ではなく、新義州の場合には、金日成が直接収拾に乗り出さざるを得ませんでした。十一月二十四日、金日成は新義州駅前広場で大衆の前で演説し、この事件にはソ連軍・共産党に対する誤解があり、背景には民族反逆者・反動分子らの策動があるとするいっぽう、流血事件にまで至ったのには地元の共産党・人民委員会の過ちもあると批判し、自らの共産党への帰属を明らかにしました。この事件を契機に、金日成は自ら表面に出て政局を掌握することを決意したと言われています。十二月十七・十八日の北部朝鮮分局第三次拡大執行委員会では金日成が責任秘書に選出され、名目上においても指導者となります。

金日成将軍歓迎平壌市民大会

1945年12月中旬に延安から帰国した朝鮮独立同盟と朝鮮義勇軍の幹部たち。
左から朴孝三、崔昌益、韓斌、金枓奉、金武亭

十二月十三日には、キリスト教徒を中心とする朝鮮民主党（チョソンミンジュダン）が結成されます。委員長に曺

晩植、副委員長には抗日パルチザン出身の崔庸健が就きます。当初、曺晩植は金日成に、入党し要職に就くことを要請しますが、金日成は朝鮮民主党との合作を重視するところから、自分に代わって崔庸健を推薦したと言われています。曺晩植と崔庸健は平安北道定州・五山学校の師弟関係に当たり、曺の求めに応じて崔を民主党に派遣したのです。十二月十三日に中国の延安で朝鮮独立同盟とその軍事組織である朝鮮義勇軍（チョソンウィヨングン）に結集して活動していた金料奉（キムドゥボン）らの共産主義者が帰国します。金（キム）武亭（ムジョン）・金昌満（キムチャンマン）・朴一禹（パクイルウ）・許貞淑（ホジョンスク）らは北部朝鮮分局に加わったものの、他の指導者らは四六年二月十六日に朝鮮新民党を結成しました。主席に金料奉、副主席に崔昌益（チェチャンイク）と韓斌（ハンビン）が就きます。四六年二月八日には金達鉉（キムダルヒョン）ら民族主義者により天道教青友党（チョンドギョンチョンウダン）が設立されます。

モスクワ三国外相会議

一九四五年十二月十六日からモスクワで行なわれたソ・米・英三か国の外相会議は、世界的な戦後処理問題とともに、朝鮮問題を討議しました。アメリカが朝鮮人の自治能力を否定し、米・英・中・ソ四か国による二〇年ないし三〇年間の信託統治の実施を提案したのに対し、ソ連は民主主義臨時政府の創設と五年間の期限付きで「後見制」の施行を主張しました。二十七日、両案の折衷と修正により、ソ連案を骨子にした協定が成立しました。すなわち、①先に民主主義臨時朝鮮政府を樹立し、②臨時朝鮮政府の結成を助けるために米ソ両軍代表による共同委員会を組織し、③米ソ共同委員会は臨時朝鮮政府と民主的諸団体を参加させて、朝鮮の独立を援助する諸方策を作成する。米ソ共同委員会の提案は、臨時朝鮮政府と協議の後、五か年を期限とする信託統治（後見制）協定を作成するために、米・ソ・英・中諸国の審議を受けなければならない、と定められました。

ジョージ・ケナンの回顧録によれば、ソ連は米英の信託統治とは異なる概念を持っており、実際に、モスクワ外相会議の朝鮮に関する認識は、信託制ではなく「後見制（Guardianship）」とされているなど、米ソ間では朝鮮の信託統治をめぐる規定の解釈に齟齬が見られました。アメリカは、朝鮮を親米的な国家として独立させることを望んでおり、現在の左翼・進歩派主導の国内政治を危惧し、独立までに親米右翼勢力を十分に育成することを狙っていました。そのためには、独立までの時間的な余裕を必要としたのです。それに対して、ソ連は、朝鮮を親ソ的でソ連攻撃の基地とならない国家として独立させることを希望しており、現在の左翼・進歩派主導の国内政治を評価していました。それゆえ、短期間の後見制を経て独立を容認する意向でした。

モスクワ協定は、まず民主主義臨時政府の樹立を謳うなど朝鮮人の自治権を最大限に認めており、臨時政府の発展程度によっては信託統治を回避しうる可能性も含んでいます。そのため当時のソ連や南北の左派は、「後見制」という言い方をしていたのです。

三　一九四六、四七年南北朝鮮の政局

左右対立

事実上韓民党の機関紙と化していた『東亜日報』は、四五年十二月二十七日に、モスクワ三相会

議でソ連が信託統治を主張したのに対して、アメリカは即時独立を主張したとの捏造記事を掲載しました。これをきっかけに右翼・保守派は、人々の民族感情を利用した激烈な信託統治反対（反託）を掲げて、反ソ反共運動を展開し、この機会に左翼・進歩勢力に対する劣勢を挽回しようとしました。米軍政は、右翼・保守派が主導する反託運動を黙認あるいは後援しました。

他方、左翼・進歩派は当初モスクワ協定に戸惑いましたが、十二月二十八日の朴憲永の平壌への秘密訪問によるソ連および北朝鮮分局との意見調整を経て、翌年一月二日に朝共は、決定案支持の声明を発表します。

南朝鮮において反託運動の急先鋒に立ったのは、金九らの大韓民国臨時政府系の人々でした。かれらは十二月二十八日に政党・宗教団体・言論機関代表者を招請して信託統治反対国民総動員委員会を組織し、三十日に反託示威大会を開催してゼネストの実施と米軍政に対する臨政承認の要求を決議します。しかしこのような動きに対して、ホッジが「クーデターとみなす」と警告したため、ゼネストを中止せざるを得ませんでした。そこで金九は一月四日に、左翼を含む各勢力代表による非常政治会議を発足させ、過渡政府を樹立するとの「非常対策」を発表しますが、左翼側からの反応はなく、結局、李承晩と金九が合流し、二月一日に右翼・保守派の九〇余団体が結集して非常国民会議が設立されます。

米軍政は二月十四日に非常国民会議のメンバーをそのままにして、自らの諮問機関である南朝鮮代表民主議院（民主議院（ミンジュウィウォン））に改編し、李承晩を議長、金九・金奎植を副議長にします。米軍政の意図では、モスクワ協定の「民主主義臨時政府」の樹立に備え、米軍政の朝鮮人への肩代わりを図るものでしたが、左派・中道派の参加拒否により、右翼・保守派偏重の機関にとどまりました。民主議院は、四六年十二月十二日に南朝鮮過渡政府立法議院（立法議院）に改編され、民政長官に安在鴻が選出されました。立法議院は、間接制限選挙による民選議員と米軍司令官による官選議員で構成され、選挙では左翼・進歩派が選挙をボイコットしたため、これも右翼・保守派偏重の機関となりました。

他方、人民委員会・人民共和国は四五年中には完全につぶされてしまいますが、立法議院設立の翌日である四六年二月十五日に、モスクワ協定の「民主主義臨時政府」の母体となることをめざして、朝鮮共産党や朝鮮人民党、南朝鮮新民党などの左派政党や関連団体が結集して、民主主義民族戦線（民戦）という新たな左翼の統一戦線をつくりだしていきます。民戦には臨政からも金九と袂を分かつことになった金元鳳・金星淑・張建相らが参加しており、日本からも在日本朝鮮人連盟（朝連）が参加しています。議長団には、呂運亨、許憲、朴憲永、金元鳳、白南雲が選ばれます。民戦は、

反託演説をする金九

モスクワ三相会議決定を支持する集会

第一次米ソ共同委員会

四五年十月に解散を命令された朝鮮人民共和国の後継組織としての役割を担うものでした。このようにして、南朝鮮の政治勢力は、反託を掲げて民主議院に結集した右翼・保守派と、モスクワ協定支持を掲げて民戦に結集した左翼・進歩派とに分極化し、左右の対立構造が確定しました。

このようななか、四六年一月十六日の米ソ共同委員会の予備会談につづいて、三月二十日にソウルで第一次米ソ共同委員会（共委）が開催されます。しかし、会議は、共委が協議対象とすべき「朝鮮の民主的政党および社会団体」の定義をめぐって暗礁に乗り上げます。ソ連がモスクワ協定に反対する活動（反託運動）を行なう政党・社会団体の排除を主張したのに対して、アメリカは「言論の自由」を盾にして、立場は反託でも共委との協議は可能との主張をします。結局、米ソ共同委員会は五月八日の二四回をもって無期延期となってしまいます。

「民主改革」と「民主基地」

モスクワ会議での信託統治案（後見制）は、北朝鮮でも民族主義者の反発を招きました。その中心にいたのが曺晩植でした。金日成責任秘書は、曺晩植に対して説得を試みたものの、失敗しました。そこで、四六年一月二日に平安南道人民政治委員会および五道行政局委員長であった曺晩植を解任し、朝鮮民主党委員長には崔庸健が就任します。

北朝鮮では五道行政局が臨時に中央行政機構の役割を果たしていましたが、モスクワ協定に対応する確固たる中央行政機構を設立する必要が生じました。四六年二月八日に北朝鮮各政党・社会団体・各行政局および各道・市・郡人民委員会代表拡大協議会が招集され、北朝鮮臨時人民委員会が結成されました。委員長には金日成、副委員長には金枓奉、書記には民主党の康良煜（カンリャンウク）が選出されます。臨時人民委員会は、二月二十三日に日帝残滓の清算、国内反動勢力との闘争、無償没収・無償分配原則の土地改革実施、重要産業の国有化、個人商工業の奨励、八時間労働制の実施、男女平等権など、二〇か条からなる政綱を発表し、短期間で実施していきました。とくに三月五日に採択された「土地改革法令」は、日本人と親日派の土地、五町歩以上の土地所有を無償没収し、農民に無償分配したうえで、その所有権の相続・売買・賃貸を禁止しました。「民主改革」と呼ばれる一連の改革を通じて北朝鮮の政治・経済・文化・社会の諸分野において革命ともいうべき変化が起こりました。四七年、四八年度に単年度の経済計画を施行することにより、経済力が急速に向上しました。解放前（四四年）より工業生産は二〇％、農業生産は四〇％増加し、国民総生産は二倍になります。この成果に基づいて、四九年二月に二か年経済計画（四九～五〇年）を発表し、本格的な計画経済政策に着手します。

「民主改革」の完了後、北朝鮮では米ソ共同委員会の決裂を通じて南北分断の危機がいっそう高まったという判断のもと、「民主基地論」がいっそう強調されるようになります。四六年四月、朝鮮共産党北部朝鮮分局は北朝鮮共産党中央委員会と改称し、ソウルの朝鮮共産党中央からの独自性をいちだんと高めました。七月二十二日には、きたるべき人民委員会選挙のための統一戦線体として、四政党・一三社会団体を網羅した北朝鮮民主主義民族統一戦線（北民戦（プクミンジョン））が結成されます。

この時点で、民主党員一四万人、共産党員四万三〇〇〇人、新民党員一万五〇〇〇人であり、民主党に対して共産党は少数政党でした。そこで大衆政党づくりが進められ、八月二十八日には同じく社会主義を志向する北朝鮮共産党と朝鮮新民党が合同し、北朝鮮労働党（北労党（プンノダン））が結成されました。委員長には新民党の金料奉、副委員長には金日成が選ばれました。以後、急速な党建設にともない党員数が増加し、四八年三月の第二回大会までには七五万三〇〇〇人に達しました。

十一月三日に道・市・郡人民委員選挙が実施されます。選挙は、事実上各選挙区に北民戦が決定した単一候補者が立候補する形で行なわれ、投票率九九・七％、賛成率九七・一％という結果を残しました。四七年二月十七日から二十日にかけて道・市・郡人民委員会大会が開催され、二十日に立法機関として、金料奉を議長とする北朝鮮人民会議が発足します。この人民会議が、民主主義臨時政府樹立までのあいだ、北朝鮮人民政権の最高機関であるとされました。そして、司法機関の長たる最高裁判所所長および最高検察所所長を任命します。二十二日に、行政機関として、北朝鮮人民委員会が発足しました。委員長には金日成が選ばれました。この北朝鮮人民委員会は、モスクワ決定による臨時政府が樹立されるまでの北朝鮮地域単独の政府であるとされました。

左右合作と朝鮮共産党中央の新戦術

米ソ共同委員会の決裂は、南朝鮮の情勢に新しい転換をもたらしました。米軍政は左派の封じ込めに乗り出すいっぽう、いわゆる「左右合作」による中道政権をつくろうと試みます。この頃、中道左派の呂運亨と中道右派の金奎植を中心とする左右合作の動きが起こっていましたが、こうした動向に対して、米軍政ホッジ司令官は四六年六月三十日に声明を発表し、左右合作を支持します。ホッジは、なんとしても朝鮮共産党だけは切り捨て、人望のある呂運亨、金奎植ら穏健的な勢力による中道政権をつくることで、米ソ共同委員会での優位を確保し、全朝鮮の統一政権をアメリカがリモートコントロールしようとしたのです。七月十日に左派五名（呂運亨・許憲・金元鳳・李康国・鄭魯湜）、右派五名（金奎植・元世勳・崔東旿・安在鴻・金朋濬）からなる左右合作委員会が組織されます。委員会は共通の政綱作成をめざして議論を重ねます。幅広い範囲の共同戦線をめざしていたため、この議論には両翼（共産党、韓民党）からも参加します。しかし、議論を通じて、信託統治、土地改革、重要産業の処理、親日派の処理をめぐり左右間に大きな差異があることが明らかになり、左右合作運動は危機に陥ります。

呂運亨の家族(1938年当時)。右から二人目が次女の鷰九(ヨング)で後に最高人民会議副議長、祖国統一民主主義戦線書記長・副議長を歴任

これに対して、呂運亨と金奎植の会談により意見のすり合わせがなされ、十月七日に左右合作七原則が発表されますが、親日派に対する厳しい措置に対して韓民党などが反対し、また、朝鮮共産党は、七原則を機会主義的と批判します。ついに呂は十二月十二日には左右合作委員会と決別します。左右合作運動は、呂運亨ら中道左派と朴憲永らの急進左派との関係にくさびを打ち込むことになってしまいました。

朝共は、むしろ左翼・進歩勢力の統一による勢力回復を選択しました。四六年八月以降、朝共・人民党・新民党の合同工作が推進され、十一月二十三日に南朝鮮労働党（南労党）が結成されます。しかし、朴憲永と対立する呂運亨、白南雲らはこれに参加せず、共産党非主流派とともに一〇月一五日に社会労働党（社労党）を結成します。しかし社労党は短命に終わり、四七年五月二十四日に勤労人民党となります。

いっぽう、四六年五月十五日、米軍政は、朝共が傘下の精版社という印刷所を介して偽造紙幣を作成したと発表します。この事件をきっかけに、米軍政による左翼・進歩派に対する弾圧が本格化します。朝共本部が捜索され、朴憲永らに対する逮捕令が発せられ、党機関紙『解放日報』など左翼系新聞に対する停刊処分が下されて、朝共の活動が実質上非合法化されました。

この間、四六年六月二十七日～七月十二日と七月十六日～二十二日に朴憲永と金日成が秘密会談を行ないます。会談では、朴が三つの問題を提案します。①南朝鮮で行なわれている左右合作運動に反対すること、②左翼三党の合党問題、③「新戦術」＝対米強硬策の採択などです。これに対して金日成委員長は、①左右合作運動における呂運亨の立場を支持し、強化すること、②三党合党問題は、三党指導者間の意見一致をみること、③「新戦術」問題では、極端な行動を自制し、合法性を最大限に利用し、非合法活動を組み合わせるべきだ、と述べたと言われています。四六年には、呂運亨も五回北朝鮮を訪問して金日成委員長と会談しています（第一次：四六年二月十一日前後、第二次：四月十九日～二十五日、第三次：七月二十九日前後、第四次：九月二十三日～三十日、第五次：十二月二十八日前後）。呂は三つの問題について、朴憲永とは異なる立場を表明しましたが、金日成委員長ら北朝鮮の指導部は呂と同じような判断をしています。朴・金会談で現れた、強硬路線を提唱する朴憲永と柔軟路線を主張する金日成との意見の齟齬は、いったん柔軟路線で合意したものの、実際にはソウルの朝鮮共産党内で強硬路線が採られます。

この「新戦術」に沿って、大衆の不満を吸収して九月ゼネストが勃発します。四六年九月十三日、鉄道局ソウル工場従業員大会が開かれ、米軍政に対して賃上げと食糧配給増大、解雇撤回を要求しましたが、米軍政は拒否します。それに対して二十三日に釜山鉄道労働者、二十四日にソウル鉄道労働者がストを断行します。これが引き金となって、全評所属労組（出版・交通・逓信・食品・電気）の労働者ら三〇万人がゼネストに突入しました（九月ゼネスト）。全評の要求は当初、昼食支給、賃金引き上げ、日給制廃止・月給制実施、食糧配給など経済的なものでしたが、のちには政治犯釈放、テロ行為排撃、植民地教育反対など政治的要求へと変化しました。これに対して、米軍政は九月三十日、二〇〇〇人の警察と数千人の右翼テロ団を動員し、鉄道スト本部（龍山機関区）を攻撃します。

鉄道労組のストが鎮圧されたのちも大邱など地方でのスト闘争は継続されます。四六年十月一日、大邱で一万五〇〇〇人の労働者が街頭デモを行ないますが、デモ群衆に対して米軍政と警察が発砲します。この日を境にデモは拡大し、十一月中旬まで南朝鮮のほぼ全域の都市と農村で約一〇〇万人が参加する闘争が行なわれました（十月人民抗争）。これに対して米軍政は十月二日に戒厳令を布告するとともに、警察や右翼テロ団を動員して徹底的な弾圧を敢行します。米軍政は、地方人民委員会を完全に粉砕し、左翼勢力に対する弾圧を強化します。マーク・ゲインの『ニッポン日記』によれば、大邱市全体が革命の様相を呈していたといいます。そのため、左翼・進歩派の多くは地下への潜行を余儀なくされ、十月半ばには北朝鮮からの指示により、朴憲永が南朝鮮での活動を断念して越北しました。

十月抗争が南朝鮮で左派と軍政・右派との対立を決定的にすることで、右翼・保守派勢力が左翼・進歩派勢力を圧倒するようになります。十月抗争は信託統治（後見制）や左右合作運動の社会的基盤をも大きく損ねることになりました。四七年七月十日に米ソ共委第二次会議が決裂し、十九日呂運亨がソウル市内で暗殺されたことは、それを象徴する出来事でした。五回にわたり北朝鮮を訪問した呂は、身の危険を察知していたかのように、四七年三月に一男二女の子弟を越北させています。

四　二つの分断政府

深まる左右対立（南朝鮮単選反対闘争）

米ソ共同委員会が決裂したあと、アメリカは朝鮮問題を国連に付託することに方向転換します。四七年九月十七日にアメリカが朝鮮問題の国連移管を提案すると、ソ連は、モスクワ協定違反を理由に即刻反対すると同時に、米ソ両軍の朝鮮半島からの同時撤収の意思を表明しました。

十一月十四日、国連総会は、ソ連の「同時撤収案」を否決し、アメリカが提案した「南北人口比例に基づく朝鮮の総選挙の実施」案を採択しました。当時の国連はまだアメリカの投票機みたいな存在だったのです。朝鮮の代表が不参加の内に将来が決定されたのです。そして、アメリカ指名の九か国により選挙監視のための国連朝鮮臨時委員会（以下、ＵＮＴＣＯＫ）が組織されます。四八年一月八日、ＵＮＴＣＯＫが、選挙実施の事前調査のために南朝鮮に到着しましたが、ソ連・北朝鮮は北緯三八度線以北へのＵＮＴＣＯＫの立ち入りを拒否しました。その結果、南北朝鮮を通じての総選挙の実施が不可能になりますが、ソ連・北朝鮮の立ち入り拒否はアメリカの想定範囲内でした。二月二十六日に、国連小総会は、可能な地域のみでの選挙実施を決定します。カナダ、オーストラリアなどＵＮＴＣＯＫ内部からも国連の決定は朝鮮を永久に分断するものであるとして反対の声が上がりましたが、三月十二日、ＵＮＴＣＯＫは小総会の決議を承認し、北緯三八度線以南での選挙実施が確定しました。

　これに対して、四八年二月七日〜十日に南労党と全評は、ＵＮＴＣＯＫ反対・単選単政反対・米ソ両軍撤退を訴え、二・七救国闘争を展開しました。この闘争には、ソウル・永登浦（ヨンドゥンポ）の労働者のゼネストをはじめ農民・事務員・学生・市民ら一四七万人が参加し、各地でデモ・集会・同盟休学・烽火闘争・ビラ撒布などの方法を採用した反米闘争が行なわれました。

　そうしたなかで、もっともはげしい単選単政反対闘争が展開されたのが、済州島（チェジュド）でした。朝鮮のなかでもとりわけ貧しく、したがって、左翼への大衆的支持が強かったこの済州島では、人民委員会が四八年まで隠然と、実質上生きていました。そのため、米軍政は警察、右翼青年団を利用して、人民委員会の弾圧をつづけていました。四七年三月一日に民戦主導で三・一運動二八周年記念済州島民大会が開催されましたが、本土から派遣されていた警官隊の発砲で十数名が死亡します。この「三・一節事件」は四・三人民抗争の起点となりました。住民はこれに抗議して三月十日にゼネストに突入しますが、米軍政は、警察隊、西北（ソブク）青年会などを動員したテロで対応します。住民の憤激が高まり、南労党済州島委員会はついに武装闘争を決定します。

単選有権者登録のはじまった五日後の一九四八年四月三日午前一時頃、漢拏山（ハルラサン）を取り巻いている四〇〇に近いオルム（寄生火山）に烽火が上がり、金達三（キムダルサム）・李徳九（リトクク）らが率いる「山部隊」（武装隊）は、単選単政反対を唱えて一斉に警察支署や西北青年会の右翼青年団などを襲撃しました（済州島四・三人民抗争）。これに対して、米軍政は国防警備隊・警察・右翼青年団を投入して過酷な弾圧を断行します。島内三か所の選挙区のうち二か所で選挙が実施できず、一年後にようやく再選挙が行なわれました。米軍政は、米軍第二〇連隊長ブラウン大佐を済州地域米軍司令官に任命し、選挙の直後から討伐作戦を展開しました。鎮圧軍は「全島の海岸線から五キロメートル以外の地点、および山岳地帯の無許可通行禁止」を布告し、「山部隊」への接触や支援を遮断しました。

さらに、十月十九日には討伐戦に差し向けられた全羅道・麗水（リョス）駐屯の国防警備隊第一四連隊が済州島への出動を拒んで反乱を起こしました。当時、第一四連隊をはじめ国軍の諸部隊の将兵に南労党員が入り込み、軍隊内にも強力なフラクションを築いていました。当時の南労党の指導体制はどうなっていたかというと、朴憲永らの南労党の指導部は北にあり、その指示のもとに、南では比較的少数の練達した党員が現地指導を支えていました。金三龍（キムサムリョン）や李舟河（リジュハ）らがその任務を担っていました。しかしかれらは、朝鮮戦争直前に逮捕されてしまいます。逮捕されたときに、北の政権が、北にいる民族主義者曺晩植らの身柄との交換を南に提案したことから見ても、かれらの役割は重要なものであったことがうかがわれます。麗水の反乱軍に呼応して民衆も蜂起し、順天（スンチョン）をはじめとする近隣各地にもおよびます。蜂起軍は、各地に人民委員会を復活させ、警察官や親日派を処罰しました。麗水・順天は一種の解放地区となります。しかし、米軍事顧問・ハウスマンが指揮する鎮圧作戦のもと、二十二日に戒厳令が敷かれ、二十三日の艦砲射撃にはじまり、陸海軍の鎮圧と特殊警察の関係者摘発によって数か月後に反乱は収束します。

　そうしたなか、李政権は十一月二十一日、済州島に戒厳令を宣言し、焦土化作戦をさらに強化しました。島民を武装隊から切り離すために中山間地帯の村々が焼かれ、老人や子供、妊婦に至るまで見境のない殺戮がはじまります。詳細は明らかではありませんが、島民の一〇％にあたる三万人が犠牲になったと言われており、その内の三分の一がこの焦土化作戦期（四八年十一月～翌年三月）の犠牲になっています。そのため、多くの島民が日本などへ密航・脱出したほか、現地では抗争に

共和国の愛国烈士陵にある金達三の墓碑

済州島 4.3 抗争、中山間地帯に避難した住民

ついて口にすることが禁忌視される状況が長くつづきました。

同じ頃、アメリカは在日朝鮮人の活動に対しても弾圧を強化しました。四八年四月、朝鮮学校の閉鎖に抗議して起こった四・二四教育闘争が、日本の占領期唯一の「非常事態宣言」のもと暴力によって弾圧され、四九年九月には団体等規正令により在日本朝鮮人連盟、在日本朝鮮民主青年同盟（民青（ミンチョン））が強制解散させられました。注目すべきことは、在日朝鮮人に対する弾圧がアメリカ日本占領軍によるレッド・パージ（一九四九～五〇年）に先んじて行なわれたことです。これは日本の曲がり角には常に朝鮮があったことを示しています。

南朝鮮単独選挙

アメリカが主導した単独選挙に対して、李承晩・韓民党・右翼テロ団は賛同しましたが、左翼・進歩派に加えて金九・金奎植ら南北協商派は選挙への参加拒否を表明しました。米軍政は、国防警備隊・警察・右翼青年団体・公務員を通じて住民に選挙への参加を強要します。四八年四月二十八日にUNTCOKは、最終的に選挙の実施日を五月十日と決定します。

四八年五月十日、単独選挙は左派や中道派がボイコットしたなかで強行されます。定員二〇〇名でしたが、済州島四・三抗争により二名が選出できませんでした。それにもかかわらず、制憲国会で多数（八五議席）を占めたのは、少壮派と呼ばれた改革志向の無所属議員でした。李承晩直系の大韓独立促成国民会は五四議席、韓民党も二九議席、李範奭（リボムソク）らの右翼も一八議席とまったく振るいませんでした。三十一日に李承晩を議長とする制憲国会が開設され、七月十二日に大韓民国(テハンミングク)憲法が制定されました（第一共和国）。二十日に国会議員による大統領選挙が実施され、李承晩が初代大統領に選出されます。八月十五日、旧朝鮮総督府庁舎で大韓民国政府樹立宣布式が行なわれ、米軍政が正式に廃止されます。十二月十二日に国連は、総会決議一九—Ⅲにより、大韓民国を唯一の合法政府として承認しました。

四月連席会議と「統一憲法」

いっぽう、北朝鮮でも、この局面において、その対抗措置として米ソ両軍撤退後、南北総選挙による統一政府の樹立がめざされていました。四七年十一月十九日に北朝鮮人民会議第三次会議で朝鮮臨時憲法制定委員会を組織し、独自に統一政府を樹立する準備の一環として憲法草案の作成に取りかかります。統一政府の憲法草案作成に南朝鮮の政治勢力を参与させることが不可欠なのですが、南労党は従来の左右対決の姿勢から抜け出すことができ

在日本朝鮮人連盟の強制解散

大韓民国樹立祝賀式

南北連席会議

なかったため、合作は北労党が主導することになります。南の中道勢力の指導者らは極秘に平壌を訪れて金日成と議論を重ねるいっぽう、北労党は対南連絡部長の林海（リムヘ）や「権威のある線」から成始伯（ソンシベク）を南に派遣し、金九、金奎植の周辺とも接触していきました。

　南北分断の固定化進行に対して危機感を抱いた金九・金奎植は、四八年二月十六日に連名で金日成・金科奉に書簡を送り南北政治指導者間の協商を提案します。これに呼応して、三月二十五日に北朝鮮民主主義民族統一戦線が、平壌放送を通じて南北の諸政党・社会団体指導者による会談を提案しました。三月二十日には北朝鮮労働党をはじめとする北の九個の政党・団体の名義で南の韓国独立党などすべての政党・社会団体に南北連席会議開催を提議する書信を送ります。南北の交渉を経て、四月十九日から平壌で南北諸政党・社会団体代表者連席会議が開催されます。南朝鮮の四一個の政党・社会団体と北朝鮮の一五個の政党・社会団体から選出された六九五名の代表者が参席しますが、これは当時南北の左・右勢力の大部分を網羅していました。実際に南朝鮮からは南朝鮮労働党・勤労人民党など左翼系列の政党だけでなく、韓国独立党・民族自主連盟など右翼系の政党も参加しました。四月二十六日から二十九日にかけて、金日成・金科奉・金九・金奎植の「四金会談」、南北諸政党・社会団体の指導者一五人の協議会（一五人指導者協議会。南の金九・金奎植・趙素昂・趙琬九（チョワング）・洪命熹・金朋濬・李克魯（リグンノ）・厳恒燮（オムハンソプ）〔以上右翼〕・許憲・朴憲永・白南雲〔以上左翼〕と北の金日成・金科奉・崔庸健・朱寧河（チュニョンハ）〔北は全て左翼〕）が行なわれ、四月三十日、「全朝鮮諸政党社会団体指導者協議会」の名義で共同声明書が発表されました。共同声明書には、①米ソ両軍の即時撤退の要請、②単選反対闘争の完遂、③全国総選挙の実施などが盛り込まれました。

北朝鮮では二月までに作成していた憲法草案を四月二十九日の北朝鮮人民会議特別会議において「統一国家の憲法」として採択します。また、四月二十八日に、解放以来南朝鮮と共通で使用されてきた太極旗に代わる新国旗（人共旗（インゴンギ））が制定されます。このように北朝鮮では、憲法草案の準備と統一政府樹立のための南北協商という二つの流れが交差しながら同時に進行していったのです。

南朝鮮における五・一〇単選の結果を受け、六月十日、北側は南側の左翼および中道勢力に書信を送り、再び南北指導者会議を開催するよう呼びかけました。しかし、金九・金奎植は北側の提案は統一をめざした四月連席会議の約束に反する「北朝鮮単独政府」樹立への動きと捉え参加を拒否しました。六月二十九日、第二次南北諸政党・社会団体指導者協議会が平壌で開催され、全朝鮮の総選挙によって朝鮮最高人民会議を創設し、中央政府を樹立することを決定しました。最高人民会議代議員選挙は南北別々に行なわれました。八月二十五日の北朝鮮地域選挙での投票率は九九・九七%、賛成率九八・四九%で、二一二名の代議員が選出されます。南朝鮮でも二段階の選挙方法、つまり有権者が秘密裡に、署名の方法で人民代表を選挙し、選出された人民代表一〇八〇人が黄海南道の海州で南朝鮮人民代表者大会を開催し、三六〇人の南朝鮮地域代議員を選出しました。

共和国初代内閣。一列目左から鄭準澤、金策、洪命熹、金日成、朴憲永、崔庸健、許貞淑、二列目李炳南、金元鳳、白南雲、朱寧河、張時雨、崔昌益、朴一禹、三列目朴文奎、李克魯、李鏞、金廷柱、李承燁、許成澤

九月二日、許憲を議長として最高人民会議第一期第一次会議が開催され、憲法草案の最終的な修正が加えられたのち、九月八日朝鮮民主主義人民共和国（チョソンミンジュジュウィインミンコンファグク）憲法が正式に制定されます。また、最高人民会議常任委員会の委員が選出され、委員長に金科奉が就任しました。九月九日に朝鮮民主主義人民共和国が樹立され、金日成を首相、朴憲永・金策・洪命熹を副首相とする内閣が組織されます。一七名の閣僚のなかで、抗日パルチザン出身が三名、延安出身が三名、国内出身が二名、南労党出身が四名でした。南労党と中道左派を合わせて越北者を七名含んでいました。

五　朝鮮戦争

戦争への道

一九四八年から四九年にかけての中国内戦において中国共産党が勝利して中華人民共和国が成立したことと、ソ連が原爆開発に成功したことは、アメリカに世界戦略の再考を迫るものであり、「封じ込め」から「巻返し」へと対ソ・対社会主義強硬路線への転換を余儀なくさせます。アメリカは、日本を東北アジア地域における資本主義体制の中心国家として位置づけ、これと韓国・台湾・フィリピンを連結させることにより、ソ連を封鎖することを構想しました。

しかし実際には、アメリカの世界戦略における朝鮮半島の位置はあいまいであり、対韓政策は政府内部でも一定しませんでした。四九年六月二十九日に軍事顧問団五〇〇名のみを残して、米軍が南朝鮮から撤退します。そして、その代償として五〇年一月二十六日に韓米相互防衛援助協定が締結されました。五〇年一月十二日にアチソン国務長官がナショナル・プレスクラブにおける演説で、アジア・太平洋地域におけるアメリカ単独の防衛ラインが、アリューシャン列島・日本・沖縄諸島・フィリピン諸島を結ぶ線であると言明し、朝鮮半島と台湾がその外に置かれているとの見解を示します。他方、六月十九日にアメリカ国務省顧問ダレスは韓国国会開院式で演説し、「韓国が共産主義と戦うことになったときは、アメリカは必要とされるいっさいの道徳的・物質的援助を喜んで提供する」と述べ、アメリカによる韓国支援と北進援助を示唆します。

分断政府樹立後、李承晩政権は「北進統一」論を前面に掲げ、反対派に対する弾圧をますます強めていきます。院内で多数派となった少壮派議員らは、「反民族行為処罰法」（四八年九月二十二日）や「農地改革法」（四九年六月二十一日）の制定実現を主導し、廃案になったとはいえ外国軍撤退と平和統一を求める決議案を提出しています。窮地に立った李承晩は、四九年五月二十日に国会フラクション事件を捏造し、国会副議長の金若水（キムヤクス）ら李承晩に批判的な少壮派議員一四人を検挙・投獄しました。また、六月六日に反民族行為特別調査委員会内に「アカ」がいるとの理由で警察が襲撃したことから、七月七日に同委員会は総辞職し、八月十三日の控訴期間満了をもって白紙となりました。六月二十九日には陸軍少尉安斗熙（アンドゥヒ）が李承晩の最大のライバルであった金九を暗殺するという事件が発生しますが、その背後には李承晩の指示があったとされています。

独裁的性格を強める李承晩の政治姿勢をめぐり、政府樹立以来事実上与党の役割を果たしてきた韓民党との関係が悪化しました。五〇年一月二十七日に韓民党の後身である民主国民党（民国党（ミングクタン））

は「内閣責任制」改憲案を国会に提出して、李承晩に対する牽制を図ります。李承晩は、こうした動きに激しく反発し、五月三十日の第二回総選挙において、民国党に同情的な地方警察署長の交替や民国党への投票阻止の演説など強権的な工作を展開します。しかし、選挙結果は、与党系五七名、野党系二六名、無所属一二七名となり、李承晩は惨敗しました。孤立した李承晩はいっそう激烈な「北進統一」論を主張して、緊張が高まります。

李承晩政権は経済的不安も抱えていました。一九四九年度の歳出額の六〇％が赤字歳出であり、これを補うために通貨量は米軍政末期の二倍、物価も二倍に跳ね上がり、工業生産は解放前（四四年）の一八・六％にしかなりませんでした。

いっぽう、麗水・順天の蜂起軍はその後、智異山（チリサン）に立てこもって朝鮮戦争期まで李政権に激しく挑戦する遊撃闘争を継続しました。遊撃隊は、智異山・五台山（オデサン）・湖南（ホナム）・太白山（テベクサン）・嶺南（リョンナム）・済州島という六つの遊撃戦区を築き、李鉉相（リヒョンサン）・南道富（ナムドブ）らの指揮下に、一九四九年後半には軍警とのあいだで一か月あたり一〇〇〇回以上の交戦を繰り広げました。韓国は実質上、内戦状態に陥りました。李承晩政権は軍内でレッド・パージを行ない、八〇〇〇人の国軍将兵を粛清します。四八年十二月一日に国家保安法が制定され、左翼・進歩派のみならず、政敵や大衆運動を弾圧するのに利用され、四九年の検挙者は一一万八六二一名に達しました。

他方、共和国では、一九四九年二月一日に最高人民会議第二次会議が四九～五〇年の二か年経済計画を決定し、順調な経済建設に踏み出します。四九年三月に金日成と朴憲永がモスクワを訪問し、朝ソ経済文化協力協定（三月十七日）を結び、二億一二〇〇万ルーブルの借款をはじめ、あらゆる分野で緊密な協力関係を維持することになります。しかし、南朝鮮での革命工作は困難でした。九月頃には南労党の多くの幹部が越北を余儀なくされます。そして朴憲永ら南労党は、越北後も南朝鮮の左翼に対して独自の指示を与え、南朝鮮では北労党と南労党の活動が並行するという混乱が生じましたが、四九年六月二十八日に南北の民主主義民族戦線が合同し、祖国統一民主主義戦線（祖国戦線）が結成され、さらに三十日に南北の労働党が合党して朝鮮労働党が成立します。委員長には金日成、副委員長には南労党の朴憲永とソ連出身の許哥誼が就任します。

北朝鮮は、祖国統一＝対南工作に向けて二つの戦略をとります。一つは、南に対する平和統一攻勢の強化です。五〇年五月三十日、第二回韓国総選挙で南北協商派が大挙して当選を決めると、共和国側は六月七日、祖国戦線中央委員会が南北総選挙を通じて統一的な最高立法機関を創設することを提案し、つづけて六月十九日には最高人民会議常任委員会が、最高人民会議と韓国国会を単一の全朝鮮立法機関として連合させることを提案しています。もう一つは、南朝鮮における武装闘争の支援です。遊撃部隊は人民遊撃隊に改編され、五台山部隊が第一兵団、智異山部隊が第二兵団、太白山部隊が第三兵団となり、北朝鮮から数次にわたり指導員が派遣され、また南のゲリラ指導者が平壌の江東政治学院に召集されて訓練を施されるなどしました。しかしながら、一九五〇年春頃までには南朝鮮の労働党組織

共和国の愛国烈士陵にある李鉉相の墓碑

はほぼ壊滅状態に陥り、北朝鮮からの遊撃闘争支援策の失敗も明らかになります。さらに、韓国国会内の南北協商派との接触も困難でした。

北緯三八度線を挟んで、南北それぞれの政権の樹立以来、小規模の衝突が継続していました。李承晩は「北伐統一」を唱え、四九年一月末以降、韓国軍警が三八度線を越えて共和国を攻撃するようになり、開城（ケソン）付近での戦闘、甕津（オンジン）半島での戦闘など、数千規模の攻防も起こっています。四九年だけでも北緯三八度線を挟んで戦闘が八七四回も発生しました。これらの三八度線を越えた奇襲攻撃のほとんどは韓国軍によるものでした。

他方、中国内戦における中国人民解放軍の勝利（四八年十一月満州地域の解放、四九年五月南京占領）は、共和国の祖国解放戦略を鼓舞し、「国土完整」をめざすようになります。四八年二月八日に朝鮮人民軍（チョソンインミングン）が創設されますが、同年十二月二十六日にソ連軍が撤退を完了する際に、武器・弾薬を供与され、軍事顧問の指導を受けるようになります。また、四九年五月に中国共産党に対して、蒋介石軍との内戦のために人民解放軍に参加していた朝鮮人部隊の引き渡しを要請します。中国共産党は承諾し、四九年七月に金昌徳（キムチャンドク）や方虎山（パンホサン）が指揮する朝鮮義勇軍出身の兵士など五万名あまりが朝鮮人民軍に編入され、朝鮮人民軍第五・第六師団を形成します。五〇年一月にも朝鮮人兵士の追加引き渡しを要請し、五月までに中国東北在住朝鮮人兵士の朝鮮人民軍第七師団への転籍に同意します。かれらは中国国籍を保持したまま、北朝鮮軍の一員となったのです。

五〇年四月十日、金日成と朴憲永は、モスクワでスターリンと会談し、対南解放に対するソ連の支援を求めます。ソ連は、中国が同意することを条件として、南進計画に同意します。五月十三〜十六日に金日成と朴憲永は北京を訪問して毛沢東（もうたくとう）と会談します。中共内部では慎重論もありましたが、最終的に毛沢東が南進計画に同意しました。北朝鮮は、六月十二〜二十三日、極秘裡に人民軍各部隊の戦闘準備を完了させます。

内戦から国際戦争へ

朝鮮戦争の性格について、南北の国家が三八度線という「国境線」を越えて起こした国家間の戦争と見る向きがありますが、いうまでもなく南北は別々の国ではなく、朝鮮という一つの民族が、外側の圧力によって分断させられたので、当時の人々はこの戦争を国家間の戦争だとは考えていませんでした。北は「国土完整」、南は「失地回復」を唱え、相手側を排除した統一をめざしていたのですが、南ではすでに内戦状態がつづいており、そこに北からの軍事介入があって、また、三八度線付近で南北間の「小さな戦争」も起こっている情勢を考えれば、いつ全面的な内戦に拡大しても不思議ではありませんでした。

朝鮮人民軍のソウル入城

朝鮮戦争は、一九五〇年六月二十五日午前四時四〇分、朝鮮人民軍が甕津半島で攻撃に出たことからはじまり、やがて開城、春川（チュンチョン）など三八度線の主要地点におよび全面戦争へと突入しました。それは突然の不意打ちというよりは、一年以上におよぶ「低強度戦争」の本格的な内戦への移行というべきものでした。韓国軍は総崩れで敗走し、二十八日にはソウルが人民軍に占領され、さらに七月二十日に大田（テジョン）が占領されます。そして、八月下旬までに大邱・釜山を囲む慶尚道の一角を除く南朝鮮のほぼ全域が人民軍の支配下に置かれます。それは、南朝鮮の全域の九〇％、人口の九二％におよびました。韓国政府は、李承晩がいち早く漢江以南に避難するとともに、人民軍の南下にともない六月二十七日に大田、七月十六日に大邱、八月十八日に釜山へと首都を移転して対抗します。

トルーマン政権は、即刻介入しました。開戦同日、中国の代表権をめぐりソ連が参加をボイコットしているなかで、国連安全保障理事会が開催され、共和国を「侵略者」として非難し武力制裁を行なう決議が採択されます。そして、「国連軍」が創設されました。国連軍はアメリカのほか一六か国で構成されましたが、実態としては、空軍の九八％以上、海軍の八四％以上、陸軍の五〇％以上が米軍でした。二十七日に米軍に対して出動命令が出され、水原に前方指揮所兼連絡班が設置されたほか、九州駐屯の在日米軍の空軍を投入し、朝鮮人民軍の補給線を断ち切ります。そして、七月十四日に国連軍の総司令官マッカーサーが、李承晩から韓国軍の作戦指揮権を獲得します。以後、韓国は国連軍＝米軍に軍隊の統率権を掌握されつづけることになります。

ソ連が六月二十五日の国連安保理を欠席したことは、長らく不明瞭な出来事でした。表向きには、国連が中国を認めることを拒否していたため五〇年二月から安保理をボイコットしていたとされていますが、いまでは六月二十五日の朝にモスクワから届いたメッセージのなかに、スターリンがソ連代表団に戦争がはじまっても国連に出席しないように、とはっきりと命じたことが明らかになっています。どうしてだろうか？　同年八月にチェコスロバキア大統領ゴットワルトが、朝鮮戦争勃発の時点でもなぜボイコットをつづけたのか、とスターリンに質問したのに対して、スターリンは主要な理由として、アメリカに朝鮮出兵を行なわせ、アメリカの軍事戦略の中心を極東にそらし、ヨーロッパにおいて社会主義を強化するために必要な時間を確保するためであることを挙げています。そうであるとするならば、スターリンにとっては、東欧社会主義圏の強化が第一であり、朝鮮人が戦禍を被ることを第二義的なこととみなしていたことになります。

人民軍の占領地では、土地改革が行なわれ、郡・面・里人民委員会選挙が実施されます。

鴨緑江を渡河する中国人民志願軍

共和国は、北緯三八度線以南に対して、「反封建民主主義革命」の遂行を試みます。広大な占領地を統治するにあたり、①労働党支部、人民委員会、社会団体を結成あるいは再建し、残留した地域指導者に対して宣撫工作を行なう、②一九五〇年七月四日から、以南の一五二六面中一一九八面で以北と同じく無償没収・無償分配の土地改革を実施する、③八時間労働制など社会的・経済的改革を施行する、④反革命勢力を処断し、親日派・親米派を追放あるいは処罰する、など解放直後の北朝鮮でなされたのと同様に「民主革命」を南朝鮮でも実施しました。これら一連の措置は、戦争状況のなかで

「上から」の指令により性急に実施され、解放後五年間の社会の変化にともなう南北朝鮮の状況の差異を考慮しないものでした。それゆえ、南朝鮮の住民のなかでは、朝鮮人民軍の占領政策を支持・歓迎する人々がいた半面、疑心暗鬼に陥り、静観もしくは反発する人々も多くいました。結果として、朴憲永ら旧南労党系をはじめとする共和国の指導部が期待した、人民軍の南下にともなう三八度線の大衆蜂起は実現しませんでした。

一九五〇年九月十五日、マッカーサーは二六一の艦船と七万五〇〇〇の兵力をもって仁川上陸作戦を敢行します。これにより戦勢は逆転し、兵站線が伸び切っていた朝鮮人民軍は総崩れとなって三八度線以北に敗走し、一部は山中での遊撃部隊と合流して抵抗をつづけます。二十八日に国連軍および韓国軍によりソウルが完全奪回されます。十月七日に韓国軍は北緯三八度線を突破し、米軍も国連総会の決議を得て、北朝鮮地域に攻め込みます。米韓軍は二十日に平壌を占領、さらに十月末には朝中国境付近に至ります。

これに対して、金日成と朴憲永は、中国東北に臨時司令部を設置し、スターリンと毛沢東に出兵を要請します。毛沢東は、戦争初期に、もし朝鮮がつまずけば、中国は援助する義務があると決意していました。その理由は、中国革命や抗日運動の過程で多くの朝鮮人が犠牲になったから、というものでした。五〇年八月四日、毛沢東は、もしアメリカが戦局の形勢を覆したら、「志願軍の名で」朝鮮に軍隊を送るという考えを政治局に語っています。中国は北緯三八度線を突破しようとする動きに対して、再三にわたって警告を発し、共和国支援の意志を表示していました。

劣勢に追い込まれた共和国の支援要請に対して、中国内部には慎重論もありました。建国直後の中国にとってアメリカとの全面戦争は、負担が大きかった。しかし、毛沢東の説得により中国は北朝鮮支援に踏み切りました。ただし、アメリカとの全面対決という印象を避けるため、正規軍の投入にあらずという擬制をとって、「中国人民志願軍」という名称を付します。五〇年十月十九日に彭徳懐（ほうとくかい）を総司令官とする六個軍団二六万人が鴨緑江（アムノクカン）を越えて参戦します。志願軍と人民軍は進撃をつづけ、十二月六日に平壌は奪回され、五一年一月四日にソウルが再占領されます。この間、十二月に中朝連合司令部が創設され、連合作戦の体系をととのえました。

このように朝鮮戦争の「開戦」に至る過程を見ると、外国勢力によって分断された南北間の、統一をめぐる「内戦」の性格をもつ戦争でしたが、ここに至って米中が参戦した国際的な戦争、いわば第四次朝鮮戦争・東北アジア戦争となったのです。

休戦会談

国連軍および韓国軍はまもなく反撃に転じ、三月十四日にソウルを奪回します。以後、北緯三八度線をはさんだ攻防戦が展開されますが、一進一退がつづき、徐々に戦況は膠着しました。マッカーサーは戦局を打開するために中国東北地方やソ連極東諸地域への原爆投下を主張しましたが、トルーマン大統領はそれに承認を与えず、五一年四月十一日にマッカーサーを国連軍司令官の地位から解任し、戦争を朝鮮半島の「局地戦」にとどめることを選択しました。ソ連は空軍パイロットを派遣しましたが、あくまで限定的かつ非公式的な「参戦」にとどまりました。スターリンは、朝鮮戦争がエスカレートして米ソが直接に戦闘するという可能性を排除したのです。

五一年六月、ソ連の国連代表マリクが、アメリカとの接触を開始するとともに、金日成に対して停戦会談の開始を説得します。米軍の爆撃による北朝鮮地域の破壊を危惧していた金日成はこれを承諾したものの、南朝鮮解放に対する「未練」が根強かった朴憲永は、容易には同意しませんでした。それでもスターリンの指示により、五一年七月十日に開城（十月二十五日以後は板門店）において、アメリカ・共和国・中国の三者により休戦会談が開始されます。韓国は、休戦実施に断固反対したために、会談から除外されます。会談では、①軍事境界線の設定、②休戦実施監視機関の構成、③捕虜交換、を主要な柱として討議されました。紛糾したのは、③についてでした。すなわち、捕虜の帰還先に関して、アメリカが個人の自由意思を尊重することを提案したのに対して、朝中は戦時国際法に基づいて原籍国へ一括帰還をさせることを主張して、全面的に対立しました。その結果、五二年一月八日に、会談は無期休会へともつれ込みました。両者の対立・休会下で熾烈な戦闘が継続し、朝中国境の水豊ダムや平壌に対する空襲が重ねられ、いわゆる「鉄の三角地帯」（江原道鉄原・金化・平康の三点を結ぶ地帯）での激しい攻防が繰り返されました。

一九五三年一月にアメリカでアイゼンハウワー政権が成立し、三月にソ連でスターリンが死去したことは、膠着状態に陥っていた会談に新たな展開をもたらしました。四月六日に会談が再開され、合意に向けて急進展しました。六月八日に共和国・中国側が譲歩して個人の自由意志を尊重することで合意し、捕虜送還協定が締結されます。しかし、この間李承晩政権は休戦に断固反対して単独北進を主張しつづけるとともに、六月十八日に休戦会談の進行を無視して反共捕虜の一方的釈放を敢行します。それに対してアメリカは、援助と相互防衛条約調印でなんとか李承晩政権を抑え込むことに成功します。

五三年七月二十七日に韓国軍を除外して、国連軍のクラーク、朝鮮人民軍の金日成、中国人民志願軍の彭徳懐の三者のあいだで、五条六三項目からなる停戦協定が締結されました。停戦協定発効当日の最前線がそのまま軍事境界線とされ、その南北両側に幅二キロメートルの非武装地帯（ＤＭＺ）を設けることで双方は合意します。そして、停戦協定の遵守を見守るために軍事停戦委員会と中立国監視委員会が組織されます。さらに停戦協定は、その四条において、停戦協定の発効後三か月以内に政治会談を開き、朝鮮からのすべての外国軍隊撤退の問題、朝鮮問題の平和的解決などの諸問題を交渉によって解決することを規定しました。政治会議は五四年四月、アジア問題の解決のためのジュネーヴ国際会議の一環としてはじまりますが、双方の主張は対立したままなんら成果もなく決裂しました。それゆえ、現在に至るまで、朝鮮戦争は一時的戦闘停止状態の停戦協定体制がつづいているのです。

戦争の被害と社会の分裂

朝鮮戦争が残したのは、破壊とおびただしい死でした。軍事境界線は西部では三八度線の南に入り、開城地区、甕津半島などが北側に含められましたが、東部では三八度線の北にあがり、鉄原郡の南半分、揚口郡、高城郡などが南に含められました。失ったものと得たものは、ほぼ同じだと言ってよいと思います。

戦争の被害状況について正確な数字を示すことは難しい。一説では、人的被害については朝鮮の死者数は、人民軍三一万人、民間人九九万五〇〇〇人（四九年の北朝鮮の人口は九六二万人、住民の八人に一人が犠牲）、韓国軍は四万七〇〇〇人、民間人三七万人、米軍三万三六二九人、中国人民志願軍一七万八五六二人、その他の国連軍三一九四人であると言います。このうち、慶尚南道居昌虐殺や国民保導連盟民間人虐殺、刑務所収監者虐殺、パルチザン討伐、黄海南道信川虐殺など多くの民間人が虐殺されました。

また、物的被害については、南朝鮮では当初の一年間に製造業の四八％、農業の一四％、鉱業の三％が破壊され、被害額は総国民所得の二倍に該当する三〇億三〇〇〇万ドルに達しました。他方、北朝鮮では製造業の六四％、農業の二四％が減退して、被害額は総国民所得の六〇％に該当する四二〇〇億ウォンに達しました。それゆえ、南北双方とも戦後復興は容易ではありませんでした。

北朝鮮の都市は米軍のＢ29爆撃機の爆撃によってほとんど廃墟と化しました。Ｂ29は日本の横田や嘉手納の基地から連日のように出撃し、制空権を失った北朝鮮に対して無差別の爆撃を加えました。

人的・物的被害に劣らず、戦後の人々を苛んだのは、戦争中の異常体験の記憶でした。朝鮮人民軍は南部を占領すると、土地改革をはじめ「民主改革」を断行しましたが、その際、地主や民族反逆者に対する人民裁判が実施され、「反動」とみなされた人々が処罰されました。いっぽう、人民軍が敗走したのち、韓国は「附逆者処罰特別措置令」を施行し、占領下で共和国に協力した者を処罰しました。他方、国連軍と韓国軍が北部を占領すると、行政機関の韓国式改編がなされ、人民委員会や労働党などの活動家に対する処刑が随所で見られました。国連軍と韓国軍が退却したのち、共和国は占領下で米軍・韓国軍に協力した者に対する取り締まりを強化しました。韓国では人民軍の占領下に同調者を多く出した地域は「アカの村」と呼ばれ、戦後も長期にわたり監視と非難の対象となりました。朝鮮戦争中の状況について語ることは、多くの人々にとって禁忌でした。

戦争以前には、まだ南北協商の可能性があり、民衆の意識もそれほど異質なものではありませんでした。しかし、「民族相残」（同一民族内の殺し合い）の戦争はこの可能性を完全につぶしてしまいます。左翼系の人々は人民軍とともに北へ移らざるを得ず（「越北者」）、反共意識に徹した人々は南に移り（「越南者」）、南北間のイデオロギー分化はいっそう顕著になります。分断は家族をも引き裂いて、一千万人と言われる離散家族を生みました。

朝鮮戦争は、南北の政権にとって、体制を強化する契機となります。共和国側では南労党の指導的位置にあった人々が粛清されます。党中央委員会秘書兼内閣検閲委員会委員長の李承燁（リスンヨプ）らは国家転覆陰謀などの罪状で起訴され、五三年八月三日に裁判にかけられます。五五年十二月十四日には、党中央委員会副委員長兼内閣外相であった朴憲永も同様の罪状で裁判にかけられます。中国・延安からの帰国者で、南労党系の人々との関係が深かった朴一禹内務相も五五年十二月二日に開かれた党中央委員会十二月全員会議で分派行動をとったとされ、粛清されます。韓国では、左翼・進歩派が根こそぎ除去され、戦時を口実に国民の基本権抑圧が強化され、戦後も李承晩の独裁が正当化されます。休戦によって戦闘状態は停止されたものの、南北の政権はたがいに軍事的対峙をつづけ、双方のあいだの交流はなくなり、分断体制は固定・強化されたのです。

日本の朝鮮戦争関与

日本は朝鮮戦争において米軍の後方基地となり、戦争特需を通じて五五年以後の高度経済成長の条件を創出していきました。

朝鮮戦争勃発から二か月が過ぎた頃の一九五〇年八月三十日に、金日成首相は朝鮮労働党中央委員会政治委員会において、朝鮮戦争と日本のかかわりについて次のように指摘しています。

①日本領土は米軍の朝鮮戦争における攻撃基地、補給基地、修理基地に利用されており、また軍事人員を朝鮮戦争に直接参加させている。

②米軍の朝鮮侵略戦争に加担することは国際法の見地から見ても戦後日本「憲法」の見地から見ても不法であり、犯罪的策動である。

これは、当時、共和国側は日本を実質的な参戦国、日本を敵地と見ていたことを示しています。

米軍による日本人の前線動員についてだけを見ても、約三万人の日本人が作戦要員、輸送関係、技術要員として激戦の前線に動員されました。作戦要員としては約八〇〇〇人の旧陸軍将校、軍人、運転手、通訳が米軍に随伴しており、米軍と同じ軍服、鉄兜、カービン銃を支給されジープで戦場に出動しました。海上保安庁の掃海部隊には、旧海軍軍人一二〇〇人が動員されて、仁川・群山・南浦・海州・元山で機雷掃海作戦を行ないました。輸送関係者は一万三〇〇〇人に上り、ＬＳＴ乗務員、現地での荷役作業員として危険な米軍の上陸作戦、撤退作戦や輸送に参加しました。また多くの技術要員は、現地で兵器、艦船の修理、沈没船の引揚作業などに当たりました。さらに、旧陸軍中野学校出身者などが多数、諜報や謀略、破壊活動に加わっています。これはＧＨＱのＧ２（情報、謀略部門）の指揮下に、服部卓四郎など旧日本軍高級将校と日本の陸士出身の韓国国軍少将・丁一権が密接な連携を保ちながら行なわれました。

　これらの動員は、日本政府容認の下に行なわれたのですが、日本国内ではこのような事実は隠蔽され、日本社会において朝鮮戦争は見えない戦争となっています。

　日本の朝鮮戦争関与の記憶に関わる日本と朝鮮の違いは明らかです。なぜ、そのような違いが生じたのでしょうか。

　ジョン・ダワーに『敗北を抱きしめて』という著作があります。そこでは日本の民主主義は民衆と占領軍によるハイブリッドの作品であったという認識が示されていますが、非常に問題があると思います。南朝鮮における同じ米軍による同時進行の占領が持った問題が、ほとんど視野に入っていない。アメリカの世界戦略において東アジアの占領政策は相互補完関係にあったのですが、戦後占領を通して南朝鮮、沖縄、日本は同じ占領軍の下にいながら、長いあいだその三者は分断されていて、相互に交流する機会がありませんでした。そのため、東アジア地域の民衆は、東アジアを同時代史的に見る機会を逃してしまったのです。

東アジアの視点から見た日本国憲法

その一例として、日本国憲法の成り立ちについて述べてみます。

改憲論への対抗のため、護憲論では憲法九条の平和主義・理想主義などのすばらしさが強調されていますが、しかし、憲法の九条と一条、この二つは、その生い立ちからして密接不可分の関係にありました。アメリカの戦後アジア政策と関連して、九条は昭和天皇の戦犯からの除外、免責とセットで生まれました。つまり、冷戦期の韓国、台湾、東南アジアにおける米軍の存在、またこの地域の軍事政権が軍事的対峙の最前線の役割を担ったため、日本は九条を維持でき、戦後民主主義を担保することができました。その代わりに日本政府はこれらの東アジアの軍事政権に経済援助を供与し支えました。国際政治学者の坂本義和は、この現象を「ドーナツ型の代替軍国主義」と呼んでいます。

憲法九条は自衛隊の海外派遣に歯止めをかけていた側面を見逃してはいけませんが、憲法論議のなかで、自衛隊派遣やＰＫＯ参加などのいわゆる「国際貢献」をめぐって、主に九条との整合性が問題にされています。しかし、護憲論の最大の理由は、日本のアジアへの侵略戦争責任、植民地支配責任という歴史の文脈のなかでは、反省の証(あかし)として九条を堅持することにあると思います。侵略戦争や植民地支配の犠牲となったアジアの人々に再び軍事的脅威を与えない方策が志向されなければならないのです。

それと関連して、最近の護憲論のなかで、日本国憲法がアジアに対しての反省と非戦の誓いの意味合いでつくられたという議論がよく見られますが、まったく根拠がないと思います。憲法ができた当時にはまったくそのようなことは考えていませんでした。憲法の歴史の解釈としては難点がある。アジア各国で民主化が進み、民衆が日本の戦争責任を問う声をあげた頃から、日本国憲法にはアジアに対する責任という意味があるという、いわば再解釈が行なわれたのだと思います。東アジアの視点から見ると、憲法九条は日米同盟のもとで、日本の戦争加担を覆い隠すイチジクの葉の役割を果たしていたし、憲法解釈は参戦を承認する手段となっていたのです。

六　「サンフランシスコ講和条約・日韓条約」体制の確立

サンフランシスコ講和条約署名国からの韓国除外

一九五一年九月八日、サンフランシスコ講和条約（「日本国との平和条約」）が調印され、翌年四月に発効しました。

アメリカ国務省が作成した一九四九年十二月十九日付けの対日本平和条約草案には、締約国の一員として韓国も含まれていました。李承晩は四八年九月三十日、国会の施政演説で「将来韓国が連合国の一員として対日講和条約に参加することを連合国に要請する」と言って、翌年の一月には政府企画処に対日賠償審議会を設置し、日本に要求する賠償内容を調査する作業を開始し、同年九月に「対日賠償要求調書」（全二巻）を作成しました。

『調書』の対日賠償要求は、第一部現物返還要求、第二部確定債権、第三部戦争による人的および物的被害、第四部強制供出による損害で構成されています。第一部を除いた賠償総額は約三一四億円です。このような要求は名目では「賠償」請求ですが、内容は賠償・補償よりも財産請求に近かったのです。このことは韓国当局が日本の植民地支配の歴史的責任を包括的に追及しようという態度を持っていなかったことを示しています。

韓国を条約署名国にしようとするアメリカの方針はイギリスの反対と日本の要請によって崩れていきます。一九五一年五月から六月にわたって行なわれた米英間の協議でイギリスが主張した反対理由は、日本と南朝鮮が交戦関係ではなかったこと、また、南朝鮮が署名国に参加すれば他のアジア諸国に与える影響が大きいということでした。日本政府は五一年四月二十三日の対日講和問題を担当した米国務省顧問ジョン・F・ダレスと吉田首相との会談で、"Korea and the Peace Treaty"という題の文書を提出し、反対を表明しました。当時の外務省条約局長西村熊雄によると、日本側の主張とは「朝鮮は平和条約の発効によって独立を回復するものであり戦争関係にもないこと、また連合国として取り扱われれば、在日朝鮮人は連合国民の地位を取得することになり、これから生ずる社会的困難は深刻であろうことを指摘して再考を促」したとのことです。とくに韓国が署名国

サンフランシスコ講和条約の調印

になると「一〇〇万人以上の在日朝鮮人—その大部は共産主義者である—が連合国の国民として財産と補償を受け取る権利を得る」と述べています。当初、アメリカが韓国を講和会議に招請しようとしたのは、植民地支配による損害賠償を要求する韓国の主張に同調したからではなく、アジアの反共陣営の一員としてその地位を高めようとする観点からの提案であったため、日本の反共的な提案に理解を示す余地がありました。金民樹（キムミンス）は、論文「対日講和条約と韓国参加問題」で、アメリカとイギリスは、中国の代表権問題、戦後の植民地処理問題などの米ソ冷戦と米英間の利害関係を考慮して韓国の平和条約署名を拒否することになったが、その背景には植民地統治を「合法的」なものであるとする「帝国の論理」が横たわっていたと言います。つまり、韓国の平和条約への署名を容認することが、日本の植民地統治の「合法性」を否定することにつながりかねず、そうなれば欧米の植民地統治自体を否定する議論が噴出する恐れがあったのです。アメリカとイギリスは、こうした事態を避ける必要があった。それゆえサンフランシスコ講和条約は、植民地主義の持続を容認するものとなったのです。

結局、六月十四日付けの改訂草案で南朝鮮の除外が決定されます。米国務長官ダレスは駐米韓国大使に、「日本と戦争状態にあり、かつ一九四二年一月の連合国宣言の署名国である国のみが条約に署名するので、韓国政府は条約の署名国にならないであろう」旨を通告しました。一九四七年八月四日付（SCAPIN一七五七）「連合国、中立国・

敵国及び特殊地位国等の定義に関する総司令部覚書」によると、連合国とは、アメリカ・イギリス・中国・ソ連など五五か国であり、朝鮮はそのなかに含まれず、「特殊地位国」に区分されていました。

サンフランシスコ条約の問題点

サンフランシスコ条約は前文と二七か条からなり、宣言二、議定書一が付属しています。サンフランシスコ条約は戦後処理の国際協約に違背する問題点を抱えています。

それは第一に、サンフランシスコ条約には日本の戦争責任が限定された範囲で言及されましたが、植民地支配については全く追及されなかったことです。まず、前文では日本の侵略の歴史が言及されず、第一四条（a）で日本の戦争賠償の義務が明記されましたが、適用対象は連合国だけに限定し、それも日本の資源が完全な賠償をするのに現在十分ではないということが承認され、その結果、第一項で、日本が被害を受けた国の希望によって役務賠償を行なうことだけが規定されました。さらに第二項で、連合国にある日本国と日本国民のすべての財産は連合国が没収処分することができると定められました。同条（b）では上記の一、二項を除き、連合国はすべての賠償請求権を放棄することが明記されています。当然に日本軍の占領を受け、戦場となった東南アジアの諸国は不満でした。条約に調印した諸国のうち、インドネシアは条約をついに批准せず、フィリピンも賠償協定の調印がなければ条約の批准はできないという態度をとります。ベトナムも賠償請求をつづけます。ビルマは条約を不満として、講和会議に参加さえしませんでした。

次に、第二条で、旧植民地地域に対する領土権を放棄しましたが、領有のもとになった日本の植民地支配については言及しておらず、第四条（ａ）で、日本と旧植民地双方の政府、法人、住民の財産に関する請求権（債権を含む）の処理は「日本国とこれら当局間の特別約束の主題」とすることによって、旧植民地国の賠償請求権を排除し、請求権は財産に関するものに限定されたのです。ただ同条（ｂ）で、日本が領有を放棄した旧植民地地域において、米軍政庁の指令にしたがって行なわれた日本国と国民の財産の処理の効力を承認すると規定されたことによって、一九四五年十二月六日、「米軍政庁法令第三三号」によって南朝鮮にある日本の公私有財産が米軍に帰属され、四八年九月十一日、「韓米財政財産移譲協定」で米軍帰属財産が韓国に移譲されたことを日本が認定するとされました。

日米安保条約との関連

第二に、サンフランシスコ条約はアメリカ政府の冷戦政策を優先視したことです。戦後アメリカは、日本を東アジアにおける反ソ、反社会主義政策の拠点にしようとします。アメリカが対日講和を急いだのは、朝鮮戦争で旗色が悪くなっていた「国連軍」に、日本を積極的に協力させるという意図からです。一九五〇年九月二十二日、ダレスは、いわゆる平和条約「七原則」を作成し、米軍の日本駐屯、日本再軍備、米日間防衛条約を前提にした講和方式を提案します。イギリスもこれに賛成しました。こうして講和条約の調印と同じ日に、軍事同盟条約である「日米安全保障条約」が調印されました。日米安保条約は「『事実上の講和』がつくりあげた日米関係を、講和後に引きつぐたしかな政治的手綱でした。日本は、安保条約を結ぶことによって、中立・非同盟の道でなく、アメリカの戦略的補完者、極東の衛星国でありつづけることを世界に示した」（佐々木隆爾『サンフランシスコ講和』）のです。

サンフランシスコ条約は招請された五五か国中、四九か国が調印しましたが、そのなかには日本と実質的な交戦状態になかった中南米・北米二二か国、中東アフリカ九か国、アジア二か国、ヨーロッパ二か国が含まれており、基本的な調印国はアメリカ、イギリス、オーストラリア、ニュージーランド、オランダ、フランスなど欧米六か国とインドネシア、フィリピン、ベトナム、カンボジア、ラオスの東南アジア五か国でした。しかし、この条約で関係の最終的整理が成ったのは欧米六か国とだけでした。

朝鮮と中国は招請されませんでした。インド、ビルマ、ユーゴスラビアは招請されましたが、出席を拒否し、ソ連、ポーランド、チェコスロバキアは出席したが調印しませんでした。

結局、日本との戦争に参加した国、日本の侵略の被害を受けた国のうち、サンフランシスコ条約はアメリカ、イギリスなど欧米諸国との関係だけを整理したもので、日本帝国主義の被害を最も多く受けた朝鮮、中国、東南アジア諸国、ソ連の要求を無視した「アジア不在」の単独講和条約でした。これらの国との関係（戦後処理問題）の整理は、以後の二か国間交渉に委ねられたのです。

だが、日本の戦後処理が実際に行なわれる過程では、アジア諸国が独立と国家形成の途上にあり、国際的発言権も小さかったため、賠償問題はこれら諸国の意向を無視して行なわれました。このようなアジア諸国の苦渋に満ちた選択を象徴しているのがサンフランシスコ講和会議の席上で行なったフィリピン代表ロムロの次の演説です。

日本国民にフィリピン国民に代わってこう申し上げたい。あなたがたは、わたくしどもに重大な損害を与えた。言葉でそれを償うことはできないし、あなたがたの持っている金や富をもってしてもこれを償うことはできない。しかし運命は、私どもに隣人として一緒に生きねばならない、また隣人として平和に生きねばならないと命じた。アジアには天の下の人類は同胞という諺がある。しかし同胞とは心の問題であって開花するにはまず心が清純でなければならない。相互のあいだに憎悪の牙が永遠に追放されるよう希望する。それがためには、われわれが許しと友情の手を差し伸べる前に、あなた方から精神的悔悟と再生の証拠を示してもらわねばならない。

しかし、日本ではこうした問題がほとんど自覚されませんでした。講和条約の調印に際して各政党は談話を発表しましたが、日本社会党の鈴木茂三郎委員長は談話で「生産が戦前のようやく七、八割に到達したに過ぎない日本から、このうえどれだけとられるか判らない賠償がとられることは耐え得られないことである」と述べました。日本とアジア諸国の戦争責任に対する意識の格差はあまりにも明らかでした。

このように、冷戦政策を優先したアメリカの意向によって、アメリカ主導の「寛大な講和」がなされたのです。しかしこれは、日本が自らの運命を冷戦の推移にただ委ねていたことを意味するものではありません。日本は戦争責任、植民地支配責任を免れるため主導的に冷戦を逆利用したのです。

戦前・戦後を貫く植民地支配の正当化・美化

敗戦直前の一九四五年五月十四日（日本はカイロ宣言を知っていた）、最高戦争指導会議構成員会議で「対ソ交渉方針（我譲渡範囲）」を決定します。これは和平工作の仲介者としてのソ連と交渉するとき、どういう譲歩をするかを決めた文書です。文書は「場合ニ依リテハ千島北半ヲ譲渡スルモ止ムヲ得ザルベシ、但シ朝鮮ハ之ヲ我方ニ留保スルコトトシ、南満州ニ於テハ之ヲ中立地帯トナス等出来得ル限リ満州帝国ノ独立ヲ維持スルコトトシ、尚支那ニ就テハ日蘇支三国ノ共同体制ヲ樹立スルコト最モ望マシキ所ナリ」とあります。交渉の特使として近衛文麿元首相をあて、天皇の親書を作成します。ソ連は親書を受け取りましたが、特使の受け入れは拒否しました。日本の敗戦必至というこのときに、なおソ連を含めた大国の覇権主義に期待をつなぎ、朝鮮の植民地支配を維持したいと考えていたのです。

こうした考えは、敗戦後も変わっていません。一九四五年十月二十五日付外務省条約局作成の秘密文書「聯合国ノ対日要求ノ内容ト其ノ限界（研究素材）」では「朝鮮ニ付（日韓合邦条約、韓国併合宣言ニ対シ今日迄米、英、蘇ノ何レヨリモ異議アリタルコトナシ）」とあります。連合国が朝鮮の独立をはじめ、日本の旧植民地の返還、独立などを主張しているけれども、その主張にはこんな限界がある、つまり連合国の主張には「歴史的な根拠がない」ということです。敗戦後わずか二か月余しかたっていないときの文書であるにもかかわらず、ポツダム宣言の主旨を踏まえた文書とは言いがたい内容を持ったものです。

講和条約締結に備えるために、外務省は一九五〇年五月三十一日付の極秘文書「平和問題に関する基本的立場」を作成します。そのうち、「平和条約の経済的意義（我々の立場）」という項目で、「まず指摘したい点は、日本のこれらの地域〔敗戦の結果、領有を放棄した地域〕に対する施設が決して世にいう植民地に対する搾取政治と目されるべきものでなかったことである。逆にこれらの地域は日本の領有となった当時はどれも最も未開発な地域であって、各地域の経済的、社会的、文化的の向上と近代化は専ら日本の貢献によるものであった」としています。また、「領土問題に対する基本的立場」という項目では、「カイロ宣言とヤルタ協定は、日本からはく奪される領土は『盗取』し、または『暴力と貪欲』若しくは『背信的攻撃』によって搾取したものであるようにいっておる。われわれは台湾及び樺太の取得、朝鮮の併合または南洋群島の委任統治受諾に対しかような犯罪的非難を加えられることに対し反対せざるをえない。日本は、そのどの場合にも当時の国際法及び慣行に厳に準拠して行動したのであって、日本の措置はすべての列国の承認するところであった。これら列国間においても同様な領土の移転は数世紀にわたって行われたところである。この辺の事情は平和会議がこれらの地域の譲渡を取り扱う際に念頭においていていてほしい。日本は、朝鮮が独立され、台湾及び膨湖島が中国に回復されることに異存はない。それは、これらの地域が盗取されたものだからではなくて、時代が変遷してわれわれはもはや住民の意思に反して領土をもとうとは思わないからである」と記しました。

この文書は、時期的には敗戦直後の混乱があった頃の上記の条約局の文書とは違い、ポツダム宣言を受諾して五年近くが過ぎ、講和会議が日程に上った時期に講和条約交渉に臨む日本政府の考えを整理したものです。それだけに、これは戦後日本政府の確定された基本認識、姿勢を示すものと言えます。この文書の基本的立場は、条約局文書と同様に日本の朝鮮などに対する植民地支配の正当化、美化です。とくに日本の海外領土が国際法に「厳に準拠」して取得したものであるとして、「米、英、ソのどこからも異議がなかった」とした条約局文書と同一の見解をさらに具体的に主張しました。戦後の日本で、日本政府の高官が朝鮮に対する植民地支配を正当化した発言は多いですが、それらの発言が決して個人的なものではなく、日本政府の基本的な考えであることを、右の文書を読んで改めて知ることができます。

以上見たように、第二次世界大戦の戦後処理において植民地問題は欠落していたのです。

「韓日条約」

サンフランシスコ講和条約の調印直後の一九五一年九月、アメリカ占領軍総司令部（ＧＨＱ）外交局長シーボルトが韓日間で在日朝鮮人の法的地位などの問題について協議することを指示したことから、双方が他の問題をも含めて、韓日国交正常化交渉をはじめました。その後、予備会談を経て一九五二年二月十五日からはじまった本会談は、以後中断を繰り返しながらも七回の会談を経て、一九六五年六月二十二日、「基本関係に関する条約」と漁業、財産請求権、在日韓国人の法的地位、文化協力などの四個協定を調印します。

「韓日条約」は冷戦下におけるアメリカの反ソ、反共戦略の一環としてつくられました。大戦後、国際社会に変化が訪れ、社会主義諸国の発展とともに、アジア・アフリカの新興独立諸国において外国資本の国有化や計画経済の導入が盛んになり、社会主義的な経済建設が志向されます。アメリカはこれに対抗するために欧米や日本の資本投入によって低開発国の経済開発を推進しようと図りました。一九五九年のドレイパー委員会報告は「最近のロシア国内の経済的成功、それ以上に共産中国によって報道されている経済的成功は、低開発国の問題を鋭くクローズアップさせた。（中略）低開発諸国では、共産主義者による政治的・経済的支配の可能性を減らすために、もっと効率のよい経済成長を達成すべく緊急に行動を起こす必要がある。低開発地域の重要部分のどこかが共産主義ブロックに降りるならば、それは合衆国とその他の自由主義諸国に対して深刻で破壊的な結果をもたらすであろう」と指摘しました。アメリカのこのような戦略の受け皿として、中南米の「進歩のための同盟」（一九六一年）や「東南アジア諸国連合」（一九六七年）が結成されます。アメリカにとって、ソ連との対抗上、軍事力の強化と経済開発を緊急に必要としているところが、日本のすぐ近くにありました。それは韓国でした。アメリカは韓国の経済力と軍事力を強化するために日本の協力を求めます。日本にとっても、韓国とアジアへの再侵略をもくろむ自らの要求に合致しました。日本当局は「朝鮮半島における勢力均衡が崩れる危険は南朝鮮の内部崩壊以外にない。しかも、韓国の経済は破産に瀕している。（中略）経済援助を通じて南朝鮮を安定させることは、朝鮮半島の情勢を安定させるに役立ち、従って極東の平和にも役立つのである」（「核時代の外交政策と日本の安全保障」内閣官房内閣調査室『調査月報』一九六四年九月号）と考えました。そのためには日韓の国交正常化を急ぐ必要がありました。

「韓日会談」で賠償要求放棄

「韓日会談」はその前提としてのサンフランシスコ講和条約により、その方向性が決まっていました。同条約は植民地支配の責任を不問にし、請求権は財産に関するものだけに限定して、二か国間交渉で決定するとしました。そのため「韓日会談」は出発からその枠組みのなかで行なわれることになりました。しかし、「交渉当事者にその意思があれば、交渉の中でそれらの責任を取ったと同様の実質を付与する機会をつかむことができたはずである。しかし議事録は、当事者みずからがこのような機会をあらかじめ閉ざしてしまったことを示して」（佐々木隆爾「いまこそ日韓条約の見直しを」［『世界』一九九三年四月号］）いたのです。

「韓日条約」では旧条約に対する法的評価で合意することができませんでした。第一回会談の基本関係委員会において韓国側が提出した「基本関係条約草案」第三条には、「韓日両国は一九一〇年八月二二日以前に締結された両国間のすべての条約は無効であることを確認する」とされていました。しかし、日本側が提示した「友好条約草案」には植民地被害に関する言及もなく、日本側は韓国側の草案第三条の削除を要求するばかりでした。旧条約に関する評価問題は会談の成敗を左右する基本問題であるため、両者はこの問題をできるだけ避けようとする姿勢から、その後ほとんど論議されませんでしたが、一九六五年二月、基本条約の仮調印直前になって椎名悦三郎外相と李東元外務部長官との会談で妥協が成立しました。条項の「無効であることが確認される」という文言の前に、「already（もはや）」という字句を入れ、「もはや無効」とします。一九六五年十一月二十七日、参議院日韓条約等特別委員会において外務省アジア局長後宮虎郎は「（併合条約は）かつては、一時は有効であった時代があるんだということがわからなくてはいけないという意味で、オールレディという字句を入れることによって、少なくとも一時有効であった時期があるというわが方の立場を表明した次第です」と発言し、旧条約は一九四八年八月十五日、「大韓民国」の成立によって失効するまで有効であったという見解を表明しました。李東元外務部長官は一九六五年八月八日、臨時国会の条約と諸協定批准動議審査特別委員会で「（旧条約は）過去の日本の侵略主義の所産であり、（中略）当初から無効であることが基本条約第二条で確認された」と発言します。植民地支配の認定をめぐって韓日両当局は趣旨の曖昧な条文をつくって妥協し、それぞれが自分に都合のよい解釈を下したのです。この曖昧さが請求権の処理の面でも問題を残すことになりました。請求権委員会こそが会談の要であり、基本条約については、伊藤佑二郎外務省アジア局長が「(基本条約の)問題は簡単なので、一週間程度の討議で十分なのだ」(韓国外務部政務局『第六次韓日会談会議録(Ⅲ)第二次政治会談予備折衝』一九六二年九月六日)とうそぶくほどの重みしか与えられていなかったのです。

一九五二年二月二十日、韓国側は第一次会談の財産および請求権委員会に「韓日間財産および請求権協定要綱韓国側案」(八項目)を提起します。八項目の要綱は、一九四九年の「対日賠償要求調書」にあった「賠償」の名目が消え、完全に財産請求、返還の範囲を越えないものでした。この八項目要綱はその後いくらかの変更がなされたものの、その骨子は第六回会談まで生きつづけ、植民地支配の清算という立場から交渉が行なわれたことは一度もありませんでした。たとえば、一九五三年の第三回会談の請求権委員会の韓国側代表洪璡基は、「元来韓国側は、三六年間の日本の支配下で韓民族が受けた被害—例えば独立運動に従事した愛国者の投獄や虐殺、水原の虐殺、韓国人の基本的人権の剥奪、食料の強制供出、労働力搾取—などに対する補償を要求する権利を持っているが、韓国ではそれを要求しなかった」のであり、韓国側は植民地支配に対する「賠償」ではなく「純粋な法律的請求権」を主張しているのだ、と述べています。

これに対し日本側は、「財産請求権処理に関する日本側協定要綱」を提示し、終戦時に朝鮮にあった日本の私有財産の所有権は消滅していないという論理を持ち出してきます。すなわち、「米軍政庁法令第三三号」により朝鮮にある日本の公私有財産が米軍に帰属されたことや、「米韓財政財産移譲協定」でそれら米軍帰属財産が南側に移譲されたことは、すべて国際法に違反して不法に行なわれたものであり、日本側にはこれらの私有財産の原状回復や補償を求める請求権が生きていると主張しました。これに関連して一九五二年五月、衆参両院外務委員会で岡崎勝男（おかざきかつお）外相は次のように発言しています。「わが方は、韓国側のこのような主張は国際法上も歴史的にも問題とならぬと説明し、〔サンフランシスコ条約〕第四条のｂ項の意味も条文並びに一般国際法の原則、通則によって解決せらるべきものであって、〔米軍による在朝鮮公私有財産の没収とその韓国への移譲という〕処分は承認するけれども、その財産の元の権利はあるので売却によって生じた代金はわれわれの方で請求できるという主張をしたのである」。日本のこの説明は、日本側が韓国に対する請求権を提起することで、韓国併合条約の性格やその歴史的責任についての議論を封殺するという方策に出たことを示しています。

その後、会談は双方の財産請求をめぐって争われますが、第五回会談の一九六一年三月八日、一般請求権小委員会で、両者はこれまで秘密にされてきたアメリカ合衆国国務省覚書（一九五七年十二月三十日付）を公表します。この覚書にはサンフランシスコ条約第四条（ａ）に対するアメリカ側の解釈が示されていました。すなわち、対日講和条約の規定および在韓アメリカ軍政庁の関連指令および措置により在韓日本財産は没収され、韓国政府に移譲されたので、日本は在韓日本財産について請求権を主張できない。しかし、韓国は、日本に財産請求をするにあたり、日本が請求を放棄したことを考慮に入れるべきであり、在韓日本財産を韓国が引き取ったことによって、韓国の対日請求権がどの程度まで「消滅され、または満たされた」と認めるかについては、日韓両国の話し合いによって決定されるべきである、というものです。小委員会において日本側は、「韓国は日本に対する交戦国でも平和条約の署名国でもなく、さらに同条約一四条（賠償条項）の利益を受けるという立場にもないので、日本に対するReparation（賠償）を請求する権利がないことはいうまでもありません」と発言します。これに対し、韓国側は、「韓国が請求する八項目が在韓旧日本人財産取得を顧慮して提示されたものであることは、八項目が賠償（Reparation）の性質を持つものではなく、返還（Restitution）の性質を持つことに鑑み明白」であり「韓国がサンフランシスコ平和条約第十四条に規定された戦争賠償請求を主張しているのでないことは明白なことである」と発言しました。アメリカの覚書とこれらの発言は韓国側が会談の基礎をサンフランシスコ条約第一四条（賠償規定項目）に求める立場から撤退し、第四条（日本が領有権を放棄した地域の財産処理を規定した条項）に置くことを明言したことを示しており、今後日本側の論理に同調して財産処理に関する請求権のみを問題にするという態度を表明したことを意味しています。こうして以後の会談は、同条約第四条に即した請求権の金額を確定するという方向に流れていくのです。

財産請求権から請求権プラス経済援助へ

一九六一年五月十六日、軍事クーデターを起こし権力を掌握した朴正熙（パクチョンフィ）軍事政権は、経済再建五か年計画のための資金と技術を日本から得るため妥協を急ぎます。同年六月二十二日、「ケネディ・池田共同声明」は朴正熙軍事政権を支援して韓国の政治的安定と経済開発を促進するための「日韓会談」再開を強調しました。

一九六二年十月、第六回会談で日本側は「請求権問題は法的な面をつきつめようとすれば永遠に解決されないので、日本側は高い次元からこれを解決しようとするのだ」とし、「法的根拠を越えて韓国に支払おう」という態度を取るようになります。そこで「独立祝賀金」、「経済援助」という曖昧な名目が持ち出されることになったのです。韓国側はこの時点で請求権一本やりの態度を捨て、日本側の提起する請求権プラス経済援助の方式に同調し、無償供与と長期借款という支払方法に応じるようになります。韓国側は名を捨ててカネを取る方向へと転換したのです。この軌道に立って金額決定の交渉が政府代表者の直接交渉に委ねられることになりました。それが有名な「金鍾泌・大平会談」です。一九六二年十一月十二日の会談で「金・大平メモ」が作成されます。交渉はなお、二年半余りつづきますが、交渉の論理はここで確定されており、以後はこの延長線上で実務的な詰めがなされたに過ぎません。一九六五年六月に「財産及び請求権に関する問題の解決並びに経済協力に関する日本国と大韓民国との間の協定」が調印されました。こ

日韓基本条約調印

の協定で無償三億ドル、有償二億ドルに該当する日本の生産物と日本人の役務を供与することになり、韓国に対する日本の経済進出が本格化する道を開きました。

韓国当局は、これを「補償」であると偽って、いわゆる「国民補償」を実施します。一九六六年二月、「請求権資金の運営および管理に関する法律」を制定し、無償資金と有償資金の使用によって生じたウォン貨資金によって、民衆が持っている対日民間請求権を補償することにしました。一九七〇年十二月、「対日民間請求権申告に関する法律」を制定し、一九四五年八月十五日以前に、日本国および日本国民に対して所有していた請求権、すなわち、預金、日本銀行券、有価証券、国債、寄託金、債券などの財産被害を受けた者と、「日本軍によって軍人・軍属あるいは労務者として召集あるいは徴用され、八・一五以前に死亡した者」だけに対象を限定し、申告させます。在日朝鮮人、生存者、強制連行者、サハリン残留者、「従軍慰安婦」、BC級戦犯者などはあらかじめ除外していました。在日朝鮮人については、「財産請求権および経済援助協定」第二条a項で、一九四七年八月十五日から一九六五年六月二十二日まで日本にいた者には、この協定は影響力をおよぼさないと規定されていました。

一九七四年十二月、「対日民間請求権補償法」を制定し、一九七五年七月から七七年六月にかけて死亡者一人当たり三〇万ウォン（約一九万円）を対象者八千名余りに支払います。総額は約九二億ウォン（約五八億円）になり、無償資金三億ドル（一〇八〇億円）の五・四％にすぎませんでした。また、ウォン貨資金の一部（二〇億ウォン＝約一二億六千万円＝無償資金の一・二％）は独立有功者基金事業に使われました。

一九六五年十一月十九日、第五〇回参議院本会議において、佐藤首相が「(旧条約は)両者の完全な意志、平等の立場において締結された」と答弁したことに見られるように、「韓日条約」は、日本による朝鮮植民地支配は正当かつ合法である、という「正当・合法論」を前提にしているのです。

「韓日条約」にはこのような問題点があったため、「韓日会談」が開始されたときから韓国民衆の反対運動が起こり、「条約」締結前後期にそれは頂点に達しました。

「韓日条約」以後――村山談話と「韓日共同宣言」

一九九〇年代に入り、冷戦の崩壊とともに日本の過去責任問題が大きく浮上するようになります。とくに九一年、韓国の元「慰安婦」被害者が名乗り出て、日本政府に賠償を求めて訴訟を起こしたことが契機になり、「慰安婦」問題はアジア各地域に広がり、日本国内でも戦後補償運動が盛り上がりました。NGOの働きかけから、国連もこの問題に注目するようになります。九二年に宮沢首相は日本軍の関与があったことを認め、九三年には河野官房長官が談話で初めて「反省と謝罪」を述べました。しかし、日本政府は「慰安婦」問題の法的責任を決して認めようとはせず、「女性のためのアジア平和国民基金」なるものでごまかそうとしました。

一九九五年十月、村山首相は参議院本会議および衆議院予算委員会で、「韓国併合条約は…法的に有効に締結され実施されたもの」、「当時の状況を考えた場合に、決して平等の立場で結ばれたものではない」と答弁しました。また、九八年十月、金大中（キムデジュン）大統領と小渕首相の間で「韓日共同宣言」が交わされ、三〇億ドルの経済協力の代わりに日本の過去責任が不問に付され、「韓日新時代」がはじまると謳われました。

このように「韓日条約」以後、戦後補償運動が高まるなかで、日本政府の立場は従来の「正当・合法論」から「不当・合法論」へと変わっていきました。お詫びをするにやぶさかでないが賠償・補償の法的義務はない、とするものでした。このような日本政府の立場に反発して、韓国では新史料発見による旧条約の不法・無効論が研究者のなかから起こり、国会議員や市民による「韓日条約」の破棄・改正運動が繰り広げられました。

以上見てきたように、第二次世界大戦以後の東アジア地域は、世界的規模の冷戦体制の一環に組み込まれ、「サンフランシスコ講和条約・韓日条約」体制が確立して、東アジアの平和が脅かされつづけてきました。

第8章

21世紀の朝鮮と日本——脱植民地主義・脱冷戦

全国5か所で行なわれた無償化裁判で
唯一の勝訴となった大阪地裁判決。喜びにあふれる担当弁護士たち
（2017年7月28日、朝鮮新報社提供）

朝　鮮	日本・中国
	1914　第一次世界大戦勃発　日本、対独宣戦布告
	1915　日本、「21カ条要求」
	1917　ロシア10月革命
	1918　第一次世界大戦終了
	1922　極東民族大会開催
	1931　「満州事変」
	1937　日中戦争
	1939　第二次世界大戦開始
	1941　太平洋戦争
1945　朝鮮解放	1945　第二次世界大戦終了
	1946　ベトナム民主共和国樹立　インドシナ戦争開始
1948　大韓民国樹立　朝鮮民主主義人民共和国樹立	1948　ジェノサイド条約
	1949　中華人民共和国樹立
	1955　アジア・アフリカ会議（バンドン会議）開催
	1961　第一回非同盟諸国首脳会議開催
	1973　アパルトヘイト条約
	1998　共産党・労働者党国際会議創設　常設国際刑事裁判所設立条約採択
	1992　平壌宣言「社会主義偉業を前進させよう」採択
2000　6.15南北共同宣言	
	2001　上海協力機構発足　ダーバン会議
2002　朝・日平壌宣言	
2007　10.4宣言	
	2009　BRICS首脳会議開催
	2015　アジアインフラ投資銀行設立
2018　韓国大法院判決	

一　二〇世紀はどのような時代であったか

第一次世界大戦

二〇世紀はどのような時代であったかについては、さまざまな見方があると思います。わたしは、二〇世紀を前半期と後半期に分けて見ていますが、二〇世紀の前半期は帝国主義の時代であり、ロシア十月社会主義革命によって帝国主義体制の一角を崩し、革命運動・民族解放運動を呼び起こした時代だと考えています。

第一次世界大戦（一九一四〜一九一八年）は帝国主義国間の帝国主義戦争（世界再分割戦争）として起こりました。第一次世界大戦は、一九一四年六月二十八日のサライエボ事件を直接の契機として、同年八月、ヨーロッパ諸国がイギリス、フランス、ロシアの協商国側とドイツ、オーストリア・ハンガリーの同盟国側に分かれて交戦状態に入り、一九一五年五月のイタリア参戦、一九一七年四月のアメリカ参戦、一九一八年三月のロシアの革命による戦線離脱を経て、同年十一月ドイツの休戦条約調印で終了しました。

第一次大戦はヨーロッパを舞台にして展開されましたが、アジアではただ一国、日本が参戦しました。一九一四年八月七日、イギリス政府から、ドイツの仮装巡洋鑑の捜索と撃破のための協力を求められます。八月十五日、日本政府は、東アジアからのドイツ軍艦の退去と、山東半島にあるドイツの膠州湾（こうしゅうわん）租借地を中国に還付するために一時的に日本に交付せよとの最後通牒を行ないます。

八月二十三日、ドイツに宣戦布告をし、十月には赤道以北のドイツ領南洋諸島を、十一月には膠州湾にあるドイツの根拠地青島（チンタオ）を占領しました。日本の行動はそこにとどまらず、一九一五年、中国政府に対していわゆる「二一カ条要求」を突きつけます。「二一カ条要求」の主な内容は、山東省における旧ドイツ権益の割譲、南満州・東部内蒙古の権益許与などです。中国国内では受諾に対する激しい反対運動や暴動が起こり、のちの五・四運動に発展しました。「二一カ条要求」は一九一九年パリ講和会議で認められましたが、一九二一年ワシントン会議で山東半島における日本軍の撤退と利権の中国返還を命じられることになります。このように、日本は火事場泥棒のようにヨーロッパの戦火に乗じて中国大陸に進出したのです。

いっぽう、ロシアではレーニンの指導するボルシェビキや停戦を望む兵士らが一九一七年十月革命によって権力を掌握しますが、レーニンはなによりも戦争をやめて国民の期待に応える必要がありました。同年十一月八日に発表された「平和に関する布告」は、即時停戦、講和交渉の開始、無併合・無賠償の形での「公正で民主的な」講和の実現を交戦中の各国に呼びかけました。協商国側、すなわちそれまでロシアの同盟国であったイギリス、フランスなどの諸国は拒否しましたが、それまでロシアの敵であったドイツなど同盟国側の諸国はこの呼びかけを受諾する姿勢を示します。こうして生まれたばかりのソビエト政府は、一九一八年三月三日、ドイツ側との講和条約に調印しました。

ソビエト新政府は、ロシア国内の反ボルシェビキ勢力や、ロシア革命に介入した国々との戦争（ロシア内戦）をつづけ、最終的には一九二二年に史上初の社会主義国家であるソビエト連邦（ソ連）が誕生することになります。レーニンが多民族国家ロシアにおいて革命をめざすにあたって浮上してきたのは、民族問題でした。帝政ロシアが「諸民族の監獄」であるという事情に加え、二〇世紀に入ると帝国主義国家間の対立や植民地をめぐる戦争が激化してきたという事情により、レーニンは「被抑圧民族の権利」に目を向けねばならなくなりました。レーニンはマルクス主義の民族理論に立脚しながらも、ロシアでの革命をめざし、変化する政治情勢を考慮に入れ、現実的な対応をしました。その結果が、「連邦制」を採用したソ連邦の成立となって現れたのです。

レーニンは植民地民族解放運動に対しても深い関心を持ち、その発展のために努力しました。た

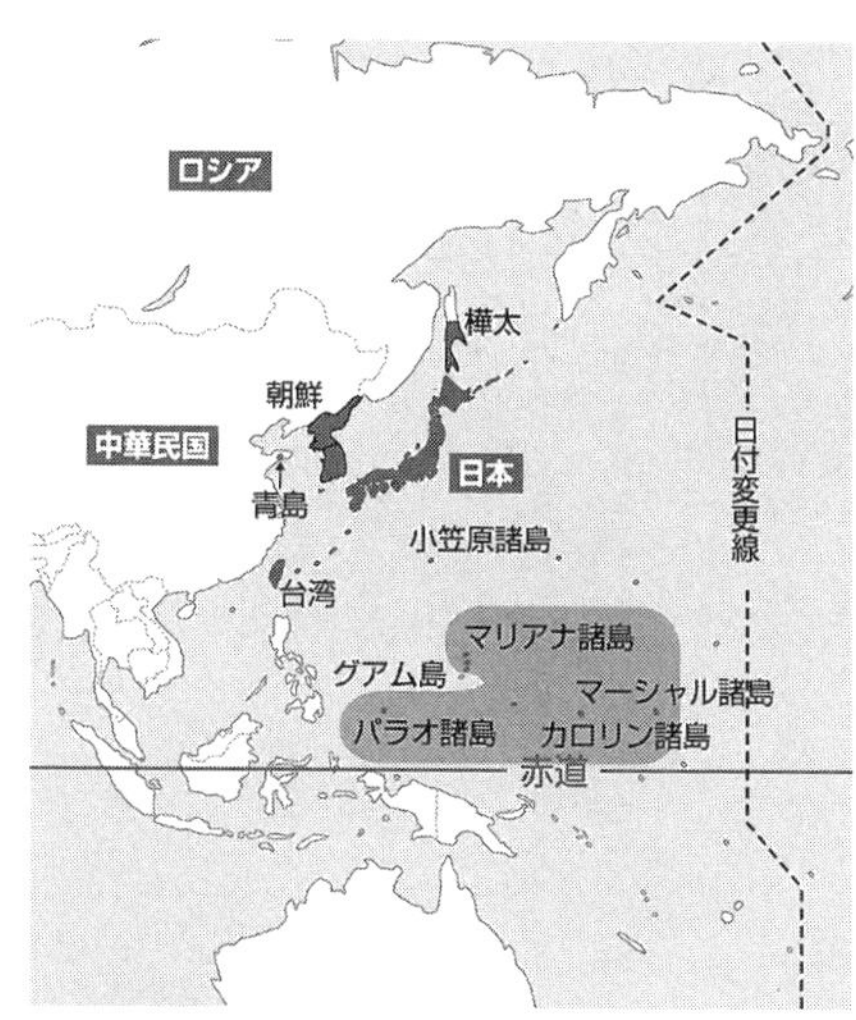

第一次大戦で日本が占領した地域

コミンテルン第6回大会（1928年7～9月）の参加者（右から二人目片山潜）

とえば、一九二二年一～二月にコミンテルンが主催した極東諸民族大会（極東勤労者大会）には朝鮮・中国・日本・モンゴル・インド・ジャワその他の代表が参加し、会議は、ジノヴィエフとサハロフの両報告と、それを受け止めたうえでの各国代表の討論、決議という形で進められ、極東における民族解放の戦術と組織を討議しました。朝鮮からは李東輝・朴鎮淳（パクチンスン）・呂運亨・朴憲永・金奎植ら最多の五二名が参加しています。朝鮮のナショナリストたちは、従来、アメリカを通じて国際社会に働きかけることで独立回復をめざしていましたが、独立問題に対し、ワシントン会議でアメリカなど列強が冷淡な態度しか取らなかったのに比して、この会議では極めて好意的に扱われたことから、以後、独立運動のなかでソ連・コミンテルンの影響力が拡大していく転機となりました。

第二次世界大戦

　第二次世界大戦は一九三九年九月の英独戦争にはじまり、一九四一年六月の独ソ戦争、同年十二月の太平洋戦争を経て、一九四五年五月ドイツの、同年八月日本の降伏で終わります。第二次世界大戦は、二つの中心を持ち、ヨーロッパでは英独戦争、独ソ戦争、東アジアおよび太平洋では日中戦争、太平洋戦争を主要な段階ないし局面としています。これらの諸段階ないし局面は、それぞれ独自の諸要因から発生し、帝国主義戦争（英独戦争、太平洋戦争）、祖国防衛戦争（独ソ戦争）、民族解放戦争（日中戦争）などの複合的な性格を帯びますが、戦争の拡大とともにそれぞれの対抗関係は有機的な関連に組み込まれ、連合国（イギリス・アメリカ・フランス・ソ連・中国）対枢軸国

（ドイツ・イタリア・日本）という基本的な対抗関係を構成するに至ります。また同時に、民主主義擁護のための反ファシズム戦争（ヨーロッパにおける人民戦線・レジスタンス運動、アジアにおける反植民地民族解放戦争を含む）という第二次世界大戦の基本的性格が客観的に顕在化する過程でもありました。

「太平洋戦争」史観と「一五年戦争」（アジア太平洋戦争）史観

第二次世界大戦開始の時期をどこに置くかという問題があります。西ヨーロッパを中心に見れば、一九三九年九月初めと言えるでしょう。九月一日、ドイツ軍はポーランドに侵入し、三日、イギリス・フランスはドイツに宣戦布告したからです。だが、連合国対枢軸国という基本的な対抗関係が明確化する時点をとれば、一九四一年十二月の太平洋戦争の開始となるでしょう。現在の日本でも、先の戦争というと「太平洋戦争」と答える人が多数を占めます。一九四一年の真珠湾攻撃にはじまる対英米戦争という捉え方です。この見方は、敗戦直後の四五年十二月、GHQの指令によりすべての全国紙に「太平洋戦争史」が連載されることにより定着していきました。その内容は、①中国や植民地民衆による抗戦の持つ意味への軽視、②天皇・「穏健派」＝軍部に対する抵抗者という把握、③日本国民＝軍国主義的な指導者による犠牲者という位置づけから成っています。その後の東京裁判やサンフランシスコ講和条約の質が、すでにここに現れていたのです。日本側もアメリカの対日戦後構想を積極的に逆利用して、戦争責任を軍部にだけ押しつけ、天皇をはじめとする旧支配層の免責を図っていきました。いわば「太平洋戦争」史観は日米の〝歴史認識同盟〟なのです。

しかし、太平洋戦争は、確かに日本にとって重大な段階ないし局面を意味するにしても、この時点に第二次世界大戦の開始時期を求めることはできないと思います。日米対立の主要原因は中国問題にあったからです。すでに、一九三七年七月以来、日本は中国に対する全面的攻撃をはじめていたし、さかのぼれば一九三一年八月満州（中国東北部）で軍事行動を起こし、一九三二年には傀儡「満州国」を樹立していました。同年四月、毛沢東（もうたくとう）は中華ソビエト政府の名において対日宣戦布告をしていたのです。日本でも一九七〇年代以後、一九三一年の「満州事変」以来一九四五年八月の敗戦までを「一五年戦争」「アジア太平洋戦争」として把握する見解が提唱されるようになりました。この見方は、一九三一年の「満州事変」から一九三七年の日中戦争、一九四一年の太平洋戦争までの戦争は連続した侵略戦争であるという認識に基づいています。

しかし、「一五年戦争」論は、提唱者の一人である鶴見俊輔（つるみしゅんすけ）が、「西洋諸国の植民地にされないように、みんないっしょになって日本を守っていかなければならないという共同の意識と結びついていた「日露戦争中の日本の政治および軍事の指導層の特徴」は「昭和の十五年戦争が始まる前に消えていました」（「転向について」一九七九年）と述べたように、「一五年戦争」史観は、日露戦争までの日本は良き時代であり、昭和時代は悪しき時代であったとして、明治を「栄光の時代」と肯定する見方につながりました。明治を「栄光の時代」と肯定する見方は、国民的作家・司馬遼太郎（しばりょうたろう）の作品によって日本社会に広く共有されるようになり、帝国主義時代の研究で著名な歴史家・江口朴（えぐちぼく）

郎も、「日清・日露戦争はあの場合の世界史的条件のもとでの、一定の問題の解決であった」とする論を展開しました。

日本の独立のために両戦争は必要悪であったとする歴史認識は、日本を主語として語ることで増幅される自国中心主義であり、それは被害国である朝鮮・中国を客体にすぎないと見る一面的な評価ではないでしょうか。両戦争期には、幕末期に「間々見られたような日本の半植民地化へのまじめな危機意識は現実には既に遠のいていた」（芝原拓自「対外観とナショナリズム」）にもかかわらず、明治政府は日本の民衆の国権熱を煽るために、清国やロシアの脅威を過度に強調していたのです。

「五〇年戦争」史観

最近では、敗戦の起点（原因）を一八九四年の日清戦争にまでさかのぼる「五〇年戦争」説が言われています。「五〇年戦争」は大江志乃夫、中塚明など日清戦争研究者によって提唱されました。この観点に立てば、認識上、実に多くの事柄が浮かび上がってきます。①「満州事変」に先行する日清・日露戦争の結果としての台湾、南サハリン、朝鮮などの植民地化過程を認識の射程に入れることができる。②台湾、朝鮮を植民地化するためには、その前提となる日清・日露戦争だけでなく、朝鮮・台湾の民族的抵抗運動とのあいだに「植民地戦争」というもう一つの大戦争が必要であった。③日清戦争は日本の軍事体制と天皇制の根幹を決定する画期となった点で、その後の日本の質を規定した。④「五〇年戦争」は、それ以前の一八七四年の「台湾出兵」、一八七五年の「雲揚号事件」などとつながっていたことから、明治初年以来の日本の近代そのものを問う視点を与えてくれる。⑤靖国神社には「台湾出兵」「雲揚号事件」で「戦死」した軍人が祀られている。靖国神社の歴史は日本植民地主義の全歴史と重なっている。⑥ポツダム宣言の内容に符合する。同宣言は、日本に朝鮮や台湾を放棄させ、日清戦争以降五〇年にわたる日本の国家的営為の総体を指弾した。それを受け入れたところから日本の戦後がはじまるはずだったが、周知のとおり、実際には戦後処理の性格は大きく後退してしまった。

このように近代日本史の把握において、「一五年戦争」では見えにくいものが、「五〇年戦争」では見えてきます。

二　二〇世紀後半期

第二次世界大戦後の世界政治構造の変化

第二次世界大戦後、世界政治の構造は大きく変化しました。

大戦前には国際的に孤立し、独ソ戦で早期崩壊すら予想されたソ連は、連合国の対独戦争勝利に決定的に寄与したことで、社会主義に対する内外の信頼と威信を高め、戦後にはアメリカと並ぶ超大国としての姿を現し、国際的発言力を強めました。対独戦反攻過程で、東・中欧諸国では、ナチス・ドイツと結ぶ伝統的支配層は一掃され、共産党を中心とする反ファシズム勢力が政権につき、人民民主主義と呼ばれる体制を樹立します。こうしてかつての反ソ「防疫線」は瓦解し、ソ連を中心とする社会主義圏は拡大しました。

第一次世界大戦が帝国主義体制の一角を崩し、革命運動・民族解放運動を呼び起こしたとすれば、第二次世界大戦は帝国主義体制をさらに弱め、これらの運動を鍛え上げたと言えます。東アジアでは、抗日戦争を戦い抜いた中国は五大国の一つになりましたが、国共対立は内戦に発展し、一九四九年十月に中華人民共和国が成立しました。同じく抗日戦争を戦った朝鮮でも、一九四八年九月に朝鮮民主主義人民共和国が樹立されました。東南アジアでは、日本の敗退と同時に、仏印にベトナム民主共和国、蘭印にインドネシア共和国が成立します。かつての植民国フランス、オランダはこれを武力で鎮圧しますが、大戦前の植民地に戻すことはできませんでした。すでに、東アジア・東南アジアの欧米帝国主義列強の植民地支配体制は、日本の侵略によって破壊されていましたし、「大東亜共栄圏」に対する抵抗を通じて、民族解放のための運動が飛躍的に高まっていたからです。もちろん、インドから中東・アフリカに至る地域でも、民族解放運動は高まり、独立する国が相次ぎました。

イギリスは、勝利を収めたものの、戦争目的とした世界帝国を維持できませんでした。植民地の独立はもはや抑えられず、自治領は独自の道を歩みはじめていました。カナダ、オーストラリアでは、軍需生産による工業化が著しく、イギリスの東・中欧における政治的・経済的支配は覆され、伝統的なヨーロッパ大陸に対する勢力均衡策の前提は失われました。しかも大戦を通じてアメリカとの関係は逆転し、アメリカに対する従属を深めたのです。一九四五年七月の総選挙の結果、チャーチルにかわってアトリーの労働党政府が成立しましたが、国民は国内改革でもって、激動する世界の政治的状況に対応する道を選んだと言うべきでしょう。

フランスは、一九四〇年六月に敗北し、ナチス・ドイツの従属国的地位に落とされましたが、その名誉を救ったのは民衆の抵抗運動でした。ドゴールはこれらの抵抗運動を統一し、新たな第四共和政の基礎を確立するとともに、米英ソに次ぐ大国としての地位を獲得し、米ソとは異なる独自の対独政策を追求しました。だが植民帝国としての復活を夢見ることで、フランスの栄光は再び失われることになります。

こうして資本主義世界では、ひとりアメリカのみが生産力を発展させ、最大最強の資本主義国として、縮小し疲弊した資本主義世界を指導せざるを得なくなったのです。アメリカは、すでに一九四五年一月に、ソ連の約六〇〇億ドルの信用供与要請を拒否し、五月にはソ連への武器貸与法による引き渡しを厳しく制限していました。八月に対日戦争で原爆を使用した理由の一つは、ソ連に対する示威でした。米ソは対立しはじめ、米ソを両極とする両体制の対立が激化したいわゆる「冷戦」がはじまります。

冷戦は、ヨーロッパにおいては「長い平和」（ジョン・ルイス・ギャディス）の到来と言えますが、アジアではまったく別の状況が生まれました。ここでは平和は生まれず、新アジア戦争の時代というべきものがはじまりました。中国の内戦、インドシナ戦争、朝鮮戦争、ベトナム戦争が連続して

1955年4月18～24日、第1回アジア・アフリカ会議（バンドン会議）

起こります。朝鮮戦争は国際戦争化し、東北アジア戦争となり、勝敗は決まらず、今日も停戦状態のまま、完全に終わっていません。まさに朝鮮戦争は新アジア戦争の中心でした。この戦争を戦う国家連合は一九五一年のサンフランシスコ講和条約の調印国と非調印国の対立となって現れ、今日に至るまでアジア地域の国際関係を規定づけています。

非同盟運動

いっぽう、第二次世界大戦後の国際社会において、非同盟運動が大きな潮流として登場しました。一九五〇年代初め頃から、歴史的復権をめざすアジア・アフリカ・ラテンアメリカ諸国が著しく台頭しはじめました。「非同盟」は、インドの首相ネルーによって、一九五四年の中華人民共和国の周恩来（しゅうおんらい）との会談で示された平和五原則の説明の際に用いられました。この考え方は、一九五五年、インドネシアのバンドンで開催されたアジア・アフリカ会議（バンドン会議）にも大きな影響を与えました。会議にはアジア・アフリカの二九か国が参加し、ネルーのほかインドネシアのスカルノ、中国の周恩来、エジプトのナセルなどの指導者によって平和十原則を採択します。すなわち、①基本的人権と国連憲章の尊重、②主権と領土保全の尊重、③人種、国家の平等、④内政不干渉、⑤個別、集団自衛権の尊重、⑥大国を利する集団防衛体制反対、⑦不侵略、⑧紛争の平和的解決、⑨協力促進、⑩正義と国際義務の尊重、の十原則です。一九六〇年にアフリカで一七か国の国家が独立したことで、国際社会におけるアジア・アフリカの発言力はいっそう強化されました。こうしたなかで、ユーゴスラビア（現セルビア）のチトー（ソビエト連邦とは距離をおいた独自の社会主義政策をとっていた）らの主導によって、一九六一年九月にベオグラードで第一回非同盟諸国首脳会議が開催されることになりました。当初の参加国は二五か国でした。採択されたベオグラード宣言では、中華人民共和国の国連代表権支持や当時キューバ革命を起こしたフィデル・カストロ体制の尊重なども掲げられました。

非同盟主義が賛同を集めた背景には、アメリカ合衆国とソビエト連邦の冷戦構造がかつての植民地・半植民地であった地域における覇権抗争を招き、インドシナ戦争・朝鮮戦争のような実際の軍事衝突を引き起こしていたことがありました。その点で、この運動は反帝国主義・反植民地主義としての性格も有していました。

一九七六年に朝鮮民主主義人民共和国も加盟しました。二〇一八年十月、アゼルバイジャンのバクーで開催された第一八回非同盟諸国首脳会議では参加国一二〇、オブザーバー参加国一七、オブザーバー参加組織一〇にまで至りました。オブザーバー参加組織にはアフリカ連合、アラブ連盟、日本アジア・アフリカ・ラテンアメリカ連帯委員会などがあります。非同盟諸国首脳会議はほぼ三年程度の周期で開催し、最終文書を採択しています。そのほか、非同盟諸国外相会議、常設の非同盟諸国常任委員会などがあります。

非同盟運動に加わる国家は年々増加しています。しかし、増加する国々のなかには、過去に米ソ中と軍事的につながりの強かった国があり、印パ戦争、イラン・イラク戦争、カンボジア・ベトナム戦争、アフガニスタン紛争などの代理戦争では非同盟諸国が協調した姿勢をとれず、「非同盟」の内実が問われることもありました。しかし、先進大国に対して、新秩序の樹立を要求していくには、これらの諸国の団結が必要であるとの共通認識に基づく結束が存在することや、非同盟主義が国際政治にインパクトを与えつづけてきたことは確かです。しかし冷戦の終結以来、新たな統合原理を求め、一九九二年のジャカルタで行なわれた非同盟諸国首脳会議は、「政治から経済へ」の路線転換を見せ、「南南」および「南北」の経済協力に運動の生き残りを見いだそうとする動向を示しました。

三　二一世紀はどのような世紀になるのか

冷戦の終結をどのように見るか

一九九〇年代前半には、ソ連を中心とする東欧社会主義国家体制が挫折しますが、それを冷戦におけるアメリカの勝利とし、アメリカを唯一の超大国とする「一極化された世界」、新自由主義（Neo Liberalism）経済が世界を席巻すると見る向きがほとんど支配していました。しかし、現在ではアメリカの対外政策や新自由主義経済は脆弱性をあらわにしており、このような考え方は破綻したと見ていいと思います。

まず、低賃金労働力を求めた生産拠点の発展途上国への移転により、「先進国」では産業の空洞化が進み、移民などの労働力の「先進国」への移動も活発化し、低賃金構造を支えるいっぽうで、排外主義を高める要因ともなりました。（追記＝今回のコロナ禍が明らかにしたのは、自由主義市場経済は大規模な公共的災難および大規模な経済衰退という二つのリスクに対応できないということです。自由市場経済モデルは利益の薄い公共衛生支出を抑え、主要な衛生サービスは市場に委ねているため、コロナが爆発して以来、「先進国」は例外なしに「準戦時体制」をとり、対策に追われています。とりわけ経済的に貧しく、医療資源が乏しい状況にある低開発地域では、その先行きに対しては楽観を許さないものがあります。コロナ禍のグローバルな蔓延を抑え込むことができるかどうかは、医療条件が整っている国によって決まるのではなく、医療条件が劣っている国の抗疫能力如何にかかっていると思います。今回のグローバルなコロナ禍撃退の戦いは人類運命共同体にとってもっともカギとなります。国際社会が手を差し伸べることが急務でしょう。）

次に、アメリカのネオコン（新保守主義者）が主導していた「反テロ戦争」が破綻し、国際社会におけるアメリカの地位が第二次大戦後もっとも低下したことが明らかになったことです。ジョージ・W・ブッシュ大統領が就任後初の一般教書演説で、イラン、イラク、朝鮮を「悪の枢軸（axis of evil）」と呼んだのは、「9・11」の四か月後の二〇〇二年一月です。その間にアフガニスタンに対するアメリカの軍事攻撃が行なわれました。「超大国のパワー」を過信して、テロリストと大量破壊兵器を拡散させる「ならず者国家」に対しては先制攻撃も辞さないとうそぶいて、政治的体面も軍事的分別も失ったネオコンの独走がはじまり、「大量破壊兵器保有国」のレッテルをはってイラクに対しても軍事攻撃を行ないました。しかし、アフガニスタン、イラクではアメリカの軍事侵略に抗して武力闘争がつづき、アメリカの力をしても抑えることができないでいます。アフガニスタン、イラクの人々にとって、対テロ戦争は圧政からの解放ではなく、理不尽な侵略者による、市民の殺害をともなった新たな植民地主義戦争と映ったのでしょう。

また、日本国家のあり方も、「福祉国家」から「新自由主義国家」へと大きく変わりました。資本の自由な活動をなにより優先し、社会主義国家への対抗策でもあった社会保障政策を大きく後退させ、自己責任論を強調し、企業の営利事業に委ねる分野を拡大させています。また、規制緩和と称して労働者保護政策を改悪し、格差・貧困が拡大する結果を生んでいます。学術・文化の分野にも資本の論理が浸透し、人文科学などの切り捨てが罷り通っています。国内でも、地方の衰退・地域活力の弱まりや、人々の孤立化・生活不安が広がるなか、治安・監視など、国家の社会・生活への介入は強化されています。見逃せないのは、日本国民の側でも、こうした国家のあり方を受容する傾向があることです。中国や韓国への嫌悪意識が広く存在し、日本軍「慰安婦」問題や徴用工問題などで政府が強硬姿勢を示すのに対し、支持する国民が多数存在することは、世論調査などで見て取れます。

以上述べたような状況を考えると、冷戦の終結を「資本主義の勝利」と見ることはとてもできません。これに関連して、旧東ドイツ出身の作家フォルカー・ブラウンは、「東欧圏の知的資産が消滅するということは、西欧の資本主義が自分を批判的に省察できる視野を失うことを意味する」(『本当の望み―フォルカー・ブラウン作品集』三修社、二〇〇二年)と指摘しています。ブラウンは東ドイツで中央指令的、スターリン主義的社会主義を批判し、社会主義的所有形態と民主主義の結合に基づく人民権力の本来の、また新たな望ましい姿の実現を主張しました。かれは「人民所有プラス民主主義」、すなわち民主的な社会主義権力の本然の姿を「我らの権力」という言葉で表現しましたが、これはかれの文学の核心を貫くテーマでした。ブラウンの指摘は南北朝鮮、日本の場合にもある程度適用されうる発言だと思います。

二〇世紀末から二一世紀の初期を世界史的に見ると、既存社会主義の失敗から新自由主義の失敗を経て、両体制とは異なる変化、新しい社会・経済構想を模索する段階(新しい社会主義?)に入ったことを明示しているのではないでしょうか。

二一世紀もすでに五分の一が過ぎようとしています。新しい社会・経済体制の芽が出はじめていると考えます。まず、世界経済の変化を見ていきます。

BRICS五か国(ブラジル、ロシア、インド、中国、南アフリカ共和国)

アメリカの投資銀行であるゴールドマン・サックス(GS)のエコノミストであったジム・オニ

ール（Jim O'Neill）が、二〇〇一年、投資家向けレポートで二一世紀は巨大人口を抱える国々が高い成長を遂げると予測し、これを基にブラジル、ロシア、インド、中国の四か国の総称としてBRICs（sは複数形）と命名し、二〇一一年には、南アフリカ共和国が加わりBRICSとなりました。すなわち、新興五か国を指す造語で、五か国の英語の頭文字をとってブリックスと呼ばれています。五か国で世界人口の約四割強、世界の国土の約三割、世界の国内総生産（GDP）の約二割を占めます。ゴールドマン・サックスは二〇〇三年、二〇〇七年に発表した二〇五〇年における世界各国の国内総生産を予測しました。それを表にすると次の通りです。

フォルカー・ブラウン（左）

＊名目GDP（兆ドル）

順　位	国　名	GDP
1	中国	70.7
2	米国	38.5
3	インド	37.6
4	ブラジル	11.3
5	メキシコ	9.34
6	ロシア	8.58
7	インドネシア	7.01
8	日本	6.67
9	英国	5.13
10	独国	5.02
11	ナイジェリア	4.64
12	仏国	4.59
13	韓国	4.08
14	トルコ	3.94
15	ベトナム	3.60

中国がアメリカを抜いて世界一位となり、インドが三位、ブラジルが四位、ロシアが六位になると予測しています。ちなみにこれまでのＧＤＰ実績値を見ると以下の通りです。

二〇〇四年実績値
①米国　②日本　③ドイツ　④英国　⑤仏国　⑥中国　⑦イタリア　⑧スペイン

二〇一二年実績値
①米国　②中国　③日本　④ドイツ　⑤仏国　⑥英国　⑦ブラジル　⑧イタリア

先進国が軒並み低成長に悩まされているなか、高い経済成長率で推移しているこれらの新興国が今後の世界経済のカギを握ると言われています。

そもそも、なぜＢＲＩＣＳの国々は急成長しているのでしょうか。ここではＢＲＩＣＳの共通点をいくつか挙げてみましょう。

①国土が広大で、天然資源が豊富である
②人口が多く、若い労働力が豊富にある
③労働力単価が安く、低コストで製品を生産できる
④人口が多いので、市場としても有望である

いずれも経済発展につながる要素であり、こういった背景のなか、著しい経済発展を遂げている

と言えます。ＢＲＩＣＳは有力な投資先、人件費などが安い世界の工場地帯、巨大な消費地、豊富なエネルギーや資源を埋蔵する資源国として注目されています。

経済面だけでなく、外交・軍事面でも影響力を高めており、ＢＲＩＣＳ五か国は欧米主導の国際秩序や外交交渉に対抗するため、二〇〇九年以降毎年首脳会議を開いています（ＢＲＩＣＳ首脳会議）。二〇一四年に開かれた第五回ＢＲＩＣＳサミットでは第二次世界大戦後の世界経済・国際金融を支えてきた国際通貨基金（ＩＭＦ）・世界銀行（国際復興開発銀行）体制と一線を画す一〇〇〇億ドルの資本金を持つ「新開発銀行（ＢＲＩＣＳ銀行）」を上海に設立することを決めました。途上国へ資金を供給して経済発展を支援する目的での設立ですが、同時に、アジア・アフリカ諸国への援助でこうした国々が抱える資源やエネルギーを確保しようとの思惑もあるとされています。

2014年BRICS首脳会議
ロシア・プーチン、インド・モディ、ブラジル・ルセフ、中国・習近平、南アフリカ・ズマ

二〇一九年十一月、ブラジルの首都ブラジリアで開かれたＢＲＩＣＳ首脳会議では、参加国からは、世界経済が減速するなか、保護主義の拡大や貿易戦争の激化を不安視する声が相次ぎました。十四日の首脳宣言では「我々は多国間主義へのコミットを続ける」としたほか、「貿易の緊張や政治的な不確実性が信頼や貿易、投資、成長に影響を及ぼしている」と明記し、米国を念頭に保護主義への懸念を示しました。議長国のブラジルのボルソナロ大統領は同日、会議を前に記者団に

対し「ブラジルは貿易戦争に加わらず、世界中と取引をする」と述べました。一月に就任したボルソナロ氏は親米を公言しトランプ氏とも近いですが、ＢＲＩＣＳとしての結束を優先した形となりました。中国の習近平国家主席は「保護主義や単独主義の台頭に対する懸念がある」と発言し、世界貿易機関（ＷＴＯ）や国連の枠組みを活用した、多国間主義の重要性を強調しました。インドのモディ首相は「貿易のコストを下げることが必要だ」と述べました。ＢＲＩＣＳ加盟国での経済協力を深化させることでも一致しました。ロシアのプーチン大統領は「各国の専門家が参加して石油やガスの共同探索に取り組む仕組みを作る」と発言し、この取り組みは「ＢＲＩＣＳエネルギー探索プラットフォーム」として実現をめざすと言います。首脳宣言では地球温暖化対策の国際枠組み「パリ協定」やシリア情勢など幅広いテーマが取り上げられたいっぽう、ベネズエラ情勢など参加国の意見が対立するテーマの記載は見送られました。

アジアインフラ投資銀行（ＡＩＩＢ）

アジアインフラ投資銀行はアジア向けの国際開発金融機関です。二〇一三年十月のＡＰＥＣ首脳会議で中国の習近平によって提唱され、二〇一五年に五七か国を設立メンバーとして正式に設立されました。二〇一九年十二月現在、ＡＩＩＢの最新の加盟国・地域は一〇〇にまで拡大しています。先進七か国（Ｇ７）内では、日本と米国だけが未加盟です。

主な業務は、アジア新興国などのインフラ開発のための融資を行なうことで、資本金の目標は一〇〇〇億ドル。「シルクロード経済ベルト」として活性化をめざす中国の「一帯一路構想」に基づくもので、日米が主導するADB（アジア開発銀行、六七か国）では賄いきれないほど増大するアジア地域のインフラ整備のための資金ニーズに、補完的に応えることを目的としています。

その議決権の八五％は出資比率に応じて、一二％は全加盟国、三％は創設メンバーに分配されており、中国は三〇％近い議決権を保有しています。最重要議案の採択には七五％の賛成が必要なので、拒否権を持っているのは事実上中国だけということになります。

中国がAIIBを設立する「野心」を持つに至った経緯を理解するには、歴史を振り返る必要があります。第二次世界大戦のあと、アメリカはブレトンウッズ体制という世界経済秩序を形成します。当時はヨーロッパも戦争の影響で焼け野原と化しており、アメリカの経済力は世界でも圧倒的でした。そのためアメリカ主導の、アメリカにとって有利な国際経済秩序が形成されたのです。ブレトンウッズ体制を維持するためにつくられたIMF（国際通貨基金）は、議決においてアメリカのみが拒否権を保有しています。ADBも日米が合同で拒否権を独占しています。

時代は変わり、中国は現在、世界の名目GDPの一二％を占めるほどに成長しています。当然中国は国際金融舞台でのプレゼンスを高めるために、IMFやADBにおける議決権構成の変更を求めますが、アメリカと日本がこれを拒否。発言権もなく改革も進まない状況に業を煮やした中国は、「アメリカのつくった国際経済圏の影響の及ばない領域の形成」という「野心」を持つに至り、AIIBが形成されたのです。つまり、覇権国であるアメリカが形成した国際ルールへの挑戦という見方もできます。

中国は、日本とアメリカのＡＩＩＢへの参加を求めています。日本が長年ＡＤＢを通じてアジアを開発してきたノウハウを必要としているのです。要請があるにもかかわらず、なぜ日本はＡＩＩＢへ参加しないのでしょうか。

ＡＩＩＢ設立の経緯を見れば、ＡＩＩＢへの参加をアメリカが快く思わないことは明らかです。中国が設立メンバーの締め切りを二〇一五年三月末とし、各国に参加を募ったとき、アメリカは日本やヨーロッパの同盟国に参加を拒否するよう圧力をかけました。

アメリカの意に反し、三月十二日にイギリス外務省が参加を表明し、それにつづくかのように三月十六日にフランス・ドイツ・イタリアも参加を表明したとき、同盟国の裏切りにアメリカは激怒しました。日本が参加を決めきれない理由には同盟国であるアメリカへの配慮があるのです。

上海協力機構（ＳＣＯ）

上海協力機構（ＳＣＯ）とは、中国、ロシア、インド、パキスタンと中央アジア四か国（カザフスタン、キルギス、タジキスタン、ウズベキスタン）の計八か国で構成している政治経済協力の地域機構のことを指します。二〇一七年現在、モンゴル、イラン、ベラルーシ、アフガニスタンが準加盟国（オブザーバー）となっています。

一九九六年、中国、ロシアと、ウズベキスタンを除く中央アジア三か国が、中国の上海で首脳会議を開き、国境画定を促進し、国境地帯の信頼をつくりあげようと話し合ったのが発端です。当初は「上海ファイブ」と呼ばれていました。首脳会議は毎年各国の首都で開かれ、二〇〇一年の首脳会議（上海）にはウズベキスタンを加えた六か国で憲章を採択して、正式に「上海協力機構」を発足させました。二〇一七年にはインドとパキスタンが加わりました。

加盟八か国の人口は世界の四割、国内総生産は世界の二割、面積はユーラシア大陸の六割を占めます。アメリカ一極集中への対抗軸としての性格が濃いうえ、紛争地帯を域内や隣接地帯に抱えるという地政学的意味合いもあり、国際的に存在感を強めています。

ソ連崩壊とソ連を構成していた各共和国の分立で、中国と国境を接する国が多くなり、中央アジア地域の重要な問題の一つになっていました。一九九四年、中国、ロシアが西部国境画定協定に調印したのを皮切りに、国境画定交渉が進みました。九〇年代後半は国境問題から、民族「分離独立」問題への対応、一部過激派勢力のテロ対策など、地域の平和・安定の課題へと重点が移っています。

上海協力機構創立宣言（二〇〇一年）は、①地域の平和・安全・安定を維持・確保するために共同で努力し、民主的で公正、合理的な国際政治・経済の新秩序を構築する。②国連憲章の目的と原則を順守し、相互内政不干渉を貫き、武力行

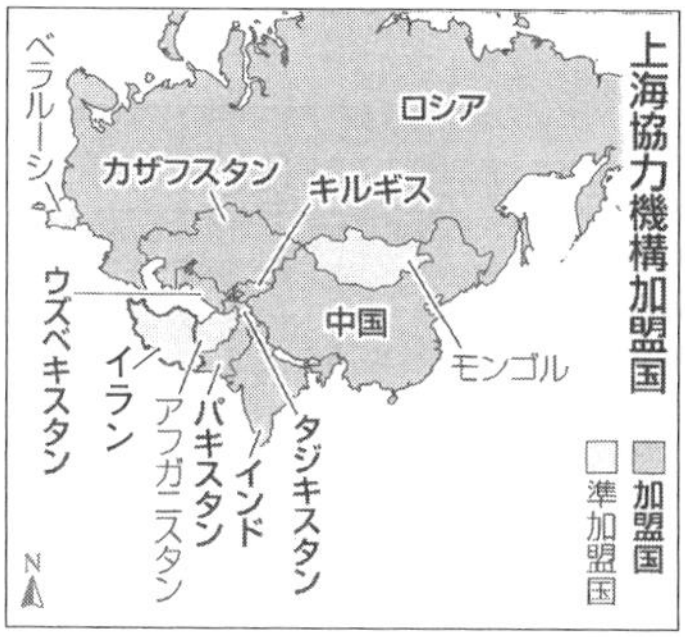

上海協力機構とオブザーバー国

使および武力による威嚇を行なわない。③非同盟の原則、その他の国や地域に矛先を向けない原則、対外開放の原則を忠実に実行する、などを定めており、自主的な地域平和共同体の動きの一つと言えます。

同機構は翌〇二年、ロシアのサンクトペテルブルクで首脳会議を開いて憲章を採択しました。憲章では組織形態として首脳会議、首相会議、外相会議がそれぞれ年一回開かれることになっており、組織的にも強化が図られています。「地域反テロ機構」が常設され、「テロ・分離主義・過激主義」と戦うと謳っています。

二〇〇五年には、中央アジアに駐留している米軍の撤退を求める方向を明確に打ち出し、同年八月の中ロ合同軍事演習「平和の使命二〇〇五」など軍事協力も拡大しています。二〇〇七年以降、ほぼ毎年、加盟国による合同軍事演習も実施しています。最近はロシアが掲げる「ユーラシア経済同盟」や、中国が掲げる「一帯一路」構想の実現に向け、加盟国や準加盟国を増やし、経済分野での協力を強化しています。ただ、緊張関係にあり核兵器を保有するインドとパキスタン両国が加盟したことで、全会一致を原則とする上海協力機構の運営が滞るのではないかとの指摘が加盟国や周辺国から出ています。

共産党・労働者党国際会議（ＩＭＣＷＰ）

共産党・労働者党国際会議（ＩＭＣＷＰ）とは、共産主義を掲げる政党の国際政党組織のことを指

2016年第18回共産党・労働者党国際会議（ハノイ）

します。一九九八年にギリシャ共産党が各国の共産党・労働者党を招集したことで創設されました。共産主義を掲げる共産党や労働者党などの政党が参加しており、参加政党は民主主義国家の与野党から中国共産党や朝鮮労働党、キューバ共産党のような執権政党まで、プロレタリア独裁を掲げる政党からユーロコミュニズムなど議会制民主主義を肯定する政党まで多岐にわたります。

会議に参加する共産主義政党は作業部会を構成します。二〇一八年五月現在の作業部会のメンバーは、中国共産党、朝鮮労働党、ベトナム共産党、キューバ共産党という執権政党の巨大共産主義政党のほか、イラン大衆党、インド共産党とインド共産党マルクス主義派、ウクライナ共産党、カザフスタン社会主義レジスタンス、労働人民進歩党（キプロス）、ギリシャ共産党、シリア共産党、スペイン共産党とスペイン人民共産党、ボヘミア・モラビア共産党（チェコ）、パキスタン共産党、パレスチナ人民党、ハンガリー労働党、ブラジル共産党、ベネズエラ共産党、ポルトガル共産党、南アフリカ共産党、メキシコ共産党、レバノン共産党、ロシア連邦共産党とロシア共産主義労働者党です。

会議は毎年開催されます。二〇〇九年九月にダマスカスで開いた会議「パレスチナ人民およびその他中東人民の英雄的闘争への連帯」などのように臨時会議を開催することもあります。二〇〇九年十二月に、参加する共産主義政党は英語とスペイン語で「International Communist Review」を発刊すること、またウェブサイトを持つことで合意しました。

二〇〇八年十一月、ブラジルのサン・パウロで開催された第一〇回共産党・労働者党の国際会議では「社会主義偉業を擁護固守し前進させるための朝鮮人民の闘争を支持する決議」が採択されました。

ＩＭＣＷＰ創設以前にも、一九九二年四月二十日、平壌宣言「社会主義偉業を擁護し前進させよう」が社会主義を志向する七〇個政党の参加の下で満場一致で採択されています。平壌宣言は、社会主義は人類の理想であり人類の未来を代表する社会、真の人民の社会であることを確認し、社会主義偉業の正当性とその不滅性、社会主義のための闘争の目的とその遂行のための方途などを明らかにしました。賛成政党は、一九九二年末に二一五、二〇一二年四月二八九、二〇一八年三〇〇余に増大しています。

四　植民地支配責任

「人道に対する罪」

第二次世界大戦後、戦争犯罪に対する追及がなされましたが、植民地支配による被害を償うという問題は、戦後の法概念ではなかなか考えられることがありませんでした。第二次世界大戦後の国際軍事裁判では、従来の「戦争犯罪」のほか、「平和に対する罪」「人道に対する罪」を含む新しい戦争犯罪概念を裁判所条例に加え、個人の責任を追及しました。しかし、人道に対する罪の概念がナチス犯罪、とくにユダヤ人の犠牲を念頭において生み出されたものであったせいか、日本の戦争犯罪を裁いた東京裁判においてそれは実際にはほとんど適用されませんでした。まして植民地を領有する交戦諸国が自国の植民地支配の歴史にこの概念をあてはめて考えることは問題外でした。「人道に対する罪」の概念が、その成立の時点からいかに植民地主義的に作用していたかということをこのことはよく示しています。

このような歴史的制約にもかかわらず、交戦国間の関係に限定されない「人道に対する罪」概念の成立は、それまで国家間の関係と認められないがために国際法上の「戦争」とみなされなかった「植民地戦争」や、植民地支配下の「平時」において生じたさまざまな暴力を、従来の「合法性」の枠から引きずり出すことを可能にしました。

国連国際法委員会は軍事裁判で確認された法理を正式化する作業を展開します。そして、新たに発生する人道上の問題に対処するなかで、一連の人道法体系が形成されていきました。そこからジェノサイドが、人道に対する罪のなかでも最も深刻な犯罪であることが認識され、人道に対する罪から独立して扱われるようになります（四八年「ジェノサイド条約」）。七〇年代に入ると、アパルトヘイトという新たな犯罪も人道に対する罪を構成するものとして位置づけられます（七三年「アパルトヘイト条約」）。五四年・九六年の「人類の平和と安全に対する罪に関する法典草案」では条文がより洗練され、また、時効についての条約（六八年「戦争犯罪時効不適用条約」）も作成されました。九八年には「常設国際刑事裁判所設立条約」（ICC規程）が採択され、二〇〇二年に発効しました。この条約は、「人道に対する罪」「ジェノサイドの罪」「戦争犯罪」「侵略」の罪を詳細に規定しており、国家が裁判する意思や能力をもたない場合、「普遍的管轄権」によりこれを裁判することができる常設法廷を設置するという画期的なもので、国際人道法発展の現段階の到達点を示していると言えます。なお、ジェノサイド条約草案、法典草案、ICC規程草案には植民地支配の問題が含まれていましたが、その後の外交会議でこの問題は除外されてしまったという経緯がありました。

「人道に対する罪」概念の拡充・深化とともに、被害者個人に対する「補償」の概念が生み出され、その要求が次第に広がってきたことは、「植民地責任」の背景を考えるうえで重要な点です。当初はもっぱらユダヤ人被害者を対象としていた補償は、八〇年代以降、ロマ民族や同性愛者、医学実験の犠牲者、占領地での強制労働に従事させられた者へと広がりました。さらにアパルトヘイト時代の「重大な人権侵害」に対して補償を行なった南アフリカ真実和解委員会の経験、九〇年代以降、世界各地で起こっているさまざまな過去清算のための訴訟運動（奴隷貿易・奴隷制、強制連行、性奴隷など）の状況は、ある研究者たちをして「証言の時代」「謝罪の時代」と言わしめるほどでした。

二〇〇一年のダーバン会議において、奴隷制度とともに植民地支配が「人道に対する罪」であると議論されるまでに至りました。また植民地主義が今日の人種主義・人種差別の源泉となっているという認識も示されました。ダーバン会議は、いまや、奴隷貿易・奴隷制、植民地支配など人類史の「汚点」を大規模な国際会議で論議するまでに至ったことを示しています。そして実際、ダーバン会議以後、植民地支配および人種主義・人種差別などの清算を求める声が、世界各地で上がっています。

問われはじめた植民地責任・植民地犯罪

植民地支配をめぐる研究には近年大きな深化が見られました。たとえば補償を求める裁判闘争とも関連して、朝鮮人・中国人強制連行や日本軍性奴隷などの実態解明が進展しました。また韓国強制併合の歴史学的・国際法学的再検討、さらに「植民地責任・植民地犯罪」論という新しい議論の枠組みにより、植民地支配を問う視角が多元化しています。そこでは、植民地化、あるいは植民地体制下で起こった大量虐殺等の大規模暴力、植民地主義を批判する概念として、「戦争責任・戦争犯罪」論として深化・発展させられてきた「人道に対する罪」「ジェノサイドの罪」という法概念が援用されています。人道に対する罪・ジェノサイドの罪は、戦時にとどまらず平時にも起こった大規模暴力を射程に入れているため、日常化した植民地体制下での犯罪を問う新たな手がかりを与えてくれます。

朝鮮に対する日本の「植民地責任」「植民地犯罪」は、植民地化・植民地支配・継続する植民地主義（脱植民地化妨害）という一連の過程を視野に入れた類型に区分することができるのではないかと考えます。

植民地化の犯罪

明治初年以降、朝鮮に対する植民地化過程において犯した犯罪です。日本は朝鮮を植民地化するために二度にわたる対外戦争（日清・日露戦争）を行ないましたが、もう一つの戦争、すなわち日本の侵略に対抗した東学農民革命、義兵戦争を弾圧する「植民地戦争」を経なければならなかった。これらの民衆虐殺は東アジアにおける最初のジェノサイドでした。「植民地戦争」のなかで生じた大量虐殺や捕虜虐待などは当時の戦争法規に照らして論じることができます。また韓国保護条約および併合条約の強制は、当時の慣習国際法からみても不法・無効であると主張されています。

植民地支配下の犯罪

植民地支配は植民地戦争の連続、軍事体制の恒久化と言えます。支配のプロセスにおいて起きた加害内容は、民衆虐殺（三・一独立運動弾圧、間島虐殺、関東大震災朝鮮人虐殺など）や独立運動弾圧、強制連行・強制労働、日本軍性奴隷、皇民化政策（神社参拝・日本語常用・創氏改名）、経済的略奪、文化財略奪などをあげることができます。

継続する植民地主義に関連する犯罪

植民地責任の回避、在日朝鮮人に対する差別と迫害、植民地支配の美化、歴史の隠蔽などをあげることができます。韓国における「親日」清算問題も含まれるでしょう。これらはいまも残る植民地支配の負の遺産と言うべきものです。そして重要な点は、これらの植民地主義を温存させた要因は、米日による冷戦体制にあるということです。このため東アジアにおける脱植民地化は脱冷戦を不可欠とするのです。

2001年ダーバン会議

植民地支配の法的責任と道徳的責任

現在、日本の学界では、韓国保護条約の法的論争に対して、法的な次元より歴史的・道義的な次元に焦点を合わせるべきだ、という考え方が強いように思えます。しかし、はたして「法」に関する議論を越えることが対立の解決策になりうるのかについては、疑問を持たざるを得ません。

それは、対立の出発点が「法」であり、対立の現状からも「法」を外せないからです。当初、被害者側が要求したのは、「植民地支配の被害に対して責任を取るべし」ということでした。ところが日本政府は、「合法だったのでとるべき責任がない」として、その要求に応じることを頑強に拒否しました。それで、その拒否に対応するため朝鮮人たちは、「不法でもあった」と、さらに追及することになったのです。にもかかわらず、日本政府は「合法」という頑なな主張を依然撤回しないまま、責任を回避しています。一九八二年以来、周期的に繰り返されている日本の歴史教科書をめぐる葛藤や、九五年に発足した「女性のためのアジア平和国民基金」にも、ほかならぬ「法解釈」の対立が根底にあります。このように、植民地主義・植民地支配の清算という根本的な課題の解決が阻害されているのは、まさにそれをめぐる対立が「法解釈」から出発しているからなのです。

日本政府が「韓国併合は合法」という「法解釈」にこだわるのは、実は政治的な理由のためなのです。現在の「条約法に関するウィーン条約」、当時の慣習国際法に照らして、強制によって締結された条約が「有効」か「無効」かという法解釈の是非が問われているのではない。その答えは「無効」とはっきりしており、議論の余地がありません。九〇年代以降の研究における不法・合法論争によって、当時から現在までの学説に、韓国保護条約は無効とする事例が多くあったことも明らかになりました。第二次世界大戦時における連合国の国際公約であるカイロ宣言・ポツダム宣言は、奴隷状態にあった朝鮮の解放と独立を国際公約として規定しました。二〇〇二年「朝・日平壌宣言」でも「日本側は、過去の植民地支配によって、朝鮮の人々に多大の損害と苦痛を与えたという歴史の事実を謙虚に受け止め、痛切な反省と心からのお詫びの気持ちを表明」しています。このように当時から現在までの国際法の解釈や、第二次世界大戦以後の国際条約・二国間交渉から見ても、日本政府の主張は完全な「虚構」であることは明らかです。それなのに、日本政府が「法的には有効」

という態度に固執しているのは、法律論というより、政治的理由だとしか言いようがありません。外務省幹部が私的な話として言ったように、「法的に不法と認めれば、賠償問題がでてくる」ということを恐れるからでしょう。

これらの点を考慮するとき、「『法』を越えた議論によっては、意味ある解決をもたらすことは難しい。それだけでなく、一九九〇年代以来の進展と変化は、実は『法』に注目した結果でもある。したがって、『法』に関する議論は、依然として必要」（金昌禄（キムチャンノク）「一九一〇年韓日条約に関する法史学的再検討」）という指摘は重要なものと言えるでしょう。問題はどのようにして「法」に関するより進展した議論をつくりだすのか、ということに関わっています。実は、日本政府の公式的立場は、戦後処理の国際公約や二国間条約の限界（植民地主義克服の不十分さ）に乗っかっている側面があります。そのためこれらの歴史的意義と、それにもかかわらず克服できなかったその限界を認識しなければなりません。これまで旧植民地宗主国は、植民地支配の「法的責任」を回避するため「道義的責任」というレトリックを頻繁に使用してきました。このようなレトリックは「道義」という言葉の本来の意味を否定する、意図的な誤用でしかありません。「『法』が未整備であった状況での犯罪、あるいは『法』の主体となることを歴史的に否定されてきた人々に対する犯罪、これら現存する『法』の範囲を超える犯罪の責任を問い、補償を行っていくためにこそ、『法』の上位概念としての『道義』が問題となるのである。そして、場合によっては、このような『道義』の認識にもとづいて新たな立法が行なわれ、『道義的責任論』が新たな『法的責任』を生みだすことにつなが」(徐京植(ソギョシク)『植民地主義の暴力――「ことばの檻」から』)ってこそ、「道義的責任」を果たしたと言えるのです。

二〇一八年韓国大法院判決の背景

二〇一八年、韓国大法院は「不法な植民地支配および侵略行為の遂行に直結した日本企業の反人道的な不法行為」に対する強制動員被害者の損害賠償請求権を認め、賠償を命ずる判決を下しました。「不法な植民地支配」「反人道的な不法行為」を司法が最終的に確定させたことは史上初で、世界的に大きな意義があると言えるでしょう。

一九六五年の請求権協定は「日本の不法な植民地支配に対する賠償を請求するための取り決め」ではなく、「韓日両国間の財政的・民事的債権・債務関係を政治的合意によって解決するためのもの」で、「損害賠償請求権は、請求権協定の適用対象に含まれるとみることはできない」としている点が重要であると思います。

今回の韓国大法院判決が依拠した法理のひとつに、「不法な植民地支配」論があります。すなわち原告らは、「大韓民国は三・一運動の精神を継承」しているとする韓国憲法と、「不法行為」の成立により賠償責任が発生することが規定された韓国民法(第七五〇条、七五一条)に依拠して損害賠償請求をしているのです。もう一つの法理は、「反人道的な不法行為」論です。前に述べたように、一連の人道法体系が形成・発展し、世界各地でさまざまな過去清算のための訴訟運動が起こるようになりました。

　韓国大法院判決が出てくるまでになったその背景を考えると、一つには、一九八七年以後韓国で民主化が進展し、日帝時代、分断時代の「過去の清算」事業が進められたことがあると思います。二つ目に、「過去清算」に関連する国際的な諸運動、例をあげればドイツ企業による強制労働被害者への補償「記憶、責任、未来基金」（二〇〇〇年）、アメリカ合衆国での日系人収容に対する補償措置（一九八八年）、イタリアがリビアへの植民地支配を謝罪したイタリア・リビア友好協定（二〇〇八年）、ケニアでの「マウマウ団運動」拷問に対する個人補償請求権を認めたロンドン高等裁判所の判決（二〇一二年）、中国人強制労働被害者に対する「花岡平和友好基金」（二〇〇一年）などが影響をおよぼしたと考えられます。三つ目には、研究上における「不法な植民地支配」論の深化（「韓国併合」の歴史学的・国際法学的再検討国際学術会議など）があると思います。

　日本政府は大法院判決に対して、「徴用工」問題は「請求権協定」で「解決済み」であり、「国際法違反」であると強弁しました。しかし日本政府の従来の見解は、個人の請求権は「請求権協定」では消滅していないというものでした。そうであるならば、韓国の民事訴訟の判決に日本政府は干渉してはならないはずです。安倍政権は政府の従来の見解を否定しています。現在、日本政府の植民地支配認識は、九五年の村山談話や九八年の「韓日共同宣言」の立場（「不当・合法」論）から六五年の「日韓会談」の立場（「正当・合法」論）に逆戻りしていると言えるでしょう。

　これまでの日本の過去清算を巡っての「和解」は、中国人強制労働被害者に対する花岡和解、西松和解、三菱マテリアル（旧三菱鉱業）和解などがありましたが、そこには共通する問題点が見られます。和解内容において、国家の謝罪が忌避され、企業は法的責任のない歴史的（道徳的）責任にとどまっており、「和解」受け入れをめぐって被害者同士が分裂したことです。原告側（被害者）の日本人支援者らにしても、現状ではそのような和解内容で合意するほかなかったと弁明しています。

今回の韓国大法院判決直後に、首相官邸は関連する企業に和解交渉に応じないようにクギを刺しました。対立が深刻化するなかで、日本のリベラルな知識人や韓国与党の国会議長などが、「現実的な解決策」なるものを提案していますが、総じて国家・企業の法的責任を欠いており、根本的な解決案とは言い難いと思います。

「高校無償化」制度・「幼保無償化」制度からの朝鮮学校除外

このような歴史的対立のなかで、現在、日本政府による「高校無償化」制度・「幼保無償化」制度からの朝鮮学校除外、コロナ禍を受けた学生支援緊急給付金制度からの朝鮮大学校除外、政治家や一般人によるヘイトスピーチをはじめとする在日朝鮮人への人権侵害が多発しています。歴史研究・歴史教育に携わっている立場からこの問題について述べてみます。

在日朝鮮人に対する人権侵害の根底には、明治初年以来の日本中心主義的な歴史認識、植民地主義的な民族差別意識がいまだ日本社会に根強く残っていることがあります。日本の敗戦後、在日朝鮮人団体や同胞の闘いによって在日朝鮮人は多くの民族的諸権利を勝ち取ってきましたが、一九九〇年代後半以降、とくに安倍政権のもとで日本社会の反動化が進み在日朝鮮人の人権が侵害されてきました。在日朝鮮人の人権状況が一九六〇年代の水準に後退したような様相を帯びています。日本の識者のなかでは、安倍政権について「戦後民主主義」を否定する政権と捉えるふしがあります。しかし、日本の「戦後民主主義」の時代は、朝鮮戦争、ベトナム戦争など東アジアの戦争の時代であって、日本は「基地国家」として経済成長を遂げました。つまり、日本の「戦後民主主義」は戦争とセットになっていたのです。このプロセスのなかで植民地主義は温存され、また一九九〇年代以降に中国や韓国の経済成長が誰の目にも明らかになり、「過去清算」問題がクローズアップされるなかで、日本ではそれに対抗するかのように「日本中心」の排外主義が強まってきました。人的系譜から見ても、植民地主義の実行者であり戦後日本の為政者であった岸信介、吉田茂と、前政権の安倍晋三、麻生太郎とはつながっており、現（菅）政権も戦後日本をリードした自民党右派の政治状況の反復と捉えることができると思います。

戦後の歴史研究および歴史教育は、日本の侵略戦争がもたらした惨禍を直視し、告発するという点で大きな成果を上げてきました。九〇年代以降は日本の過去責任の清算を求める運動も大きく広がっていきました。しかしそのいっぽうで、それに対抗する右翼保守派が装いを新たにした国家主義的な歴史観を前面に押し出して政治運動を繰り広げるなかで、かれらの言説が戦前の皇民化教育を受けた世代だけでなく、戦後の民主教育を受けた若い世代のなかに「共感」を呼び、日本社会において排外主義が強まっていきました。この現状が戦後の歴史研究、歴史教育のあり方に対して投げかけた意味は大きい。従来のあり方そのものを批判的に問い直す姿勢が研究者および教育者の側に求められていると言えるでしょう。

まず指摘できるのは、歴史教育における無自覚の自国本位、大国本位的な認識への偏りです。日本にとってよかった・悪かったという情緒的判断に安易に結びつける傾向があり、自国史と世界史を統一的に把握しようとする試みが弱いのです。また、日本近現代史の過程が侵略か、被侵略かという二者択一的な視点、いわば一種の構造決定論・運命決定論的視点で語られることが多く、それぞれの国がとりえた政策にどのような選択肢があったのかという問いがなされていないことです。このような歴史認識は、「国益」の追求は「日本の豊かさ」を失わないためにも仕方がないこと、必要悪であったという右翼保守派の主張と、「歴史的実感」としては通じるものです。

このような問題点の克服は容易でないと思います。自国本位の「われわれの物語」にとどまらないためにも、アジア諸国のそれぞれの「われわれの物語」とどう内的に連関させるのか、そのことによって物語自体をより説得力あるものにすることができるかどうかが、いま問われていると思います。

五　朝鮮半島の統一が持つ世界史的意味

将来の朝鮮統一国家を構想する場合、過ぎし日に先烈たちが夢見た朝鮮独立の達成という視点が大事であろうと思います。いまだ朝鮮の完全独立は未完のままなのです。先烈たちの血のにじむ足跡は新しい統一国家の下地になるでしょう。

新しい統一国家の実現過程

「南と北は、国の統一のための南側の連合制案と北側の低い段階の連邦制案が互いに共通点があると認め、今後この方向で統一を志向していくことにした」という、二〇〇〇年の六・一五南北共同宣言の第二項は、統一過程の方途を示したものとして大きな意義を持ちます。まず、朝鮮半島の統一は、ベトナム式、ドイツ式、イエメン式の統一とは異なり、ある中間段階を統一の過程の一次目標に設定した統一方式であり、統一を平和的・漸進的・段階的に進めていく「過程としての統一」としたことです。次に、統一を漸進的にすることに合意したため、統一過程に市民が十分に参加できる空間が開かれました。その後、南北政府間会談とは別に、民間団体である六・一五南北共同宣言実践民族共同委員会が設立され、その傘下に南側委員会・北側委員会・海外委員会がそれぞれ設けられ、民間が主導する統一運動を共同して行なっています。市民参与が最大限に実現され、文字通り官民合作で進める過程です。いわば市民参与型統一と言えるでしょう。また、分断体制の実情とかけ離れた単純論理によって分裂させられた多くの勢力が新たに力を合わせ、戦争や革命ではない、漸進的な改革が積もり重なって真の革命＝「変革的中道」へと向かうことができます。

二〇〇七年十月の南北首脳会談と「一〇・四宣言」は、南北関係の発展と平和繁栄、祖国統一の新しい局面を切り開くための包括的で実践的な内容を示しました。この意義についてノーム・チョムスキーは、「朝鮮半島の進展は、五〇〇年にわたる西欧の世界支配から植民地被支配諸国が、ついに真の意味での統合と独立を歩み始めているという地球史的意義を持つ」と述べています。さらにこの宣言は、国連総会の決議でも、「朝鮮半島のみならず広範な地域での平和と共同繁栄を増進するうえで重要な里程標になるものと認定する」と満場一致で採択されました。

新しい統一国家のイメージ

南の資本主義国と北の社会主義国との平和的な統一を望むならば、連邦制（連合制）統一の方法以外はありません。このことは既に南北間で合意しています。さらに、新しい統一国家には、国籍、言語、文化などで区別することができない八〇〇万人の海外同胞が参与することになります。これは本国人口総数の約一割をも占めます。統一運動をはじめさまざまな朝鮮問題解決において海外同胞がはたす役割が今後ますます高まっていくでしょう。民族的な存在でありながらも多文化的な要素を持つ海外同胞が参与する新しい統一国家は、従来の国民国家では計れない形と内容をともなうものになるでしょう。

八〇〇万海外コリアンが国境を越えた有効なネットワークを構築すれば、朝鮮半島とその周辺諸国、関連諸国に相当の影響をおよぼし、統一に有利な条件を助成する可能性があります。また、朝鮮半島の和解と統合は、海外コリアンが居住国の市民として民族権をはじめ諸般の人権回復を支援することにつながり、定住外国人、少数民族としての存在が一層意味のあるものとなるでしょう。

朝鮮半島の統一は脱冷戦・脱植民地主義の過程と重なります。東アジアにおける冷戦体制は植民地主義に支えられており、植民地主義は冷戦体制下で生きながらえています。日本はアメリカと共犯関係をなしながら、東アジアでの植民地主義・冷戦体制を主導してきました。東アジアの平和は、この体制を支えてきた一九五二年発効のサンフランシスコ講和条約体制とその下位体制としての五一年日米安全保障条約に基づく日米軍事同盟、五三年朝鮮戦争停戦協定および韓米相互防衛条約、六五年韓日条約の克服を通じてはじめて達成することができるでしょう。

参考文献

概説・通史

・梶村秀樹『朝鮮史』講談社現代新書、一九七七年
・朝鮮史研究会編『朝鮮の歴史』新版、三省堂、一九九五年
・伊藤亜人ほか編『朝鮮を知る事典』新訂増補版、平凡社、二〇〇〇年
・木村誠ほか編『朝鮮人物事典』大和書房、一九九五年
・朝鮮史研究会編『朝鮮史研究入門』名古屋大学出版会、二〇一一年
・李成市・宮嶋博史・糟谷憲一編『朝鮮史1：先史―朝鮮王朝』、同『2：近現代』山川出版社、二〇一七年
・吉野誠『東アジア史のなかの日本と朝鮮　古代から近代まで』明石書店、二〇〇四年
・吉田光男編著『北東アジアの歴史と朝鮮半島』放送大学教育振興会、二〇〇九年
・糟谷憲一『朝鮮半島を日本が領土とした時代』新日本出版社、二〇二〇年
・康成銀『朝鮮の歴史から「民族」を考える　東アジアの視点から』明石書店、二〇一〇年

序章

・松田利彦『日本の朝鮮植民地支配と警察　一九〇五～一九四五年』校倉書房、二〇〇九年
・朴慶植『朝鮮三・一独立運動』平凡社選書、一九七六年
・姜徳相「三・一運動における『民族代表』と朝鮮人民」(『思想』第五三七号、一九六九年)
・市川正明編『三・一独立運動』全四巻、原書房、一九八三・八四年
・小野信爾「三・一運動と五・四運動」(『植民地期朝鮮の社会と抵抗』未来社、一九八二年)
・原口由夫「三・一運動弾圧事例の研究」(『朝鮮史研究会論文集』第二三号、一九八六年)
・康成銀「三・一運動における『民族代表』の活動に関する一考察」(『朝鮮学報』第一三〇輯、一九八九

年）
・康成銀「朝鮮近現代史における3・1独立運動の位相」（『大原社会問題研究所雑誌』第七二七号、二〇一九年）
・康成銀「朝鮮民主主義人民共和国における3・1運動史研究について」（『コリアン・スタディーズ』第八号、二〇二〇年）
・宋連玉「朝鮮女性の視点から見た3・1独立運動」（『大原社会問題研究所雑誌』第七二七号、二〇一九年）
・裵姈美「解放直後における在日朝鮮人の3・1運動記念日闘争―8・15解放記念日との比較」（『コリアン・スタディーズ』第八号、二〇二〇年）

第一章
・塩川伸明『民族とネイション―ナショナリズムという難問』岩波新書、二〇〇八年
・竹沢泰子編『人類概念の普遍性を問う　西洋的パラダイムを超えて』人文書院、二〇〇五年
・王柯『二〇世紀中国の国家建設と「民族」』東京大学出版会、二〇〇六年
・栗原朋信『秦漢史の研究』吉川弘文館、一九六九年
・埴原和郎『日本人の成り立ち』人文書院、一九九五年
・李成市『古代東アジアの民族と国家』岩波書店、一九九八年
・金錫享著・朝鮮史研究会訳『古代朝日関係史　大和政権と任那』勁草書房、一九六九年
・朴時亨著・全浩天訳『広開土王陵碑』そしえて、一九八五年
・在日本朝鮮歴史考古学協会編訳『朝鮮民族と国家の起源　神話と考古学』雄山閣、一九九五年
・早乙女雅博『朝鮮半島の考古学』同成社、二〇〇〇年

第二章
・鈴木靖民編『古代東アジアの仏教と王権　王興寺から飛鳥寺へ』勉誠出版、二〇一〇年

・鈴木英夫『古代の倭国と朝鮮諸国』青木書店、一九九六年
・田中俊明『大加耶連盟の興亡と「任那」』吉川弘文館、一九九二年
・田中俊明『日本史リブレット七〇　古代の日本と加耶』山川出版、二〇〇九年
・森公章『「白村江」以後』講談社、一九九八年
・石井正敏『東アジア世界と古代の日本』山川出版社、二〇〇三年
・在日本朝鮮社会科学者協会歴史部会編『高句麗・渤海と古代日本』雄山閣、一九八五年
・酒寄雅志『渤海と古代の日本』校倉書房、二〇〇一年
・李成市『東アジア文化圏の形成』山川出版社、二〇〇〇年
・旗田巍『元寇』中央公論社、一九六五年
・森平雅彦『世界史リブレット九九　モンゴル帝国の派遣と朝鮮半島』山川出版社、二〇一一年

第三章

・高橋公明「室町幕府の外交姿勢」(『歴史学研究』第五四六号、一九八五年一〇月)
・高橋公明「中世東アジア海域における海民と交流」(『名古屋大学文学部研究論集』史学三三、一九八七年三月)
・田中健夫『倭寇』教育社、一九八二年
・村井章介『中世倭人伝』岩波書店、一九九三年
・浜中昇「高麗末期倭寇集団の民族構成」(『歴史学研究』第六八五号、一九九六年六月)
・李領『倭寇と日羅関係史』東京大学出版会、一九九九年

・荒野泰典『近世日本と東アジア』東京大学校出版会、一九八八年
・宮嶋博史『両班　李朝社会の特権階層』中公新書、一九九五年
・北島万次『秀吉の朝鮮侵略』山川出版社、二〇〇二年
・貫井正之『豊臣政権の海外侵略と朝鮮義兵研究』青木書店、一九九六年
・田代和生『書き替えられた国書　徳川・朝鮮外交の舞台裏』中央公論社、一九八三年
・仲尾宏『朝鮮通信使と徳川幕府』明石書店、一九九七年
・夫馬進『朝鮮燕行使と朝鮮通信使』名古屋大学出版会、二〇一五年
・桂島宣弘『思想史の十九世紀』ぺりかん社、一九九九年
・河宇鳳、金両基監訳、小幡倫裕訳『朝鮮王朝時代の世界観と日本認識』明石書店、二〇〇八年
第四章
・吉野誠『明治維新と征韓論』明石書店、二〇〇二年
・毛利敏彦『明治六年政変』中央公論社、一九七九年
・中塚明『日清戦争の研究』青木書店、一九六七年
・朴宗根『日清戦争と朝鮮』青木書店、一九八二年
・趙景達『異端の民衆反乱—東学と甲午農民戦争』岩波書店、一九九八年
・原田環『朝鮮の開国と近代化』渓水社、一九九七年
・大江志乃夫『東アジア史としての日清戦争』立風書房、一九九八年
・高橋秀直『日清戦争への道』東京創元社、一九九五年

・中塚明・井上勝生・朴孟洙『東学農民戦争　もう一つの日清戦争』高文研、二〇〇七年
・原田敬一『日清戦争』吉川弘文館、二〇〇八年

第五章

・山辺健太郎『日韓併合小史』岩波書店、一九六六年
・長田彰文『セオドア・ルーズベルトと韓国　韓国保護国化と米国』未来社、一九九二年
・愼蒼宇『植民地朝鮮の警察と民衆世界　一八九四～一九一九』有志舎、二〇〇八年
・海野福寿『韓国併合史の研究』岩波書店、二〇〇〇年
・大江志乃夫『世界史としての日露戦争』立風書房、二〇〇一年
・康成銀『一九〇五年韓国保護条約と植民地支配責任　歴史学と国際法学との対話』創史社、二〇〇五年
・森山茂徳『日韓併合』吉川弘文館、一九九二年
・笹川紀勝・李泰鎮編著『国際共同研究　韓国併合と現代　歴史と国際法からの再検討』明石書店、二〇〇八年
・歴史学研究会編『「韓国併合」一〇〇年と日本の歴史学　「植民地責任」論の視座から』青木書店、二〇一一年
・笹川紀勝監修、邊英浩・都時煥編著『国際共同研究　韓国強制併合一〇〇年　歴史と課題』明石書店、二〇一三年

第六章

・朴慶植『朝鮮人強制連行の記録』未来社、一九六五年
・朴慶植『日本帝国主義の朝鮮支配』上・下、青木書店、一九七三年
・朴慶植『在日朝鮮人運動史　八・一五解放以前』三一書房、一九七九年
・宮田節子『朝鮮民衆と「皇民化」政策』未来社、一九八五年

・樋口雄一『戦時下朝鮮の民衆と徴兵』総和社、二〇〇一年
・水野直樹『創氏改名　日本の朝鮮支配の中で』岩波新書、二〇〇八年
・宋連玉『脱帝国のフェミニズムを求めて　朝鮮女性と植民地主義』有志舎、二〇〇九年
・長田彰文『日本の朝鮮統治と国際関係　朝鮮独立運動とアメリカ　一九一〇―一九二二』平凡社、二〇〇五年
・三ツ井崇『朝鮮植民地支配と言語』明石書店、二〇一〇年
・高崎宗司『植民地朝鮮の日本人』岩波書店、二〇〇二年
・姜徳相『関東大震災・虐殺の記憶』新版、青丘文化社、二〇〇三年
・山田昭次『関東大震災時の朝鮮人虐殺　その国家責任と民衆責任』創史社、二〇〇三年
・内海愛子『朝鮮人BC級戦犯の記録』勁草書房、一九八二年
・水野直樹編『生活の中の植民地主義』人文書院、二〇〇四年
・吉見義明『従軍慰安婦』岩波新書、一九九五年
・歴史学研究会・日本史研究会編『「慰安婦」問題を／から考える』岩波書店、二〇一四年
・和田春樹『金日成と満州抗日戦争』平凡社、一九九二年
・姜萬吉編著、太田修・庵逧由香訳『朝鮮民族解放運動の歴史　平和的統一への模索』法政大学出版局、二〇〇五年

第七章
・寺尾五郎『三八度線の北』新日本出版社、一九五九年
・文京洙『新・韓国現代史』岩波新書、二〇一六年
・北朝鮮研究会編・石坂浩一監訳『北朝鮮は、いま』岩波新書、二〇〇七年
・和田春樹『北朝鮮現代史』岩波新書、二〇一二年
・糟谷憲一・並木真人・林雄介『朝鮮現代史』山川出版社、二〇一六年

・李圭泰『米ソの朝鮮占領政策と南北分断体制の形成過程』信山社、一九九七年
・ブルース・カミングス、鄭敬謨ほか訳『朝鮮戦争の起源1・2上・下』明石書店、二〇一二年
・和田春樹『朝鮮戦争全史』岩波書店、二〇〇二年
・朴根好『韓国の経済発展とベトナム戦争』御茶の水書房、一九九三年
・尹健次『現代韓国の思想　一九八〇～一九九〇年代』岩波書店、二〇〇〇年
・粟屋憲太郎『東京裁判論』大月書店、一九八九年
・渡辺昭夫・宮里政玄編『サンフランシスコ講和』東京大学出版会、一九八六年
・佐々木隆爾『サンフランシスコ講和』岩波ブックレット、一九八八年
・原貴美恵『サンフランシスコ平和条約の盲点―アジア太平洋地域の冷戦と「戦後未解決の諸問題」』溪水社、二〇〇五年
・高崎宗司『検証日韓会談』岩波新書、一九九六年
・太田修『日韓交渉　請求権問題の研究』新装新版、クレイン、二〇一五年
・吉澤文寿『戦後日韓関係　国交正常化をめぐって』新装新版、クレイン、二〇一五年
・中川雅彦『朝鮮社会主義経済の理想と現実　朝鮮民主主義人民共和国における産業構造と経済管理』アジア経済研究所、二〇一一年
・文浩一『朝鮮民主主義人民共和国の人口変動　人口学から読み解く朝鮮社会主義』明石書店、二〇一一年
・朴正鎮『日朝冷戦構造の誕生　封印された外交史』平凡社、二〇一二年
・姜尚中ほか編『日朝交渉　課題と展望』岩波書店、二〇〇三年

・朴慶植『解放後在日朝鮮人運動史』三一書房、一九八九年
・小林知子「在日朝鮮人の『帰国』と『定住』」（『岩波講座　東アジア近現代通史七　アジア諸戦争の時代　一九四五―一九六〇年』岩波書店、二〇一一年）
・鄭栄桓『朝鮮独立への隘路　在日朝鮮人の解放五年史』法政大学出版局、二〇一三年

第八章

・歴史学研究会編『世界史史料』第九巻（帝国主義と各地の抵抗）・第一〇巻（ふたつの世界大戦）、岩波書店、二〇〇八年・二〇〇六年
・歴史学研究会編『講座世界史　第一二巻　強者の論理　帝国主義の時代』東京大学出版会、一九九五年
・和田春樹「ロシア革命に関する考察」（『歴史学研究』第五一三号、一九八三年）
・石川禎浩ほか編『初期コミンテルンと東アジア』不二出版、二〇〇七年
・石川禎浩『革命とナショナリズム　一九二五―一九四五』岩波書店、二〇一〇年
・西川正雄『現代史の読み方』平凡社、一九九七年
・木谷勤『世界史リブレット四〇　帝国主義と世界の一体化』山川出版社、一九九七年
・木畑洋一『世界史リブレット五四　国際体制の展開』山川出版社、一九九七年
・上原一慶ほか著『東アジア近現代史』有斐閣Sシリーズ、一九九〇年、新版二〇一五年
・岡倉古志郎編『バンドン会議と五〇年代のアジア』大東文化大学東洋研究所、一九八六年
・宮城大蔵『バンドン会議と日本のアジア復帰　アメリカとアジアの狭間で』草思社、二〇〇一年
・岩崎稔ほか編著『継続する植民地主義　ジェンダー／民族／人種／階級』御茶の水書房、二〇〇四年
・ダーバン二〇〇一編「反人種主義・差別撤廃世界会議と日本」（『部落解放』第五〇二号、二〇〇二年五月増刊号）
・荒井信一『歴史和解は可能か　東アジアでの対話を求めて』岩波書店、二〇〇六年
・康成銀『一九〇五年韓国保護条約と植民地支配責任　歴史学と国際法学との対話』創史社、二〇〇五年

康成銀（カン・ソンウン）

1950年、在日朝鮮人二世として大阪市に生まれる。1973年、朝鮮大学校歴史地理学部卒業。朝鮮大学校歴史地理学部長・図書館長・朝鮮問題研究センター長・副学長を歴任。現在は朝鮮大学校朝鮮問題研究センター研究顧問。朝鮮近代史専攻。

【主な著書】『朝鮮の歴史から「民族」を考える　東アジアの視点から』（明石書店、2010年、二刷2016年）、『一九〇五年韓国保護条約と植民地支配責任　歴史学と国際法学との対話』（創史社、二〇〇五年、二刷二〇一〇年。ハングル訳〔韓哲昊〕『一九〇五년 한국보호조약과 식민지 지배책임　역사학과 국제법학의 대화』선인、二〇〇八년、2008年度文化体育観光部優秀学術図書に選定）。

康ソンセンニムと学ぶ
朝鮮と日本の２０００年

二〇二二年六月二十五日　初版第一刷

著　者　康成銀（カンソンウン）
発行所　株式会社　スペース伽耶
発行者　廣野省三
〒113－0033　東京都文京区本郷三－二九－一〇
飯島ビル２Ｆ
電　話　〇三（五八〇二）三八〇五
ＦＡＸ　〇三（五八〇二）三八〇六
発売所　株式会社　星雲社
（共同出版社・流通責任出版社）
〒112－0005　東京都文京区水道一－三－三〇
電　話　〇三（三八六八）三二七五
ＦＡＸ　〇三（三八六八）六五八八
デザイン　追川恵子
印刷＝モリモト印刷
乱丁・落丁本はおとりかえします。

ISBN978-4-434-30606-8